农村政策法规

（第2版）

任大鹏 主编

国家开放大学出版社·北京

图书在版编目（CIP）数据

农村政策法规/任大鹏主编. —2版. —北京：国家开放大学出版社，2022.1（2024.1重印）

教育部"一村一名大学生计划"教材

ISBN 978-7-304-11083-3

Ⅰ.①农… Ⅱ.①任… Ⅲ.①农业政策—中国—开放教育—教材②农业法—中国—开放教育—教材 Ⅳ.①F320②D922.4

中国版本图书馆CIP数据核字（2021）第263916号

版权所有，翻印必究。

农村政策法规（第2版）
NONGCUN ZHENGCE FAGUI
任大鹏　主编

出版·发行　国家开放大学出版社	
电话：营销中心 010-68180820	总编室 010-68182524
网址：http://www.crtvup.com.cn	
地址：北京市海淀区西四环中路45号	邮编：100039
经销：新华书店北京发行所	
策划编辑：赵文静	版式设计：何智杰
责任编辑：苏雪莲	责任校对：张　娜
责任印制：武　鹏　马　严	

印刷：三河市长城印刷有限公司
版本：2022年1月第2版　　2024年1月第5次印刷
开本：787mm×1092mm　1/16　　印张：22.25　　字数：432千字
书号：ISBN 978-7-304-11083-3
定价：38.00元

（如有缺页或倒装，本社负责退换）
意见及建议：OUCP_KFJY@ouchn.edu.cn

前言（第2版）

PREFACE

"农村政策法规"是国家开放大学根据教育部"一村一名大学生计划"开设的一门专业基础课，是行政管理专业（村镇管理方向）的统设必修课，是"农村行政管理""农村经济管理""农村信息管理""农村金融管理"等专业的统设选修课。本书是"农村政策法规"课程的文字教材，是在第1版的基础上，结合最新颁布的与农业农村密切相关的法律和党中央的重大政策进行的全面修订。

本教材力求突出以下特点：

第一，综合性。改革开放以来，我国农业农村工作取得了巨大成就，法律与政策对指引改革方向、明确改革措施、巩固改革成果具有非常重要的作用。本教材既有对党和国家农业农村重大政策的回顾、总结和归纳，也有对当前农业农村发展过程中突出矛盾和问题的深入剖析；既有对相关法律法规的主要制度的阐释，也有对相关问题的法理分析；既关注农业农村改革的历史变迁，面向农业农村发展的现实，也关注农业农村发展的未来。

第二，系统性。本教材是对农业农村法律与政策的全面剖析，以农业农村基本制度、重大政策为核心，逐步拓展到法律的具体制度规范和专门的政策措施。教材内容以现行法律和政策为主体，也关注政策的变迁和法律制度的逐步完善。

第三，实用性。为便于教学，本教材在各章增设了"教学目的与要求"，以"导学"提出各章需要重点关注的问题，以引导学生把握教材重点；在部分章节增加"现象观察"栏目，便于学生将理论知识运用于解决现实问题，强化对相关知识的理解程度；在主要章节增加案例分析，帮助学生对照实际案例理解相关法律和政策。

第四，时代性。本教材的出版，适逢中国共产党建党一百周年。我国正处于从打赢脱贫攻坚战和全面建成小康社会转向全面实施乡村振兴战略的关键节点。《中华人民共和国乡村振兴促进法》已于2021年4月29日由第十三届全国人民代表大会常务委员会第二十八次会议通过。本教材的内容以我国现行农业农村法律为基本依据，以《中华人民共和国乡村振兴促进法》《中华人民共和国农业法》为重点，深入阐释相关法律制度，以及党中央、国务院关于"三农"工作的一系列重大政策。

本教材编写分工如下（按章节顺序）：

第一章、第四章由中国农业大学任大鹏教授编写；

第二章由中国农业大学李梅副教授编写；

第三章由中国农业大学肖鹏教授编写；

第五章由黑龙江八一农垦大学陈彦彦教授编写；

第六章由中国农业大学李玉梅副教授编写；

第七章由北京物资学院李淑文教授、齐鲁工业大学曲承乐讲师编写。

全书由任大鹏教授担任主编并统稿。

感谢课程一体化方案审定专家对本教材编写提供的宝贵意见。感谢国家开放大学法学院胡晓雨副院长、课程责任教师吴丽娟副教授及国家开放大学出版社赵文静策划编辑、苏雪莲责任编辑对本教材出版给予的大力支持。

由于编者水平有限，教材中难免有不足之处，敬请读者指正。

编　者

2021年5月19日

前言（第1版）

PREFACE

中国的农村经济与社会正处于高速发展时期，农产品供给不断丰富，农村二、三产业不断延伸，农民收入稳定增长，农村公共事业长足发展。这些成果的取得，源于农民的伟大创造，源于党的农村政策的正确指引，源于法律法规的指导和规范。改革过程中，也出现了许多新的问题、新的矛盾。例如，农业基础薄弱，与发展现代农业的要求不相适应；作为农民最主要的财产权利的土地承包经营权屡受侵犯；农民组织化程度低，生产经营规模小，市场信息供给不充分，难以在市场竞争中取得有利地位；森林、草原、渔业、水等自然资源退化，严重损害农业可持续发展的潜力；农村环境恶化，影响农产品质量安全和农民的生活质量；农村人口结构的变化给农村公共事务管理带来诸多不便；等等。解决这些新的问题、新的矛盾，仍然离不开政策和法律法规。

改革开放以来的农村政策，大体上说集中在以下方面：

第一，关于稳定农村土地承包关系的制度。我国的改革开放是从农村开始的，而农村改革的核心是实行土地的家庭承包经营。《中华人民共和国宪法》规定，农村土地的家庭承包经营制度是我国农村基本经济制度的基础。为了稳定农村土地承包关系，中共中央和国务院颁布了一系列文件。

第二，关于支持和促进农业与农村经济发展的政策措施。

第三，关于促进农村社会公共事业发展、提高农民生活质量的规定。

第四，关于农民权益保护的政策。党和国家非常重视农民权益的保护工作，颁布了一系列关于农民权益保护的政策文件，内容涉及保护农民的财产权利尤其是土地权利，减轻农民负担，保护农民生产经营自主权，保护农民获得国家物质帮助的权利，保护农民子女的受教育权、农户农民工的获得薪酬权和其他劳动权益，以及保护农民的民主政治权利等。

改革开放以来，党的农村政策涉及农业、农村、农民的政治、经济和社会发展的各方面，有力地推动了农业活动、农村经济的发展，改善了农民的生产和生活环境，促进了整个农村社会各项公共事务和公益事业的发展。

市场经济归根结底是法治经济。为促进农业法制建设，立法机关颁布了一系列农业和农村领域的法律、法规和规章。改革开放以来，全国人民代表大会常务委员会陆续颁布实施的农业和农村法律有二十多部，主要包括：

第一，关于农业和农村基本经济政策的法律。

第二，关于农业资源和产业发展的法律。农业从总体上说属于资源型产业，资源的保护和合理利用直接影响农业发展的可持续性。改革开放后，全国人民代表大会常务委员会非常重视农业资源立法，颁布了一系列农业资源保护和促进农业产业部门发展的法律。

第三，关于农民经济组织的法律。提高农民从事农业生产和进入市场的组织化程度以及提高农民对经济活动的管理能力具有很重要的现实意义。在农村工业化发展进程中，1996年，全国人民代表大会常务委员会颁布了《中华人民共和国乡镇企业法》。在农业产业化发展过程中，针对农民专业合作经济组织发展中存在的问题和困难，全国人民代表大会常务委员会于2006年颁布了《中华人民共和国农民专业合作社法》，明确了农民专业合作社的法律地位，规定了农民专业合作社的设立和登记，成员，组织机构，财务管理，合并、分立、解散和清算，扶持政策等相关内容。

第四，关于村民自治和农村公共事务管理的法律。1998年，全国人民代表大会常务委员会制定《中华人民共和国村民委员会组织法》，正式确立了村民自治制度，对村民委员会的性质、职能、构成、选举与罢免，村民会议及其职权，村务公开和民主理财等制度都分别作了规定。2010年，全国人民代表大会常务委员会又针对大量村民外出务工等情况给村民自治带来的新挑战和因之出现的新问题，对《中华人民共和国村民委员会组织法》作了全面修订，增加了委托投票等制度。

第五，关于保障农产品质量安全和农业产业安全的法律。保障农产品质量安全，维护公众健康，既是农产品生产经营者的义务和责任，也是政府的重要职责。为此，全国人民代表大会常务委员会于2006年颁布了《中华人民共和国农产品质量安全法》，从农产品质量安全标准、农产品产地、农产品生产、农产品包装和标志及监督检查等方面作了规定。2009年，全国人民代表大会常务委员会又颁布了《中华人民共和国食品安全法》，对食品的营养和卫生安全作了具体规定。1997年制定、2007年修订的《中华人民共和国动物防疫法》，以加强对动物防疫活动的管理，预防、控制和扑灭动物疫病，促进养殖业发展，保护人体健康，维护公共卫生安全为立法目标，也确立了相应的制度。

前言（第1版）

《农村政策法规》是为满足中央广播电视大学农村行政管理、农村经济管理、农村信息管理、乡镇企业管理专业的教学需要而编写的。本书针对中央广播电视大学的教学特点和学员特点，对农村突出的政策和法规问题进行阐述，力求准确、简洁、实用，体现综合性、时代性和实践性特点。基于教学时数的限制，本书并不能涵盖关于农村的所有政策和法规，而是重点突出了农业基本政策和法律制度、农村土地承包法律制度、农民专业合作社政策和法律制度、农产品质量安全法律制度、农业资源保护以及农村公共事务管理法律制度。

本教材由中国农业大学任大鹏教授主持编写，参与编写的人员如下：第一章，浙江师范大学郭海霞讲师；第二章，北京农学院隋文香教授；第三章，中国农业大学博士生门炜、张颖；第四章，黑龙江八一农垦大学陈彦彦教授；第五章，中国农业大学李玉梅讲师；第六章，中国农业大学博士生门炜、张颖及中央广播电视大学吴丽娟副教授。中国农业大学的王思思同学在资料搜集方面也做了大量工作，在此一并表示感谢。全书由任大鹏负责统稿。由于编者水平有限，书中还会有不少错误，请广大读者指正。

任大鹏
2011年9月

目录

CONTENTS

第一章 绪论 ……………………… 1

第一节 农业农村政策与法律概述 ……………… 2
第二节 农业农村政策的基本框架 ……………… 23
第三节 农业农村法律制度体系 ………………… 41

第二章 农业农村基本法律制度 ……… 51

第一节 乡村振兴促进立法 ……………………… 53
第二节 《农业法》概述 …………………………… 58
第三节 农业生产经营体制 ……………………… 61
第四节 农业产业发展的主要制度 ……………… 68
第五节 粮食安全保障的基本制度 ……………… 79
第六节 农民权益保护的基本制度 ……………… 84
第七节 农村经济与社会发展的基本制度 ……… 87

第三章 农村土地法律与政策 ………… 94

第一节 农村土地法律与政策概述 ……………… 96
第二节 农村土地"三权"分置 ………………… 107
第三节 稳定农村土地承包关系的法律制度 …… 112
第四节 搞活农村土地经营权的法律与政策 …… 119
第五节 农村土地承包经营纠纷解决机制 ……… 129
第六节 农村集体建设用地制度 ………………… 135
第七节 农村宅基地的法律与政策 ……………… 139
第八节 土地经营权流转典型案例分析 ………… 150

第九节　农村宅基地管理典型案例分析 ……… 154

第四章
农民专业合作社法律与政策 …………………… 160

第一节　农民专业合作社法律与政策概述 …… 162
第二节　农民专业合作社的设立和登记制度 …… 176
第三节　农民专业合作社的治理结构 ………… 187
第四节　农民专业合作社的财产制度 ………… 192
第五节　农民专业合作社的扶持措施 ………… 198
第六节　农民专业合作社财产制度典型案例分析 ……………………… 204

第五章
农产品质量安全法律制度 … 210

第一节　农产品质量安全概述 ………………… 212
第二节　农产品市场准入法律制度 …………… 217
第三节　农产品质量安全追溯制度 …………… 226
第四节　农产品质量安全监管制度 …………… 232
第五节　农产品质量安全协同治理 …………… 238
第六节　农产品质量安全典型案例分析 ……… 243

第六章
农业资源和生态环境保护的法律与政策 ……………… 248

第一节　农业自然资源和生态环境保护概述 ………………………… 250
第二节　耕地资源保护法律制度 ……………… 254
第三节　林草资源保护法律制度 ……………… 262
第四节　渔业资源保护法律制度 ……………… 278
第五节　农村生态环境保护的法律与政策 …… 282
第六节　土壤污染防治典型案例分析 ………… 287

第七章
农村公共事务管理法律与政策 ………………… 290

第一节　农村公共事务管理概述 ……………… 291
第二节　自治、法治与德治相结合的乡村治理体系 …………………… 304
第三节　村民自治制度 ………………………… 320
第四节　农村社会保障制度 …………………… 329
第五节　村民自治典型案例分析 ……………… 340

参考文献 …………………………………………………………………………… 344

第一章 绪 论

教学目的与要求

理解

1. 改革开放以来我国在农业农村领域所取得的成就
2. 农业农村政策的基本特点
3. 农业农村法律的基本特点

掌握

1. 农业农村政策的基本框架
2. 农业农村法律制度体系

导学

知识导图

绪论
- 农业农村政策与法律概述
  - 我国的农业与农村
  - 农业农村政策与法律的基本特点
  - 本课程关注的基本问题
- 农业农村政策的基本框架
  - 稳定农业基本经营制度的政策
  - 粮食安全与耕地保护政策
  - 农业支持保护政策
  - 新型农业经营主体培育政策
  - 农产品流通政策
  - 农业科技政策
  - 农村集体产权制度改革政策
  - 美丽乡村与人居环境改善政策
- 农业农村法律制度体系
  - 农业生产经营体制的法律制度
  - 促进农业产业发展的法律制度
  - 农村土地管理法律制度
  - 农业资源与农村环境保护法律制度
  - 农民权益保护法律制度
  - 城乡融合发展的法律制度

01 第一节 农业农村政策与法律概述

一、我国的农业与农村

农业是人类历史上最古老的产业,因此也被称为第一产业,是人类通过种植、养殖等获得农产品的活动。我国是一个农业大国,农业在国民经济中具有极其重要的地位。根据 2014 年联合国粮食及农业组织(Food and Agriculture Organization of the United Nations,FAO,简称联合国粮农组织)的数据,世界人均耕地占有量为 0.20 公顷,我国只有 0.10 公顷;世界人均淡水资源占有量为 5 936 立方米,我国只有 2 062 立方米。从产出看,我国的谷物、肉类、蛋类和水果类农产品均为世界第一。[①] 根据国家统计局的数据,2016 年第一产业增加值占国内生产总值的比重为 8.6%,第一产业从业人员占社会从业人员的比重为 27.7%。[②] 尽管农业在国民经济中的比重呈下降趋势,但农业对满足消费者的食物需求、对保障劳动力就业等方面的作用是不可替代的。由于对自然资源的高度依赖,农业的产出往往取决于对气候资源、土地资源、生物资源以及水、森林等自然资源的占有水平,因此通过政策引导和法律调控平衡各类农业生产经营主体对自然资源的占有和使用非常重要。同时,农业是经济再生产过程,也是自然再生产过程,其特有的周期性和季节性决定了农业的比较效益较低,要提高农业生产经营主体的收入水平,也离不开国家通过财政等措施对农业的支持与保护。

改革开放以来,我国在农业农村领域取得了举世瞩目的成就,主要表现在:

(1)农业产业持续稳定发展。"十三五"时期,我国粮食年产量持续稳定在 1.3 万亿斤以上,水稻、小麦自给率保持在 100% 以上,玉米自给率超过 95%,肉蛋奶、果菜茶品种丰富、供应充裕,有效满足了人民群众日益增长的消费需求,重要农产品供给水平明显提升。改革开放后,在政策激励、市场引导和法律规范的多重作用下,各类农业生产经营主体通过多种方式发展农业生产。根据国家统计局的数据,2020 年全年我国粮食种植面积 11 677 万公顷,比上年增加 70 万公顷,粮食产量达到 66 949 万吨。2020 年,我国主要农产品的种植结构是:稻谷种植面积 3 008 万公顷,产量 21 186 万

---

① 资料来源:联合国粮农组织数据库。
② 资料来源:国家统计局农村社会经济调查司《1978—2016 中国农村经济主要数据公报》。

吨；小麦种植面积 2 338 万公顷，产量 13 425 万吨；玉米种植面积 4 126 万公顷，产量 26 067 万吨；棉花种植面积 317 万公顷，产量 591 万吨；油料种植面积 1 313 万公顷，产量 3 585 万吨；糖料种植面积 157 万公顷，产量 12 028 万吨。在畜禽养殖业领域，2020 年，猪牛羊禽肉产量 7 638 万吨。其中，猪肉产量 4 113 万吨，牛肉产量 672 万吨，羊肉产量 492 万吨。禽肉产量 2 361 万吨，禽蛋产量 3 468 万吨，牛奶产量 3 440 万吨。在水产养殖领域，2020 年，全年水产品产量 6 545 万吨。其中，养殖水产品产量 5 215 万吨，捕捞水产品产量 1 330 万吨。[①] 基于资源禀赋和市场需求的农产品生产结构得到改善，满足了城乡居民日益多元化的食物需求，也支持了其他产业的发展。

在农产品产量增长的同时，农产品品质也在不断提升。根据农业农村部的数据，多年来，我国农产品质量安全监测合格率稳定在 97% 以上，目前经认定的绿色农产品、有机农产品和地理标志农产品超过 5.38 万个，越来越多优质农产品被摆上超市货架和百姓餐桌。

农业产业的发展，离不开科技的支撑。根据资料，2020 年我国农业科技进步贡献率突破 60%，全国农作物耕种收综合机械化率超过 70%，主要农作物良种实现全覆盖。为协调农业发展与生态环境保护的关系，化学投入品减量化成为农业可持续发展的基本要求，到 2020 年，我国化肥、农药施用量连续三年实现负增长，质量兴农、绿色兴农成为现代农业的主旋律。

为确保农业发展的可持续性，农业支持保护的法律与政策体系也在逐步完善。我国实行最严格的耕地保护制度，划定永久基本农田 15.5 亿亩、粮食生产功能区和重要农产品保护区 10.58 亿亩。完善农产品价格形成机制和收储制度，建立生产者补贴制度，也都取得积极成果。

（2）农民收入持续稳定增长。在农业产业发展的带动下，2019 年全国农村居民人均可支配收入突破 1.6 万元，比 2010 年翻一番，增速连续 10 年高于城镇居民，城乡居民收入差距由 2015 年的 2.73∶1 缩小到 2019 年的 2.64∶1。[②] 为实现小农户与现代农业发展有机衔接，习近平总书记多次强调，要突出抓好农民合作社和家庭农场两类农业经营主体发展。到 2020 年底，通过实施家庭农场培育计划和农民合作社规范提升行动，全国家庭农场超过 100 万家，农民合作社超过 220 万家，支持农业生产性服务业发展，农业生产托管服务组织达到 44 万个，带动小农户进入农业现代化的轨道。

全面建成小康社会最艰巨、最繁重的任务在农村，没有农村的小康，特别是没有贫困地区的小康，就没有全面建成小康社会。党的十八大以来，平均每年 1 000 多万人脱贫，相当于一个中等国家的人口脱贫。贫困人口收入水平显著提高，全部实现"两不愁

---

① 资料来源：国家统计局《中华人民共和国 2020 年国民经济和社会发展统计公报》。
② 资料来源：国务院新闻办公室举行新闻发布会，农业农村部副部长在会上介绍情况，2020 年 10 月 27 日。

三保障"（脱贫群众不愁吃、不愁穿，义务教育、基本医疗、住房安全有保障），饮水安全也都有了保障。2 000 多万贫困患者得到分类救治，曾经被病魔困扰的家庭挺起了生活的脊梁。近 2 000 万贫困群众享受低保和特困救助供养，2 400 多万困难和重度残疾人拿到了生活和护理补贴。110 多万贫困群众当上护林员，守护绿水青山，换来了金山银山。2021 年 2 月 25 日，习近平总书记在全国脱贫攻坚总结表彰大会上发表重要讲话，向全世界庄严宣告，我国脱贫攻坚战取得了全面胜利，现行标准下 9 899 万农村贫困人口全部脱贫，832 个贫困县全部摘帽，12.8 万个贫困村全部出列，区域性整体贫困得到解决，完成了消除绝对贫困的艰巨任务，创造了又一个彪炳史册的人间奇迹。①

（3）农村基本经营制度逐步完善。改革开放后，我国确立了以家庭承包经营为基础、统分结合的双层经营体制。随着农村改革的不断深入，农村土地的家庭承包制度逐步完善。2002 年 8 月 29 日第九届全国人民代表大会常务委员会第二十九次会议审议通过《中华人民共和国农村土地承包法》（以下简称《农村土地承包法》），确立了稳定农村土地承包关系的基本法律制度。为适应农村土地集体所有权不变、农户土地承包权保持稳定和搞活农村土地经营权的农用土地"三权"分置改革举措，2018 年 12 月 29 日第十三届全国人民代表大会常务委员会第七次会议对《农村土地承包法》做了修正，确立了"三权"分置的制度体系，明确规定土地承包期限届满时再延长 30 年，2020 年，我国农村土地承包经营权确权登记颁证工作基本完成，让农民群众吃上了长效"定心丸"。同时，农村集体经营性建设用地入市、农村集体土地征收制度改革、农村闲置宅基地有偿退出和盘活利用改革也都在全面扎实推进。2020 年，农村集体资产清产核资工作顺利完成，全国共清查核实农村集体资产 6.5 万亿元、集体土地总面积 65.5 亿亩。有 43.8 万个村完成了经营性资产股份合作制改革，确认集体经济组织成员 6 亿多人。②党的二十大进一步要求，深化农村土地制度改革，赋予农民更加充分的财产权益。承包土地的"三权分置"改革的完善，也在不断拓宽农村财产权益实现的路径。

（4）农村基础设施得到显著改善，农村居民生活质量有了大幅度提高。长期以来，由于投入不足、管护不够，农村基础设施薄弱，农村公共事业发展缓慢，农村居民生活条件相对落后。在改革开放过程中，中央和地方各级人民政府下大力气改善农村基础设施，农业生产条件和农村居民生活质量得到显著提高，农民群众的获得感、幸福感显著增强。根据第三次全国农业普查数据，2016 年末，在乡镇地域范围内，有火车站的乡镇占 8.6%，有码头的乡镇占 7.7%，有高速公路出入口的乡镇占 21.5%；

---

① 参见习近平总书记在全国脱贫攻坚总结表彰大会上的讲话。
② 资料来源：农业农村部新闻办公室. 扎实开展全国农村集体资产清产核资工作——农业农村部有关负责人答记者问．（2020 - 07 - 10）[2020 - 09 - 20]. http：//www.moa.gov.cn/xw/zwdt/202007/t20200710_6348455.htm.

99.3%的村通公路。61.9%的村内主要道路有路灯。村委会到最远自然村、居民定居点距离以5千米以内为主。99.7%的村通电，11.9%的村通天然气。99.5%的村通电话，82.8%的村安装了有线电视，89.9%的村通宽带互联网，25.1%的村有电子商务配送站点。91.3%的乡镇集中或部分集中供水，90.8%的乡镇生活垃圾集中处理或部分集中处理。73.9%的村生活垃圾集中处理或部分集中处理，17.4%的村生活污水集中处理或部分集中处理，53.5%的村完成或部分完成改厕。使用水冲式卫生厕所的8 339万户，占36.2%；使用水冲式非卫生厕所的721万户，占3.1%；使用卫生旱厕的2 859万户，占12.4%；使用普通旱厕的10 639万户，占46.2%；无厕所的469万户，占2.0%。96.5%的乡镇有幼儿园、托儿所，98.0%的乡镇有小学。96.8%的乡镇有图书馆、文化站，11.9%的乡镇有剧场、影剧院，16.6%的乡镇有体育场馆，70.6%的乡镇有公园及休闲健身广场。41.3%的村有农民业余文化组织。99.9%的乡镇有医疗卫生机构，98.4%的乡镇有执业（助理）医师，81.9%的村有卫生室，54.9%的村有执业（助理）医师，66.8%的乡镇有社会福利收养性单位，56.4%的乡镇有本级政府创办的敬老院。99.5%的农户拥有自己的住房。其中，拥有1处住房的20 030万户，占87.0%；拥有2处住房的2 677万户，占11.6%；拥有3处及以上住房的196万户，占0.9%；拥有商品房的1 997万户，占8.7%。[①]

（5）乡村治理体系建设成效明显。为加强基层民主政治建设，充分保障农民的民主权利，改革开放初期，我国开始试行村民自治制度。1987年11月24日，第六届全国人民代表大会常务委员会第二十三次会议通过《中华人民共和国村民委员会组织法（试行）》（以下简称《村民委员会组织法（试行）》），确立了村民自治的基本要求，明确了村民委员会的性质、组成、机构、职责以及村民选举制度。1998年11月4日，第九届全国人民代表大会常务委员会第五次会议通过《中华人民共和国村民委员会组织法》（以下简称《村民委员会组织法》），该法后又经过修订或修正。我国的村民自治制度逐步完善。

党的十九大报告指出，"加强农村基层基础工作，健全自治、法治、德治相结合的乡村治理体系"。党的十九届四中全会提出"健全党组织领导的自治、法治、德治相结合的城乡基层治理体系"。《中共中央 国务院关于实施乡村振兴战略的意见》部署要求，推进乡村治理体系和治理能力现代化，夯实乡村振兴基层基础。中共中央办公厅、国务院办公厅印发的《关于加强和改进乡村治理的指导意见》，对乡村治理体系建设做出了全面部署。党组织领导的自治、法治、德治相结合的乡村治理体系初步建立，农村基层党组织的战斗堡垒作用和党员的先锋模范作用得到充分发挥，村民自治形式不断规范，法治乡村建设进一步加强，文明乡风的管理机制和工作制度基本健全。

（6）城乡融合发展迈出坚实步伐。城乡基本公共服务均等化扎实推进，建立了城

[①] 资料来源：国家统计局《第三次全国农业普查主要数据公报》。

乡居民基本养老保险制度、城乡居民基本医疗保险制度和大病保险制度，全国95%的县通过县域义务教育基本均衡发展评估认定，农业转移人口市民化取得重大进展，城乡均等的公共就业创业服务水平明显提升。

从我国农业发展的基本目标看，一是要为消费者提供安全、优质的农产品；二是要提高农业从业者的收入水平和生活质量；三是要合理利用农业自然资源，建立农业的可持续发展模式。当前，我国农业和农村经济进入新的发展阶段，面临的问题也比较突出。从农产品生产方式看，以企业、农民专业合作社为主体的规模化生产方式与以农户为主体的分散生产方式并存，农户生产规模小、组织化程度不高、技术手段落后、劳动生产率相对低下，小农户的生产方式与现代农业发展脱节。从农产品供求关系看，农产品供给的结构性矛盾突出，部分农产品不能适应消费者的需求，农产品的价格波动也影响生产者的收入。从农产品质量看，个别影响消费者健康的农产品仍然流入市场，全过程、可追溯的食用农产品安全保障体系不够健全。从农业可持续发展的角度看，农业资源相对短缺的压力凸显，生产方式上过度依赖化学投入品，农业发展与生态和环境保护之间没有形成良性互动关系。这些问题，将在长时间内影响我国农业和农村经济的持续健康发展。

思政启示

> 没有农业农村现代化，就没有整个国家现代化。习近平总书记指出："中国要强，农业必须强；中国要美，农村必须美；中国要富，农民必须富。""在向第二个百年奋斗目标迈进的历史关口，巩固和拓展脱贫攻坚成果，全面推进乡村振兴，加快农业农村现代化，是需要全党高度重视的一个关系大局的重大问题。"

在实施乡村振兴战略过程中，农业农村的经济地位和社会地位需要不断提高。2021年，《中共中央 国务院关于全面推进乡村振兴 加快农业农村现代化的意见》对新发展阶段优先发展农业农村、全面推进乡村振兴做出总体部署。当前和下一个发展阶段，要以习近平新时代中国特色社会主义思想为指导，坚定不移地贯彻新发展理念，坚持稳中求进工作总基调，坚持加强党对"三农"（农业、农村和农民）工作的全面领导，坚持农业农村优先发展，坚持农业现代化与农村现代化一体设计、一并推进，坚持创新驱动发展，为全面建设社会主义现代化国家开好局、起好步提供有力支撑。保障粮食安全、持续提高农民收入、巩固脱贫攻坚成果、加快农业农村基础设施现代化建设、实现城乡基本公共服务均等化目标、推进城乡融合发展，是新时期、新阶段农业农村发展的重要目标和基本任务。

二、农业农村政策与法律的基本特点

农业农村的高质量持续发展，离不开政策的引导与法律的规范。改革开放以来农业农村发展的历史经验证明，党中央、国务院颁布的一系列政策，在巩固农村基本经济制度，解放农业生产力和增加农产品有效供给，稳定增加农民收入和保障农民权益，培育新型农业经营主体和构建现代农业产业体系、生产体系、经营体系，促进农业农村现代化等方面，发挥着不可替代的作用。农业农村法律制度体系的构建，对于促进农业产业发展、保障粮食安全和农产品质量安全、充分保障农民的民主权利和经济利益、促进乡村公共事务和公益事业发展、实现乡村振兴目标等提供了重要的制度基础。

（一）农业农村政策的基本特点

改革开放以来，党中央发布了一系列有关农业农村改革的重要文件。1978年12月，党的十一届三中全会做出把党和国家的工作重心转移到经济建设上来的战略决策，标志着我国从此进入改革开放的历史新时期，迎来了具有深远意义的伟大转折。1982年至1986年，中央连续发布5个一号文件，从肯定家庭承包经营制度、改革农产品流通体制、鼓励发展乡镇企业等方面，排除了生产力发展的思想和体制障碍，为农村改革的顺利推进奠定了政策基础。1993年在《中共中央 国务院关于当前农业和农村经济发展的若干政策措施》中，首次明确规定在原来耕地承包期到期之后，再延长30年不变，提出在承包期内实行"增人不增地、减人不减地"的原则。党的十九大报告提出，巩固和完善农村基本经营制度，深化农村土地制度改革，完善承包地"三权"分置制度。保持土地承包关系稳定并长久不变，第二轮土地承包到期后再延长30年。我国以家庭承包为基础的农村基本经营制度逐步得到完善。

> 🔎 知识点
> 农业农村政策的基本特点

2004年至2021年，中央连续发布18个一号文件，从增加农民收入、提高农业综合生产能力、全面取消农业税、推进社会主义新农村建设、加强农业基础设施建设、统筹城乡发展、加快水利改革、农业科技创新、增强农村发展活力、推进农业现代化建设、实现全面小康社会、农业供给侧结构性改革、实施乡村振兴战略、坚持农业农村优先发展等方面对农业农村改革进行了全面部署。这些重要文件的发布，有利推动了我国农业农村改革的进程。

纵观改革开放以来我国农业农村政策的特点，归纳起来主要有以下方面：

1. 指导性和指引性

农业农村政策体现着党中央的大政方针，围绕农业农村改革和发展的重大问题做出全面部署，因此对各地农业农村工作的落实具有重大指导意义。例如，在第二轮土地承包即将到期时，党的十九大报告提出土地承包期在原有基础上再延长30年不变，既兼顾了土地承包关系稳定以保护农民财产权益的目标，也使承包农户和土地经营权人在土地上进行长期投入有了稳定预期。再如，一方面，由于农村人口结构的变化，越来越多的农村居民在城市落户或者进城居住，原有的按照"一户一宅"制度确立的农村宅基地大量闲置；另一方面，农村各项事业开展又迫切需要建设用地。针对这一问题，党中央及时出台相关文件，明确实施农村宅基地所有权、资格权和使用权的"三权"分置政策，鼓励通过各种方式探索农村宅基地有偿退出和盘活利用，有效解决了农民居住权保障和合理配置土地要素之间的矛盾。指导性是对各级人民政府和有关部门而言的，各级人民政府和有关部门可以按照党的方针政策及本地区、本部门特点，对方针政策的实施进行具体部署和落实。例如，上述党和国家关于农村土地政策的前瞻性部署，便于各级人民政府和有关部门处理农村土地问题，按照城乡融合发展目标合理配置土地要素。指引性是指农业农村政策有明确的原则和措施，各相关利益主体能够了解国家政策支持什么、限制什么，进而可以根据党的方针政策确定的方向合理行使权利，根据政策要求和自身特点进行生产经营决策，确定自己的行为方式。例如，延长土地承包期的政策明确以后，承包农户既可以选择自己经营承包地获取生产经营性收入，也可以通过各种方式流转承包地获取财产性收入；土地经营权流转的受让方可以持续对土地进行长期投资以获取稳定收益。再如，国家出台的一系列培育新型农业经营主体的政策，鼓励农民合作社和家庭农场发展，并且明确了对农民合作社和家庭农场的一系列支持措施。

2. 时效性和针对性

农业农村的发展阶段不同，各历史阶段的主要任务也不同。如果条件和环境变化，农业农村政策就需要适时调整和完善。例如，有关农民专业合作社发展的政策，围绕2007年《中华人民共和国农民专业合作社法》（以下简称《农民专业合作社法》）实施，政策的重心是通过财政补贴、税收优惠等措施支持农民专业合作社发展，在合作社发展的过程中，资金成为其发展的瓶颈。中央出台鼓励金融机构支持合作社发展的政策，并且明确允许有条件的农民合作社开展内部资金互助。在政策的刺激下，合作社数量快速增长，但总体发展质量不高，甚至有不少农民合作社出现空壳化现象，部分合作社内部运行机制不规范。针对这一问题，国家适时出台了一系列有关合作社规范发展的政策，对没有开展实际生产经营活动的"空壳社"进行清理，指导部分地区开展合作社质量提升整县推进试点。再如，受各种因素影响，农民的种粮积极性受挫。自2004年以来，中央提出了一系列鼓励粮食生产的措施，极大地调动了农民和各类农业生产经营组织的种粮积极性，粮食产量持续增长。此后，农产品供给结构不合理的现象凸显，玉米的临时储备量持续增加导致库存压力，在进口大豆的冲击下国产大豆产量远远不能满足需求，为此，2016年政府实行玉米收储政策改革，取消了玉米临时收储政策，实行"市场定价、价补分离"政策，同时通过政策手段激励大豆生产。在农业供给侧结构性改革的总体政策干预下，我国的农产品供给结构逐步趋于合理。

3. 全局性和差异性

基于不同时期我国农业农村发展的实际，国家会出台政策全面部署各地方的农业农村发展，这体现了政策的全局性。例如，关于农村集体经营性建设用地入市政策，为落实党的十八届三中全会决定关于农村土地征收、集体经营性建设用地入市和宅基地制度改革的要求，2014年12月中共中央办公厅、国务院办公厅印发《关于农村土地征收、集体经营性建设用地入市、宅基地制度改革试点工作的意见》，决定在全国选取30个左右县（市、区）行政区域进行试点。从2015年起，按照中央部署和全国人民代表大会常务委员会的决定，在全国选择33个县（市、区）进行试点，允许试点县（市、区）暂停有关法律的实施，积极探索集体经营性建设用地入市的途径和机制。在对试点地区经验总结的基础上，第十三届全国人民代表大会常务委员会第十二次会议于2019年8月26日修订的《中华人民共和国土地管理法》（以下简称《土地管理法》）对集体经营性建设用地入市问题做出了全面规定。另外，我国幅员辽阔，各地自然条件和发展水平差异较大，需要根据各地特点制定倾斜性政策，以体现差异性特点，实现区域间协调发展。再如，在扶贫政策方面，考虑到我国的贫困人口主要集中在中西部地区，中央会在脱贫攻坚战实施过程中对中西部地区发展做出特别规定，通过东西部扶贫协作，由我国东部经济相对发达的江苏等9省市对口帮扶陕西等14个中西部经济相对欠发达地区。在脱贫攻坚战实施过程中，根据中央的统一部署，按照发展生产脱贫一批、易地扶贫搬迁脱贫一批、生态补偿脱贫一批、发展教育脱贫一批、社会保障兜底一批的五个"一批"，以及扶贫对象精准、项目安排精准、资金使用精准、措施到户精准、因村派人精准、脱贫成效精准的六个"精准"的要求，各地方，尤其是贫困地区，都制定了符合本地贫困状况特点的具体措施，有力保障了脱贫攻坚战的全面胜利。农业产业发展政策也是如此，中央出台了方向性的关于推进农业产业发展的统一政策，各地方也都根据本地的资源禀赋和产业发展特点，制定了更切合本地实际的农业产业发展政策。

4. 连续性和稳定性

尽管各个历史时期党的农业农村政策会根据实际情况做出调整，但总体上看，农业农村政策具有连续性和稳定性的特点。例如，农村土地的家庭承包经营制度，从改革开放初期的家庭联产承包责任制，到"交够国家的、留足集体的、剩下都是自己的"大包干，再到农村承包土地"所有权保持不变、稳定承包权、搞活经营权"的"三权"分置，再到第二轮土地承包到期后再延长30年，政策的核心都是强调赋予农民长期稳定的土地承包经营权，保护农民在承包土地上的财产权利，并在此基础上探索土地要素的合理配置。再如，党中央始终强调农民权益的保护，从颁布《农民承担费用和劳务管理条例》，规范面向农民的提留、统筹以及严格限制要求农民出钱、出物、出力的达标升级验收活动，禁止没有法律法规依据的各种收费、摊派、罚款和非法集资，到全面取消农业税，再到实施各项农业补贴政策，在降低农民负担的同时，按照"多予、少取、放活"的方针，赋予农民更充分的财产权利，给农民更多政策倾斜。

5. 丰富性和灵活性

党的农业农村政策涉及农业产业发展和农村社会发展的方方面面，内涵非常丰富。纵观改革开放以来的中央主要政策，既涉及农村基本经营制度、粮食安全与食品安全、种植业和畜牧业发展、乡镇企业及乡村一二三产业融合、农业生产经营主体培育与农民合作社的规范发展、农业资源与农村环境保护及可持续发展等与农业农村产业发展相关的重大基础问题，也涉及村民自治、德治与法治相结合的乡村治理体系和治理能力现代化问题，还涉及农产品流通体制改革、农业市场化改革、农业供给侧结构性改革、土地要素盘活利用等协调政府指导与发挥市场在资源配置中的决定性作用的关系问题，城市化进程中的农民权益保护与农村民主政治改革和乡村治理体系、治理能力现代化问题，脱贫攻坚与乡村振兴有效衔接、小农户与现代农业发展有机衔接等公平发展问题，以及协调城乡关系的农村劳动力转移、土地征收、农村社会保障制度改革等公平分享改革成果问题。纵观改革开放以来的农业农村政策，从农业现代化到农村现代化再到创新融合，内容非常丰富。总体上讲，中央出台各项农业农村政策，都是为了谋取大多数农民的最大福利，但在政策实施过程中，鼓励各地方根据本地特点，创造性地灵活运用党的农业农村政策。

例如，加强生态环境保护，促进农业可持续发展，是党的农业农村政策的重要组成部分，但我国各地的生态脆弱性程度不同，各地方可以根据本地特点，制定更具特色的保护生态环境与促进农业农村发展的具体政策。以草原地区为例，由于不同地方畜牧业发展与环境适应性的关系存在差异，因此需要根据草原生态的脆弱程度，由各地方分别情况制定禁牧、休牧和划区轮牧等不同政策。又如，为实施脱贫攻坚战，贫困地区可以根据本地特点和脱贫攻坚的实际需求，对涉农资金进行整合使用。

再如，《乡村振兴战略规划（2018—2022年）》从总体要求、指导思想和基本原则、发展目标、远景谋划、统筹城乡发展空间、优化乡村发展布局、分类推进乡村发展、坚决打好精准脱贫攻坚战等方面对乡村振兴战略实施做出了统一而详尽的安排，但在规划制定和实施过程中，又赋予各地方、各部门充分的自主权，灵活制定本地的乡村振兴战略实施规划。

6. 保障性和配套性

农业农村政策的实施，是一系列政策手段综合运用的结果。党的农业农村政策，不仅提出农业农村发展的目标和原则,也会从运行机制和保障措施等方面提出具体要求。

例如,党的十九届五中全会审议通过的《中共中央关于制定国民经济和社会发展第十四个五年规划和二〇三五年远景目标的建议》提出了"十四五"时期经济社会发展指导思想,即坚持以马克思列宁主义、毛泽东思想、邓小平理论、"三个代表"重要思想、科学发展观、习近平新时代中国特色社会主义思想为指导,深入贯彻党的十九大和十九届二中、三中、四中、五中全会精神,贯彻落实中央经济工作会议精神,统筹推进经济建设、政治建设、文化建设、社会建设、生态文明建设的总体布局,协调推进全面建设社会主义现代化国家、全面深化改革、全面依法治国、全面从严治党的战略布局,坚定不移贯彻新发展理念,坚持稳中求进工作总基调,坚持加强党对"三农"工作的全面领导,坚持农业农村优先发展,坚持农业现代化与农村现代化一体设计、一并推进,坚持创新驱动发展,以推动高质量发展为主题,统筹发展和安全,落实加快构建新发展格局要求,巩固和完善农村基本经营制度,深入推进农业供给侧结构性改革,把乡村建设摆在社会主义现代化建设的重要位置,全面推进乡村产业、人才、文化、生态、组织振兴,充分发挥农业产品供给、生态屏障、文化传承等功能,走中国特色社会主义乡村振兴道路,推动形成工农互促、城乡互补、协调发展、共同繁荣的新型工农城乡关系,加快农业农村现代化,促进农业高质高效、乡村宜居宜业、农民富裕富足,为全面建设社会主义现代化国家开好局、起好步提供有力支撑。同时,提出了加快农业农村现代化的目标任务,并从实现巩固拓展脱贫攻坚成果同乡村振兴有效衔接、提升粮食和重要农产品供给保障能力、打好种业翻身仗、坚决守住18亿亩耕地红线、强化现代农业科技和物质装备支撑、构建现代乡村产业体系、推进农业绿色发展、推进现代农业经营体系建设八个方面提出了实现农业现代化的具体政策要求,从加快推进村庄规划工作、加强乡村公共基础设施建设、实施农村人居环境整治提升五年行动、提升农村基本公共服务水平、全面促进农村消费、加快县域内城乡融合发展、强化农业农村优先发展投入保障和深入推进农村改革八个方面提出了实施乡村建设行动的政策要点,还强调了强化五级书记抓乡村振兴的工作机制、加强党委农村工作领导小组和工作机构建设、加强党的农村基层组织建设和乡村治理、加强新时代农村精神文明建设、健全乡村振兴考核落实机制等组织和机制保障措施。既有明确方向,又有指导原则、具体措施、保障机制,是党的农业农村政策的体系化思想的体现。

同时,在各项政策的实施过程中,除党中央关于农业农村政策的总体部署外,各地方和有关部门也会根据中央要求制定一系列配套措施。例如,在实施脱贫攻坚战的过程中,中央有明确要求和总体部署,各地方和相关部门也根据中央的统一要求制定了一系列配套措施，使中央提出的五个"一批"、六个"精准"能够得到全面贯彻。

（二）农业农村法律的基本特点

> 知识点
> 农业农村法律的基本特点

1. 严谨规范性

党的农业农村政策是法律的灵魂和基石，农业农村法律是党的农业农村政策的具体体现。为了保障党的农业农村政策的有效实施，需要将长期稳定以及实践证明行之有效的党的农业农村政策及时上升为农业农村法律。农业农村法律与农业农村政策的主要区别，首先体现在其严谨规范性方面。农业农村法律有独特的价值理念，并基于该理念将农业农村政策转化为法律语言。法律语言的特性首先表现在严谨规范性方面，确保法律实施过程中不会出现分歧和偏差。

例如，关于农村承包地的"三权"分置，中央政策虽然提出了明确要求，但如何在稳定农村土地承包关系的基础上搞活土地经营权，实践中遇到的问题非常复杂。土地经营权人是否可以就其通过流转方式受让的土地经营权再行流转或者设定抵押？当土地经营权再流转或者抵押可能对承包农民的权益造成影响时，如何保护承包农民的权益？这些问题本质上涉及农民基于土地承包关系形成的财产权益和生计保障功能与土地作为生产要素的合理配置之间的冲突。针对这些问题，《农村土地承包法》首先明确了土地经营权流转是承包方的基本权利，土地经营权流转须坚持依法、自愿、有偿原则，同时强调土地经营权人的合法权益受法律保护，任何单位和个人不得侵犯。《农村土地承包法》第四十四条强调，承包方流转土地经营权的，其与发包方的承包关系不变。第四十六条规定，经承包方书面同意，并向本集体经济组织备案，受让方可以再流转土地经营权。第四十七条规定，受让方通过流转取得的土地经营权，经承包方书面同意并向发包方备案。在上述法律制度中，既强调了土地经营权人的基本权利，又强调了土地经营权人行使权利可能影响土地承包人权益时须履行经承包方书面同意并向发包方备案的法律程序。

再如，农村居民到城市落户，从政策上讲是鼓励的，但进城落户的农民的承包土地和宅基地如何处理，是在政策实施过程中必须明确的。《农村土地承包法》第二十七条为此专门规定，国家保护进城农户的土地承包经营权。不得以退出土地承包经营权作为农户进城落户的条件。承包期内，承包农户进城落户的，引导支持其按照自愿有偿原则依法在本集体经济组织内转让土地承包经营权或者将承包地交回发包方，也可以鼓励其流转土地经营权。法律规范须符合假定、处理、后果三要素，因此在立法中必须明确法律制度适用的前提和条件，明确哪些行为是鼓励的，哪些行为是闲置的，哪些行为是禁止的，并强调合法行为及非法行为的法律后果。

从这些方面看，与农业农村政策相比较，农业农村法律在强调制度价值的同时，更突出法律规范的严谨。例如，农业机械的现代化是农业现代化的重要组成部分，国家政策鼓励发展先进适用的农业机械，但什么是先进适用的农业机械？因农业机械的质量不合格对农业生产者造成损失的，如何处理？相关部门或者机构违反法律规定强制要求农机鉴定造成农机生产经营者损失的，如何处理？《中华人民共和国农业机械化促进法》（以下简称《农业机械化促进法》）第十六条规定："国家支持向农民和农业生产经营组织推广先进适用的农业机械产品。推广农业机械产品，应当适应当地农业发展的需要，并依照农业技术推广法的规定，在推广地区经过试验证明具有先进性和适用性。"第十八条第二款规定："列入前款目录的产品，应当由农业机械生产者自愿提出申请，并通过农业机械试验鉴定机构进行的先进性、适用性、安全性和可靠性鉴定。"第三十三条规定："国务院农业行政主管部门和县级以上地方人民政府主管农业机械化工作的部门违反本法规定，强制或者变相强制农业机械生产者、销售者对其生产、销售的农业机械产品进行鉴定的，由上级主管机关或者监察机关责令限期改正，并对直接负责的主管人员和其他直接责任人员给予行政处分。"这些规定，既明确了法律适用的前提，也明确了当事人的权利和义务，以及权利被侵害的救济和行为违法的处罚后果。

2. 长期稳定性

与农业农村政策的实效性和灵活性不同，尽管农业农村法律也强调要根据实践需求及时修订，但总体上讲，农业农村法律更强调农村经济社会关系的稳定性。

例如，2002年颁布、2018年修订的《农村土地承包法》，规定了一系列保持农村土地承包关系稳定的法律制度。实践中，由于全国大多数地方的第二轮土地承包即将陆续到期，对土地承包关系稳定、土地经营权流转关系稳定、土地收益分配关系稳定都可能带来影响。从土地承包关系稳定出发，法律坚持土地承包期须符合法律和政策规定，明确了向农户颁发土地承包经营权证、林权证等证书的规定，严格限制或者禁止在承包期内收回农户的承包地或者调整承包地，这些都是基于农户承包土地权益稳定设立的强制性法律规范。从土地经营权流转关系稳定出发，法律确立了相关制度，来维护土地出租、入股等法律行为的正当性和合法性，保护土地经营权人依法利用土地、依法再流转土地经营权和依法依土地经营权进行融资担保的权利，土地经营权流转登记制度也是保障土地经营权流转关系稳定的重要法律制度安排。关于土地收益分配关系稳定，法律中规定了土地经营权流转合同订立时以土地经营权流转价格为基础的流转合同的内容，明确了土地被依法征收时征收补偿款的归属，土地经营权人在土地上增设形成的田间道路、机井等请求土地承包人补偿的权利，以及国家财政支农资金及其收益的归属等内容，这些规定，对于合理划分土地承包人和土地经营权人的权益关系，稳定土地收益分配关系等具有重大意义。从立法意旨看，农村土地承包的法律制度，既强调了土地经营权搞活目标下的自由流转，又强调了农村土地承包关系稳定。另外，在农业农村相关法律的修订和制度的完善过程中，对于农业产业持续发展、农民权益保护、农村社会发展和农民社会保障等，也都保持了法律制度的长期稳定性。

3. 可操作性

突出可操作性，是农业农村法律的基本特点，也是农业农村立法的基本要求。

例如，在农村基本经营制度方面，党的十九大报告明确了第二轮土地承包到期后再延长30年的政策。但是，如何理解土地承包期的延长？是在本集体经济组织内部重新确定承包关系，明确发包方和承包方的权利义务，还是在权利义务保持不变的条件下直接延长土地承包期？耕地、草地和林地的承包期不同，是都在同一试点上延长承包期还是允许差异化处理不同土地的承包期延长问题？各地方以至各乡村以及各农村集体经济组织在土地承包期延长实践中有没有自由裁量权？对于这些问题，修订后的《农村土地承包法》第二十一条规定："耕地的承包期为三十年。草地的承包期为三十年至五十年。林地的承包期为三十年至七十年。前款规定的耕地承包期届满后再延长三十年，草地、林地承包期届满后依照前款规定相应延长。"这项法律规定，从严谨的法律逻辑出发，针对实践中可能出现的各种问题，做出了更符合实际的规定。再如，对于承包农户进城落户的问题，2002年《农村土地承包法》规定，如果承包农户全家迁入设区的市，并转为非农业人口，发包方可以收回其承包的耕地和草地。2018年《农村土地承包法》删除了这一规定，明确进城落户的承包农户可以自愿交回承包地，也可以保留土地承包权流转土地经营权，但发包方不得再因承包农户进城落户收回承包地。这些法律规定，指明了实践中处理土地承包关系各种矛盾和问题的法律路径。

再如，《农民专业合作社法》规定了农民专业合作社应当遵循的基本原则，其中入社自愿、退社自由是体现农民专业合作社互助性经济组织的重要原则。实践中，如何理解和实现退社自由原则？按照法律规定，一是合作社应当为每个成员设置成员账户，强调合作社的成员出资额和量化的公积金份额应当记载在其成员账户中，如果成员退社，有权请求合作社返还其在成员账户中记载的出资额和量化的公积金份额。二是关于成员退社时的财务处理。《农民专业合作社法》第二十五条规定，农民专业合作社成员要求退社的，应当在会计年度终了的三个月前向理事长或者理事会提出书面申请；其中，企业、事业单位或者社会组织成员退社，应当在会计年度终了的六个月前提出；章程另有规定的，从其规定。退社成员的成员资格自会计年度终了时终止。为体现农民在农民专业合作社中的主体地位，法律明确要求农民专业合作社的成员总数中农民成员不低于 80% 的规定,但当由农民成员退社导致合作社成员中的农民成员不符合法定比例时,《农民专业合作社登记管理条例》第二十二条第二款规定,农民专业合作社因成员发生变更,使农民成员低于法定比例的,应当自事由发生之日起六个月内采取吸收新的农民成员入社等方式使农民成员达到法定比例。

4. 可预测性

法律的可预测性是指,由于法的存在,人们有可能预见到国家对自己或他人的行为会持什么态度。即人们事前可以估计到自己或他人的行为是合法的还是违法的、在法律上是有效的还是无效的,会有什么法律后果等。农业农村法律也有一般法律所具有的可预测性特点。

例如,《中华人民共和国土地管理法》确立的农村宅基地制度,首要目标是保障作为农村集体经济组织成员的农户的户有所居的权利,农户是否能够申请宅基地使用权,首先要看其是否具备农村集体经济组织成员身份;其次,按照"一户一宅"原则,如果农户已经有了宅基地,或者农户出卖、出租、赠与住宅后再申请宅基地,不予批准。再如,《中华人民共和国农产品质量安全法》(以下简称《农产品质量安全法》)从保障农产品质量安全的目标出发,对于农药、兽药、饲料和饲料添加剂、肥料、兽医器械等农业投入品的生产、经营和使用有严格规定。《农产品质量安全法》第二十五条明确要求农产品生产者应当按照法律、行政法规和国务院农业行政主管部门的规定,合理使用农业投入品,严格执行农业投入品使用安全间隔期或者休药期的规定,防止危及农产品质量安全。禁止在农产品生产过程中使用国家明令禁止使用的农业投入品。农产品生产经营者可以在从事农业生产经营活动时预测到农业投入品使用的条件和要求,也可以预测到其行为如果不符合法律规定,就应当根据《农产品质量安全法》第四十六条的规定承担相应的法律后果。因此,法律的可预测性,对规范相关主体的行为有非常重要的作用。

5. 效力层级性

不同的法律有不同的效力层级。宪法是我国的根本大法,具有最高的法律效力,一切法律法规的制定均须以宪法为依据,不得违背宪法规定;由全国人民代表大会及其常务委员会颁布的法律,其法律效力次于宪法,行政法规、地方性法规和部门规章不得与法律相抵触。行政法规是国家最高行政机关——国务院根据宪法和法律就有关执行法律和履行行政管理职权的问题,以及依据全国人民代表大会的特别授权所制定的规范性文件的总称,其法律地位和法律效力次于宪法和法律,但高于地方性法规和部门规章。地方性法规是指依法由有地方立法权的地方人民代表大会及其常务委员会就地方性事务以及根据本地区实际情况执行法律、行政法规的需要所制定的规范性文件。地方性法规只在本地区内有效。部门规章是指国务院各部、委及其所属具有行政管理职能的直属机构，以及省、自治区、直辖市人民政府和较大的市的人民政府所制定的规范性文件，其内容限于执行法律、行政法规、地方性法规的规定，以及相关的具体行政管理事项。自治条例是指根据《中华人民共和国宪法》（以下简称《宪法》）和《中华人民共和国民族区域自治法》的规定，民族自治地方的人民代表大会有权依照当地民族的政治、经济和文化的特点，制定自治条例和单行条例，其适用范围是该民族自治地方。法律的效力层级在体现国家法治统一的同时，也体现了根据农业农村发展需要制定专门法律，根据法律实施的必要制定具体细则，根据各地方实际和部门工作需要制定法律实施的具体措施。

例如，我国《宪法》规定了家庭承包经营为基础的农村基本经营制度，根据《宪法》的规定，《农村土地承包法》明确了土地承包关系稳定和土地经营权搞活的具体法律制度，各有关地方立法机关根据《农村土地承包法》的规定，结合本地实际，相继出台了《农村土地承包法》实施条例和实施细则。其中，《农村土地承包法》规定了土地承包期内不得调整承包地的原则，同时规定了因自然灾害严重毁损承包地等特殊情形需要调整承包地的条件和程序，但这里的"特殊情形"到底怎么理解，各地情况差异较大，就可以根据法律规定的原则和精神，结合本地实际，对承包地必须调整时的"特殊情形"做出详尽解释。再如，《农民专业合作社法》颁布实施后，国务院颁布了《农民专业合作社登记管理条例》，以法律规定的合作社登记制度为基础，在登记条件、登记程序等方面做出了更为具体和可操作的规定，各地方又根据本地实际陆续制定了相关的农民专业合作社条例、办法等，从农民专业合作社的内部治理、运行机制和地方性支持措施等方面做出了更符合本地实际的具体规定。

三、本课程关注的基本问题

"农村政策法规"是国家开放大学"一村一名大学生计划"的一门专业基础课，是行政管理专业（村镇管理方向）的统设必修课，是"农村行政管理""农村经济管理""农村信息管理""农村金融管理"等专业的统设选修课，有着明确的教学目的和要求。农业农村政策与法规涉及的内容广且繁杂，学好这门课程，对同学们而言是个不小的挑战。为此，同学们需要在课程学习之前，了解本课程关注的基本问题，亦即本课程学习过程中需要特别关注的重点。

总体上看，农业农村政策与法规的核心问题始终没有脱离农村基本经营制度稳定、促进乡村振兴的法律措施、小农户与现代农业发展有机衔接、农业生产经营组织方式的改革与完善、农产品质量安全、农业的可持续发展和农村公共事务管理等方面。具体而言，从历史和现实的角度看，本课程关注的基本问题如下：

> 知识点
> 本课程关注的基本问题

（一）农业农村基本政策与法律制度

促进农业产业发展，保障粮食安全，增加农民收入，为消费者提供更为丰富的优质农产品，是农业发展的主要目标。基于农业比较利益低、风险大的特性，需要加大对农业的支持与保护力度，促进农业及各个产业部门发展。为此，本课程对下列方面给予高度关注：

1. 农业农村政策与法律的基本特点

实现农业和农村现代化，既需要政策调整，也需要法律规范。第一章主要介绍了农业农村政策的基本特点与基本框架、农业农村法律的基本特点与农业农村法律制度体系。同学们在学习这部分内容时，需要重点关注农业农村政策与法律的特点，了解我国农业农村政策的基本框架和农业农村法律制度体系。

2. 农业农村基本法律制度

2002年修订的《中华人民共和国农业法》（以下简称《农业法》）是我国农业领域的基本法，对农业发展的基本目标、原则，农业生产经营体制，农业生产，粮食安全，农产品流通与加工，农业科技与农业教育，农业投入与支持保护，农业资源与农业环境保护，农民权益保护等做出了原则性规定。这些规定，确立了我国农业农村经济发展的重要制度，同学们在学习这部分内容时，需要重点关注粮食安全、农产品流通与加工、农业投入与支持保护等规定。《中华人民共和国乡村振兴促进法》（以下简称《乡村振兴促进法》）是为了实施乡村振兴战略，由立法机关专门制定的重要法律。这部法律围绕产业发展、人才支撑、文化繁荣、生态保护、组织建设五大目标，制定了一系列重要制度。同时，国家也出台了一系列促进乡村振兴的政策文件，并对实施乡村振兴战略做出了全面部署。同学们在学习过程中，应当重点关注国家推进乡村振兴的主要政策和法律。

（二）农村土地制度

从宪法和法律的规定看，农村土地包括农用地、农村集体建设用地和荒山、荒沟、荒丘、荒滩等农村集体所有的未利用地。由于农业和农村经济发展、农村社会发展的关系越来越密切，农用地、农村集体建设用地之间的区分和法律制度安排也变得越来越复杂。因此，第三章"农村土地法律与政策"，既关注农用地问题，也关注农村集体经营性建设用地、农村集体公益性建设用地和农村宅基地等相关政策与法律规定。具体而言，本课程对以下方面给予关注：

1. 农村土地权属问题

《宪法》《土地管理法》《农业法》《中华人民共和国民法典》（以下简称《民法典》）等对农村土地权属已经做出了明确规定，如《土地管理法》第二条第一款规定："中华人民共和国实行土地的社会主义公有制，即全民所有制和劳动群众集体所有制。"第九条规定："城市市区的土地属于国家所有。农村和城市郊区的土地，除由法律规定属于国家所有的以外，属于农民集体所有；宅基地和自留地、自留山，属于农民集体所有。"在现行法中，也规定了通过土地征收的方式可以将集体所有的土地转为国有土地。在农村土地权属方面，需要研究讨论的问题包括：征收农村集体土地的学理依据、范围、程序、补偿机制等；农村集体土地所有权的实现方式；农村集体经营性建设用地入市的条件和程序；农村集体公益性建设用地的管理；农村宅基地制度和财产权实现问题等。

广义上讲，农村土地权属既包括土地的所有权，也包括土地的使用权。按照我国法律规定，农村土地的使用权主要通过家庭承包的方式确定。在试点基础上，《土地管理法》对农村集体经营性建设用地入市以及土地征收、征用制度做出了明确规定，农村宅基地制度也在逐步探索完善中。2018年《中共中央 国务院关于实施乡村振兴战略的意见》指出，完善农村闲置宅基地和闲置农房政策，探索宅基地所有权、资格权、使用权"三权"分置，落实宅基地集体所有权，保障宅基地农户资格权和农民住房财产权，适度放活宅基地和农民房屋使用权，不得违规违法买卖宅基地，严格实行土地用途管制，严格禁止下乡利用农村宅基地建设别墅大院和私人会馆。基于历史和现实原因，农村宅基地的问题比较复杂，从农业法学科的角度看，既涉及农村宅基地使用权的取得与实现，也涉及农民住房财产权保障，还涉及在宅基地功能变迁的背景下农民生活方式的变化，以及一二三产业融合发展过程中建设用地的充分供给等。对同学们而言，需要充分理解我国农村土地的社会主义公有制，了解法律关于农村土地权属的具体规定，以及在农村土地权属关系改革中的主要政策精神。

2. 农用地承包关系稳定与土地要素合理配置问题

农村土地的家庭承包经营，是我国基本经济制度的基础。《民法典》和《农村土地承包法》中对于家庭承包、其他方式的承包以及土地经营权流转等已经做了较为明确的规定。从政策层面看，中央提出农村土地集体所有权保持不变、稳定农户承包权和放活土地经营权的"三权"分置政策后，土地租赁、入股等流转关系越来越活跃，市场在土地要素配置中的作用越来越显著。我国很多地方的二轮土地承包将陆续到期，党的十九大报告提出，保持土地承包关系稳定并长久不变，第二轮土地承包到期后再延长30年。从理论上讲，较长的承包期意味着农民土地权利更加巩固，但实践中，如何在农村土地集体所有权保持不变的前提下，构建更为稳定的农村土地承包关系，如何建立和完善有利于土地经营权流转的法律机制，土地经营权流转中如何平衡土地承包人和经营权人的利益关系等，仍然是本课程需要特别关注的。对同学们而言，在本课程的学习过程中，需要充分理解我国关于农村承包土地"三权"分置的政策内涵，以及《农村土地承包法》中关于稳定农村土地承包关系和搞活土地经营权的具体制度安排。

3. 农村集体建设用地入市及农村闲置宅基地有偿退出和盘活利用问题

农村集体建设用地入市，是依法保障农村集体经济组织及农民的土地权利，充分利用土地资源的重要制度安排，这在相关法律和政策中都有明确规定。在了解相关法律与政策的基础上，本课程认为，与国有建设用地同地同权，是实现农村集体建设用地同地同价的基础，那么，如何构建与国有建设用地相同的权利内涵以及权利实现方式，是改革过程中需要进一步回应的法律和政策问题。同学们在学习这部分内容时，需要重点了解农村集体建设用地入市的主要法律和政策规定。

在一户一宅、无偿取得、永久使用的宅基地制度中，作为农村集体经济组织的福利性分配财产，宅基地闲置现象非常突出。中央有关农村宅基地制度改革意见中，已经明确建立闲置宅基地有偿退出和盘活利用制度。如何理解中央精神及相关法律关于农村宅基地的制度，如何构建农村闲置宅基地有偿退出的条件和程序，通过何种路径实现农村闲置宅基地的盘活利用等，需要明确。在学习有关农村宅基地制度时，需要重点了解《土地管理法》中关于农村宅基地的主要制度，了解国家有关农村宅基地制度改革的政策精神。

（三）农业和农村经济组织制度

我国的农业生产经营组织包括农业企业、农村集体经济组织和农民专业合作社，另外还有体现农村民主政治的主要组织形式——村民自治组织和其他农村社会组织。我国农业生产地域分散，需要通过组织方式的创新解决分散经营的小农户在进入市场时面临的信息不畅、竞争力弱等问题。因此，提高农业生产的组织化程度和农产品进入市场的组织化程度非常迫切。以农村集体经济组织为主体，发挥农业产业化龙头企业的引领作用，为分散经营的小农户提供生产经营服务，也是非常必要的。本课程对农业和农村经济组织制度的关注主要包括以下几个方面：

1. 农村集体经济组织的法律和政策问题

《宪法》第六条第二款规定："国家在社会主义初级阶段，坚持公有制为主体、多种所有制经济共同发展的基本经济制度，坚持按劳分配为主体、多种分配方式并存的分配制度。"在农村地区，国家通过农业社会主义改造，逐步实现了土地等主要生产资料的社会主义集体所有制。按照《土地管理法》和《农业法》的规定，我国农村土地的集体所有包括村农民集体所有、乡镇农民集体所有以及村内两个以上的农民集体分别所有三种形式。基于法律规定，农村集体经济组织是土地等生产资料集体所有的代表者，依法行使对集体土地，以及法律规定属于集体所有的森林和山岭、草原、荒地、滩涂等财产的经营、管理职能。当前，我国正在制定《农村集体经济组织法》。关于农村集体经济组织的法律地位、组织特征、管理机制、利益分配等问题以及农村集体经济的实现形式问题，是本课程重点关注的方面。同学们在学习过程中，需要关注《农村集体经济组织法》的立法进程。

2. 农民专业合作社的法律和政策问题

农民专业合作社发源于20世纪80年代中后期，是农业产业化经营的进一步发展，也是当前引领农民走向市场的主要组织方式。2006年，第九届全国人民代表大会常务委员会第二十四次会议通过《农民专业合作社法》。该法对推进农民专业合作社的发展，规范农民专业合作社的组织和行为，保护农民专业合作社及其成员的权益，发挥了很大作用。2017年12月27日，第十二届全国人民代表大会常务委员会第三十一次会议又对《农民专业合作社法》进行了修订。同学们在学习农民专业合作社的法律和政策时，需要重点了解农民专业合作社的法律特征与基本原则、农民专业合作社的成员资格及成员结构、农民专业合作社的机构设置及其职权，以及成员账户、公积金、盈余分配等相关财产制度，了解国家对农民专业合作社发展的主要支持政策。

（四）农产品质量安全与食品安全的法律与政策

俗话说，民以食为天，食以安为先。农产品，尤其是食用农产品的质量安全直接关系到消费者的健康。中央高度关注农产品质量安全和食品安全，颁布过一系列保障农产品质量安全和食品安全的重要文件，全社会对这一问题也非常重视。我国曾经出现过诸如瘦肉精事件、注水肉事件、毒韭菜事件，以及农药兽药严重超标、违规滥用食品添加剂或者在食品生产过程中添加损害消费者健康的物质等严重问题。为此，必须建立行之有效的法律制度，从法律上严格管理。自2006年11月1日起施行的《农产品质量安全法》，根据从田间到餐桌全过程管理的立法思路，从农产品质量安全标准、农产品产地、农产品生产、农产品包装和标识等方面对农产品质量安全做了全面规定。2009年颁布、经2015年和2018年两次修订的《中华人民共和国食品安全法》（以下简称《食品安全法》），对食品安全风险监测和评估、食品安全标准、食品生产经营、食品检验、食品进出口、食品安全事故处置等方面做了全面规定，建立了一整套保障食品安全的法律制度。同学们在学习这部分内容时，需要重点关注我国关于农产品质量安全和食品安全的主要法律与政策。

（五）自然资源和生态环境保护的法律与政策

农业是一个资源型产业，尽管近年来工厂化农业和设施农业快速发展，但总体上看农业对自然资源仍然有高度依赖性。要保障农业的可持续发展，就必须妥善处理自然资源保护与利用之间的关系。《中共中央 国务院关于实施乡村振兴战略的意见》指出，农村环境和生态问题比较突出是我国发展不平衡不充分问题在乡村的主要表现之一。该意见要求，坚持人与自然和谐共生。牢固树立和践行绿水青山就是金山银山的理念，落实节约优先、保护优先、自然恢复为主的方针，统筹山水林田湖草系统治理，严守生态保护红线，以绿色发展引领乡村振兴。在立法方面，我国相继出台了《中华人民共和国森林法》（以下简称《森林法》）、《中华人民共和国草原法》（以下简称《草原法》）等一系列有关自然资源保护与利用的法律，以及《中华人民共和国土壤污染防治法》（以下简称《土壤污染防治法》）等生态环境保护的法律。在学习这部分内容时，应当重点关注以下方面：

1. 自然资源权属问题

自然资源权属主要是指自然资源的所有权和使用权。《宪法》第九条第一款规定："矿藏、水流、森林、山岭、草原、荒地、滩涂等自然资源，都属于国家所有，即全民所有；由法律规定属于集体所有的森林和山岭、草原、荒地、滩涂除外。"宪法意义上的自然资源所有权的规定在《民法典》《森林法》《草原法》等有关自然资源法律中有更为明确、具体的规定。同学们应当理解我国相关法律对于自然资源权属的基本规定。

2. 自然资源的保护与利用的冲突问题

自然资源保护，意味着对相关生产经营者的行为进行限制，如《森林法》的采伐限额制度、《草原法》的禁止开垦草原的规定、《中华人民共和国渔业法》（以下简称《渔业法》）的禁渔制度、《中华人民共和国畜牧法》（以下简称《畜牧法》）的珍稀畜禽遗传资源保护的特别规定等。自然资源的保护与利用之间是一对矛盾。过度强调保护，会影响生产发展、农民收入和农产品供给；过度强调利用，则会产生资源减少甚至枯竭的风险，进而影响农业的可持续发展。农业法学科需要在自然资源的保护与利用之间建立平衡机制，兼顾当前发展和长远发展之间的关系。

3. 自然资源保护的法律措施

除对相关生产经营者的行为进行限制外，针对不同资源的特点和利用状况，需要有其他的自然资源保护措施，如森林和草原的防火制度、病虫害防治制度，自然资源保护区制度等，《畜牧法》关于畜禽遗传资源的保种场、保护区和基因库的保护方式，《渔业法》对鱼、虾、蟹洄游通道保护的规定等。

4. 生态环境保护的法律与政策

生态振兴强调构建乡村振兴的环境基础。党的十九大报告提出加快生态文明体制改革，建设美丽中国的总体要求，并明确了推进绿色发展、着力解决突出环境问题、加大生态系统保护力度、改革生态环境监管体制的总体部署。党中央也出台了一系列改善农村地区人居环境的重要政策。一方面是形成农业绿色生产方式和产业结构，推进农业投入品减量、农业废弃物资源化利用和农业资源养护；另一方面是形成绿色的生活方式和人居空间，从农村厕所革命等方面着手，落实农村人居环境整治三年行动计划。坚持绿色发展理念，促进农业发展与生态环境的协调和融合，并通过农业立法将新的发展理念法律化、制度化，是非常必要的。同学们需要理解乡村振兴战略实施过程中生态振兴的重要意义，了解我国关于农村生态文明建设的主要法律制度。

（六）农村公共事务管理的法律与政策

农村公共事务管理的基本目标是实现乡村治理体系和治理能力现代化，重点是要回答农村公共事务谁来管、管什么和如何管的问题。乡村治理体系和治理能力现代化是一个重大而复杂的课题。长期以来，大量农村人口进入城市，导致农村"空心化"现象突出，村级公共事务管理严重缺位。2017年党的十九大报告提出以自治、法治、德治相结合构建乡村治理体系的基本要求。2018年《中共中央 国务院关于实施乡村振兴战略的意见》对"构建乡村治理新体系"做出总体部署，把深化村民自治实践、建设法治乡村、提升乡村德治水平作为坚持自治、法治和德治相结合的政策举措。2019年中央一号文件《中共中央 国务院关于坚持农业农村优先发展做好"三农"工作的若干意见》又进一步对完善乡村治理机制做出总体安排。完善乡村治理体系，提升乡村治理能力，是将来一段时期党的农村基层工作的重要组成部分。乡村治理，必须坚持党的领导。2019年中共中央印发《中国共产党农村工作条例》，明确了加强党对农村工作全面领导的基本方针和基本原则，从组织领导、主要任务、队伍建设、保障措施、考核监督等方面做出了具体规定。2021年4月29日第十三届全国人民代表大会常务委员会第二十八次会议通过《乡村振兴促进法》，其中对于乡村治理现代化提出了明确要求。对本部分内容的学习，需要结合党中央关于乡村治理的重要指示精神，深刻理解农村公共事务管理中"三治"融合的政策内涵。2021年4月28日《中共中央 国务院关于加强基层治理体系和治理能力现代化建设的意见》发布。该意见对乡村治理体系和治理能力现代化提出了明确要求。一方面，要加强乡镇（街道）、村（社区）党组织对基层各类组织和各项工作的统一领导，以提升组织力为重点，健全在基层治理中坚持和加强党的领导的有关制度，涉及基层治理的重要事项、重大问题都要由党组织研究讨论后按程序决定。另一方面，要增强乡镇（街道）行政执行能力、为民服务能力、议事协商能力、应急管理能力和平安建设能力。同时，要健全基层群众自治制度，推进基层法治和德治建设，加强基层智慧治理能力建设。

法治是乡村治理的重要制度保障。《村民委员会组织法》全面规定了我国实行村民自治制度的法律措施。同学们有必要了解和掌握我国村民自治制度的基本内容。

> **谈观点**
>
> 请谈谈改革开放以来我国在农业农村领域所取得的成就。

第二节　农业农村政策的基本框架

近年来，党中央发布的有关农业农村的政策从范围到内涵都非常丰富，有力地指导了农业农村改革和现代化的进程。归纳起来，改革开放以来我国的农业农村政策主要体现在以下方面：

> 🔍 **知识点**
>
> 改革开放以来我国的农业农村政策

一、稳定农业基本经营制度的政策

根据《宪法》第八条的规定，农村集体经济组织实行家庭承包经营为基础、统分结合的双层经营体制。很显然，农村基本经营制度包括两个方面：一是坚持家庭承包经营基础；二是发展壮大农村集体经济。

关于巩固和发展家庭承包经营，党中央发布过一系列重大政策。从党的十一届三中全会确立把党和国家的工作重点转移到社会主义现代化建设上来的战略决策开始，我国各地陆续开始实行家庭联产承包责任制。1982年，中共中央批转《全国农村工作会议纪要》（第一个中央一号文件），文件指出"包产到户""包干到户"同其他形式的责任制一样，"都是社会主义集体经济的生产责任制"，"它不同于合作化以前的小私有的个体经济"。1983年初，中共中央印发《当前农村经济政策的若干问题》，明确提出，人民公社的体制，要从两个方面进行改革：实行生产责任制，特别是联产承包制；实行政社分设。1984年中央一号文件《关于一九八四年农村工作的通知》明确提出延长土地承包期的政策，规定"土地承包期一般应在十五年以上"。当年，全国99.1%的农村基本核算单位普遍实行了"包干到户"。为稳定农村土地承包关系，1993年，中共中央发出11号文件《关于当前农业和农村经济发展的若干政策措施》，决定在原定的耕地承包期到期之后，再延长30年不变。1998年，党的十五届三中全会通过《中共中央关于农业和农村工作若干重大问题的决定》，明确要求以家庭承包经营为基础、统分结合的双层经营体制是我国农村的基本经营制度，必须长期坚持。要抓紧制定确保农村土地承包关系长期稳定的法律法规，赋予农民长期而有保障的土地使用权。1999年《宪法修正案》明确规定："农村集体经济组织实行家庭承包经营为基础、统分结合的双层经营体制。"2002年，《农村土地承包法》颁布，正式将作为基本经营制度基础的家庭承包经营以法律形式进行规范。2016年，中共中央办公厅、国务院办公厅印发《关于完善农村土地所有权承包权经营权分置办法的意见》，将农村土地产权中的土地承包经营权进一步划分为承包权和经营权，实行所有权、承包权、经营权分置并行。这一意见的出台在现阶段仍具有非常重要的意义，是继家庭联产承包责任制后农村改革又一重大制度创新。党的十九大报告提出，巩固和完善农村基本经营制度，深化农村土地制度改革，完善承包地"三权"分置制度。2018年中央一号文件《中共中央 国务院关于实施乡村振兴战略的意见》再次强调，完善承包地"三权"分置制度，在依法保护集体土地所有权和农户承包权的前提下，平等保护土地经营权。

党的十九大报告明确要求，保持土地承包关系稳定并长久不变，第二轮土地承包到期后再延长30年。2019年11月26日《中共中央 国务院关于保持土地承包关系稳定并长久不变的意见》发布。该意见阐明了"长久不变"的重要意义，明确了保障"长久不变"的总体要求，指出"长久不变"的政策内涵包括：保持土地集体所有、家庭承包经营的基本制度长久不变；保持农户依法承包集体土地的基本权利长久不变；保持农户承包地稳定。

从土地承包制度的政策变迁来看，始终强调土地承包关系稳定，是巩固农村基本经营制度的需要，是保护农民基本财产权利的需要，是农村经济社会稳定和谐的需要，是促进现代农业发展和实施乡村振兴战略的需要。另外，从充分利用土地要素，实现现代农业和农村经济发展的角度，需要在"三权"分置原则下，在稳定农户承包权基础上搞活土地经营权，发挥市场在土地要素配置中的决定性作用。

发展壮大农村集体经济，也是巩固农村基本经营制度的重要内涵。改革开放以后，个别地方的农村集体经济组织涣散、功能弱化，农村集体资产产权归属不清晰、权责不明确、保护不严格等问题日益突出，侵蚀了农村集体所有制的基础，影响了农村社会的稳定，因此，改革农村集体产权制度势在必行。党的十五届三中全会通过的《中共中央关于农业和农村工作若干重大问题的决定》指出，推进农业经营体制创新，加快农业经营方式的"两个转变":家庭经营要向采用先进科技和生产手段方向转变,增加技术、资本等生产要素投入,着力提高集约化水平;统一经营要向发展农户联合与合作,形成多元化、多层次、多形式经营服务体系方向转变。2015 年中央一号文件《关于加大改革创新力度加快农业现代化建设的若干意见》指出,"推进农村集体产权制度改革。探索农村集体所有制有效实现形式,创新农村集体经济运行机制",对农村集体产权制度改革做出了重大部署。2016 年 12 月 26 日发布的《中共中央 国务院关于稳步推进农村集体产权制度改革的意见》指出,农村集体产权制度改革是巩固社会主义公有制、完善农村基本经营制度的必然要求;是维护农民合法权益、增加农民财产性收入的重大举措,提出了逐步构建归属清晰、权能完整、流转顺畅、保护严格的中国特色社会主义农村集体产权制度,保护和发展农民作为农村集体经济组织成员的合法权益的改革目标。在改革的过程中,一方面,要发挥农村集体经济组织功能作用。农村集体经济组织是集体资产管理的主体,是特殊的经济组织,可以称为经济合作社,也可以称为股份经济合作社。现阶段可由县级以上地方人民政府主管部门负责向农村集体经济组织发放组织登记证书,农村集体经济组织可据此向有关部门办理银行开户等相关手续,以便开展经营管理活动。发挥好农村集体经济组织在管理集体资产、开发集体资源、发展集体经济、服务集体成员等方面的功能作用。在基层党组织领导下,探索明晰农村集体经济组织与村民委员会的职能关系,有效承担集体经济经营管理事务和村民自治事务。有需要且条件许可的地方,可以实行村民委员会事务和集体经济事务分离。妥善处理好村党组织、村民委员会和农村集体经济组织的关系。另一方面,要维护农村集体经济组织合法权利。严格保护集体资产所有权,防止被虚置。农村承包土地经营权流转不得改变土地集体所有性质,不得违反耕地保护制度。以家庭承包方式承包的集体土地,采取转让、互换方式流转的,应在本集体经济组织内进行,且需经农村集体经济组织等发包方同意;采取出租(转包)或者其他方式流转经营权的,应报农村集体经济组织等发包方书面备案。在农村土地征收、集体经营性建设用地入市和宅基地制度改革试点中,探索正确处理国家、集体、农民三者利益分配关系的有效办法。对于经营性资产,要体现集体的维护、管理、运营权利;对于非经营性资产,不宜折股量化到户,要根据其不同投资来源和有关规定统一运行管护。同时,鼓励以多种形式发展集体经济。从实际出发探索发展集体经济有效途径。农村集体经济组织可以利用未承包到户的集体"四荒"地(荒山、荒沟、荒丘、荒滩)、果园、养殖水面等资源,集中开发或者通过公开招投标等方式发展现代农业项目;可以利用生态环境和人文历史等资源发展休闲农业和乡村旅游;可以在符合规划前提下,探索利用闲置的各类房产设施、集体建设用地等,以自主开发、合资合作等方式发展相应产业。支持农村集体经济组织为农户和各类农业经营主体提供产前产中产后农业生产性服务。

鼓励整合利用集体积累资金、政府帮扶资金等，通过入股或者参股农业产业化龙头企业、村与村合作、村企联手共建、扶贫开发等多种形式发展集体经济。

二、粮食安全与耕地保护政策

粮食安全是关系到国计民生的重大问题，党中央历来高度重视。在政策的引导和激励下，我国的粮食生产水平不断提高，我国连续多年获得粮食大丰收。但是，随着农业产业结构的不断变化，保障粮食安全的压力不断增大。2014年，《中共中央 国务院关于全面深化农村改革加快推进农业现代化的若干意见》指出，把饭碗牢牢端在自己手上，是治国理政必须长期坚持的基本方针。综合考虑国内资源环境条件、粮食供求格局和国际贸易环境变化，实施以我为主、立足国内、确保产能、适度进口、科技支撑的国家粮食安全战略。任何时候都不能放松国内粮食生产，严守耕地保护红线，划定永久基本农田，不断提升农业综合生产能力，确保谷物基本自给、口粮绝对安全。更加积极地利用国际农产品市场和农业资源，有效调剂和补充国内粮食供给。

党的十九大报告指出，确保国家粮食安全，把中国人的饭碗牢牢端在自己手中。党的十九届五中全会审议通过的《中共中央关于制定国民经济和社会发展第十四个五年规划和二〇三五年远景目标的建议》指出，解决好"三农"问题仍是"十四五"时期全党工作重中之重。提高我国粮食产业质量效益和竞争力，需要我们科学认识国内外发展的新变化，全方位、多角度地分析研判新形势下面临的新要求。2020年，《国务院办公厅关于防止耕地"非粮化"稳定粮食生产的意见》（国办发〔2020〕44号）中提出：近年来，我国农业结构不断优化，区域布局趋于合理，粮食生产连年丰收，有力保障了国家粮食安全，为稳定经济社会发展大局提供了坚实支撑。与此同时，部分地区也出现耕地"非粮化"倾向，一些地方把农业结构调整简单理解为压减粮食生产，一些经营主体违规在永久基本农田上种树挖塘，一些工商资本大规模流转耕地改种非粮作物等，这些问题如果任其发展，将影响国家粮食安全。各地区各部门要坚持以习近平新时代中国特色社会主义思想为指导，增强"四个意识"、坚定"四个自信"、做到"两个维护"，认真落实党中央、国务院决策部署，采取有力举措防止耕地"非粮化"，切实稳定粮食生产，牢牢守住国家粮食安全的生命线。《国务院办公厅关于防止耕地"非粮化"稳定粮食生产的意见》要求，要充分认识防止耕地"非粮化"稳定粮食生产的重要性、紧迫性，坚持把确保国家粮食安全作为"三农"工作的首要任务。随着我国人口增长、消费结构不断升级和资源环境承载能力趋紧，粮食产需仍将维持紧平衡态势。新冠肺炎疫情全球大流行，国际农产品市场供给不确定性增加，必须以稳定国内粮食生产来应对国际形势变化带来的不确定性。各地区各部门要始终绷紧国家粮食安全这根弦，把稳定粮食生产作为农业供给侧结构性改革的前提，着力稳政策、稳面积、稳产量，坚持耕地管控、建设、激励多措并举，不断巩固提升粮食综合生产能力，确保谷物基本自给、口粮绝对安全，切实把握国家粮食安全主动权。坚持科学合理利用耕地资源。耕地是粮食生产的根基。我国耕地总量少，质量总体不高，后备资源不足，水热资源空间分布不匹配，确保国家粮食安全，必须处理好发展粮食生产和发挥比较效益的关系，不能单纯以经济效益决定耕地用途，必须将有限的耕地资源优先用于粮食生产。各地区各部门要认真落实重要农产品保障战略，进一步优化区域布局和生产结构，实施最严格的耕地保护制度，科学合理利用耕地资源，防止耕地"非粮化"，切实提高保障国家粮食安全和重要农产品有效供给水平。坚持共同扛起保障国家粮食安全的责任。我国人多地少的基本国情决定了必须举全国之力解决 14 亿人口的吃饭大事。各地区都有保障国家粮食安全的责任和义务，粮食主产区要努力发挥优势，巩固提升粮食综合生产能力，继续为全国做贡献；产销平衡区和主销区要保持应有的自给率，确保粮食种植面积不减少、产能有提升、产量不下降，共同维护好国家粮食安全。《国务院办公厅关于防止耕地"非粮化"稳定粮食生产的意见》同时提出了明确耕地利用优先序、加强粮食生产功能区监管、稳定非主产区粮食种植面积、有序引导工商资本下乡、严禁违规占用永久基本农田种树挖塘等保障粮食安全、防止耕地"非粮化"的具体要求，从严格落实粮食安全省长责任制、完善粮食生产支持政策、加强耕地种粮情况监测和加强组织领导等方面提出了具体的政策措施。

三、农业支持保护政策

对农业进行支持保护，主要基于以下四个方面：一是从农业在国民经济中的重要地位来看，农业是国民经济的基础产业，农业的发展水平决定着国家整体的经济增长水平；二是从农业的自身特征来看，与其他产业不同，农业是经济再生产与自然再生产密切交织的产业，具有季节性、投入大、见效慢、风险高，因此农业具有弱质性；三是农业的从业者以小农户为主，农业生产是农民的主要收入来源，因此农业的发展水平也会决定农民收入增长的水平；四是从农业的功能来看，农业除承载提供食品和工业原料的传统功能外，还具有改善环境、保持水土、吸纳劳动力就业以及传承农耕文明的历史、文化和社会功能。世界各个国家，尤其是发达国家，都会对农业给予更多的政策倾斜与直接支持。因此，无论是从我国的基本国情出发，还是从农产品国际竞争的需要出发，农业支持保护政策都是国家农业政策的重要组成部分。

历年来，尤其是改革开放以来，国家对农业高度重视，出台了一系列支农、惠农政策。2002 年修订的《农业法》更是专章规定了农业投入与支持保护，从财政直接投入、金融扶持、税收优惠等多方面建立了农业支持保护的法律制度框架。从政策层面看，中央历年发布的有关农业农村政策文件中，对农业的支持保护都是重要的内容。从 2004 年的《中共中央 国务院关于促进农民增加收入若干政策的意见》、2008 年的《中共中央 国务院关于切实加强农业基础建设进一步促进农业发展农民增收的若干意见》、2009 年的《中共中央 国务院关于 2009 年促进农业稳定发展农民持续增收的若干意见》、2010 年的《中共中央 国务院关于加大统筹城乡发展力度进一步夯实农业农村发展基础的若干意见》、2013 年的《中共中央 国务院关于加快发展现代农业进一步增强农村发展活力的若干意见》、2014 年的《中共中央 国务院关于全面深化农村改革加快推进农业现代化的若干意见》、2017 年的《中共中央 国务院关于深入推进农业供给侧结构性改革加快培育农业农村发展新动能的若干意见》、2019 年的《中共中央 国务院关于坚持农业农村优先发展做好"三农"工作的若干意见》、2020 年的《中共中央 国务院关于抓好"三农"领域重点工作确保如期实现全面小康的意见》，以及 2021 年的《中共中央 国务院关于全面推进乡村振兴 加快农业农村现代化的意见》，几乎每年的中央一号文件，都对农业的支持保护做出了具体的政策规定。

从农业支持保护的政策内容看，主要包括：

（1）构建农业财政投入的稳定增长机制，如 2014 年中央一号文件规定，健全"三农"投入稳定增长机制。完善财政支农政策，增加"三农"支出。公共财政要坚持把"三农"作为支出重点，中央基建投资继续向"三农"倾斜，优先保证"三农"投入稳定增长。拓宽"三农"投入资金渠道，充分发挥财政资金引导作用，通过贴息、奖励、风险补偿、税费减免等措施，带动金融和社会资金更多投入农业农村。

（2）完善农业补贴政策。例如，为降低粮食生产成本，增加种粮农民收入，支持农民积极使用优良作物种子，提高良种覆盖率，鼓励农民采用先进农业机械，从 2004 年起，我国建立了种粮农民直接补贴政策、良种补贴政策和农机具购置补贴政策（合称"三项补贴"政策）。为了农民种粮收益的相对稳定，促进国家粮食安全，降低农民购买农业生产资料的成本，从 2006 年起，中央财政建立农业生产资料综合补贴政策，这是对农民购买农业生产资料（包括化肥、柴油、种子、农机）实行的一种直接补贴。到 2006 年，我国形成了以良种补贴、农机具购置补贴、种粮农民直接补贴和农业生产资料综合补贴为主体的农业"四项补贴"政策。2015 年，经国务院同意，财政部、农业部印发《关于调整完善农业三项补贴政策的指导意见》（财农〔2015〕31 号），在全国范围内从农业生产资料综合补贴中调整 20% 的资金，加上种粮大户补贴试点资金和农业"三项补贴"增量资金，统筹用于支持粮食适度规模经营。重点支持建立完善农业信贷担保体系，同时选择部分省开展农业"三项补贴"改革试点，将良种补贴、种粮农民直接补贴和农业生产资料综合补贴合并为农业支持保护补贴，政策目标调整为支持耕地地力保护和粮食适度规模经营。除上述直接补贴政策外，国家还会有对农业的专项补贴政策。例如，为了解决农村劳动力短缺和生产手段落后问题，农业企业、农民专业合作社通过生产托管等方式为小农户提供农业社会化服务，这是实现小农户与现代农业发展有机衔接的重要路径创新。为了支持农业社会化服务事业的发展，中央财政设立了农业社会化服务的专项财政补贴。

（3）加快建立利益补偿机制。农业生产，尤其是粮食生产，比较效益低，粮食重点产区对国家粮食安全做出了较大贡献。为此，中央政策强调，要鼓励粮食主产区与主销区之间建立稳定的产销关系，加大对粮食主产区的财政转移支付力度，增加对商品粮生产大省和粮油猪生产大县的奖励补助，鼓励主销区通过多种方式到主产区投资建设粮食生产基地，更多地承担国家粮食储备任务，完善粮食主产区利益补偿机制。支持粮食主产区发展粮食加工业。降低或取消产粮大县直接用于粮食生产等建设项目资金配套。完善森林、草原、湿地、水土保持等生态补偿制度，继续执行公益林补偿、草原生态保护补助奖励政策，建立江河源头区、重要水源地、重要水生态修复治理区和蓄滞洪区生态补偿机制。支持地方开展耕地保护补偿。

（4）加强农业基础设施建设，提高农业生产能力。农业基础设施薄弱，严重制约农业生产的稳定发展，因此需要通过国家财政直接补助等方式支持农业综合开发和农田水利、农业生态环境保护、乡村道路、农村能源和电网、农产品仓储和流通、渔港、草原围栏、动植物原种良种基地等农业基础设施建设。

我国的农业支持保护政策，从支持方针上，坚持农业农村优先发展，以实施乡村振兴战略为总抓手，从农业供给侧结构性改革、农业可持续发展、农业投入保障、农业补贴补偿、支农资金使用管理等方面深化改革，逐步构建符合国情、覆盖全面、指向明确、重点突出、措施配套、操作简便的农业支持保护制度，不断增强强农惠农富农政策的精准性、稳定性、实效性。从支持手段上看，既有财政资金支持投入，也有税收手段、信贷手段、人才支撑等各类政策支持工具的综合运用。从支持范围上看，既有对农业生产者的直接支持，也有农业基础设施建设和维护、农业生态补偿、农业科技创新、农产品市场体系建设等方面的支持。

四、新型农业经营主体培育政策

针对农业劳动力结构转型，围绕建设现代农业的发展目标，国家颁布了一系列培育新型农业经营主体的政策。习近平总书记指出，发展多种形式适度规模经营，培育新型农业经营主体，是建设现代农业的前进方向和必由之路。加快培育新型农业经营主体和服务主体是一项重大战略，对于推进农业现代化、实现乡村全面振兴意义重大。

党的十八大以来，一系列扶持新型农业经营主体和服务主体发展的政策措施陆续出台，《关于加快构建政策体系培育新型农业经营主体的意见》《关于实施家庭农场培育计划的指导意见》《关于开展农民合作社规范提升行动的若干意见》《关于加快发展农业生产性服务业的指导意见》等文件相继印发，家庭农场、农民合作社、农业社会化服务组织等新型农业经营主体和服务主体培育发展的政策体系逐步完善。2017年，中共中央办公厅、国务院办公厅印发的《关于加快构建政策体系培育新型农业经营主体的意见》指出，在坚持家庭承包经营基础上，培育从事农业生产和服务的新型农业经营主体是关系我国农业现代化的重大战略。加快培育新型农业经营主体，加快形成以农户家庭经营为基础、合作与联合为纽带、社会化服务为支撑的立体式复合型现代农业经营体系，对于推进农业供给侧结构性改革、引领农业适度规模经营发展、带动农民就业增收、增强农业农村发展新动能具有十分重要的意义。《关于加快构建政策体系培育新型农业经营主体的意见》要求通过完善财政税收政策、加强基础设施建设、改善金融信贷服务、扩大保险支持范围、鼓励拓展营销市场、支持人才培养引进等方面，培育和支持新型农业经营主体发展。习近平总书记2020年在吉林省考察调研时强调，要把保障粮食安全放在突出位置，毫不放松抓好粮食生产，加快转变农业发展方式。要积极扶持家庭农场、农民合作社等新型农业经营主体，鼓励各地因地制宜探索不同的专业合作社模式。

培育新型农业经营主体，从政策指向看，一是要稳定农业地位，充分体现在城乡融合发展过程中农业的"压舱石"和"稳定器"作用，确保粮食安全、农产品质量安全、农民就业安全和农产品贸易安全。当前，我国经济已由高速增长阶段转向高质量发展阶段，守住"三农"战略后院，发挥好农业"压舱石"和"稳定器"的作用，必须大力推动农业高质量发展。新型农业经营主体和服务主体规模化、集约化、组织化程度高，是未来现代农业经营的重要方式和必然趋势，在推动农业高质量发展中承担重大使命，面临重大机遇。二是要围绕农业农村现代化目标，通过培育龙头企业、农民合作社、家庭农场等，充分体现市场在要素配置中的决定性作用，实现农业经营的适度规模化和现代化，实现农业提质增效。实现产业兴旺，迫切需要加快培育新型农业经营主体和服务主体，培养一批高素质农民，吸引人才服务于农业和农村，积极优化农业资源要素配置，推进农村一二三产业融合，实现农业高质量发展，夯实乡村全面振兴的产业基础。这是培育农业农村发展新动能的迫切需要。三是要充分发挥新型农业经营主体的引领作用，实现小农户与现代农业发展有机衔接，通过不同的利益联结方式增加农民收入，实现农民共同富裕，消除城乡差别和区域差别。四是通过新型农业经营主体探索一二三产业融合发展的路径，通过支持新型农业经营主体提升农业可持续发展能力。深化农业供给侧结构性改革，培育农业农村发展新动能，是推动农业农村发展再上新台阶的重大举措。新型农业经营主体和服务主体对市场反应灵敏，对新品种、新技术、新装备采用能力强，具有从事绿色化生产、集约化经营的优势，具有从事新产业、新业态、新模式的创新精神，是促进农业农村发展的重要源泉。这是促进小农户和现代农业发展有机衔接的迫切需要。新型农业经营主体和服务主体与小农户密切关联，是带动小农户的主体力量。加快培育新型农业经营主体和服务主体，要以家庭农场、农民合作社和社会化服务组织为重点，不断提升其生产经营水平，增强服务和带动小农户能力，保护好小农户利益，把小农户引入现代农业发展大格局。

为了实现这些政策目标，党中央制定了一系列培育新型农业经营主体的政策措施。主要包括：

（1）完善财政税收政策。加大新型农业经营主体发展支持力度，针对不同主体，综合采用直接补贴、政府购买服务、定向委托、以奖代补等方式，增强补贴政策的针对性、实效性。农机具购置补贴等政策要向适度规模经营的新型农业经营主体倾斜。支持新型农业经营主体发展加工流通、直供直销、休闲农业等，实现农村一二三产业融合发展。扩大政府购买农业公益性服务机制创新试点，支持符合条件的经营性服务组织开展公益性服务，建立健全规范程序和监督管理机制。鼓励有条件的地方通过政府购买服务，支持社会化服务组织开展农林牧渔和水利等生产性服务。支持新型农业经营主体打造服务平台，为周边农户提供公共服务。鼓励龙头企业加大研发投入，支持符合条件的龙头企业创建农业高新技术企业。支持地方扩大农产品加工企业进项税额核定扣除试点行业范围，完善农产品初加工所得税优惠目录。落实农民合作社税收优惠政策。

（2）加强基础设施建设。对于财政投资建设的各类小型农业设施，优先安排农村集体经济组织、农民合作组织等作为建设管护主体，强化农民参与和全程监督。鼓励推广政府和社会资本合作模式，支持新型农业经营主体和工商资本投资土地整治和高标准农田建设。鼓励新型农业经营主体合建或与农村集体经济组织共建仓储烘干、晾晒场、保鲜库、农机库棚等农业设施。支持龙头企业建立与加工能力相配套的原料基地。统筹规划建设农村物流设施，重点支持一村一品示范村镇和农民合作社示范社建设电商平台基础设施，逐步带动形成以县、乡、村、社为支撑的农村物流网络体系。新型农业经营主体所用生产设施、附属设施和配套设施用地，符合国家有关规定的，按农用地管理。各县（市、区、旗）要根据实际情况，在年度建设用地指标中优先安排新型农业经营主体建设配套辅助设施，并按规定减免相关税费。对新型农业经营主体发展较快、用地集约且需求大的地区，适度增加年度新增建设用地指标。通过城乡建设用地增减挂钩节余的用地指标，优先支持新型农业经营主体开展生产经营。允许新型农业经营主体依法依规盘活现有农村集体建设用地发展新产业。新型农业经营主体发展农产品初加工用电，按农业生产用电价格执行。推进农业水价综合改革，建立农业用水精准补贴机制和节水奖励机制，在完善水价形成机制的基础上，对符合条件的新型农业经营主体给予奖补。

（3）改善金融信贷服务。综合运用税收、奖补等政策，鼓励金融机构创新产品和服务，加大对新型农业经营主体、农村产业融合发展的信贷支持。建立健全全国农业信贷担保体系，确保对从事粮食生产和农业适度规模经营的新型农业经营主体的农业信贷担保余额不低于总担保规模的70%。支持龙头企业为其带动的农户、家庭农场和农民合作社提供贷款担保。有条件的地方可建立市场化林权收储机构，为林业生产贷款提供林权收储担保的机构给予风险补偿。稳步推进农村承包土地经营权和农民住房财产权抵押贷款创新试点，探索开展粮食生产规模经营主体营销贷款和大型农机具融资租赁试点，积极推动厂房、生产大棚、渔船、大型农机具、农田水利设施产权抵押贷款和生产订单、农业保单融资。鼓励发展新型农村合作金融，稳步开展农民合作社内部信用合作试点。建立新型农业经营主体生产经营直报系统，点对点对接信贷、保险和补贴等服务，探索建立新型农业经营主体信用评价体系，完善经营主体信用评价机制，对符合条件的灵活确定贷款期限、简化审批流程，对正常生产经营、信用等级高的可以实行贷款优先等措施。积极引导互联网金融、产业资本依法依规开展农村金融服务。

（4）扩大保险支持范围。鼓励地方建立政府相关部门与农业保险机构数据共享机制。在粮食主产省开展适度规模经营农户大灾保险试点，调整部分财政救灾资金予以支持，提高保险覆盖面和理赔标准。落实农业保险保额覆盖直接物化成本，创新"基本险＋附加险"产品，实现主要粮食作物保障水平涵盖地租成本和劳动力成本。推广农房、农机具、设施农业、渔业、制种保险等业务。积极开展天气指数保险、农产品价格和收入保险、"保险＋期货"、农田水利设施保险、贷款保证保险等试点。研究出台对地方特色优势农产品保险的中央财政以奖代补政策。逐步建立专业化农业保险机构队伍，简化业务流程，搞好理赔服务，提高保险机构为农服务水平。支持有条件的保险机构对龙头企业到海外投资农业提供投融资保险服务。扩大保险资金支农融资试点。稳步开展农民互助合作保险试点，鼓励有条件的地方积极探索符合实际的互助合作保险模式。完善农业再保险体系和大灾风险分散机制，为农业保险提供持续稳定的再保险保障。

（5）积极拓展营销市场。支持新型农业经营主体参与产销对接活动和在城市社区设立直销店（点）。落实鲜活农产品运输绿色通道、免征蔬菜流通环节增值税和支持批发市场建设等政策。鼓励有条件的地方对新型农业经营主体申请专利、"三品一标"[①]认证、品牌创建等给予适当奖励。加快实施"互联网+现代农业"行动，支持新型农业经营主体带动农户应用农业物联网，开展电子商务。采取降低入场费用和促销费用等措施，支持新型农业经营主体利用电子商务平台进行网上销售。实施信息进村入户入社工程。建立农业信息监测分析预警体系，完善专家分析师队伍和预警信息分析会商发布制度，为新型农业经营主体提供有效的市场信息服务。组织开展农民手机应用技能培训，提高新型农业经营主体发展生产的能力。

（6）支持人才培养引进。依托新型职业农民培育工程，整合各渠道培训资金资源，实施现代青年农场主培养计划、农村实用人才带头人培训计划以及新型农业经营主体带头人轮训计划，力争到"十三五"时期末轮训一遍，培养更多爱农业、懂技术、善经营的新型职业农民。办好农业职业教育，鼓励新型农业经营主体带头人通过"半农半读"、线上线下等多种形式就地就近接受职业教育，积极参加职业技能培训和技能鉴定。鼓励有条件的地方通过奖补等方式，引进各类职业经理人，提高农业经营管理水平。将新型农业经营主体列入高校毕业生"三支一扶"计划、大学生村官计划服务岗位的拓展范围。鼓励农民工、大中专毕业生、退伍军人、科技人员等返乡下乡创办领办新型农业经营主体。深入推行科技特派员制度，鼓励科研人员到农民专业合作社、龙头企业任职兼职，完善知识产权入股、参与分红等激励机制。建立产业专家帮扶和农技人员对口联系制度，发挥好县乡农民合作社辅导员的指导作用。

五、农产品流通政策

我国的农产品流通体制改革是从 1985 年开始的。改革开放之前，我国对主要农产品实行统购派购制度，农产品流通须按照指定的渠道、指定的收购主体、指定的收购价格进行收购。1985 年中共中央、国务院发布的《关于进一步活跃农村经济的十项政策》提出，从 1985 年开始，除个别品种外，国家不再向农民下达农产品统购派购任务，按照不同情况，分别实行合同定购和市场收购。定购以外的粮食可以自由上市。由此，我国计划经济时期的农产品统购派购制度转向以合同定购为主要方式的市场化改革。1991 年，国务院发布《关于进一步搞活农产品流通的通知》，要求随着农村商品经济的发展，适当缩小指令性计划管理，完善指导性计划管理，更多地发挥市场机制的作用。1993 年颁布的《农业法》规定，我国农产品流通逐步实行市场调节。之后，各地陆续取消了实行多年的粮食供应票证，98% 的县放开了粮食价格和购销。在

---

① 无公害农产品、绿色食品、有机农产品和农产品地理标志统称"三品一标"。

此基础上，国家先后推出一系列新的改革措施：建立健全粮食储备体系，建立粮食风险基金，加快国有粮食企业改革；企业的政策性业务和经营性业务分离；实行"米袋子"省长负责制；逐步建立统一、开放、竞争、有序的粮食市场体系和粮食内外贸协调统一体制等。2002年修订的《农业法》进一步规定了农产品购销实行市场调节的基本要求，我国以市场主导的农产品流通体制逐步建立健全。2002年11月召开的党的十六大提出深化粮食流通体制改革，是全面搞活农产品流通、健全农产品市场体系的关键。就粮食流通而言，2004年5月26日《粮食流通管理条例》正式公布，赋予了粮食和储备行政管理部门管理全社会的粮食流通和对市场主体准入资格审查的职能。同年5月23日《国务院关于进一步深化粮食流通体制改革的意见》明确宣布，2004年全面放开粮食收购市场，实现粮食购销市场化和市场主体多元化。2006年4月12日，国务院常务会议审议并原则通过的《国务院关于完善粮食流通体制改革政策措施的意见》要求：加快推进国有粮食购销企业改革，切实转换企业经营机制；加快清理和剥离国有粮食企业财务挂账，妥善解决企业历史包袱；积极培育和规范粮食市场，加快建立全国统一开放、竞争有序的粮食市场体系；加强粮食产销衔接，逐步建立产销区之间的利益协调机制；进一步加强和改善粮食宏观调控，确保国家粮食安全；加强粮食流通的监督检查，做好全社会粮食流通统计工作；加强领导，确保粮食流通体制改革顺利推进等。

总体上看，一方面，我国的农产品流通体制经历了从计划经济到市场经济的逐步转型，目前我国以市场为核心的各类农产品购销体制已经确立。另一方面，农产品流通问题，会直接影响农业产业链各环节之间的顺畅联结，影响农业生产的可持续发展，影响农民利益的稳定增长，也会影响消费者的农产品供给安全。尤其鲜活农产品的购销，直接关系到生产者与消费者的利益。

为此，2011年，《国务院办公厅关于加强鲜活农产品流通体系建设的意见》（国办发〔2011〕59号）明确指出，为加强鲜活农产品流通体系建设，建立平稳产销运行、保障市场供应的长效机制，切实维护生产者和消费者利益，要加强流通规划指导，促进市场合理布局。制定全国农产品批发市场发展指导文件，明确指导思想、发展目标、主要任务和政策措施。地方各级人民政府要依据城市总体规划和城市商业网点规划，制定并完善本地区农产品批发市场、农贸市场、菜市场等鲜活农产品网点发展规划，逐步形成布局合理、功能完善、竞争有序的鲜活农产品市场网络。要加快培育流通主体，提高流通组织化程度。推动鲜活农产品经销商实现公司化、规模化、品牌化发展。鼓励流通企业跨地区兼并重组和投资合作，提高产业集中度。扶持培育一批大型鲜活农产品流通企业、农业产业化龙头企业、运输企业和农民专业合作社及其他农业合作经济组织，促其做大做强，提高竞争力。要加强流通基础设施建设，提升流通现代化水平。加强鲜活农产品产地预冷、预选分级、加工配送、冷藏冷冻、冷链运输、包装仓储、电子结算、检验检测和安全监控等设施建设。引导各类投资主体投资建设和改造农产品批发市场和农贸市场、菜市场、社区菜店、生鲜超市、平价商店等鲜活农产品零售网点。发展电子商务，扩大网上交易规模。鼓励农产品批发市场引入拍卖等现代交易模式。加快农产品流通科技研发和推广应用。要大力推进产销衔接，减少流通环节。积极推动农超对接、农校对接、农批对接等多种形式的产销衔接，鼓励批发市场、大型连锁超市等流通企业，学校、酒店、大企业等最终用户与农业生产基地、农民专业合作社、农业产业化龙头企业建立长期稳定的产销关系，降低对接门槛和流通成本，扩大对接规模。多措并举，支持农业生产基地、农业产业化龙头企业、农民专业合作社在社区菜市场直供直销，推动在人口集中的社区有序设立周末菜市场及早、晚市等鲜活农产品零售网点。要强化信息体系建设，引导生产和消费。加强部门协作，健全覆盖生产、流通、消费的农产品信息网络，及时发布蔬菜等鲜活农产品供求、质量、价格等信息，完善市场监测、预警和信息发布机制。联通主要城市大型农产品批发市场实时交易系统，加强大中城市鲜活农产品市场监测预警体系建设。要完善储备调运制度，提高应急调控能力。建立健全重要农产品储备制度。完善农产品跨区调运、调剂机制。城市人民政府要根据消费需求和季节变化，合理确定耐贮蔬菜的动态库存数量，保障应急供给，防止价格大起大落。要加强质量监管，严把市场准入关口。加快鲜活农产品质量安全追溯体系建设，进一步落实索证索票和购销台账制度，强化质量安全管理。建立鲜活农产品经常性检测制度，实现抽检标准、程序、结果"三公开"，对不符合质量安全标准的鲜活农产品依法进行无害化处理或者监督销毁。

2019年8月27日，《国务院办公厅关于加快发展流通促进商业消费的意见》（国办发〔2019〕42号）提出，加快农产品产地市场体系建设，实施"互联网+"农产品出村进城工程，加快发展农产品冷链物流，完善农产品流通体系，加大农产品分拣、加工、包装、预冷等一体化集配设施建设支持力度，加强特色农产品优势区生产基地现代流通基础设施建设。拓宽绿色、生态产品线上线下销售渠道，丰富城乡市场供给，扩大鲜活农产品消费。2019年，《中共中央 国务院关于坚持农业农村优先发展做好"三农"工作的若干意见》指出，统筹农产品产地、集散地、销地批发市场建设，加强农产品物流骨干网络和冷链物流体系建设。

2020年，《中共中央 国务院关于抓好"三农"领域重点工作确保如期实现全面小康的意见》要求：启动农产品仓储保鲜冷链物流设施建设工程。加强农产品冷链物流统筹规划、分级布局和标准制定。安排中央预算内投资，支持建设一批骨干冷链物流基地。国家支持家庭农场、农民合作社、供销合作社、邮政快递企业、产业化龙头企业建设产地分拣包装、冷藏保鲜、仓储运输、初加工等设施，对其在农村建设的保鲜仓储设施用电实行农业生产用电价格。

从这些规定看,我国在农产品流通体制改革基础上,对于农产品市场体系、流通体系、物流体系建设的要求越来越明确,并从农业产业各环节、各链条融合发展的角度对农产品流通政策有了越来越明确的政策指向和具体要求。坚持市场化导向以及加大对农产品流通体系改革的支持力度是农产品流通政策的核心。

六、农业科技政策

农业科技是现代农业发展的重要支撑。改革开放过程中,我国农业取得显著成效的经验被概括为"一靠政策、二靠投入、三靠科技"。农业科技的进步与国家农业科技政策的支持是密不可分的。每年中央发布的关于农业农村发展的一号文件以及其他重要文件,都会对农业科技进步做出相应的政策部署。国务院相关部委、各地方也都发布过一系列支持农业科技发展的具体政策。例如,1998 年,国家科学技术委员会联合 9 个部委修订的《中国农业科学技术政策》正式发布实施,它的发布实施对推动我国农业科技工作的发展和农业科学技术的进步起到了重要作用。《中国农业科学技术政策》是在《中国技术政策(农业卷)》的基础上重新修订的,它明确了农业科技的主要方向,即加强农业高新技术的研究和开发,力争以生物技术、信息技术为主导的高新技术研究开发取得重大突破,促进农业科技革命;加强先进适用技术的集成、组装配套、全面推广;以农业产业化为目标,纵深配置农业科技要素;面向整个国土资江的开发、治理、保护,开展农业科技工作;用现代工业技术及产品装备农业、武装农业;发展设施农业;发展持续农业技术,转变农业增长方式,走可持续发展的道路。《中国农业科学技术政策》共分 7 篇,包括总体政策、产前领域政策、产中领域政策、产后领域政策、地区政策、乡镇企业技术进步和历史与背景。2016 年 8 月 8 日,《国务院关于印发〈"十三五"国家科技创新规划〉的通知》指出,发展高效安全生态的现代农业技术,确保粮食安全、食品安全。系统加强动植物育种和高端农业装备研发,大面积推广粮食丰产、中低产田改造等技术,深入开展节水农业、循环农业、有机农业和生物肥料等技术研发,开发标准化、规模化的现代养殖技术,促进农业提质增效和可持续发展。2017 年 1 月 25 日,《农业部关于印发〈"十三五"农业科技发展规划〉的通知》要求全面提高自主创新能力,农业科技创新能力总体上达到发展中国家领先水平;推进现代种业创新发展,增强科技成果转化应用能力,促进农业机械化提档升级,推进信息化与农业深度融合,打造农业创新发展试验示范平台,到 2020 年农业科技进步贡献率达到 60%。当前,农业科技进步对农业增长的贡献持续增长。据测算,"十三五"时期,我国农业科技进步的贡献率已经达到 60%,部分地区已经超过 70%,

接近发达国家水平。2021 年,《中共中央 国务院关于全面推进乡村振兴 加快农业农村现代化的意见》指出,强化现代农业科技和物质装备支撑。实施大中型灌区续建配套和现代化改造。到 2025 年全部完成现有病险水库除险加固。坚持农业科技自立自强,完善农业科技领域基础研究稳定支持机制,深化体制改革,布局建设一批创新基地平台。深入开展乡村振兴科技支撑行动。支持高校为乡村振兴提供智力服务。加强农业科技社会化服务体系建设,深入推行科技特派员制度。打造国家热带农业科学中心。提高农机装备自主研制能力,支持高端智能、丘陵山区农机装备研发制造,加大购置补贴力度,开展农机作业补贴。强化动物防疫和农作物病虫害防治体系建设,提升防控能力。

七、农村集体产权制度改革政策

党的十八大以来,为了激发农村活力,巩固社会主义公有制,完善农村集体经营制度,维护农民合法权益,增加农民财产性收入,国家针对一些地方集体经营性资产归属不明、经营收益不清、分配不公开、成员的集体收益分配权缺乏保障等突出问题,开始实施农村集体产权制度改革。根据 2016 年 12 月 26 日发布的《中共中央 国务院关于稳步推进农村集体产权制度改革的意见》,农村集体资产包括农民集体所有的土地、森林、山岭、草原、荒地、滩涂等资源性资产,用于经营的房屋、建筑物、机器设备、工具器具、农业基础设施、集体投资兴办的企业及其所持有的其他经济组织的资产份额、无形资产等经营性资产,用于公共服务的教育、科技、文化、卫生、体育等方面的非经营性资产。根据《中共中央 国务院关于稳步推进农村集体产权制度改革的意见》,农村集体产权制度改革必须坚持把握正确改革方向、坚守法律政策底线、尊重农民群众意愿、分类有序推进改革和坚持党的领导的基本原则。改革目标是,通过改革,逐步构建归属清晰、权能完整、流转顺畅、保护严格的中国特色社会主义农村集体产权制度,保护和发展农民作为农村集体经济组织成员的合法权益。科学确认农村集体经济组织成员身份,明晰集体所有产权关系,发展新型集体经济;管好用好集体资产,建立符合市场经济要求的集体经济运行新机制,促进集体资产保值增值;落实农民的土地承包权、宅基地使用权、集体收益分配权和对集体经济活动的民主管理权利,形成有效维护农村集体经济组织成员权利的治理体系。

农村集体产权制度改革,主要包括六个方面的内容:

(1) 开展集体资产清产核资,重点清查核实未承包到户的资源性资产和集体统一经营的经营性资产以及现金、债权债务等,查实存量、价值和使用情况,做到账证相符和账实相符。对清查出的没有登记入账或者核算不准确的,要经核对公示后登记入账或者调整账目;对长期借出或者未按规定手续租赁转让的,要清理收回或者补办手续；对侵占集体资金和资产的，要如数退赔，涉及违规违纪的移交纪检监察机关处理，构成犯罪的移交司法机关依法追究当事人的刑事责任。清产核资结果要向全体农村集体经济组织成员公示，并经成员大会或者代表大会确认。清产核资结束后，要建立健全集体资产登记、保管、使用、处置等制度，实行台账管理。这项工作目前已经基本完成。

（2）明确集体资产所有权。在清产核资基础上，把农村集体资产的所有权确权到不同层级的农村集体经济组织成员集体，并依法由农村集体经济组织代表集体行使所有权。属于村农民集体所有的，由村集体经济组织代表集体行使所有权，未成立集体经济组织的由村民委员会代表集体行使所有权；分别属于村内两个以上农民集体所有的，由村内各该集体经济组织代表集体行使所有权，未成立集体经济组织的由村民小组代表集体行使所有权；属于乡镇农民集体所有的，由乡镇集体经济组织代表集体行使所有权。有集体统一经营资产的村（组），特别是城中村、城郊村、经济发达村等，应建立健全农村集体经济组织，并在村党组织的领导和村民委员会的支持下，按照法律法规行使集体资产所有权。集体资产所有权确权要严格按照产权归属进行，不能打乱原集体所有的界限。

（3）强化农村集体资产财务管理。加强农村集体资金资产资源监督管理，加强乡镇农村经营管理体系建设。修订完善农村集体经济组织财务会计制度，加快农村集体资产监督管理平台建设，推动农村集体资产财务管理制度化、规范化、信息化。稳定农村财会队伍，落实民主理财，规范财务公开，切实维护集体成员的监督管理权。加强农村集体经济组织审计监督，做好日常财务收支等定期审计，继续开展村干部任期和离任经济责任等专项审计，建立问题移交、定期通报和责任追究查处制度，防止侵占集体资产。对集体财务管理混乱的村，县级党委和政府要及时组织力量进行整顿，防止和纠正发生在群众身边的腐败行为。

（4）有序推进经营性资产股份合作制改革。将农村集体经营性资产以股份或者份额形式量化到本集体成员，作为其参加集体收益分配的基本依据。改革主要在有经营性资产的村镇，特别是城中村、城郊村和经济发达村开展。农村集体经营性资产的股份合作制改革，不同于工商企业的股份制改造，要体现成员集体所有和特有的社区性，只能在农村集体经济组织内部进行。股权设置应以成员股为主，是否设置集体股由本集体经济组织成员民主讨论决定。股权管理提倡实行不随人口增减变动而调整的方式。改革后农村集体经济组织要完善治理机制，制定组织章程，涉及成员利益的重大事项实行民主决策，防止少数人操控。

（5）确认农村集体经济组织成员身份。在集体资产股份合作制改革过程中，重要且复杂的问题是如何确认农村集体经济组织成员身份。重要，是因为产权制度改革的起点和目标都是要保护本集体经济组织成员的利益,只有本集体经济组织成员才有决策权和收益分配权。复杂,是因为成员身份与户籍关系、土地承包关系等之间存在着交织。为此,中央提出,要依据有关法律法规,按照尊重历史、兼顾现实、程序规范、群众认可的原则,统筹考虑户籍关系、土地承包关系、对集体积累的贡献等因素,协调平衡各方利益,做好农村集体经济组织成员身份确认工作,解决成员边界不清的问题。改革试点中,要探索在群众民主协商基础上确认农村集体经济组织成员的具体程序、标准和管理办法,建立健全农村集体经济组织成员登记备案机制。成员身份的确认既要得到多数人认可,又要防止多数人侵犯少数人权益,切实保护妇女合法权益。提倡农村集体经济组织成员家庭今后的新增人口,通过分享家庭内拥有的集体资产权益的办法,按章程获得集体资产份额和集体经济组织成员身份。

(6) 引导农村产权规范流转和交易。鼓励地方特别是县乡依托集体资产监督管理、土地经营权流转管理等平台,建立符合农村实际需要的产权流转交易市场,开展农村承包土地经营权、集体林权、"四荒"地使用权、农业类知识产权、农村集体经营性资产出租等流转交易。县级以上地方人民政府要根据农村产权要素性质、流转范围和交易需要,制定产权流转交易管理办法,健全市场交易规则,完善运行机制,实行公开交易,加强农村产权流转交易服务和监督管理。维护进城落户农民土地承包权、宅基地使用权、集体收益分配权,在试点基础上探索支持引导其依法自愿有偿转让上述权益的有效办法。

农村集体产权制度改革,牵涉面广,改革任务艰巨。按照中央要求,各级党委和政府要充分认识农村集体产权制度改革的重要性、复杂性、长期性,认真抓好中央改革部署的贯彻落实,既要鼓励创新、勇于试验,又要把控方向、有历史耐心,切实加强组织领导,积极稳妥推进改革。要建立省级全面负责、县级组织实施的领导体制和工作机制,地方各级党委书记特别是县乡党委书记要亲自挂帅,承担领导责任。各地要层层分解任务,落实工作措施,提出具体要求,创造保障条件,确保事有人管、责有人负,对于改革中遇到的矛盾和问题,要切实加以解决,涉及重大政策调整的,要及时向上级请示汇报,确保社会和谐稳定。同时,要加大政策支持力度。清理废除各种阻碍农村集体经济发展的不合理规定,营造有利于推进农村集体产权制度改革的政策环境。农村集体经济组织承担大量农村社会公共服务支出,不同于一般经济组织,其成员按资产量化份额从集体获得的收益,也不同于一般投资所得,要研究制定支持农村集体产权制度改革的税收政策。在农村集体产权制度改革中,免征因权利人名称变更登记、资产产权变更登记涉及的契税,免征签订产权转移书据涉及的印花税,免收确权变更中的土地、房屋等不动产登记费。进一步完善财政引导、多元化投入共同扶持集体经济发展机制。对政府拨款、减免税费等形成的资产归农村集体经济组织所有,可以量化为集体经济组织成员持有的股份。逐步增加政府对农村的公共服务支出,减少农村集体经济组织的相应负担。完善金融机构对农村集体经济组织的融资、担保等政策，健全风险防范分担机制。统筹安排农村集体经济组织发展所需用地。

八、美丽乡村与人居环境改善政策

2005年10月，党的十六届五中全会提出建设社会主义新农村的重大历史任务时，提出了"生产发展、生活宽裕、乡风文明、村容整洁、管理民主"的要求。"十一五"期间，全国很多省市按党的十六届五中全会的要求，为加快社会主义新农村建设，努力实现生产发展、生活富裕、生态良好的目标，纷纷制订美丽乡村建设行动计划并付诸行动，取得了一定成效。2007年10月，党的十七大提出"要统筹城乡发展，推进社会主义新农村建设"。党的十八大提出"努力建设美丽中国"。美丽乡村是美丽中国的重要组成部分。农业部从2014年起开展中国最美休闲乡村和中国美丽田园推介活动。2012年，党的十八大报告指出，要按照人口资源环境相均衡、经济社会生态效益相统一的原则，控制开发强度，调整空间结构，促进生产空间集约高效、生活空间宜居适度、生态空间山清水秀，给自然留下更多修复空间，给农业留下更多良田，给子孙后代留下天蓝、地绿、水净的美好家园。2014年，《国务院办公厅关于改善农村人居环境的指导意见》对农村人居环境改善做出具体部署，明确要求从全力保障基本生活条件、大力开展村庄环境整治、稳步推进宜居乡村建设等方面突出重点，循序渐进改善农村人居环境。2017年10月，党的十九大报告指出，建设生态文明是中华民族永续发展的千年大计。必须树立和践行绿水青山就是金山银山的理念，坚持节约资源和保护环境的基本国策，像对待生命一样对待生态环境，统筹山水林田湖草系统治理，实行最严格的生态环境保护制度，形成绿色发展方式和生活方式，坚定走生产发展、生活富裕、生态良好的文明发展道路，建设美丽中国，为人民创造良好生产生活环境，为全球生态安全做出贡献。

2015年6月1日，《美丽乡村建设指南》（GB/T 32000—2015）国家标准正式实施。《美丽乡村建设指南》规定了美丽乡村的村庄规划和建设、生态环境、经济发展、公共服务、乡风文明、基层组织、长效管理等建设要求。该标准适用于指导以村为单位的美丽乡村的建设。《美丽乡村建设指南》的发布，标志着美丽乡村建设步入规范化、标准化发展轨道。

2018年2月，中共中央办公厅、国务院办公厅印发《农村人居环境整治三年行动方案》。该方案指出，改善农村人居环境，建设美丽宜居乡村，是实施乡村振兴战略的一项重要任务，事关全面建成小康社会，事关广大农民根本福祉，事关农村社会文明和谐。近年来，各地区各部门认真贯彻党中央、国务院决策部署，把改善农村人居环境作为社会主义新农村建设的重要内容，大力推进农村基础设施建设和城乡基本公共服务均等化，农村人居环境建设取得显著成效。同时，我国农村人居环境状况很不平衡，脏乱差问题在一些地区还比较突出，与全面建成小康社会要求和农民群众期盼还有较大差距，仍然是经济社会发展的突出短板。针对这些问题，《农村人居环境整治三年行动方案》提出了农村人居环境整治需要贯彻因地制宜、分类指导，示范先行、有序推进，注重保护、留住乡愁，村民主体、激发动力，建管并重、长效运行，落实责任、形成合力的基本原则。农村人居环境整治的重点任务是推进农村生活垃圾治理、开展厕所粪污治理、梯次推进农村生活污水治理、提升村容村貌、加强村庄规划管理和完善建设和管护机制，主要措施是加大政府投入、加大金融支持力度、调动社会力量积极参与、强化技术和人才支撑。

2021年，《中共中央 国务院关于全面推进乡村振兴 加快农业农村现代化的意见》提出了实施农村人居环境整治提升五年行动。分类有序推进农村厕所革命，加快研发干旱、寒冷地区卫生厕所适用技术和产品，加强中西部地区农村户用厕所改造。统筹农村改厕和污水、黑臭水体治理，因地制宜建设污水处理设施。健全农村生活垃圾收运处置体系，推进源头分类减量、资源化处理利用，建设一批有机废弃物综合处置利用设施。健全农村人居环境设施管护机制。有条件的地区推广城乡环卫一体化第三方治理。深入推进村庄清洁和绿化行动。开展美丽宜居村庄和美丽庭院示范创建活动。

党的二十大报告提出了建设宜居宜业和美乡村的基本要求，这也对乡村环境整治提出了新的任务。建设生态环境优美、村民居住舒适、产业富有活力、文化繁荣昌盛、乡村治理和谐有序的乡村，既是党的要求，也是广大村民的期盼。

谈观点

1. 当前农村集体产权制度改革的内容包括哪些方面？
2. 新型农业经营主体培育的政策有哪些？
3. 农业支持保护政策的主要内容有哪些？

03 第三节 农业农村法律制度体系

党的农业农村政策是农业农村法律的灵魂和基础，农业农村法律是贯彻落实党的农业农村政策最为重要的制度保障。改革开放以来，党的农业农村政策有力指导了农

思政启示

农业法律是将行之有效的中国共产党在农村的政策规范化、法制化的过程，相关农业立法也是促进农业和农村改革不断深入的重要保障。

知识点
我国现行的农业农村法律制度体系

业农村的改革与发展，立法机关对于其中成熟的、稳定的政策通过法律形式进行规范，保障了农业农村改革的稳定和可持续。改革开放以来，我国的农业农村立法取得重大成果，已经陆续颁布近 30 部与农业农村密切相关的法律，国务院、国务院所属的有关部门以及地方立法机关也制定了一系列涉及农业农村的行政法规和部门规章、地方法规和地方人民政府规章等规范性文件。可以说，我国农业农村法律制度体系的主要框架已经建立。我国现行的农业农村法律制度体系主要由以下几个方面构成：

一、农业生产经营体制的法律制度

农业生产经营体制是对农业生产过程决策以及组织这些决策实施的基本组织制度和形式，包括农业生产经营的基本组织制度、生产经营主体和形式。

从中华人民共和国成立到改革开放前，我国的农业生产经营体制经历了互助组、初级社、高级社、人民公社等发展阶段。党的十一届三中全会废除了政社合一的人民公社体制，确立了以家庭承包经营为基础的农村基本经营制度，在经历了家庭联产承包责任制、大包干等不同阶段后，农村基本经营制度逐步趋于完善。

关于农业生产经营体制的法律规范，主要体现在《宪法》《民法典》《农业法》《乡村振兴促进法》《农村土地承包法》《农民专业合作社法》《中华人民共和国农村土地承包经营纠纷调解仲裁法》（以下简称《农村土地承包经营纠纷调解仲裁法》）等法律中。

《宪法》第八条规定，农村集体经济组织实行家庭承包经营为基础、统分结合的双层经营体制。这是我国农业生产经营体制的宪法依据。《民法典》第三百三十条规定，农村集体经济组织实行家庭承包经营为基础、统分结合的双层经营体制。农民集体所有和国家所有由农民集体使用的耕地、林地、草地以及其他用于农业的土地，依法实行土地承包经营制度。《农业法》第五条规定，国家长期稳定农村以家庭承包经营为基础、统分结合的双层经营体制。《乡村振兴促进法》第五条规定，国家巩固和完善以家庭承包经营为基础、统分结合的双层经营体制，发展壮大农村集体所有制经济。

农村土地的家庭承包经营，是我国农村基本经营制度的基础。《农村土地承包法》第三条第一款规定，国家实行农村土地承包经营制度。关于家庭承包中发包方和承包方的权利义务，承包的原则和程序，承包期限和承包合同，土地承包经营权的保护和互换、转让，土地经营权等问题，在法律中都有专门和明确的规定。例如，为了稳定承包关系，《农村土地承包法》第二十七条第一款规定，承包期内，发包方不得收回承包地；第二十八条第一款规定，承包期内，发包方不得调整承包地。为了搞活土地经营权，《农村土地承包法》第三十七条、第四十三条、第四十六条、第四十七条等分别规定了土地经营权人占有农村土地开展农业生产经营的权利、对所经营的土地进行投资获得补偿的权利、对土地经营权再流转的权利、以土地经营权融资担保的权利等。

在土地承包关系确立、土地经营权流转等过程中，发包方与承包方之间、承包方相互之间、承包方与土地经营权人之间等难免会发生纠纷，《农村土地承包经营纠纷调解仲裁法》为解决这些纠纷规定了相应的程序性规则，对法律适用的纠纷类型，调解的主体、调解程序以及调解书的法律效力，仲裁机构的设立和仲裁员的选任条件、仲裁的申请和受理、仲裁庭的组成、开庭和裁决以及裁决的法律效力等做了详细规定。

在农业生产经营组织方面，我国现行的法律有《中华人民共和国乡镇企业法》（以下简称《乡镇企业法》）和《农民专业合作社法》，立法机关正在制定的法律还有《农村集体经济组织法》。在关于农业生产经营组织的立法中，《农民专业合作社法》在组织小农户对接农产品大市场，实现小农户与现代农业发展有机衔接等方面，发挥着重要作用。《农民专业合作社法》从法律的适用对象、合作社的业务范围、合作社的基本原则、合作社的责任方式，以及合作社的设立登记、合作社的成员、合作社的组织机构、合作社的财务管理、合作社的合并分立解散与清算、合作社联合社、合作社扶持措施等方面做了具体规定。

二、促进农业产业发展的法律制度

农业是国民经济的基础产业，依法保障农业产业的持续、高效、稳定发展，是农业农村立法的重要方面。我国现行的有关农业产业发展的法律主要包括《农业法》《农业技术推广法》《森林法》《草原法》《渔业法》《畜牧法》《农业机械化促进法》《农产品质量安全法》《中华人民共和国种子法》（以下简称《种子法》）等，这些法律分别从农业产业发展的一般制度、农业产业部门发展的促进和保障制度、农业产业安全制度等方面做出了一系列具体的安排。

《农业法》颁布于1993年、修订于2002年，后又经2009年、2012年两次修正。作为农业领域的基本法，《农业法》对农业和农村经济发展的主要方面都有明确规定。从促进农业产业发展的角度看，《农业法》规定了农业发展规划和结构调整制度，加强农业基础设施建设改善农业生产条件的制度，农产品质量安全和优质农产品认证制度，动植物病虫害防疫检疫制度，农业生产资料管理制度，农产品流通与加工制度，以及农业投入与支持保护制度、农业科技与农业教育制度等,从农业产业发展的各个链条和各个主要方面提供了系统化的法律制度规范。

《乡村振兴促进法》从培育新型农业经营主体、优化农业生产力布局、耕地保护、种质资源保护、农业科技创新、农业机械化和信息化建设、农业新业态发展等方面规定了一系列促进乡村一二三产业发展的法律制度。

《中华人民共和国农业技术推广法》(以下简称《农业技术推广法》)颁布于1993年、修订于2012年。该法以加强农业技术推广工作、促使农业科研成果和实用技术尽快应用于农业生产、增强科技支撑保障能力、促进农业和农村经济可持续发展、实现农业现代化为立法目的,从农业技术推广体系、农业技术的推广与应用、农业技术推广的保障措施等方面规定了相关制度。在农业技术推广体系方面,规定了农业技术推广,实行国家农业技术推广机构与农业科研单位、有关学校、农民专业合作社、涉农企业、群众性科技组织、农民技术人员等相结合的推广体系。法律明确了各级国家农业技术推广机构的地位和职责,鼓励农业科研单位和有关学校、企业和群众性科技组织等参与农业技术推广事业。在农业技术的推广应用方面,法律从农业技术推广须满足先进性、适用性和安全性条件,鼓励农业劳动者和农业生产经营组织参与农业技术推广,无偿服务和有偿服务相结合的推广机制,农民专业合作社等组织在农业技术推广中的作用等方面做了明确规定。在农业技术推广的保障措施方面,法律从技术推广的经费保障、条件保障、能力提升、监督考评以及税收信贷优惠等方面做了相关规定。

从促进农业产业部门发展的角度,《森林法》《草原法》《渔业法》《畜牧法》分别从林业产业部门、草原资源保护与利用、水产养殖业与捕捞业、畜牧业发展过程中的原则、资源保护与利用的关系、鼓励和保障农业产业部门发展的法律措施等方面进行了规定。

农业机械的现代化,是农业现代化的重要方面。适应我国农业生产方式转型,发展先进适用的农业机械,对于提高农业生产力水平、降低农业劳动者的劳动强度、提高劳动效率、保障农产品有效供给等具有重要意义。2004年颁布的《农业机械化促进法》,从农业机械的科研开发、质量保障、推广使用、社会化服务等方面做了明确规定,并规定了相应的扶持措施。

种子是种植业和林业生产中重要的生产资料,种子的质量安全和种子的先进性直接影响农民利益和农业产业发展的技术水平。近年来,我国的农业发展中科技进步发挥了重要作用,而种子的进步是农业科技进步的重要方面。2021年中央一号文件指出,农业现代化,种子是基础。加强农业种质资源保护开发利用,加快第三次农作物种质资源、畜禽种质资源调查收集,加强国家作物、畜禽和海洋渔业生物种质资源库建设。对育种基础性研究以及重点育种项目给予长期稳定支持。加快实施农业生物育种重大科技项目。深入实施农作物和畜禽良种联合攻关。实施新一轮畜禽遗传改良计划和现代种业提升工程。尊重科学、严格监管，有序推进生物育种产业化应用。加强育种领域知识产权保护。支持种业龙头企业建立健全商业化育种体系，加快建设南繁硅谷，加强制种基地和良种繁育体系建设，研究重大品种研发与推广后补助政策，促进育繁推一体化发展。2000 年颁布、2004 年和 2013 年修正、2015 年修订的《种子法》是对种子产业发展的专门法律。现行的《种子法》从种质资源保护，品种选育、审定与登记，新品种保护，种子生产经营，种子监督管理，种子进出口和对外合作等方面规定了一整套完整的法律制度，并明确了扶持种子产业发展的扶持措施。

农产品质量安全是农业产业安全的重要组成部分，也是农业可持续、稳定发展的基本要求。农产品质量安全问题关系到消费者的健康，从立法角度保障消费者的农产品质量安全是非常重要的措施。按照从田间到餐桌全过程管理的目标，颁布于 2006 年的《农产品质量安全法》从农产品质量安全标准、农产品产地、农产品生产、农产品包装和标识、监督检查等方面规定了相应的法律制度。《食品安全法》与《农产品质量安全法》关系密切，从调整对象看，《农产品质量安全法》中的农产品，是指来源于农业的初级产品，即在农业活动中获得的植物、动物、微生物及其产品。农产品质量安全，是指农产品质量符合保障人的健康、安全的要求。《食品安全法》中的食品，是指各种供人食用或者饮用的成品和原料以及按照传统既是食品又是中药材的物品，但是不包括以治疗为目的的物品。食品安全，指食品无毒、无害，符合应当有的营养要求，对人体健康不造成任何急性、亚急性或者慢性危害。供食用的源于农业的初级产品（以下称食用农产品）的质量安全管理，遵守《农产品质量安全法》的规定。但是，食用农产品的市场销售、有关质量安全标准的制定、有关安全信息的公布和《食品安全法》对农业投入品做出规定的，应当遵守《食品安全法》的规定。

三、农村土地管理法律制度

> 知识点
> 农村土地管理涉及的法律

农村土地，是指依法归农民集体所有的土地，包括农用地、农村集体建设用地和荒山、荒沟、荒丘、荒滩等农村集体所有的未利用地。针对不同的农村土地，相关法律中规定了不同的管理制度。农村土地管理法律制度，包括农村土地的权属制度及土地征收、征用制度，耕地保护尤其是永久基本农田保护制度、农村土地的家庭承包经营制度、集体公益性和经营性建设用地管理制度、农村宅基地管理制度等方面。根据《宪法》和《土地管理法》的规定，城市郊区土地和农村土地归农民集体所有。关于农村土地管理法律制度，在我国现行的多部农业农村法律中都有相关规定。关于农村集体土地的所有权和使用权，在《民法典》《土地管理法》中有相关规定。《农业法》《土地管理法》中规定了集体所有的土地的经营管理权。《民法典》中还规定了农村土地承包经营权、建设用地使用权、宅基地使用权和地役权等相关民事权利的取得、权利行使和权利限制等相关内容。《土地管理法》中还规定了集体建设用地、农村宅基地等的管理制度。《农村土地承包法》中规定了家庭承包和其他方式的承包制度。《森林法》《草原法》分别规定了林地和草地管理的制度。《乡村振兴促进法》对于农村土地管理也有创新性的制度规范。

结合改革开放以来农村土地政策的不断完善，相关法律制度也在不断调整中。例如，关于农村土地承包，2002年颁布的《农村土地承包法》更多强调农村土地承包关系的稳定。在农用土地"三权"分置改革背景下，2018年修订的《农村土地承包法》在强化土地承包经营权稳定的基础上，对土地经营权的取得、行使、保护等做了一系列新的规定，既突出维护土地承包经营权的立法目的，也兼顾土地要素合理配置的制度安排。再如，为了盘活利用农村集体建设用地，实现农村集体经济的财产权利，2019年修正的《土地管理法》第六十三条规定："土地利用总体规划、城乡规划确定为工业、商业等经营性用途，并经依法登记的集体经营性建设用地，土地所有权人可以通过出让、出租等方式交由单位或者个人使用，并应当签订书面合同，载明土地界址、面积、动工期限、使用期限、土地用途、规划条件和双方其他权利义务。""前款规定的集体经营性建设用地出让、出租等，应当经本集体经济组织成员的村民会议三分之二以上成员或者三分之二以上村民代表的同意。""通过出让等方式取得的集体经营性建设用地使用权可以转让、互换、出资、赠与或者抵押，但法律、行政法规另有规定或者土地所有权人、土地使用权人签订的书面合同另有约定的除外。""集体经营性建设用地的出租，集体建设用地使用权的出让及其最高年限、转让、互换、出资、赠与、抵押等，参照同类用途的国有建设用地执行。具体办法由国务院制定。"这些法律规定，为集体经营性建设用地入市，实现集体建设用地与国有建设用地"同地同权、同地同价"提供了法律保障。

四、农业资源与农村环境保护法律制度

农业是资源性产业，对资源依赖度高，资源的保护和合理利用，是农业农村立法的重要目标。《农业法》对农业资源与农村环境保护问题，从农业资源利用的原则、耕地保养与耕地质量建设、小流域治理和防沙治沙、植树造林、草原资源保护、退耕还林还草、渔业资源增殖保护、生物物种资源和生物多样性保护，以及农业投入品使用中的环境保护、秸秆和畜禽粪便等的资源化利用等方面做了原则性规定。总体上看，无论是种植业，还是林业、畜牧业、渔业，都会涉及相关资源保护与利用的关系问题。所以，农业产业部门的法律，一定意义上也都是资源保护与利用的法律。例如，《森林

法》中有关于森林资源保护的专门制度，《草原法》中有关于草原资源保护的详细规定，《畜牧法》中有关于畜禽遗传资源保护的具体制度，《渔业法》中有关于渔业资源增殖保护的激励性制度和限制性、禁止性制度。同时，关于畜禽养殖的环境要求、渔业水源环境保护等农业农村环境问题，在《畜牧法》和《渔业法》中也有相关规定。

环境问题是个系统问题，城乡之间、产业之间的环境问题既有特性，也有共性。因此，农业产业发展和农村公共事务管理等，也须遵循环境保护的一般法律，包括《中华人民共和国环境保护法》（以下简称《环境保护法》）、《中华人民共和国水污染防治法》（以下简称《水污染防治法》）、《中华人民共和国大气污染防治法》（以下简称《大气污染防治法》）等确立的制度。

> 知识点
> 渔业资源增殖保护

《乡村振兴促进法》从改善生态和农村人居环境目标出发，也规定了一系列生态和环境保护的制度。

还有一些重要的资源和环境保护法律与农业农村有着密切联系。例如，为了预防和治理水土流失，保护和合理利用水土资源，减轻水、旱、风沙灾害，改善生态环境，保障经济社会可持续发展，2010年第十一届全国人民代表大会常务委员会第十八次会议对1991年《中华人民共和国水土保持法》（以下简称《水土保持法》）进行了修订，从规划、预防、治理、监测和监督等方面做了一系列规定。其中，第二十条第一款规定，禁止在二十五度以上陡坡地开垦种植农作物。在二十五度以上陡坡地种植经济林的，应当科学选择树种，合理确定规模，采取水土保持措施，防止造成水土流失。第二十一条规定，禁止毁林、毁草开垦和采集发菜。禁止在水土流失重点预防区和重点治理区铲草皮、挖树兜或者滥挖虫草、甘草、麻黄等。第三十四条第一款规定，国家鼓励和支持承包治理荒山、荒沟、荒丘、荒滩，防治水土流失，保护和改善生态环境，促进土地资源的合理开发和可持续利用，并依法保护土地承包合同当事人的合法权益。根据第三十九条的规定，国家鼓励和支持在山区、丘陵区、风沙区以及容易发生水土流失的其他区域，采取下列有利于水土保持的措施：免耕、等高耕作、轮耕轮作、草田轮作、间作套种等；封禁抚育、轮封轮牧、舍饲圈养；发展沼气、节柴灶，利用太阳能、风能和水能，以煤、电、气代替薪柴等；从生态脆弱地区向外移民；其他有利于水土保持的措施。

为了保护和改善生态环境，防治土壤污染，保障公众健康，推动土壤资源永续利用，推进生态文明建设，促进经济社会可持续发展，2018年8月31日，第十三届全国人民代表大会常务委员会第五次会议通过《土壤污染防治法》，规定了防治土壤污染的一系列法律制度。

五、农民权益保护法律制度

党和国家高度重视农民权益问题，立法机关也在相关法律中规定了一系列保护农民权益的法律制度。这些法律制度体现在不同的法律中，例如，《农业法》专门设立"农民权益保护"一章。《农业法》第六十七条围绕向农民或者农业生产经营组织乱收费、乱罚款、乱摊派等突出现象做出严格限制。第六十八条针对违法向农民或者农业生产经营组织集资或者没有法律、法规依据或者未经国务院批准，在农村进行任何形式的达标、升级、验收活动做出禁止性规定。法律还对向农民征税、农村义务教育收费、土地征收补偿、农民生产经营自主权保护、筹资筹劳和以资代劳、村务公开、提供有偿服务、农业生产资料质量等方面涉及的农民权益问题做了有针对性的规定。《农业法》还规定了涉及农民权益的救济制度。第七十六条规定，农业生产资料使用者因生产资料质量问题遭受损失的，出售该生产资料的经营者应当予以赔偿，赔偿额包括购货价款、有关费用和可得利益损失。第七十七条规定，农民或者农业生产经营组织为维护自身的合法权益，有向各级人民政府及其有关部门反映情况和提出合法要求的权利，人民政府及其有关部门对农民或者农业生产经营组织提出的合理要求，应当按照国家规定及时给予答复。第七十八条规定，违反法律规定，侵犯农民权益的，农民或者农业生产经营组织可以依法申请行政复议或者向人民法院提起诉讼，有关人民政府及其有关部门或者人民法院应当依法受理。人民法院和司法行政主管机关应当依照有关规定为农民提供法律援助。

实践中，农民的土地权益问题比较突出。针对这一现象，《土地管理法》中对土地征收、征用时农民获得补偿的权利，《农村土地承包法》中对农民依法承包本集体土地的权利以及承包土地的经营自主权、承包土地的流转权、承包土地的有偿退出权及妇女的土地承包经营权保护等做了明确规定。

农民权益问题，既包含农民的经济利益，也包含农民的民主政治权利。在《村民委员会组织法》中，对村民参与农村公共事务管理的权利做了详细规定，包括村民的民主选举权利、民主决策的权利、民主管理和民主监督的权利等都有具体的法律规范。

随着农村改革的不断深入，以及国家支农惠农政策越来越丰富和完善，农民权益保护的内涵也不断丰富。例如，在农村集体产权制度改革中，大量农村集体经济组织改制为农民股份合作社，农村集体经济组织成员身份确认、农村股份合作社农民的民主权利和经济利益保护等问题越来越重要，这些问题，需要通过农村集体经济组织立法做出明确规定。第十三届全国人民代表大会常务委员会第二十八次会议通过的《乡村振兴促进法》，在强化农民主体地位、保障农民权益方面也有很多重要的规定。一是在实施乡村振兴战略的原则方面,强调要坚持农民主体地位,充分尊重农民意愿,保障农民民主权利和其他合法权益,维护农民根本利益。二是在促进农民增收方面,规定了支持乡村产业发展的各项措施,要求各级人民政府建立健全有利于农民收入稳定增长的机制,保障成员从集体经营收入中获得收益分配的权利,采取措施让农民共享全产业链增值收益。三是在乡村治理方面,完善村民自治制度,充分发挥村民委员会作用,增强村民自我管理、自我教育、自我服务、自我监督能力。四是在社会保障方面,完善城乡统筹的社会保障制度,确保城乡居民基本养老保险待遇随经济社会发展逐步提高;加强对农村留守儿童、妇女和老年人以及残疾人、困境儿童的关爱服务;保障进城落户农民和农民工的合法权益。五是在乡村建设方面,加强农村住房建设管理和服务,严格禁止违法占用耕地建房;严禁违背农民意愿、违反法定程序撤并村庄;加强乡村生态保护和修复,加强农业面源污染治理,持续改善农村人居环境,建设生态宜居的美丽乡村。

六、城乡融合发展的法律制度

改革开放以来,尽管我国农业农村经济与农村社会事业取得了巨大成就,但基于复杂的历史和体制原因,我国城乡之间的发展差距还很大。消除城乡之间的发展差距,实现城乡融合发展,是当前和今后一定时期的重要任务。2002年修订的《农业法》中,提出了国家坚持城乡协调发展的方针,扶持农村二三产业发展,调整和优化农村经济结构,增加农民收入,促进农村经济全面发展,逐步缩小城乡差别的要求。《农业法》还从乡村非农产业发展、小城镇建设、农村劳动力转移、农村社会救济制度、农村居民医疗保障制度和扶贫开发制度等方面做出了原则性规定。

2019年4月15日《中共中央 国务院关于建立健全城乡融合发展体制机制和政策体系的意见》印发。该意见指出:"建立健全城乡融合发展体制机制和政策体系,是党的十九大作出的重大决策部署。改革开放特别是党的十八大以来,我国在统筹城乡发展、推进新型城镇化方面取得了显著进展,但城乡要素流动不顺畅、公共资源配置不合理等问题依然突出,影响城乡融合发展的体制机制障碍尚未根本消除。"为实现城乡融合发展目标,该意见要求:要"有力有序有效深化户籍制度改革",放开放宽除个别超大城市外的城市落户限制;以城市群为主体形态,"促进大中小城市和小城镇协调发展,增强中小城市人口承载力和吸引力","维护进城落户农民土地承包权、宅基地使用权、集体收益分配权,支持引导其依法自愿有偿转让上述权益";同时大力推进人才入乡工作进程,通过财政、金融、社会保障等方式,吸引各类人才返乡入乡创业;在坚持农村土地所有制不改变的基础上,"保持农村土地承包关系稳定并长久不变",完善农村承包地"三权"分置制度，进一步放活土地经营权，"健全土地流转规范管理制度，强化规模经营管理服务"；稳慎改革农村宅基地制度，加快完成房地一体的宅基地使用权确权登记颁证，探索宅基地所有权、资格权、使用权"三权"分置，落实宅基地集体所有权，保障宅基地农户资格权和农民住房财产权，适度放活宅基地和农民房屋使用权；鼓励农村集体经济组织及其成员盘活利用闲置宅基地和闲置房屋，在符合规划、用途管制和尊重农民意愿前提下，允许县级政府优化村庄用地布局，有效利用乡村零星分散存量建设用地；推动各地制定省内统一的宅基地面积标准，探索对增量宅基地实行集约有奖、对存量宅基地实行退出有偿；建立集体经营性建设用地入市制度，加快完成农村集体建设用地使用权确权登记颁证，在符合国土空间规划、用途管制和依法取得前提下，允许农村集体经营性建设用地入市，允许就地入市或异地调整入市；允许村集体在农民自愿前提下，依法把有偿收回的闲置宅基地、废弃的集体公益性建设用地转变为集体经营性建设用地入市；推动城中村、城边村、村级工业园等可连片开发区域土地依法合规整治入市；推进集体经营性建设用地使用权和地上建筑物所有权房地一体、分割转让。

《乡村振兴促进法》作为乡村振兴的全局性、系统性的法律保障，围绕乡村的产业兴旺、生态宜居、乡风文明、治理有效和生活富裕的总要求，以乡村产业振兴、乡村人才振兴、乡村文化振兴、乡村生态振兴和乡村组织振兴为目标，从乡村振兴战略和新型城镇化战略实施的协同推进、乡村发展布局、城乡基础设施互联互通、城乡基本改革服务均等化、城乡统筹的社会保障制度、城乡均等的公共就业创业服务制度、农民进城落户、城乡产业协同发展、城乡劳动者平等就业等多方面专章规定了城乡融合发展的法律制度。

谈观点

如何依法保护农民权益？

第二章 农业农村基本法律制度

教学目的与要求

理解

1. 我国农业生产经营体制的内涵
2. 农民权益保护的基本制度
3. 《农业法》的立法目的与调整对象

掌握

1. 粮食安全保障的基本制度
2. 农业投入与支持保护法律制度
3. 脱贫攻坚战略实施取得的主要成就

领会和应用

1. 农业生产经营主体的主要类型
2. 小农户与现代农业发展有机衔接

导学

知识导图

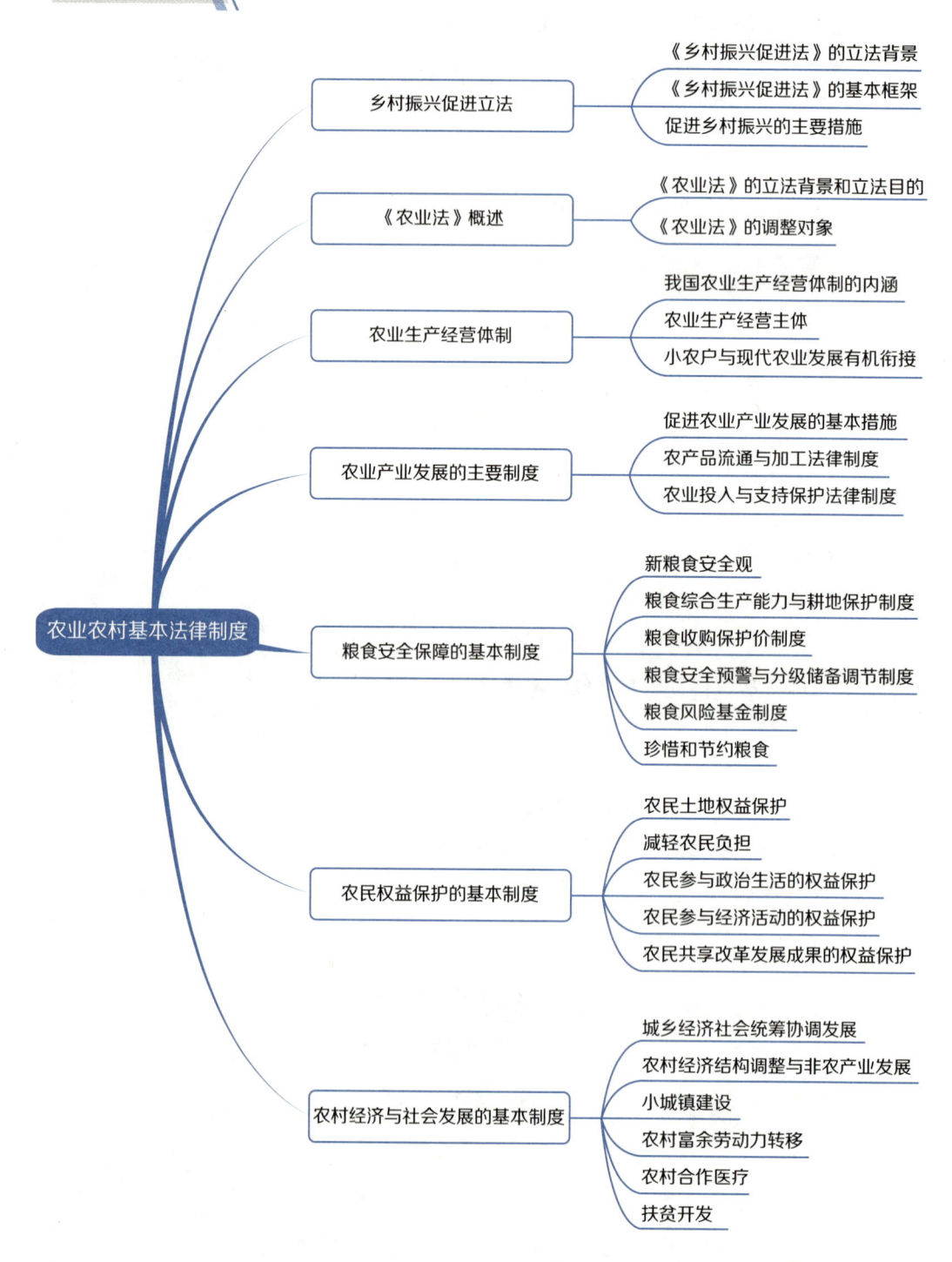

- 农业农村基本法律制度
  - 乡村振兴促进立法
    - 《乡村振兴促进法》的立法背景
    - 《乡村振兴促进法》的基本框架
    - 促进乡村振兴的主要措施
  - 《农业法》概述
    - 《农业法》的立法背景和立法目的
    - 《农业法》的调整对象
  - 农业生产经营体制
    - 我国农业生产经营体制的内涵
    - 农业生产经营主体
    - 小农户与现代农业发展有机衔接
  - 农业产业发展的主要制度
    - 促进农业产业发展的基本措施
    - 农产品流通与加工法律制度
    - 农业投入与支持保护法律制度
  - 粮食安全保障的基本制度
    - 新粮食安全观
    - 粮食综合生产能力与耕地保护制度
    - 粮食收购保护价制度
    - 粮食安全预警与分级储备调节制度
    - 粮食风险基金制度
    - 珍惜和节约粮食
  - 农民权益保护的基本制度
    - 农民土地权益保护
    - 减轻农民负担
    - 农民参与政治生活的权益保护
    - 农民参与经济活动的权益保护
    - 农民共享改革发展成果的权益保护
  - 农村经济与社会发展的基本制度
    - 城乡经济社会统筹协调发展
    - 农村经济结构调整与非农产业发展
    - 小城镇建设
    - 农村富余劳动力转移
    - 农村合作医疗
    - 扶贫开发

01 第一节 乡村振兴促进立法

一、《乡村振兴促进法》的立法背景

2021年4月29日，《乡村振兴促进法》由第十三届全国人民代表大会常务委员会第二十八次会议通过，自2021年6月1日起施行。实施乡村振兴战略，是新时代"三农"工作的总抓手。制定《乡村振兴促进法》，是贯彻落实党中央决策部署，为全面实施乡村振兴战略提供有力法治保障，对促进农业全面升级、农村全面进步、农民全面发展，全面建设社会主义现代化国家，实现中华民族伟大复兴中国梦，具有重要意义。

当前，我国发展不平衡不充分问题在乡村最为突出，主要表现在：农产品阶段性供过于求和供给不足并存，农业供给质量亟待提高；农民适应生产力发展和市场竞争的能力不足，新型职业农民队伍建设亟须加强；农村基础设施和民生领域欠账较多，农村环境和生态问题比较突出，乡村发展整体水平亟待提升；国家支农体系相对薄弱，农村金融改革任务繁重，城乡之间要素合理流动机制亟待健全；农村基层党建存在薄弱环节，乡村治理体系和治理能力亟待加强。实施乡村振兴战略，是解决人民日益增长的美好生活需要和不平衡不充分的发展之间的矛盾的必然要求，是实现"两个一百年"奋斗目标的必然要求，是实现全体人民共同富裕的必然要求。[1]党的十九大提出实施乡村振兴战略，要求坚持农业农村优先发展，按照产业兴旺、生态宜居、乡风文明、治理有效、生活富裕的总要求，建立健全城乡融合发展体制机制和政策体系，加快推进农业农村现代化。党的十九大报告更具体地指出，要构建现代农业产业体系、生产体系、经营体系，为农业现代化的重点任务指明了方向。自党的十九大报告提出实施乡村振兴战略以来，《中共中央 国务院关于实施乡村振兴战略的意见》（2018年中央一号文件）、《乡村振兴战略规划（2018—2022年）》《中国共产党农村基层组织工作条例》等先后出台。

为保障乡村振兴战略的有效贯彻实施，落实2018年中央一号文件提出的"强化乡

---

[1] 《中共中央 国务院关于实施乡村振兴战略的意见》（中发〔2018〕1号）。

村振兴法治保障。抓紧研究制定乡村振兴法的有关工作，把行之有效的乡村振兴政策法定化，充分发挥立法在乡村振兴中的保障和推动作用"的要求，第十三届全国人民代表大会常务委员会将制定《乡村振兴促进法》列入立法规划。起草《乡村振兴促进法》的着力点是，把党中央关于乡村振兴的重大决策部署，包括乡村振兴的任务、目标、要求和原则等，转化为法律规范，确保乡村振兴战略部署得到实施，确保各地不松懈、不变调、不走样，持之以恒、久久为功促进乡村振兴；把党中央、国务院确定的促进乡村振兴的政策措施，特别是坚持农业农村优先发展、健全城乡融合发展的体制机制、建立新型城乡关系方面的政策，通过立法确定下来。①

法律根据调整的方法区分，有主体法、行为法、促进法等不同类型，《乡村振兴促进法》属于典型的促进法，因而它更多是对国家、各级人民政府及有关部门围绕乡村振兴战略应当履行的职责进行规范。《乡村振兴促进法》的重心就是规范各级人民政府及有关部门在实施乡村振兴战略中的行为及其应当承担的责任。从法律意义上讲，职责既是政府及有关部门的权利，也是其应当承担的义务。

二、《乡村振兴促进法》的基本框架

知识点
《乡村振兴促进法》的基本框架

起草《乡村振兴促进法》的指导思想是，深入贯彻习近平新时代中国特色社会主义思想，深入贯彻党的十九大和十九届二中、三中、四中全会精神，贯彻新发展理念，紧紧围绕统筹推进"五位一体"总体布局和协调推进"四个全面"战略布局要求，坚持农业农村优先发展，为加快推进农业农村现代化，走中国特色社会主义乡村振兴道路提供有力的法治保障。

思政启示

实施乡村振兴战略，是全面建设社会主义现代化国家的重大历史任务。我国制定出台《乡村振兴促进法》，为全面实施乡村振兴战略提供有力法治保障，对于促进农业全面升级、农村全面进步、农民全面发展，全面建设社会主义现代化国家，实现中华民族伟大复兴的中国梦，具有重要意义。

改革开放以来，我国已经陆续颁布近30部与农业农村密切相关的法律，这些法律通常是对农业农村发展尤其是农业产业发展的某一方面的制度规范，缺乏农业农村全面发展的总体性保障制度。党的十九大报告提出实施乡村振兴战略，各部门、各地方、各相关机构都以极大的热情投入乡村振兴实践，通过立法方式促进乡村振兴战略实施，这既是党中央的要求，也是实践的迫切需要。《乡村振兴促进法》是关于乡村振兴的全局性、系统性的法律保障。根

---

① 《关于〈中华人民共和国乡村振兴促进法（草案）〉的说明》。

据党中央提出的实施乡村振兴战略的总体要求和目标，围绕乡村振兴的法律制度需求，《乡村振兴促进法》确立了重要的法律原则和具体制度。

《乡村振兴促进法》共分为 10 章，依次为总则、产业发展、人才支撑、文化繁荣、生态保护、组织建设、城乡融合、扶持措施、监督检查、附则，共 74 条。

《乡村振兴促进法》的框架涵盖以下内容：

（一）调整对象和适用范围

统筹考虑法律规范的统一性和各地乡村发展的不同情况，参照《乡村振兴战略规划（2018—2022 年）》的界定，《乡村振兴促进法》第二条规定："全面实施乡村振兴战略，开展促进乡村产业振兴、人才振兴、文化振兴、生态振兴、组织振兴，推进城乡融合发展等活动，适用本法。"同时明确"本法所称乡村，是指城市建成区以外具有自然、社会、经济特征和生产、生活、生态、文化等多重功能的地域综合体，包括乡镇和村庄等"。

在《乡村振兴促进法》第一条规定的立法目的中，特别强调了三个全面，即促进农业全面升级、农村全面进步、农民全面发展，体现了党中央近年来关于实施乡村振兴战略的重要指导思想。《乡村振兴促进法》规定的促进对象不仅涉及传统的种植业、养殖业，还涉及特色农业、休闲农业、现代农产品加工业、乡村手工业、绿色建材、红色旅游、乡村旅游、康养和乡村物流、电子商务等农村新产业、新业态；不仅涉及农村基础设施改善，还涉及农村社会生活和人居环境改善；不仅涉及农民收入的增长，还涉及农民的教育、医疗、科技、文化等的需求。《乡村振兴促进法》确立的制度内容既涵盖乡村产业发展，也涵盖人才支撑、文化繁荣、生态保护、组织建设和城乡融合。《乡村振兴促进法》规定的制度措施既包括明确各级人民政府的职责和监督检查，也包括具体的扶持措施。这些规定，对于稳定有力和可持续地促进乡村振兴，提供了一揽子的制度规范，是实施乡村振兴战略最重要的制度保障。

（二）关于五大振兴

实现乡村全面振兴，应当按照产业兴旺、生态宜居、乡风文明、治理有效、生活富裕的总要求，统筹推进农村经济建设、政治建设、文化建设、社会建设、生态文明建设。习近平总书记指出，要坚持乡村全面振兴，抓重点、补短板、强弱项，实现乡村产业振兴、人才振兴、文化振兴、生态振兴、组织振兴，推动农业全面升级、农村全面进步、农民全面发展。五大振兴，是乡村全面振兴的核心内涵和主要抓手。因此《乡村振兴促进法》第二章至第六章分别以五大振兴为主要内容，着重从产业发展、人才支撑、文化繁荣、生态保护、组织建设方面，将党中央有关方针政策和地方实践中的成功经验，通过立法形式确定下来，明确相关政策措施，完善相关制度，保障乡村全面振兴。

（三）关于城乡融合

实施乡村振兴战略，必须重塑城乡关系，走城乡融合发展之路。要坚持好农村基本制度，坚守好底线，保护好农民利益，更好地激发农村内部发展活力；同时，要着力统筹城乡基础设施建设，促进城乡基本公共服务均等化，优化农村外部发展环境，缩小城乡发展差距。对此，《乡村振兴促进法》规定：国家坚持农村土地集体所有制，完善农村集体产权制度，巩固和完善农村基本经营制度，健全乡村治理制度；建立健全城乡融合发展的体制机制和政策体系，推动形成工农互促、城乡互补、全面融合、共同繁荣的新型工农城乡关系。《乡村振兴促进法》第七章规定，各级人民政府应当协同推进乡村振兴战略和新型城镇化战略，促进农村一二三产业融合发展和城乡一体化发展；县级以上地方人民政府应当推进城乡统一规划，因地制宜安排村庄布局，完善城乡基本公共服务体系，提高乡村居民社会保障水平，推动人口、土地、资本等要素在城乡间有序流动，采取措施促进城乡产业协同发展，实现乡村经济多元化和农业全产业链发展，建立健全有利于农民收入持续稳定增长的机制。

（四）关于扶持措施

实施乡村振兴战略，坚持农业农村优先发展，必须强化乡村振兴的扶持措施。党的十八大以来，党中央持续加大强农惠农富农政策力度，出台了一系列切实有效的政策措施，有力促进了农业农村发展。《乡村振兴促进法》第八章将党中央强农惠农富农政策上升为法律规范，分别对财政投入、农业补贴、土地出让收入、资金基金、融资担保、资本市场、金融服务、农业保险、用地保障以及社会资本参与乡村振兴等做出规定，从政策扶持上落实农业农村优先发展。

（五）关于监督检查

《乡村振兴促进法》除为政府及有关部门设定职责外，还专章规定了监督检查制度，从考核评价、评估、报告、检查、监督等方面明确了责任追究体系，以确保政府及相关部门依法履行职责，使《乡村振兴促进法》规定的主要制度得以全面贯彻实施。

三、促进乡村振兴的主要措施

从组织保障来看，为确保乡村振兴各项工作有效开展，层层压实推进乡村振兴的责任，《乡村振兴促进法》设第九章"监督检查"，多层次、多角度地落实乡村振兴相关方面的责任。中央对农业农村发展重大事项主要负责目标确定与顶层设计、重大规划与政策法律制定、统筹协调与督察等。各级人民政府主要负责贯彻落实，并且按照省、市、县、乡镇的层级权限差别，分工协同承担相适应的工作任务与职责。《乡村振兴促进法》明确建立实施乡村振兴战略的目标责任制和考核评价制度，地方党委和人民政府承担促进乡村振兴的主体责任，县级以上地方党委和人民政府应当以适当方式考核本级党委和人民政府相关部门责任人、下级党委和人民政府及其负责人完成乡村振兴目标情况，考核结果作为有关领导班子和领导干部综合考核评价的重要内容。《乡村振兴促进法》还明确了各级审计、财政、发展改革、农业农村等部门以及县级以上地方人民政府的监督检查职责。

从制度保障来看，《乡村振兴促进法》对于实施乡村振兴战略中坚持党的领导，有一系列的规定。《乡村振兴促进法》第三条、第四条、第四十一条、第四十二条分别对乡村振兴中党的自身建设、党在实施乡村振兴战略中的领导地位、乡村社会治理体系中党委的领导地位和农村基层党组织建设等做了明确规定。通常来讲，关于党的自身建设问题，主要由《中国共产党农村基层组织工作条例》等党内法规来规定，但实施乡村振兴战略，不仅是各级人民政府的责任，也是党的中心工作之一，党中央多次提出五级书记抓乡村振兴，但如何在促进乡村振兴的过程中强化党的领导地位和组织、制度保障，《乡村振兴促进法》中做了相应规定。

从支持保障来看，建立乡村振兴的科学的支持保障制度体系，是防止地方政府基于地方领导的理解不同而重复建设或者做花样文章而不能体现对实施乡村振兴战略薄弱环节的有效支持或者脱离农民的实际需求。针对这一问题，《乡村振兴促进法》第八章专门规定了扶持措施，从财政投入保障、涉农资金统筹整合长效机制、土地使用权出让收入的重点用途、专项资金基金、融资担保机制、涉农企业融资机制、农村金融服务体系、农业保险服务体系和土地政策倾斜等方面提出了系统的支持保障措施。

谈观点

请谈谈《乡村振兴促进法》对于乡村振兴战略的意义。

02 第二节 《农业法》概述

法律文件速查

《中华人民共和国农业法》

一、《农业法》的立法背景和立法目的

（一）《农业法》的立法背景

改革开放以后，我国农业快速发展，农业的政策体系包括农村土地的家庭承包经营制度、农产品流通体制、农业财政投入、农业科技与农业教育以及支持农业发展的政策等逐步成熟，以立法方式对党的农业和农村经济政策进行规范，及时巩固改革成果，保持政策的稳定性和持续性，显得非常迫切和重要。1993年7月2日，第八届全国人民代表大会常务委员会第二次会议审议通过《农业法》，为我国农业发展提供了有力的法律保障，也为广大农民维护自身合法权益提供了有效的法律武器，标志着我国农业和农村经济工作开始走上法制轨道。农业在国民经济中具有基础地位，完善农业法制建设是整个国家法制建设的重要任务，我国逐步形成了以《农业法》为核心、具有中国特色的符合国情的农业法律体系。

随着改革开放的深入和国民经济的快速发展，21世纪初我国农业和农村经济发展取得了较大的进步，农业的基础地位得到加强，农村经济社会发生了显著变化，农业进入新的发展阶段。随着农村基本经营制度的稳定、农村经营组织方式的变化、农业科技水平的进步以及农民权益保护问题的凸显，农业相关立法的完善被提上日程。综观世界各国，农业发达国家的经验表明，以法律为基础的制度和政府推行的政策是必要和有效地管理农业的手段，农业政策和法律制度也比较完善。美国1933年就颁布了第一部农业法律——《农业调整法》，为农产品的有效供给和农民获得合理收入提供了法律保障。此后美国每隔五年左右就修订一次农业法，不断地进行调整。针对工业高速增长、农业相对萎缩、工农业比例严重失调的问题，日本1961年6月12日颁布《农业基本法》，使农业产业结构显著改善、农业生产能力成倍增加、农户的平均收入显著提高。为了提高农业在国际市场的竞争力，日本1999年7月颁布《食品、农业和农村基本法》，在世界贸易组织的框架下，加强对本国农业的保护，促进农村经济和社会全面发展。2001年我国通过多轮谈判加入世界贸易组织，国际市场的开放、农产品国际贸易的日趋频繁，使得我国农业生产经营活动必须转变，以便与国际市场接轨。提高农业科技水平、产品质量和附加值，完善对农业知识产权和以农民为主体的农业生产者合法权益的保护，成为新时期保障我国农业和农村经济发展的必然要求。

在此背景下，国家高度重视农业相关立法的实施与完善。2002年12月28日，第九届全国人民代表大会常务委员会第三十一次会议通过对《农业法》的第一次修订，在1993年《农业法》的基础上增加了保障粮食安全、农民权益保护等重要内容。专门增加的"农民权益保护"一章是中国农民权益保护的里程碑。《农业法》之后又经过两次修正（2009年8月27日和2012年12月28日），现行的《农业法》自2013年1月1日起施行。

修订后的《农业法》共13章，分为总则、农业生产经营体制、农业生产、农产品流通与加工、粮食安全、农业投入与支持保护、农业科技与农业教育、农业资源与农业环境保护、农民权益保护、农村经济发展、执法监督、法律责任和附则，共计99条。这是一部适应我国农业、农村经济新阶段，关于农业发展、粮食安全、农业资源与农业环境保护、农民权益保护等的综合性法律。

《农业法》的修订进一步加强了其作为农业和农村经济方面基本法律制度的地位。修订时，注重立法的引导和促进作用，体现了农业发展新阶段的要求，也参照借鉴了一些国家农业基本法的立法经验，并与世界贸易组织的相关规则相衔接。

（二）《农业法》的立法目的

《农业法》第一章"总则"明确了立法目的和基本原则，确立了农业在国民经济中的基础地位。第一条规定："为了巩固和加强农业在国民经济中的基础地位，深化农村改革，发展农业生产力，推进农业现代化，维护农民和农业生产经营组织的合法权益，增加农民收入，提高农民科学文化素质，促进农业和农村经济持续、稳定、健康发展，实现全面建设小康社会的目标，制定本法。"

> 知识点
> 《农业法》的立法目的

具体来讲，《农业法》的立法目的主要包括三个方面：①巩固和加强农业在国民经济中的基础地位；②统筹考虑农业、农村和农民问题，深化农村改革，促进农业和农村经济持续、稳定、健康发展；③实现全面建设小康社会的目标。

《农业法》把多年来党和国家在农业与农村工作方面的方针政策和重要措施上升为法律规范，为实现上述立法目的，《农业法》的内容涉及了农业与农村经济的方方面面：对农业生产经营体制进行了法律规定，明确规定了农业和农村经济结构调整的方向与重点，规定了县级以上地方人民政府在农业经济结构调整中的职责，明确了农产品购销体制改革方向，明确规定了国家保障粮食安全的措施，明确了财政预算内投入农业资金的使用方向，确立了保护和改善农业环境的目标，保护农民和农业生产经营组织的财产及其他合法权益。

《农业法》的颁布实施，对于解决我国农业和农村经济进入新的发展阶段所面临的新问题，对于应对我国加入世界贸易组织所带来的新挑战，都提供了必要的法律依据和制度基础。它是新形势下党中央农业农村政策的法律保障，对于促进农业发展、农民富裕、农村繁荣，实现全面建设小康社会的目标，发挥了重要作用，产生了重大影响。

二、《农业法》的调整对象

> **知识点**
> 《农业法》的调整对象

《现代汉语词典》(第7版)中对"农业"的定义为:农业是栽培农作物和饲养牲畜的生产事业。在国民经济中的农业,还包括林业、畜牧业、渔业和农村副业等项生产在内。① 在传统意义上,农业是指利用植物和动物的生活机能,通过人工培养以取得农产品的社会部门。由于农业不断发展,人们对农业的理解从狭义发展到广义。我国1993年施行的《农业法》第二条对"农业"的含义及范围进行了界定:"本法所称农业,是指种植业、林业、畜牧业和渔业。"2002年修订的《农业法》第二条第一款规定:"本法所称农业,是指种植业、林业、畜牧业和渔业等产业,包括与其直接相关的产前、产中、产后服务。"在现代社会,农业不仅仅是生产部门,还延伸到农产品和农业生产资料的加工、流通,此即广义的农业概念。我国《农业法》的调整对象已不再局限于农业经济,而是扩大到农村经济社会的各个方面。

随着社会经济的发展,农业的概念在不断扩展,不同国家社会经济发展程度不同,对农业的认识就不同,农业的含义也不一样。同一个国家在不同的时期,对农业也会赋予不同的含义。2002年修订的《农业法》第二条第一款对"农业"的含义及范围的界定是按照法律实施的需要,根据法律所调整的社会关系所做出的解释。这个定义,适应了我国农业与农村经济发展进入新的历史阶段后,发展农业产业化经营、建设现代农业的需要,符合农业和农村经济发展的要求。②

《农业法》的调整范围已经远远超出了传统的农业概念,《农业法》是一部具有农业与农村经济基本法律性质的、集国家在今后一个阶段农业和农村经济政策之大成的法律。广义的"农业"定义不仅符合我国《农业法》的发展现状,而且符合国际惯例和现代农业发展现状。世界上农业发达国家或地区的实践表明,以法律形式明确农业在国民经济中的基础地位和作用,配套相关法律法规,对保障现代农业的发展具有十分重要的意义。

> **谈观点**
>
> 请谈谈修订后的《农业法》实施的意义。

---

① 中国社会科学院语言研究所词典编辑室. 现代汉语词典. 7版. 北京:商务印书馆,2016:961.
② 任大鹏. 农业法学. 北京:法律出版社,2018:25.

03 第三节　农业生产经营体制

一、我国农业生产经营体制的内涵

农业生产经营是农业劳动者与农业生产资料结合而进行的社会生产活动。农业生产经营体制是对农业生产过程决策以及组织这些决策所实施的基本组织制度和形式，包括农业生产经营的基本组织制度、生产经营主体和形式。从法律意义上说，农业生产经营体制是关于农业生产经营主体及其责、权、利关系和不同生产经营主体间相互关系的法律规定。

2018年3月，《中华人民共和国宪法修正案》修正第一章第八条规定，农村集体经济组织实行家庭承包经营为基础、统分结合的双层经营体制。《农业法》第五条规定，国家长期稳定农村以家庭联承包经营为基础、统分结合的双层经营体制。《乡村振兴促进法》第一章第五条规定，国家巩固和完善以家庭承包经营为基础、统分结合的双层经营体制，发展壮大农村集体所有制经济。我国农业生产经营体制即是农村基本经营制度。

（一）农村双层经营体制的确立与完善

党的十九大报告指出：保持土地承包关系稳定并长久不变，第二轮土地承包到期后再延长30年。这是党中央在实行家庭承包经营、承包地"三权"分置后，对农村土地承包经营制度做出的又一重大制度安排。农村实行以家庭承包经营为基础、统分结合的双层经营体制，是我国农村改革的重大成果，是党在农村的基本制度。

以家庭承包经营为基础、统分结合的双层经营体制是从中华人民共和国成立后的合作社统一经营体制中不断发展变迁而来的，这种发展变迁不是平稳过渡式的，而是经历了一个不断冲击、扬弃以及合理继承原体制的过程。农业生产经营体制随着国家经济体制的变化发生了重大变革，呈现出鲜明的时代特点。

我国改革开放始于农村，农村的改革始于引入家庭联产承包责任制。在改革开放政策引导下，我国农村逐步实行了家庭承包经营制度，在此基础上普遍建立了家庭分散经营和集体统一经营相结合的双层经营体制。

家庭经营的重新确立是以"包产到户"和"包干到户"的逐步制度化为开端的。1983年《中共中央关于印发〈当前农村经济政策的若干问题〉的通知》提出了"联产承包责任制"这一概念。"包产到户"和"包干到户"构成了"家庭联产承包责任制"

的主要内容。1991年《中共中央关于进一步加强农业和农村工作的决定》明确提出，要"把以家庭联产承包为主的责任制、统分结合的双层经营体制，作为我国乡村集体经济组织的一项基本制度长期稳定下来，并不断充实完善"。1993年7月2日，第八届全国人民代表大会常务委员会第二次会议通过的我国第一部农业基本法——《农业法》第六条规定，国家稳定农村以家庭联产承包为主的责任制，完善统分结合的双层经营体制，发展社会化服务体系，壮大集体经济实力，引导农民走共同富裕的道路。至此，"以家庭联产承包为主的责任制"和"统分结合的双层经营体制"正式成为法律概念。2002年12月28日，第九届全国人民代表大会常务委员会第三十一次会议对1993年《农业法》进行了全面修订，其中涉及农业生产经营体制的修订内容主要有以下几个方面：将"以家庭联产承包为主的责任制""统分结合的双层经营体制"修订为"以家庭承包经营为基础、统分结合的双层经营体制"；在第二章"农业生产经营体制"中增设了鼓励农民成立农民专业合作经营组织及农业产业化经营，允许农民依法兴办各类企业、设立农产品行业协会等规制内容；从第二章"农业生产经营体制"中剔除了农用地权属、农民权益保护等规制内容。①

2002年《农村土地承包法》颁布，明确立法目的是稳定和完善以家庭承包经营为基础、统分结合的双层经营体制，赋予农民长期而有保障的土地使用权，并将耕地承包期30年写入法律。2007年《中华人民共和国物权法》（以下简称《物权法》）颁布实施，进一步明确了土地承包经营权的用益物权属性，把农村土地承包政策转化为法律规范，初步形成了我国农村基本经营制度的法律框架。

改革开放40多年来我国取得的巨大成就和经验表明，稳定与完善农村基本经营制度对于坚持和完善社会主义基本经济制度有着基础性和全局性意义。党的十八大以来，习近平总书记从战略高度系统而深刻地论述了稳定与完善农村基本经营制度、深化农村集体土地制度改革等若干重大问题，强调农村基本经营制度是党的农村政策的基石，坚持农村土地农民集体所有是坚持农村基本经营制度的"魂"，要坚持家庭经营的基础地位。习近平总书记关于稳定和完善农村基本经营制度，丰富了统分结合的双层经营体制的内涵，是习近平新时代中国特色社会主义思想的重要组成部分。

（二）我国农业生产经营体制的基本形式

> 知识点
> 我国农业生产经营体制的基本形式

根据相关政策和法律的规定，以家庭承包经营为基础、统分结合的双层经营体制是我国农业生产经营体制的基本形式。

家庭承包经营是指农户以家庭为基础，以家庭成员为主要劳动力

---

① 任大鹏. 农业法学. 北京：法律出版社，2018：32.

来源开展农业经营活动。农业的基本经营组织形式之所以与其他产业不同，主要是由农业产业的自然再生产与经济再生产相交织的基本属性决定的。并且家庭农业可以包容多层次生产力水平，其经营方式有着很大的弹性和灵活性。稳定与完善农村基本经营制度，家庭承包经营是基础，也是根本。在2013年12月23日中央农村工作会议上，习近平总书记对家庭经营问题做了专门的全面阐述。他指出，坚持农村基本经营制度，就是要坚持农村土地农民集体所有，坚持家庭承包经营基础地位，坚持稳定土地承包关系；现有农村土地承包关系要保持稳定并长久不变。随着城镇化进程和农村劳动力转移的加快，通过出租、入股、托管、联耕联种等多种形式，集体、承包农户、新型农业经营主体之间依法共享土地的使用权。农民家庭承包的土地，可以由农民家庭经营，也可以通过流转经营权的方式由其他经营主体经营。但是无论采取哪种流转方式，集体土地承包权都属于农民家庭。这体现了家庭承包经营在农村基本经营制度中的根本性地位。

2018年，习近平总书记在中共中央政治局第八次集体学习时指出："要突出抓好农民合作社和家庭农场两类农业经营主体发展，赋予双层经营体制新的内涵，不断提高农业经营效率。"双层经营体制的内涵在以下方面有了新的扩展：一是"农户分散经营"的方式，现阶段的"农户分散经营"是农户可以选择自己经营承包的土地，也可以选择保留土地承包权、流转土地经营权；二是双层经营体制既延续了此前的"集体统一经营－农户分散经营"的制度框架，又派生出农户经营新形态，即小农户与新型农业经营主体并存；三是"集体统一经营"中的"集体"主要指"村两委"等行政组织，但也包括农民合作社等农村集体经济组织，"经营"则从土地发包延伸至土地利用监督、产业融合转型、公共产品供给等领域；四是农村不同主体的经济关系突破了"集体－农户"的简单格局，并逐步转向集体经济组织、土地承包者、土地实际使用者并存。

> **知识点**
> 双层经营体制内涵的扩展

《农业法》第十条规定："国家实行农村土地承包经营制度，依法保障农村土地承包关系的长期稳定，保护农民对承包土地的使用权。农村土地承包经营的方式、期限、发包方和承包方的权利义务、土地承包经营权的保护和流转等，适用《中华人民共和国土地管理法》和《中华人民共和国农村土地承包法》。农村集体经济组织应当在家庭承包经营的基础上，依法管理集体资产，为其成员提供生产、技术、信息等服务，组织合理开发、利用集体资源，壮大经济实力。"

习近平总书记在2016年4月安徽省凤阳县小岗村农村改革座谈会上指出，坚持农村土地农民集体所有，这是坚持农村基本经营制度的"魂"。他强调，农民作为土地所有权主体的权益必须得到充分的体现与保障；不管怎么改，都不能把农村土地集体所有制改垮了,不能把耕地改少了,不能把粮食生产能力改弱了,不能把农民利益损害了。①

我国农村实行土地集体所有制是社会主义公有制的内在要求,也是我国国情、历史遗产、所处的发展阶段等多个因素综合的选择结果。集体统一经营是我国农业的基本经营组织形式的重要组成部分。在坚持家庭承包经营关系长期稳定的基础上,要不断完善和健全双层经营体制,鼓励和引导农村集体经济组织逐步壮大集体经济实力,增强农村集体经济组织为农户提供生产、经营和技术服务的实力。坚持集体所有制、坚持承包农户的土地权益,尊重农民意愿和主体地位,顺应推进农业现代化,维护农村社会稳定。构建以农户家庭经营为基础、合作与联合为纽带、社会化服务为支撑的立体式复合型现代农业经营体系。②

二、农业生产经营主体

知识点
我国的农业生产经营主体

《农业法》第十三条第一款规定:"国家采取措施发展多种形式的农业产业化经营,鼓励和支持农民和农业生产经营组织发展生产、加工、销售一体化经营。"根据《农业法》的有关规定,农业生产经营主体包括农民或者农户、农业生产经营组织。农业生产经营组织包括农村集体经济组织、农民专业合作经济组织、农业企业、其他从事农业生产经营的组织和农产品行业协会。

农民与农业生产经营组织都是从事农业生产的主体,《农业法》中所指的农民,主要是从享有农村土地承包经营权意义上界定的。在家庭承包经营体制确立后,农民主要是以户的名义从事生产经营活动,农户成为重要的农产品生产经营者。例如,在农村土地承包关系上,承包方是农户;在购买生产资料和销售农产品时,通常也是以户的名义进行的。法律从保护农民权益的角度,对政府以及与农民发生经济关系的组织和个人规定了相应的义务。

农村集体经济组织,是指以农民集体所有的土地、农业生产设施和其他公共财产为基础,主要以自然村或者行政村为单位设立,从事农业生产经营的经济组织。凡是改革开放以前以"三级所有,队为基础"的农民集体财产所有制为基础,并以自然村、建制村、乡镇等社区为单位建立的农业生产经营组织,都是《农业法》规定的农村集体经济组织。

农民专业合作经济组织是农业生产经营组织的重要形式。农民专业合作经济组织

---

① 加大推进新形势下农村改革力度 促进农业基础稳固农民安居乐业. 人民日报, 2016 – 04 – 29 (1).
② 中央农村工作会议在北京举行. 人民日报, 2013 – 12 – 25 (1).

是在家庭承包经营基础上，由农民自愿组成的。农民专业合作经济组织是在市场经济条件下，在家庭承包经营基础上发育的新型合作经济组织，是对农业组织形式和经营机制的创新，是区别于传统的社区合作组织及农村集体经济组织的新型农业生产经营主体。农民专业合作经济组织依法成立，依法登记，依法在其章程范围内从事与农业相关的生产经营和服务活动，具有经营自主权。国家保护农民专业合作经济组织的合法权益，任何组织和个人都不得侵犯其财产和经营自主权。

农业企业是以公司、合伙企业、独资企业等企业组织形式成立的从事农业生产经营的经济组织，包括国有农业企业与其他所有制形式的农业企业。《农业法》适应社会主义市场经济发展的需要，不再从所有制上区分企业的形式，这是国家在农村实行多种所有制经济共同发展的基本经济制度的具体表现。

其他从事农业生产经营的组织包括《农业法》第二十八条规定的供销合作社，第九十八条规定的国有农场、牧场、林场、渔场等企业事业单位，以及其他组织和个人设立的从事农业科研、推广的事业单位等。

农产品行业协会是按照自愿互助原则自下而上建立的行业组织，其要真正代表和体现行业内部成员的利益，发挥应有的作用。农产品行业协会的职能主要体现在以下三个方面：①为成员提供生产、产品营销、市场信息、技术、业务培训等多方面的服务；②发挥协调和自律作用；③代表本行业提出农产品贸易救济措施的申请。另外，农产品行业协会还可以组织成员积极应诉国外的反倾销、反补贴案件，从而保护行业和生产者的利益。

三、小农户与现代农业发展有机衔接

共同富裕是中国特色社会主义的本质特征和根本要求，也是乡村振兴的必要要求和发展方向。乡村振兴，必须坚持农村基本经营制度不动摇，这是实现共同富裕的制度基础。人多地少的禀赋条件决定了要统筹兼顾培育新型农业经营主体和扶持小农户，采取有针对性的措施，把小农生产引入现代农业发展轨道，使小农户成为现代农业发展的受益者。

《乡村振兴促进法》第二章第十二条指出，国家完善农村集体产权制度，增强农村集体所有制经济发展活力，促进集体资产保值增值，确保农民受益。各级人民政府应当坚持以农民为主体，以乡村优势特色资源为依托，支持、促进农村一二三产业融合发展，推动建立现代农业产业体系、生产体系和经营体系，推进数字乡村建设，培育新产业、新业态、新模式和新型农业经营主体，促进小农户和现代农业发展有机衔接。

增加农民收入、提高农业竞争力的有效途径，是建设现代农业的前进方向和必由之路。但是，我国人多地少，在当前和很长一个时期，一家一户小规模的家庭经营将是我国农业经营的基本面。各地农业资源禀赋差距很大，特别是丘陵山区，要实行规模化经营需要很长一段时间，也不是所有地方都能实现集中连片规模经营。根据第三次全国农业普查数据，全国现有农户20 743万，其中规模农业经营户398万，全国小农户数量占农业经营户的98.1%，小农户从业人员占农业从业人员的90%，小农户所经营的耕地面积占总耕地面积的71.4%，主要农产品由小农户提供。在现代农业发展过程中，以小农户为主体的农业生产方式，在保障就业、稳定农产品供给、传承农耕文明等方面发挥了不可替代的作用。在乡村振兴战略实施过程中，小农户仍然是繁荣农村经济和社会发展的主力。从另一方面看，小农户存在的观念相对落后、资源相对匮乏、技术水平相对低下、经营规模不经济等问题非常突出。在疫病防控和农产品质量安全保障方面，以小农户为主的生产方式也加大了有关部门的监控成本。在农业的现代化进程中，工商资本具有的技术装备水平、市场拓展空间、资源配置能力等可以弥补小农户的不足，因而能够体现其引领现代农业发展的龙头作用。随着我国农村经济结构和社会结构的现代化转型，规模化、现代化将是农业发展的必然趋势。大量农村劳动力到城市和非农产业就业，为更好地配置农业要素提供了条件，但同时小农户也面临更大的就业风险和发展空间限制。协调小农户与规模生产者之间的关系，在农业现代化发展过程中增加小农户的安全感、获得感和幸福感，是非常重要的课题。小农户如何与现代农业发展接轨、与大市场对接，是新时代实施乡村振兴战略必须解决的大问题。

党的十九大报告提出，要构建现代农业产业体系、生产体系、经营体系，完善农业支持保护制度，发展多种形式适度规模经营，培育新型农业经营主体，健全农业社会化服务体系，实现小农户和现代农业发展有机衔接。中央农村工作会议把"积极培育新型农业经营主体，促进小农户与现代农业发展有机衔接"确定为推进农业大国向农业强国转变的一项重要任务。为扶持小农户，提升小农户发展现代农业能力，加快推进农业农村现代化，夯实实施乡村振兴战略的基础，2019年中共中央办公厅、国务院办公厅印发《关于促进小农户和现代农业发展有机衔接的意见》。该意见的基本原则是：政府扶持、市场引导；统筹推进、协调发展；因地制宜、分类施策；尊重意愿、保护权益。

多种类型小农户并存的局面将在我国长期存在。由于不同类型的小农户发展现代农业的意愿、能力存在差异，现代农业发展对资源要素的需求也不尽相同，因此，小农户和现代农业发展的衔接机制应当具有灵活性、多样性和包容性。在小农户和现代农业发展有机衔接的过程中，可以呈现以下几种衔接方式：

（1）通过要素衔接。大量的农户在小块土地上分散经营，是当前我国农业的基本特征。绝大部分农户土地经营规模小、不愿在农业上花费过多精力、兼业程度高。而农业机械化的普及和土地经营权流转、入股等方式的兴起，又为小农户退出农业生产、兼业或进入农业企业工作等提供了条件。承包农户通过土地经营权流转退出对土地的直接管理，不再从事农业生产活动，也不需要为受让土地经营权的主体提供服务。土地入股的方式相较于土地经营权流转更具有可持续性。土地入股是土地权利人将土地经营权入股某经济实体，基于其土地经营权在经济实体中的持股比例分享收益。土地入股，一方面可以保证小农户的长期持续收入，使小农户成为股东；另一方面也维护了经济实体的利益，避免了土地经营权短期流转的弊端。通过要素衔接，新型农业经营主体参与到与小农户的利益联结机制中，农村劳动力被有效地释放出来，有利于增加小农户的非农收入，让小农户共享改革发展成果。《关于促进小农户和现代农业发展有机衔接的意见》指出，充分考虑各地资源禀赋、经济社会发展和农林牧渔产业差异，顺应小农户分化趋势，鼓励积极探索不同类型小农户发展的路径。不搞一刀切，不搞强迫命令，保持足够历史耐心，确保我国农业现代化进程走得稳、走得顺、走得好。

（2）通过农业社会化服务衔接。农业社会化服务的根本目标是推进小农户与现代农业发展有机衔接。党的十九大报告提出，到21世纪中叶，把我国建成富强民主文明和谐美丽的社会主义现代化强国，要实现这一伟大目标，农业现代化是重点和难点。近6亿农村人口中依然从事农业的占比达近60%，因此力求在稳步推进农业现代化的同时维护小农户的根本利益尤为重要。不同的农业社会化服务主体在提供服务时需要构建与小农户的不同衔接机制。对各类企业而言，主要是通过农资销售合同、土地托管合同、机械作业合同、技术服务合同、农产品采购合同、农产品代加工合同、农产品贮运服务合同等方式，与农户建立利益链接关系。从衔接小农户的目标出发，农业社会化服务应当是一个逐步提升的过程。随着农业技术的进步，在各种惠农政策的大力扶持下，小农户的生产能力将得到提升，小农户生产经营方式也将转型，因此农业社会化服务功能需要不断提升。

（3）通过组织化衔接。2007年《农民专业合作社法》实施，小农户通过合作社的组织平台寻求降低生产成本和提高效益、对接市场的机会，合作社成为对小农户提供服务的主要供给主体。小农户入股合作社，既是合作社服务的接受主体，也是服务的供给主体。合作社成员通过要素互助提高资源配置效率和劳动生产率，降低生产资料购买成本。合作社在服务机制上体现民主治理原则，增强了对小农户的凝聚力；在服务形成收益的分配上，强调惠顾原则，有利于增加农民的收入。因而作为组织平台的合作社，更能体现对小农户衔接的目标。《关于促进小农户和现代农业发展有机衔接的意见》指出，统筹兼顾培育新型农业经营主体和扶持小农户，发挥新型农业经营主体对小农户的带动作用，健全新型农业经营主体与小农户的利益联结机制，实现小农户家庭经营与合作经营、集体经营、企业经营等经营形式共同发展。

谈观点

请谈谈小农户如何与现代农业发展有机衔接。

04 第四节 农业产业发展的主要制度

一、促进农业产业发展的基本措施

> 知识点
> 促进农业产业发展的基本措施

促进农业产业发展的基本措施包括以下方面：农业发展规划和农业生产区域布局、农业结构调整、农业农村基础设施、农业产业支撑措施以及农产品质量安全和优质农产品认证。

（一）农业发展规划和农业生产区域布局

农业发展规划是国家或地方对规划期内农业发展的方向、目标、指导方针、基本任务等所做的全面部署和安排。不同地区的自然资源、地理区位、农业生产水平、技术条件、生态环境、经济环境以及人文历史状况不尽相同，要因地制宜确定不同类型区域农业发展的战略目标和战略途径，发挥不同地区农业发展的比较优势。根据我国国民经济与社会发展规划，农业农村经济发展目标以及农业资源区划，省级以上人民政府农业行政主管部门构建农业的优势区域和优势产业带，形成科学合理的地域分工，提高农业专业化水平。《农业法》第十五条规定："县级以上人民政府根据国民经济和社会发展的中长期规划、农业和农村经济发展的基本目标和农业资源区划，制定农业发展规划。省级以上人民政府农业行政主管部门根据农业发展规划，采取措施发挥区域优势，促进形成合理的农业生产区域布局，指导和协调农业和农村经济结构调整。"2002 年农业部发布《优势农产品区域布局规划（2003—2007 年）》，并相继确定了专用小麦、专用玉米、高油大豆、棉花、"双低"① 油菜、甘蔗、牛奶、苹果、柑橘、牛羊

---

① "双低"指低芥酸、低硫苷。

肉、水产品、水稻、生猪等 13 个优势农产品，并在全国规划布局了 41 个优势产区。2007 年 4 月农业部又启动了新一轮《优势农产品区域布局规划（2008—2015 年）》的编制工作。为贯彻落实 2018 年中央一号文件精神，农业农村部、国家林业和草原局等九部门开展了中国特色农产品优势区创建和遴选工作。经县市（垦区、林区）申请、省级推荐、部门初审、专家评审、征求意见等程序，遴选出中国特色农产品优势区（第二批）。优质农产品产业带是发展我国现代农业的先行试验区，探讨了如何把优势区建设成为现代农业的前进基地和示范窗口的基本路径。

（二）农业结构调整

农业结构调整区分为不同层次。广义上的农业结构调整，是指以实现优质、高产、高效益为目标，合理确定种植业、林业、畜牧业、渔业等产业部门之间以及它们同与其直接关联的农产品加工、贮藏、流通部门之间的关系。农业结构调整也包括具体的农业产业部门内各个组成部分之间的关系，例如，种植业中粮食作物与经济作物之间的关系，粮食作物中各主要品种之间的关系，畜牧业中草原畜牧业与农区畜牧业之间的关系，草原畜牧业或者农区畜牧业中各畜种之间的关系等。《农业法》第十六条明确了农业生产结构调整的基本方向："国家引导和支持农民和农业生产经营组织结合本地实际按照市场需求，调整和优化农业生产结构，协调发展种植业、林业、畜牧业和渔业，发展优质、高产、高效益的农业，提高农产品国际竞争力。"

同时，《农业法》也规定了农业内部各部门结构调整的方向，第十六条规定："种植业以优化品种、提高质量、增加效益为中心，调整作物结构、品种结构和品质结构。加强林业生态建设，实施天然林保护、退耕还林和防沙治沙工程，加强防护林体系建设，加速营造速生丰产林、工业原料林和薪炭林。加强草原保护和建设，加快发展畜牧业，推广圈养和舍饲，改良畜禽品种，积极发展饲料工业和畜禽产品加工业。渔业生产应当保护和合理利用渔业资源，调整捕捞结构，积极发展水产养殖业、远洋渔业和水产品加工业。"

对于农业结构调整，《农业法》第十六条也规定了保障措施："县级以上人民政府应当制定政策，安排资金，引导和支持农业结构调整。"

（三）农业基础设施

加强农业基础设施建设，改善农业生产条件，是稳定和提高农业综合生产能力的根本措施。我国的农业基础设施总体上还很薄弱，抵御各种自然灾害的能力不强，在农业发展进入新阶段后，只有进一步搞好农业基础设施，才能巩固和提高粮食生产能力，为调整和优化农业结构和发展优质高效农业创造必要的物质基础和良好条件。

《农业法》第十七条规定："各级人民政府应当采取措施，加强农业综合开发和农田水利、农业生态环境保护、乡村道路、农村能源和电网、农产品仓储和流通、渔港、草原围栏、动植物原种良种基地等农业和农村基础设施建设，改善农业生产条件，保护和提高农业综合生产能力。"

（四）农业产业支撑措施

粮食是社稷之本，种业是粮食之基。纵观中华民族五千年文明史，农业每次发生质的飞跃，大都取决于种子的变革，种子是农业的芯片，种业是农业的基因。习近平总书记在中央经济工作会议和中央农村工作会议上都特别强调"农业现代化，种子是基础"。2021年中央一号文件指出：打好种业翻身仗。深入实施农作物和畜禽良种联合攻关。实施新一轮畜禽遗传改良计划和现代种业提升工程。尊重科学，严格监管，有序推进生物育种产业化应用。加强育种领域知识产权保护，促进育繁推一体化发展。这是推进我国种业变革的动员令。《农业法》第十八条规定："国家扶持动植物品种的选育、生产、更新和良种的推广使用，鼓励品种选育和生产、经营相结合，实施种子工程和畜禽良种工程。国务院和省、自治区、直辖市人民政府设立专项资金，用于扶持动植物良种的选育和推广工作。"

《农业法》对其他起到支撑农业产业发展作用的规定如下：关于农田水利设施建设和节水型农业的发展，《农业法》第十九条规定："各级人民政府和农业生产经营组织应当加强农田水利设施建设，建立健全农田水利设施的管理制度，节约用水，发展节水型农业，严格依法控制非农业建设占用灌溉水源，禁止任何组织和个人非法占用或者毁损农田水利设施。"关于农业机械化发展，《农业法》第二十条规定："国家鼓励和支持农民和农业生产经营组织使用先进、适用的农业机械，加强农业机械安全管理，提高农业机械化水平。国家对农民和农业生产经营组织购买先进农业机械给予扶持。"关于为农业服务的气象事业的发展，《农业法》第二十一条规定："各级人民政府应当支持为农业服务的气象事业的发展，提高对气象灾害的监测和预报水平。"

（五）农产品质量安全和优质农产品认证

改革开放以来，我国农业和农村经济发展迅速，农产品已由长期短缺变为总量基本平衡、丰年有余。但是，在农业生产过程中，农用化肥物质的过量施用和滥用，农业生态环境污染加剧，农产品中有毒有害化学物质残留超标现象严重，严重威胁着消费者的消费信心和生命健康，削弱了我国农产品的国际市场竞争力，制约了我国农业的可持续发展和农民收入的提高。为此，《农业法》做了相应的规定。

1. 建立健全农产品质量标准体系和质量检验检测监督体系

《农业法》第二十二条规定:"国家采取措施提高农产品的质量,建立健全农产品质量标准体系和质量检验检测监督体系,按照有关技术规范、操作规程和质量卫生安全标准,组织农产品的生产经营,保障农产品质量安全。"农产品质量标准体系包括对农产品的类别、质量要求、包装、运输、贮运等所做的技术规定。它是农产品质量检测的依据,也是农产品质量管理的基础。要提高农产品质量,就必须有先进、科学、合理的标准。标准一经批准、发布,就是技术法规,任何个人和单位都必须严格贯彻执行,不得擅自更改。我国已建立以农业领域国家标准为龙头、农业行业标准为主体、地方农业标准为基础、企业标准为补充的农产品质量标准体系框架。

我国农产品质量检验检测监督体系建设始于 20 世纪 80 年代,当时主要侧重于农业生产资料方面的检验检测机构建设,包括建设化肥、农药、饲料、农机、种子等国家级检测中心和部级检测中心。目前,一个以农业农村部的部级农产品质检中心为龙头、省级农产品质检中心为主体、地市级农产品质检中心为骨干、县级农产品质检站(所)为基础、乡镇(生产基地、批发市场)速测实验室为补充的农产品质量检验检测监督体系已经形成。

就国外和我国一些地方的农产品质量安全管理经验来看,农产品质量安全管理总的发展趋势是实行从田间到餐桌全过程管理。要按照有关技术规范、操作规程和质量安全标准,组织农产品的生产经营。

2. 发展优质农产品

《农业法》第二十三条规定:"国家支持依法建立健全优质农产品认证和标志制度。国家鼓励和扶持发展优质农产品生产。县级以上地方人民政府应当结合本地情况,按照国家有关规定采取措施,发展优质农产品生产。符合国家规定标准的优质农产品可以依照法律或者行政法规的规定申请使用有关的标志。符合规定产地及生产规范要求的农产品可以依照有关法律或者行政法规的规定申请使用农产品地理标志。"当前,我国优质农产品认证的主要方式有有机食品、绿色食品和农产品地理标志等。地理标志是表明产品产地来源的重要标志,属于知识产权的一种。近年来,中欧农业和农产品贸易规模逐年扩大。据欧盟委员会官方统计,中国是欧盟农产品第三大出口目的地国、欧盟农产品第五大进口来源国、是欧洲地理标志产品核心市场之一。2020 年中国 100 个地理标志产品入选中欧地理标志协定保护名录。

3. 实行动植物防疫、检疫制度

动植物的病虫害会导致农业减产和农产品的不安全,也会影响消费者的消费安全。因而,《农业法》第二十四条规定:"国家实行动植物防疫、检疫制度,健全动植物防疫、检疫体系,加强对动物疫病和植物病、虫、杂草、鼠害的监测、预警、防治,建立重大动物疫情和植物病虫害的快速扑灭机制,建设动物无规定疫病区,实施植物保护工程。"动植物防疫、检疫制度是预防、控制和扑灭动物疫病及植物病、虫、杂草、鼠害，保障农产品质量安全，促进农业生产健康发展的重要制度。中华人民共和国成立以来，特别是改革开放以来，我国在动植物防疫、检疫制度建设方面取得巨大成就，基本形成了以《中华人民共和国动物防疫法》（以下简称《动物防疫法》）、《中华人民共和国进出境动植物检疫法》《植物检疫条例》为核心的规范体系。

4. 农业生产资料管理

农业生产资料的质量直接影响农产品的产量和农民收入，也影响农产品质量安全和农业生产环境安全，进而影响人畜安全。《农业法》第二十五条规定："农药、兽药、饲料和饲料添加剂、肥料、种子、农业机械等可能危害人畜安全的农业生产资料的生产经营，依照相关法律、行政法规的规定实行登记或者许可制度。各级人民政府应当建立健全农业生产资料的安全使用制度，农民和农业生产经营组织不得使用国家明令淘汰和禁止使用的农药、兽药、饲料添加剂等农业生产资料和其他禁止使用的产品。农业生产资料的生产者、销售者应当对其生产、销售的产品的质量负责，禁止以次充好、以假充真、以不合格的产品冒充合格的产品；禁止生产和销售国家明令淘汰的农药、兽药、饲料添加剂、农业机械等农业生产资料。"我国的《种子法》《农药管理条例》《兽药管理条例》《饲料和饲料添加剂管理条例》《肥料登记管理办法》等法律、行政法规和规章都对相关农业生产资料的登记、许可制度做了明确规定。

二、农产品流通与加工法律制度

> 🔍 知识点
> 农产品流通与加工法律制度

农产品流通与加工法律制度包括农产品的购销实行市场调节、农产品市场体系、农产品流通渠道、农产品加工、农产品进出口五个方面。

（一）农产品的购销实行市场调节

农产品流通与加工是农业生产过程的重要环节。《农业法》第四章首先规定了农产品的购销体制，第二十六条规定："农产品的购销实行市场调节。国家对关系国计民生的重要农产品的购销活动实行必要的宏观调控，建立中央和地方分级储备调节制度，完善仓储运输体系，做到保证供应，稳定市场。"

农产品的购销实行市场调节，即把农产品的生产、流通、消费通过市场有机地联系起来，使价格反映农产品的市场供求关系，引导生产者按照市场需求调整和优化生产结构，提高农产品质量和农产品的国际竞争力；促使国有流通企业改善经营，降低成本，提高效益，改变长期经营亏损的状况。通过建立中央和地方分级储备调节制度，国家对关系国计民生的重要农产品的购销活动实行必要的宏观调控，完善仓储运输体系，做到保证供应，稳定市场。实现国家对重要农产品进行宏观调控，在粮食丰收或需要向市场抛售时都能采取相应措施。

（二）农产品市场体系

市场是商品交换的重要场所，农产品只有通过交换才能实现其价值。改革开放以来，我国农产品市场体系逐步发育、成长，对促进农业和农村经济发展、保障和丰富城镇居民食品供应发挥了重要作用。

《农业法》第二十七条规定："国家逐步建立统一、开放、竞争、有序的农产品市场体系，制定农产品批发市场发展规划。对农村集体经济组织和农民专业合作经济组织建立农产品批发市场和农产品集贸市场，国家给予扶持。县级以上人民政府工商行政管理部门和其他有关部门按照各自的职责，依法管理农产品批发市场，规范交易秩序，防止地方保护与不正当竞争。"

（三）农产品流通渠道

农业的市场化核心在于农产品流通的多渠道，建立农产品流通环节的竞争机制。《农业法》第二十八条第一款规定："国家鼓励和支持发展多种形式的农产品流通活动。支持农民和农民专业合作经济组织按照国家有关规定从事农产品收购、批发、贮藏、运输、零售和中介活动。鼓励供销合作社和其他从事农产品购销的农业生产经营组织提供市场信息，开拓农产品流通渠道，为农产品销售服务。"针对农产品流通环节多、费用高以及个别地方实行地区封锁限制农产品在地区间流通等问题，《农业法》第二十八条第二款规定："县级以上人民政府应当采取措施，督促有关部门保障农产品运输畅通，降低农产品流通成本。有关行政管理部门应当简化手续，方便鲜活农产品的运输，除法律、行政法规另有规定外，不得扣押鲜活农产品的运输工具。"

（四）农产品加工

发展农产品加工业和食品工业，对农产品进行深度开发，可以帮助农民抵御风险，提高农产品的附加值。《农业法》第二十九条规定："县级以上人民政府应当制定农产品加工业和食品工业发展规划，引导农产品加工企业形成合理的区域布局和规模结构，扶持农民专业合作经济组织和乡镇企业从事农产品加工和综合开发利用。国家建立健全农产品加工制品质量标准，完善检测手段，加强农产品加工过程中的质量安全管理和监督，保障食品安全。"

（五）农产品进出口

我国加入世界贸易组织后，我国的农产品进出口越来越活跃。为了提高我国农业的自我保护能力，提高农产品的竞争力，国家鼓励发展农产品进出口贸易、建立农产品进口预警机制。一是建立国际农产品信息发布机制；二是对主要农产品事先确定警戒线；三是根据世界贸易组织规则中对等开放的原则，确保农产品进入国际市场并扩大出口；四是建立符合世界贸易组织规则的贸易保护措施；五是建立有效的农产品进口应急处理体系；六是积极发展和完善农产品行业协会、农民专业合作经济组织和中介组织，发挥其在维护行业利益、开拓国际市场以及贸易争端解决中的作用。《农业法》第三十条规定："国家采取加强国际市场研究、提供信息和营销服务等措施，促进农产品出口。为维护农产品产销秩序和公平贸易，建立农产品进口预警制度，当某些进口农产品已经或者可能对国内相关农产品的生产造成重大的不利影响时，国家可以采取必要的措施。"

> **知识点**
> 农产品进口预警机制

三、农业投入与支持保护法律制度

《农业法》第六章明确规定了国家建立和完善农业支持保护体系。农业投入与支持保护也是农业产业发展的措施之一，是关于国家、集体、农业生产经营组织和农业劳动者用于农业生产、经营、开发、农产品流通、农业科技教育等方面的资金和物资投入，以及国家对农业的政策和资金的支持，以改善农业生产条件，进行农业生产和再生产，提高农业生产效率的经济活动。农业投入与支持保护法律制度，是指国家综合利用各种手段，对农业投入与支持保护活动进行调控和规范过程中发生的经济关系进行调整的法律规范的总称。

农业支持保护体系是一个国家各项支农政策的总体体系。它既是一个国家促进农业和农村经济发展的重要手段，也是一个国家工农关系、城乡关系的重要反映。对农业给予支持保护是世界各国为提高农业国际相对竞争力的通行做法，特别是美国、加拿大、欧盟中的一些国家给予农业大量的补贴。目前，我国已经建立多元化农业支持保护体系。农业的战略性地位和弱质性特点决定了农业的发展离不开国家的支持保护，也离不开有效的财政等的投入。我国农业投入主体和投入方式等日趋多元，既包括从中央到地方各级人民政府财政投入，也包括农民等生产经营主体以资金、土地、技术、劳动等多种方式投入。同时，我国积极利用外资投入现代农业，实行"总体开放，个别限制"的外商投资农业产业市场准入管理制度。创新、协调、绿色、开放、共享的新发展理念是习近平新时代中国特色社会主义思想的重要内容，是我国改革开放 40 多年来发展经验的总结。

《农业法》第三十七条规定："国家建立和完善农业支持保护体系，采取财政投入、税收优惠、金融支持等措施，从资金投入、科研与技术推广、教育培训、农业生产资料供应、市场信息、质量标准、检验检疫、社会化服务以及灾害救助等方面扶持农民和农业生产经营组织发展农业生产，提高农民的收入水平。在不与我国缔结或加入的有关国际条约相抵触的情况下，国家对农民实施收入支持政策，具体办法由国务院制定。"我国农业投入与支持保护方式和手段日趋多元，不仅包括各种农业支持保护补贴，还包括税收信贷优惠、农业保险、农业工业支持、金融支持和对用水用电的支持[①]等。

（一）农业资金来源

目前，我国农业资金来源主要包括国家财政投入、农民和农业生产经营组织的投入以及其他方面的资金投入。

1. 国家财政投入

国家财政投入是农业资金的重要来源，并对其他资金对农业的投入起着引导作用。《农业法》第三十八条第一款规定："国家逐步提高农业投入的总体水平。中央和县级以上地方财政每年对农业总投入的增长幅度应当高于其财政经常性收入的增长幅度。"国家财政对农业的投入是指国家集中掌握一部分财政收入，通过国家预算拨款的方式，对农业进行投入，发展农业生产。地方各级人民政府每年用于农业的投入的增长幅度应当高于其财政经常性收入的增长幅度。经常性收入主要是地方各级人民政府的税收收入，中央财政主要的预算外收入是指国债。《农业法》对农业财政投入的使用方向做了规定，以确保各类对农业的补贴真正用到农业上。各级人民政府在财政预算内安排的各项用于农业的资金应当主要用于：加强农业基础设施建设；支持农业结构调整，促进农业产业化经营；保护粮食综合生产能力，保障国家粮食安全；健全动植物防疫、检疫体系，加强动物疫病和植物病、虫、杂草、鼠害的防治；建立健全农产品质量标准体系和质量检验检测监督体系、农产品市场及信息服务体系；支持农业科研教育、农业技术推广和农民培训；加强农业生态环境保护建设；扶持贫困地区发展；保障农民收入水平等。县级以上各级财政用于种植业、林业、畜牧业、渔业、农田水利的农业基本建设投入应当统筹安排，协调增长。国家为加快西部开发，增加了对西部地区农业发展和生态环境保护的投入。

2. 农民和农业生产经营组织的投入以及其他方面的资金投入

农业投入的资金主要包括长远的积累性投资和一般生产经营性投资。长远的积累性投资，如大型农业基础设施建设、区域农业综合开发、农副产品生产基地建设、生态环境保护等，由于投资数额大、见效慢，因此应当主要由国家承担。而一般生产经营性投资是形成农业简单再生产所需要的固定资金和流动资金，这些投资可以通过市

---

① 《农民专业合作社法》第六十八条规定："农民专业合作社从事农产品初加工用电执行农业生产用电价格，农民专业合作社生产性配套辅助设施用地按农用地管理，具体办法由国务院有关部门规定。"

场机制得到回报。在以家庭承包经营为基础的双层经营体制下，可以由农村集体经济组织和农民根据市场需求配置资金要素。因此，农业生产经营性投入和小型农田水利等基本建设投入主要由农民和农业生产经营组织承担，国家通过税收、价格、信贷等手段鼓励和引导。

除国家财政投入、农民和农业生产经营组织的投入外，还可以通过信贷资金、其他社会资金和外资对农业进行支持。我国当前有大量的社会资金游离于资本市场，成为闲置的资金，这些资金如果能够利用于农业和农村，可以大大缓解农业投入不足的状况。除有效动员国内各种资源，尽可能地增加农业投资外，充分利用国外各种资源，大力引入外资，增加对农业的投入，也是各国农业发展政策的一个重要组成部分。

（二）农业资金使用方向

在农业生产活动中，农业资金主要用于农用工业发展和农业社会化服务。

《农业法》第四十二条规定："各级人民政府应当鼓励和支持企业事业单位及其他各类经济组织开展农业信息服务。县级以上人民政府农业行政主管部门及其他有关部门应当建立农业信息搜集、整理和发布制度，及时向农民和农业生产经营组织提供市场信息等服务。"这是由于在农业支持保护体系中，强调市场信息的及时发布与传播具有重要意义。

我国农业发展已经转向依靠资金、物质、技术投入，使农业的综合产出能力大幅提高，但同时也加大了农业生产的物质消耗总量，增加了农产品的成本，进而限制了农产品竞争力的提高。因此，《农业法》第四十三条规定："国家鼓励和扶持农用工业的发展。国家采取税收、信贷等手段鼓励和扶持农业生产资料的生产和贸易，为农业生产稳定增长提供物质保障。国家采取宏观调控措施，使化肥、农药、农用薄膜、农业机械和农用柴油等主要农业生产资料和农产品之间保持合理的比价。"

根据《农业法》第三十七条、第四十四条的规定，农业支持保护体系还包括质量标准、检验检疫、社会化服务等方面，尤其强调国家鼓励各类经济主体发展多种形式的农业生产产前、产中、产后的社会化服务事业，促进全社会对农业发展的支持。农业社会化服务应当以市场为导向，建立多种经济成分、多渠道、多形式、多层次的农业社会化服务体系。

（三）对农业财政资金的监管

近年来，国家和地方不断增加农业投入，这是由于农业基本建设投资成本大、建设周期长、效果显现慢，农业具有经济外部性等特征。大量资金的投入必须有相对应的监管，否则，难以保证农业投入资金的有效使用。《农业法》第三十九条规定："县级以上人民政府每年财政预算内安排的各项用于农业的资金应当及时足额拨付。各级人民政府应当加强对国家各项农业资金分配、使用过程的监督管理，保证资金安全，提高资金的使用效率。任何单位和个人不得截留、挪用用于农业的财政资金和信贷资金。审计机关应当依法加强对用于农业的财政和信贷等资金的审计监督。"

（四）农业支持保护的其他措施

1. 农村金融

《农业法》第四十五条规定："国家建立健全农村金融体系，加强农村信用制度建设，加强农村金融监管。有关金融机构应当采取措施增加信贷投入，改善农村金融服务，对农民和农业生产经营组织的农业生产经营活动提供信贷支持。农村信用合作社应当坚持为农业、农民和农村经济发展服务的宗旨，优先为当地农民的生产经营活动提供信贷服务。"对农业的金融支持，是国家为发展农业在信贷总量、结构、效益等方面采取的金融服务措施的总称。

国家财政资金的引导和杠杆作用应当发挥出来，统筹运用信贷、保险、基金等多种工具，通过政府购买服务、担保贴息、以奖代补、风险补偿等措施，带动金融投向农业和农村。切实发挥全国农业信贷担保体系的作用，加快建立覆盖主要农业县的工业信贷担保服务网络，全面开展以适度规模经营的新型农业经营主体为重点的信贷担保服务。

2. 社会资金

《农业法》第四十一条规定："国家鼓励社会资金投向农业，鼓励企业事业单位、社会团体和个人捐资设立各种农业建设和农业科技、教育基金。"通过政府与社会资金合作等措施，带动社会资金投向农业。比如，在畜禽粪污资源化利用、农作物秸秆综合利用等领域积极探索推广政府与社会资金合作示范模式。

3. 农业保险

农业遭受自然风险的可能性较大，因此迫切需要保险服务。关于农业保险，我国有专门的《农业保险条例》。《农业法》第四十六条规定："国家建立和完善农业保险制度。国家逐步建立和完善政策性农业保险制度。鼓励和扶持农民和农业生产经营组织建立为农业生产经营活动服务的互助合作保险组织，鼓励商业性保险公司开展农业保险业务。农业保险实行自愿原则。任何组织和个人不得强制农民和农业生产经营组织参加农业保险。"

农业保险服务的方式主要有三种：商业性保险公司承担保险业务；政策性保险机构专门提供政策性农业保险服务；农民自己建立互助合作保险。目前需要研究出台加快发展农业保险的指导意见，扩大农业大灾保险试点，探索开展稻谷、小麦、玉米三大粮食作物完全成本保险和收入保险试点等。

4. 农业防灾、抗灾和救灾

我国是一个自然灾害多发的国家，农业生产受自然灾害的影响尤其重大。因此，《农业法》对农业防灾、抗灾和救灾做了具体规定。《农业法》第四十七条规定："各级人民政府应当采取措施，提高农业防御自然灾害的能力，做好防灾、抗灾和救灾工作，帮助灾民恢复生产，组织生产自救，开展社会互助互济；对没有基本生活保障的灾民给予救济和扶持。"

（五）坚持市场化改革的方向

目前，我国的农产品价格竞争优势逐步消失，导致农业国际竞争力不强。改革开放以来，农产品价格频繁大幅度波动，市场机制在资源配置中的作用很不稳定。在农产品价格形成机制中，有效合理的农产品价格必须发挥市场在资源配置中的决定性作用。党的十九大报告强调：坚持新发展理念，使市场在资源配置中起决定性作用，更好发挥政府作用。

坚持市场化改革，建立统一开放、竞争有序的市场体系，完善、有序的农产品市场体系是价格形成机制的基础；建立安全、高效的农产品市场体系；建立健康、完善的农产品市场体系。这样，既可以有效保障农产品供给，又可以促进农民增收，引导消费，还可以推动整个农村经济的结构性调整，使农村经济保持持续稳定增长。习近平总书记指出：新形势下，农业主要矛盾已经由总量不足转变为结构性矛盾；推进农业供给侧结构性改革，提高农业综合效益和竞争力，是当前和今后一个时期我国农业政策改革和完善的主要方向。

《农业法》第四十条规定："国家运用税收、价格、信贷等手段，鼓励和引导农民和农业生产经营组织增加农业生产经营性投入和小型农田水利等基本建设投入。国家鼓励和支持农民和农业生产经营组织在自愿的基础上依法采取多种形式，筹集农业资金。"2021年中央一号文件也指出，要发挥市场在资源配置中的决定性作用。因此，加强对农业的支持保护，并充分发挥市场作用，坚持农业支持保护的市场化改革的方向，是相辅相成地促进农业产业发展的基本措施。

谈观点

1. 请谈谈作为农业产业发展的措施之一，农业投入与支持保护如何起作用。
2. 请谈谈为什么农业支持保护要坚持市场化改革的方向。

05 第五节 粮食安全保障的基本制度

一、新粮食安全观

1974 年联合国粮农组织提出"粮食安全"概念，其核心要义是保证任何人在任何时候能买得到又能买得起为维持生存和健康所必需的足够食品。中华人民共和国成立 70 多年来，我国坚定走中国特色社会主义道路，党的历届领导人都把保障粮食安全放在极其重要的位置，以解决中国人的温饱问题。新型冠状病毒肺炎疫情后全球农业粮食系统供应链出现异常波动，部分地区出现粮食恐慌和饥饿增加。但是我国在严重的新型冠状病毒肺炎疫情的冲击下，2020 年粮食产量仍创历史新高，达到 13 390 亿斤。同时在 2020 年底我国农村贫困人口全部脱贫。我国在粮食供给和饥饿消除方面取得了举世瞩目的成就。

即使粮食连年增产、粮食基本自给，我们也需要清醒地认识到我国粮食安全面临的深层次制约和严峻挑战。从国际环境来看，全球粮食产量增长正在逐步放缓，而需求在不断增长。在金融全球化条件下，粮食等国际大宗商品的价格更多地受金融投机活动影响，背离粮食供求关系。世界正面临粮食价格冲击，国际市场价格显著影响国内市场稳定。国内粮食安全存在以下一些问题：一是主粮和重要副食品间存在明显的不平衡，农产品供过于求和供给不足问题并存；二是我国农业资源、农业的生产结构与农产品需求存在一定的脱节；三是我国耕地、淡水等多种资源要素趋紧，农村产能没有完全发挥出来。

习近平总书记在《摆脱贫困》一书中写道："过去讲以粮为纲，现在讲粮食是基础的基础，从字面上理解，好像都强调粮食生产的特殊位置，但实质上过去讲的粮食只是狭隘地理解为就是水稻、小麦、玉米等禾本科作物。现在讲的粮食即食物，大粮食观念替代了以粮为纲的旧观念。"[①]农业是国民经济的基础产业，更是稳民心、安天下的战略产业。保障粮食安全，是农业现代化的核心任务。对于拥有 14 亿多人口的大国，保障粮食安全更是国家的根基和根本。党的十八大以来，习近平总书记对国家粮食安全提出了一系列战略思想和新时期国家粮食安全战略。党的十九大报告再次强调"确保国家粮食安全，把中国人的饭碗牢牢端在自己手中"。

---

① 习近平. 摆脱贫困. 福州：福建人民出版社，1992：178.

新时期国家粮食安全战略确立了"确保谷物基本自给、口粮绝对安全"的底线。新时期国家粮食安全战略包括以下五个方面的内容：一是谷物基本自给、口粮绝对安全；二是立足国内，适度进口；三是调动两个"积极性"；四是藏粮于地、藏粮于技；五是保障人民群众"舌尖上的安全"。总的来看，我国需要用创新、协调、绿色、开放和共享的"新发展理念"推进食品供给保障战略，形成国内大循环和国际大循环相互促进的"新格局"。

目前，我国没有名为"粮食法"的法律，在"三农"相关立法中，与粮食安全紧密联系的首先是《农业法》。这部法律体现了"三农"与粮食安全保障统筹规范的原则。粮食作为农业提供的重要产品，发展和保护农业也保障了粮食安全。可以说，当前《农业法》是我国保障粮食安全的基本法。

二、粮食综合生产能力与耕地保护制度

> 🔍 知识点
> 当前我国粮食生产面临的最严峻问题

目前普遍认为，当前我国粮食生产面临的最严峻问题是耕地不足。随着城市化和工业化的发展，人增地减使人均耕地占有量持续下降，人地矛盾愈发尖锐。为了进一步提升粮食和重要农产品的供给保障能力，更好地在"十四五"时期满足人民群众更营养、更健康、更安全的食品需求，我们要在严格保护耕地的基础上提升农业技术，推进农业结构调整，优化配置国内农业资源。

《农业法》第三十一条规定："国家采取措施保护和提高粮食综合生产能力，稳步提高粮食生产水平，保障粮食安全。国家建立耕地保护制度，对基本农田依法实行特殊保护。"国家通过加强对耕地资源的保护，长期执行最严格的土地管理制度，不断健全土地资产管理体制，提高耕地占用门槛，18亿亩耕地红线不能碰。既重视耕地的数量，维持耕地资源数量的相对稳定，又强调提高耕地的生产能力，合理利用和保护土地资源，以保障粮食生产能力的可持续发展，成为我国粮食安全的前瞻性战略。

粮食安全是国家安全的重要基础。《中华人民共和国国民经济和社会发展第十四个五年规划和2035年远景目标纲要》设立了安全保障类指标，其中粮食综合生产能力指标首次被列入五年规划。"十四五"时期，粮食综合生产能力指标定为年产量6.5亿吨，即1.3万亿斤以上。我国粮食已保持"十七连丰"，尤其近六年来粮食年产量一直稳定在1.3万亿斤以上，意味着14亿多中国人人均占有粮食约460千克，远远超过人均400千克的国际粮食安全标准线。有这个基础，我们就不但能够保证人民群众吃饱吃好，还能够比较从容地利用国际国内两个市场、两种资源，确保"双循环"新格局顺利形成。针对粮食综合生产能力指标，"十四五"时期，政策安排和配套措施将更加细化、更为精准。

其中最重要的就是优化国土空间开发保护，推动农业生产向粮食生产功能区、重要农产品生产保护区和特色农产品优势区集聚，实现规模化、连片化种植。

夯实粮食生产能力基础，还需要两个"坚持"：第一坚持"藏粮于地、藏粮于技"；第二坚持最严格的耕地保护制度，严守 18 亿亩耕地红线。建设国家粮食安全产业带，把中国人的饭碗牢牢端在自己手中。①

三、粮食收购保护价制度

粮食收购保护价制度是指国家为了保护粮食生产者的利益而制定一种目标价格，当市场价格低于这一目标价格时，政府委托有关经营组织按保护价向粮食生产者收购农产品，或者在市场价格低于保护价时给粮食生产者以价格补贴，使粮食生产者的利益得以保护。《农业法》规定要建立粮食收购保护价制度，以此作为政府对粮食流通进行宏观调控的手段，避免谷贱伤农，保护粮食生产者的利益，促进粮食生产稳定发展。

粮食收购价格是粮食收购中的关键因素。粮食收购直接关系到粮食生产者的利益，对粮食生产者的利益保护主要体现在粮食收购价格上。

《农业法》第三十三条规定："在粮食的市场价格过低时，国务院可以决定对部分粮食品种实行保护价制度。保护价应当根据有利于保护农民利益、稳定粮食生产的原则确定。农民按保护价制度出售粮食，国家委托的收购单位不得拒收。县级以上人民政府应当组织财政、金融等部门以及国家委托的收购单位及时筹足粮食收购资金，任何部门、单位或者个人不得截留或者挪用。"1990 年，我国开始实施粮食收购保护价制度。1993 年 2 月，《国务院关于建立粮食收购保护价格制度的通知》发出。该通知对制定粮食收购保护价的原则、执行粮食收购保护价的范围、制定粮食收购保护价的权限和程序、粮食收购保护价的品种及标准，以及建立粮食风险基金制度等做了具体规定，正式建立了粮食收购保护价制度。

近些年我国市场粮价已经接近或低于保护价，各省份的粮食定购价普遍按保护价水平确定，实现了定购价和保护价的并存，这符合我国当前实际情况，我国的粮食收购保护价水平及定价机制已经趋于理性化。在粮食收购问题上，出于粮食安全目标的考虑，国有粮食收购企业占据主导地位。如何利用市场机制更好地提升粮食收购效率，是制度设计中需要考虑的问题，具体到不同的收购环节，相应的制度设计也要考虑实际情况。

---

① 国新办发布会："粮食综合生产能力"列入"十四五"约束性指标．（2021－04－02）［2021－04－10］． https：//m. gmw. cn/baijia/2021－04/02/1302206720. html．

四、粮食安全预警与分级储备调节制度

20 世纪 70 年代，全球范围的粮食危机引起人们对粮食安全问题的高度关注，粮食安全预警作为经济预警之一，开始为人们所重视。

《农业法》第三十四条规定："国家建立粮食安全预警制度，采取措施保障粮食供给。国务院应当制定粮食安全保障目标与粮食储备数量指标，并根据需要组织有关主管部门进行耕地、粮食库存情况的核查。国家对粮食实行中央和地方分级储备调节制度，建设仓储运输体系。承担国家粮食储备任务的企业应当按照国家规定保证储备粮的数量和质量。"

> 🔍 知识点
> 建立粮食安全紧急事件应急管理制度的意义

突发事件下粮食供给保障是重大的粮食安全问题。在粮食政府储备的基础上，建立粮食安全紧急事件应急管理制度是必要的。粮食安全预警，建立在粮食生产供给与需求平衡基础之上，以粮食供求波动呈现规律性特征为出发点，着重对粮食供求状况进行动态监测、力度测量与警情预报。根据预警时间的长短，预警分为短期预警、中期预警和长期预警。完善的粮食安全预警制度可以有效地抵御和化解风险，减少因为粮食安全问题所带来的政治或经济损害，引导和保障粮食安全。

五、粮食风险基金制度

> 🔍 知识点
> 粮食风险基金的用途

粮食生产受自然因素影响较大，一旦发生不可预见的风险，将会造成市场波动，甚至严重冲击粮食价格。国内外粮食市场的联系日益紧密，国内粮食市场受国外粮食市场的影响越来越大。因此，维护国内粮食市场的基本稳定成为保障粮食安全的重要任务之一。

1994 年，国家依据中央和地方共同负担的原则，由中央财政预算和地方配套共同组成粮食风险基金，开始建立粮食风险基金制度。《农业法》第三十五条规定："国家建立粮食风险基金，用于支持粮食储备、稳定粮食市场和保护农民利益。"正式以法律的形式确立了粮食风险基金制度。2004 年，全国放开粮食收购价格和收购市场，国家对粮食风险基金的使用范围又做了较大调整。调整后的粮食风险基金，主要用于对种粮农民的直接补贴和省级储备粮油的利息费用补贴等。其中，粮食直接补贴资金占全部粮食风险基金的比例达到 50%。粮食风险基金制度的建立和完善，推进了粮食流通体制改革，切实保护了种粮农民的利益，调动了种粮农民的生产积极性，维护了粮食市场的基本稳定，为保障国家粮食安全发挥了重要作用。

六、珍惜和节约粮食

我国长期以来存在的"人地"矛盾，工业化、城市化发展过程中的不当行为给粮食生产带来了巨大挑战。我国粮食供给不足，只能通过进口粮食来填补需求缺口。但是过度依赖农产品进口存在不可忽视的风险，一旦发生国际冲突，就会对我国的经济发展和社会稳定造成不利影响。因此，国家高度重视粮食自给，立足于国内生产，充分发挥国内粮食生产能力，基本实现粮食自给，适度进口粮食，弥补国内产需缺口，发挥比较优势，拓展出口贸易。2021年4月2日，国家粮食和物资储备局副局长在国务院新闻办公室新闻发布会上介绍，"十三五"时期，我国粮食和物资储备工作取得历史性成就。粮食连年丰收，产量连续稳定在1.3万亿斤以上，市场供应充裕，活力不断增强，粮食储备库存充足，粮食安全形势持续向好。确保国家粮食安全的制度体系更加完善，优质粮食工程成效明显，粮食应急保障体系基本形成，应对风险挑战能力大幅提高，经受住了新型冠状病毒肺炎疫情的大考。在"十四五"时期，粮食和物资储备发展方面，将坚持全链条管控，统筹推动节粮减损和健康消费。同时，坚持改革创新，统筹推进粮食安全治理体系和治理能力现代化，加快制定《粮食安全保障法》。加快实施科技和人才兴粮兴储，强化粮食质量安全保障，推进"数字粮储"建设，严格执法监管，守住管好"天下粮仓"。

《农业法》第三十六条规定："国家提倡珍惜和节约粮食，并采取措施改善人民的食物营养结构。"教育每个公民提高珍惜和节约粮食的意识，杜绝浪费粮食的行为。2020年9月，全国人民代表大会常务委员会启动了为期一个多月的珍惜粮食、反对浪费专题调研，旨在加快建立法治化长效机制，为全社会确立餐饮消费、日常食物消费的基本行为准则。2021年4月29日，第十三届全国人民代表大会常务委员会第二十八次会议通过《中华人民共和国反食品浪费法》。这部法律共32条，分别对食品和食品浪费的定义、反食品浪费的原则和要求、政府及其部门职责、各类主体责任、监管措施、法律责任等做了规定。

> **谈观点**
>
> 请谈谈珍惜和节约粮食的重要意义。

06 第六节 农民权益保护的基本制度

一、农民土地权益保护

> **知识点**
> 《农业法》中关于农民土地权益保护的规定

我国现行法律（包括《宪法》《土地管理法》和《农业法》）中有诸多保护农民土地权益的规定。例如，明确界定农村土地所有权的归属，即由农村集体享有农村土地所有权。所有权的行使，应兼顾集体利益和公共利益，为了公共利益的需要，可以对农村土地进行征收征用，但是绝不允许以公共利益为借口侵犯农民的土地权利。1993年《农业法》就针对当时侵害农民权益的一些突出表现做了专门的规定，到2002年《农业法》修订时，为充分保护农民权益，尤其是针对乱摊派、乱罚款、乱收费和面向农民的非法集资以及强制农民接受有偿服务，加重农民税费负担等现象，专章规定了保护农民权益的一系列制度。《农业法》第七十一条规定："国家依法征收农民集体所有的土地，应当保护农民和农村集体经济组织的合法权益，依法给予农民和农村集体经济组织征地补偿，任何单位和个人不得截留、挪用征地补偿费用。"并通过《土地管理法》明确了农村土地征收征用时应当向农民给付补偿费用和安置补助费用的计算标准。此外，《农业法》第七条规定："国家保护农民和农业生产经营组织的财产及其他合法权益不受侵犯。各级人民政府及其有关部门应当采取措施增加农民收入，切实减轻农民负担。"

《农业法》中还规定，各级人民政府、农村集体经济组织或者村民委员会在农业和农村经济结构调整、农业产业化经营和土地经营权流转等过程中，不得侵犯农民的土地承包经营权，不得干涉农民自主安排的生产经营项目。

农民通过耕种、流转土地来获得经济来源，保障自身及家庭的生存和发展，土地是农民最重要的生产资料。长期以来，土地被认为具有社会保障功能，如果农民的土地权利得不到有效保护，农民就极易丧失生存和发展的保障。农民问题，任何时候都是极其重要的"具有中国特色的问题"，越是重视农民问题，经济发展的根基就越牢固，社会进步的动力就越强劲。可见，农民是关系到国民经济发展、国家稳定的重要群体，是构建社会主义和谐社会、实现全面建成小康社会目标的核心和关键。

二、减轻农民负担

在保护农民土地权益的同时,也不能忽视农民的其他权益,以期减轻农民负担。《农业法》第六十七条规定:"任何机关或者单位向农民或者农业生产经营组织收取行政、事业性费用必须依据法律、法规的规定。收费的项目、范围和标准应当公布。没有法律、法规依据的收费,农民和农业生产经营组织有权拒绝。"《农业法》第九十三条明确了违法收费、罚款、摊派行为的责任主体的法律责任,视情节轻重予以制止、行政处分,情节严重,构成犯罪的,依法追究刑事责任。与此同时,《农业法》第六十八条规定:"各级人民政府及其有关部门和所属单位不得以任何方式向农民或者农业生产经营组织集资。没有法律、法规依据或者未经国务院批准,任何机关或者单位不得在农村进行任何形式的达标、升级、验收活动。"通过提高政府开展行政活动所依据的标准,限制政府"寻租"空间。此外,《农业法》还以具体法条的详细规定禁止向农村中小学生非法收费,义务教育只能收取符合国务院规定的费用;不得依赖行政权力或优势地位强迫农民接受有偿服务,强调必须坚持自愿原则,保障农民的自主权。《农业法》通过明令禁止的方式为减轻农民负担、增加农民收入提供了法律保障。

党和国家历来重视农民权益保护,1985年出台了《中共中央 国务院关于制止向农民乱派款、乱收费的通知》,该通知下发后,又出台了一系列减轻农民负担的政策文件。2006年废止《中华人民共和国农业税条例》,从此废止了国家对农业的单独征税。此外,中央财政在全国范围内开展农业特惠政策,如为保护农民利益,建立对农民的直接补贴制度,提高农民收入。但是要提防新时期农民负担反弹的现象,加强对农民负担问题的监督管理仍然很有必要。

三、农民参与政治生活的权益保护

《农业法》从筹资筹劳和村务公开两个方面对村务管理中的农民权益保护进行了规定。在筹资筹劳的程序和标准上,《农业法》第七十三条规定:"农村集体经济组织或者村民委员会为发展生产或者兴办公益事业,需要向其成员(村民)筹资筹劳的,应当经成员(村民)会议或者成员(村民)代表会议过半数通过后,方可进行。农村集体经济组织或者村民委员会依照前款规定筹资筹劳的,不得超过省级以上人民政府规定的上限控制标准,禁止强行以资代劳。"关于村务公开,《农业法》第七十三条规定:"农村集体经济组织和村民委员会对涉及农民利益的重要事项,应当向农民公开,并定期公布财

> 🔍 知识点
> 《农业法》对筹资筹劳的程序和标准的要求

务账目，接受农民的监督。"

村民民主自治是指村民通过民主选举、民主决策、民主管理、民主监督的方式，自己决定自己的事务，自我管理，实现当家做主的政治权利。这是我国农村基层民主政治建设的核心，也是农民实现宪法所赋予的政治权利和民主权利的重要途径。农民参与基层民主管理，有助于提高农民的地位，保障农民的物质利益和民主权利。

四、农民参与经济活动的权益保护

由于历史和现实的原因，我国农民的经济权益实现不充分，这势必影响农民在健康的生产环境中开展农业生产和在有序的市场环境中开展交易活动。农民作为生产者的权益未得到有效保护体现在以下方面：在生产环节，由于机械化水平低等诸多因素，农民的生产成本过高，生产环境恶劣；在销售环节，由于农产品流通体系不健全、市场供需信息不透明，农民不能及时获取信息变更生产计划而只能被动地承担风险。

《农业法》第七十五条明确规定："农产品收购单位在收购农产品时，不得压级压价，不得在支付的价款中扣缴任何费用。法律、行政法规规定代扣、代收税款的，依照法律、行政法规的规定办理。"

此外，农业生产资料市场上存在有效成分低、产品标签标注成分与实物不符的虚假宣传以及粗制滥造等导致的质量问题，农民一旦购入质量存在问题的农业生产资料，将极有可能遭受重大损失。当出现坑农、害农的现象后，农民往往由于缺乏打假维权的意识，欠缺自我防范能力，而不知如何实现权利的救济。为保护农民权益，《农业法》第七十六条规定："农业生产资料使用者因生产资料质量问题遭受损失的，出售该生产资料的经营者应当予以赔偿，赔偿额包括购货价款、有关费用和可得利益损失。"

五、农民共享改革发展成果的权益保护

习近平总书记指出，城乡"一体化"，绝不是将城市无限制地向农村地区延伸，要建立与城市和城市居民同等的各项公共服务，让农民共享现代化发展成果。在党的十八届三中全会上，习近平总书记首次提出，要赋予农民更多的财产权利的共享发展目标和任务，让农民不仅是现代化的建设者，还是现代成果的享有者。切实解决农民问题，是衡量社会发展和改革成败的重要标准与依据。党的十七大报告指出："和谐社会要靠全社会共同建设。我们要紧紧依靠人民，调动一切积极因素，努力形成社会和谐人人有责、和谐社会人人共享的生动局面。"

2015年4月30日中共中央政治局就健全城乡发展一体化体制机制进行集体学习

时，习近平总书记强调，加快推进城乡发展一体化，是党的十八大提出的战略任务，也是落实"四个全面"战略布局的必然要求。全面建成小康社会，最艰巨、最繁重的任务在农村，特别是在贫困地区。一定要抓紧工作、加大投入，努力在统筹城乡关系上取得重大突破，特别是要在破解城乡二元结构、推进城乡要素平等交换和公共资源均衡配置上取得重大突破，给农村发展注入新的动力，让广大农民平等参与改革发展进程、共享改革发展成果。习近平总书记在党的十九大报告中也再次声明，在社会建设方面，必须以保障与改善民生、加强和创新社会治理为重点，让改革发展成果更多更公平惠及全体人民，使人民获得感、幸福感、安全感更加充实、更有保障、更可持续。为此，要抓住人民最关心、最直接、最现实的利益问题，构建民生保障网。

农民问题的基础地位和全局性，决定了其处于核心问题的核心地位，具有不可替代性和不可动摇性，成为我国全面建成小康社会和基本实现现代化的首要问题。农民问题的特殊重要性，对于我国全面深化改革、全面建成小康社会、打造经济升级版具有基础性和全局性意义。因此，要从战略高度切实解决农民问题，必须始终将农民问题作为全党工作的"重中之重"。

谈观点

请谈谈如何让农民共享改革成果。

07　第七节　农村经济与社会发展的基本制度

一、城乡经济社会统筹协调发展

《农业法》第七十九条规定："国家坚持城乡协调发展的方针，扶持农村第二、第三产业发展，调整和优化农村经济结构，增加农民收入，促进农村经济全面发展，逐步缩小城乡差别。"从整体上对统

🔍 知识点

统筹城乡经济社会发展的内容

筹城乡经济社会发展进行了规定。《农业法》第八十条至第八十六条对发展乡镇企业、转移农村富余劳动力、小城镇建设、农村社会救济制度、农村合作医疗、农村扶贫、财政转移支付和建设资金投入等做了原则性规定，为地方对农村经济发展立法和全国性立法打下了基础，为相关制度改革提供了法律依据。

党的十六大报告首次明确提出"统筹城乡经济社会发展"方略；党的十七大报告提出，要建立以工促农、以城带乡长效机制，形成城乡经济社会发展一体化新格局；党的十八大报告进一步明确提出城乡一体化发展是解决"三农"问题的根本途径；党的十九大报告提出两个"融合发展"，即"建立健全城乡融合发展体制机制和政策体系"和"促进农村一二三产业融合发展"。

2004年，浙江省实施了全国第一个省级层面的城乡一体化发展纲要，时任浙江省委书记习近平同志明确指出要进一步强化城乡产业内在联系，以工业化的理念推进农业产业化。当前，我国农业农村发展正处在转型升级的关键时期，任务十分艰巨。加快构建农村一二三产业融合发展体系，对于深入实施乡村振兴战略，激发农业农村内生动力，不断提高我国农业综合效益和竞争力，具有十分重要的意义。

推进一二三产业融合发展，重点在延伸产业链、提升价值链，拓展多功能。在一二三产业间优化各种生产要素组合配置，实现整个产业链上下游环节的系统协调，打破单一的产业形态，推进农业由增产导向转向提质导向，全面提高农业的质量效益和竞争力。

农民和市场主体是农村一二三产业融合发展的实施者，对"三农"工作来讲，最艰巨的任务是促进农民增收，最能体现工作成绩的也是促进农民增收。推进农村一二三产业融合发展，有利于盘活农村资源资产，激发农村创业创新活力，增加农民经营性收入、工资性收入和财产性收入，通过农村一二三产业融合发展建立的利益联结机制，可为农民开辟稳定增收的新渠道。调动和发挥各类经营主体的积极性、创造性，就要充分发挥市场在资源配置中的决定性作用，政府应给予必要的政策扶持，搭建公共服务平台，维护好公平竞争的市场秩序。

目前，构建农村一二三产业融合发展体系面临许多问题，用地难、融资难、人才缺乏等问题普遍存在，《乡村振兴促进法》的出台进一步为农村一二三产业融合发展提供了法律制度上的支撑。

二、农村经济结构调整与非农产业发展

近年来我国农业以及农村经济均取得了较大的进展，人均收入逐年增加，但是农村人均收入始终低于城市居民，因此，政府以及相关部门必须逐渐优化农村经济结构，

增加农民收入，保证经济的可持续发展。乡村振兴的战略发展目标是党的十九大提出的重大发展方略，而农村经济发展的命脉就集中于产业升级改革以及农村经济结构调整。在社会主义市场经济条件下，市场在国家宏观调控下对资源的配置发挥基础性作用，一切经济活动都应当遵守市场规律。农村经济结构调整也应当以市场为导向、以资源为依托、以效益为中心、以科技为动力，因地制宜、合理决策。

当前，对农村经济结构进行调整应积极转变观念，解决好农村发展和稳定的深层次矛盾，逐步形成与当前市场经济相适应的农村经济结构，使之能够应对市场风险，提高市场竞争力。在延伸产业链、稳定发展第一产业的同时，加快发展以农产品加工为重点的第二产业，提高农产品的附加值。

农村经济发展是一个长远的产业需求，仍需要从不同角度探寻全新的发展模式，保证效益和可持续进步的共同生效，尤其对于绿色发展和健康发展的要求要永远作为第一要义，使之在生产实践中发挥指导作用。此外，农村产业根据自身的资源和基础条件的不同会产生完全不同的经济发展模式，因此不应完全照搬成功经验，而应努力探索，寻求适应于自身的经济发展模式。产业升级改革需要有效结合农村资源优势，保持绿色发展和健康发展的思路，以市场为主导，以农民权益为核心，带动农村经济走向新的高度。

非农经营是农村劳动力从事个体、私营等非农业生产的经营模式。我国通过非农经营实现了对部分农村富余劳动力的转移，极大地解除了传统农业生产对农村劳动力的束缚，为社会其他行业的发展，尤其是劳动密集型行业的发展提供了大量的富余劳动力。面对产生农村富余劳动力这种不可逆的社会现象，我们要充分抓住非农产业提供的就业机会，结合实际情况，借助旅游业、电子商务等众多新兴行业的发展红利，实现农村富余劳动力的安全转移。

三、小城镇建设

1979年以来，我国的小城镇建设在改革开放的大背景下得到迅速恢复和发展。小城镇数量增加、规模扩大，部分小城镇的公共服务设施建设也有较快发展，社会服务功能日趋完善，并开始发挥对周边地区的带动、服务作用。但是，由于缺乏科学管理和规划，小城镇建设中存在诸多问题，产业结构不合理、管理体制不完善、土地浪费、人才缺乏、资金不足等都制约着小城镇建设。

《农业法》第八十一条规定："县级以上地方人民政府应当根据当地的经济发展水平、区位优势和资源条件，按照合理布局、科学规划、节约用地的原则，有重点地推进农村小城镇建设。地方各级人民政府应当注重运用市场机制，完善相应政策，吸引农民和社会资金投资小城镇开发建设，发展第二、第三产业，引导乡镇企业相对集中发展。"

2013年12月，习近平总书记在中央城镇化工作会议上强调指出：在我们这样一个拥有13亿多人口的发展中大国实现城镇化，在人类发展史上没有先例。粗放扩张、人地失衡、举债度日、破坏环境的老路不能再走了，也走不通了。在这样一个十分关键的路口，必须走出一条新型城镇化道路，切实把握正确的方向。同时，他指出，新型城镇化道路就是要以人为本，推进以人为核心的城镇化，提高城镇人口素质和居民生活质量，把促进有能力在城镇稳定就业和生活的常住人口有序实现市民化作为首要任务。①

> 知识点
> 新型城镇化的根本目的

新型城镇化的根本目的是让更多的居民定居城镇，享受现代物质文明和精神文明。农村转移人口市民化与城镇化同步发展，让他们能真正平等地享受现代化发展成果，促进农村转移人口真正融入城镇生活。新阶段推进以人为核心的城镇化，最终落实到中央具体的施政目标任务上。

四、农村富余劳动力转移

> 知识点
> 农村富余劳动力转移的积极效应

改革开放以来，通过发展乡镇企业和跨区域流动就业，农村富余劳动力转移取得了重大进展。目前，农民工已成为我国新一代产业工人的重要组成部分。农村富余劳动力跨区域流动就业，既为城镇经济发展注入了新的生机与活力，促进了城镇经济的发展和社会的繁荣，又开辟了农民增收的新渠道，成为农村经济发展新的增长点。《农业法》第八十二条规定："国家采取措施引导农村富余劳动力在城乡、地区间合理有序流动。地方各级人民政府依法保护进入城镇就业的农村劳动力的合法权益，不得设置不合理限制，已经设置的应当取消。"

随着农业技术进步、乡村产业结构调整和体制创新，农业和农村内部对劳动力的需求逐渐减弱，农村劳动力富余问题越来越突出。从一定意义上讲，这一现象有利于促进城乡统一的劳动力市场的形成，使劳动力资源得到合理配置，将会刺激现代经济部门追加投资、扩大生产，推动工业化进程。

促进农村富余劳动力转移就业，调整农村就业结构，是农业和农村经济结构调整的重要内容，是促进农民增收的重要举措，是农村全面建设小康社会的重要任务，也

---

① 习近平. 在中央城镇化工作会议上的讲话//中共中央文献研究室. 十八大以来重要文献选编：上. 北京：中央文献出版社，2014：592.

是促进城乡经济社会协调发展、提高城镇化水平的大战略。

五、农村合作医疗

新型农村合作医疗制度是我国农村现行的医疗保障的主体，又称为"新农合"。新型农村合作医疗制度是一种由政府组织、引导和支持，农民自愿参加，政府、集体和个人多方筹资，以大病统筹为主的农民医疗互助共济制度。新型农村合作医疗制度采取个人缴费、集体补贴和政府拨款的方式筹集医疗资金，具有政策性、公益性、群体性、互惠性等特点。新型农村合作医疗制度从 2003 年起在全国部分县（市）试点，到 2010 年逐步实现基本覆盖全国农村居民。

《农业法》第八十四条规定："国家鼓励、支持农民巩固和发展农村合作医疗和其他医疗保障形式，提高农民健康水平。"以新型农村合作医疗和县乡村医疗服务体系建设为两翼、以医疗救助为补充的新时期农村医疗保障制度的构建，很大程度上缓解了农民就医难的状况，让农民实实在在地感受到了改革发展成果。

早在 20 世纪 50 年代，我国就已经开始建设农村合作医疗制度，该制度在当时起到了保障农民健康的重大作用，并在广大发展中国家深受推崇。随着农村原有的以队为基础的集体经济组织功能转型，农村合作医疗依托的基础发生了变化，筹资失去保障，农村合作医疗制度走向没落。在市场化医疗普及的情况下，就医费用的攀升与农民收入的增长幅度不相适应，出现了"看病难、看病贵"的严峻问题，农民因病致贫、因病返贫的现象普遍存在，农民的健康受到威胁。严峻的社会问题引起了中央的高度重视，我国开始重构农村医疗保障制度并逐步完善。2003 年以来，新型农村合作医疗制度逐步在广大农村推广实施。建立新型农村合作医疗制度，是从我国基本国情出发，解决农民"看病难、看病贵"问题的一项重大举措，对于提高农民健康水平，缓解农民因病致贫、因病返贫，统筹城乡发展，实现全面建设小康社会目标具有重要作用。

六、扶贫开发

中华人民共和国成立后特别是改革开放以来，党和国家高度重视民计民生问题，大力开展扶贫工作。2001—2012 年，开始实施整村推进与"双轮驱动"扶贫战略。在中西部地区确定 592 个国家扶贫开发重点县，把贫困瞄准重心下移到村，全国范围内确定了 15 万个贫困村，全面推进以整村推进、产业发展、劳动力转移为重点的扶贫开发措施。2007 年，全面实施农村最低生活保障制度，进入扶贫开发政策与最低生活保障制度衔接的"双轮驱动"阶段。从 2013 年至今，实施精准扶贫精准脱贫方略。以习近平总书记扶贫开发战略思想为指导，我国2015年做出"打赢脱贫攻坚战"的决定，明确到2020年，"我国现行标准下贫困人口实现脱贫，贫困县全部摘帽，解决区域性整体贫困"的目标，全面实施精准扶贫精准脱贫方略。

党和国家不仅出台了多项政策和规章，还通过法律的形式明确扶贫工作的重要性。《农业法》第八十五条规定："国家扶持贫困地区改善经济发展条件，帮助进行经济开发。省级人民政府根据国家关于扶持贫困地区的总体目标和要求，制定扶贫开发规划，并组织实施。各级人民政府应当坚持开发式扶贫方针，组织贫困地区的农民和农业生产经营组织合理使用扶贫资金，依靠自身力量改变贫穷落后面貌，引导贫困地区的农民调整经济结构、开发当地资源。扶贫开发应当坚持与资源保护、生态建设相结合，促进贫困地区经济、社会的协调发展和全面进步。"《中国农村扶贫开发纲要（2011—2020年）》中也明确规定：加快扶贫立法，使扶贫工作尽快走上法制化轨道，明确在扶贫开发事业中应当坚持政府的主导地位、坚持以人为本的理念。经过长期努力，我国的扶贫开发成就举世瞩目，贫困人口大幅度减少，我国走出了一条中国特色的扶贫开发道路。

党的十八大以来，我国扶贫开发进入脱贫攻坚阶段。在习近平总书记关于扶贫工作重要论述的指引下，脱贫攻坚战坚持精准扶贫精准脱贫方略，我国减贫事业迎来全新局面。随着脱贫攻坚的不断推进，每年减少农村贫困人口超过1 000万人，累计脱贫5 500多万人，贫困发生率从2012年底的10.2%下降到2017年底的3.1%。[①]2017年6月，习近平总书记发表重要讲话，发起了"深度贫困"攻坚战，指出深度贫困地区是脱贫攻坚的坚中之坚，号召中央及各级地方政府要集中力量攻关。党的十九大报告明确提出乡村振兴战略。2018年中央一号文件再次明确指出，做好乡村振兴战略与脱贫攻坚战的有机衔接。2018年5月31日，中共中央政治局召开会议，审议了《乡村振兴战略规划（2018—2022年）》和《关于打赢脱贫攻坚战三年行动的指导意见》。

2021年2月25日，习近平总书记在全国脱贫攻坚总结表彰大会上的讲话中，庄严宣告，经过全党全国各族人民的共同努力，在迎来中国共产党成立一百周年的重要时刻，我国脱贫攻坚战取得了全面胜利，现行标准下9 899万农村贫困人口全部脱贫，832个贫困县全部摘帽，12.8万个贫困村全部出列，区域性整体贫困得到解决，完成了消除绝对贫困的艰巨任务，创造了又一个彪炳史册的人间奇迹。这是中国人民的伟大光荣，是中国共产党的伟大光荣，是中华民族的伟大光荣。习近平总书记总结我国脱贫攻坚取得全面胜利的基本经验，一是坚持党的领导，为脱贫攻坚提供坚强政治和组织保证；二是坚持以人民为中心的发展思想，坚定不移走共同富裕道路；三是坚持发挥我国社会主义制度能够集中力量办大事的政治优势，形成脱贫攻坚的共同意志、

[①] 国务院扶贫办政策法规司，国务院扶贫办全国扶贫教育宣传教育中心. 脱贫攻坚前沿问题研究. 北京：研究出版社，2019：76.

共同行动；四是坚持精准扶贫方略，用发展的办法消除贫困根源，我们始终强调，脱贫攻坚，贵在精准，重在精准；五是坚持调动广大贫困群众的积极性、主动性、创造性，激发脱贫内生动力；六是坚持弘扬和衷共济、团结互助美德，营造全社会扶危济困的浓厚氛围；七是坚持求真务实、较真碰硬，做到真扶贫、扶真贫、脱真贫。

2020年12月16日，《中共中央 国务院关于实现巩固拓展脱贫攻坚成果同乡村振兴有效衔接的意见》发布。该意见要求从保持主要帮扶政策总体稳定、健全防止返贫动态监测和帮扶机制、巩固"两不愁三保障"成果、做好易地扶贫搬迁后续扶持工作、加强扶贫项目资产管理和监督等方面，建立健全巩固拓展脱贫攻坚成果长效机制。

谈观点

请谈谈脱贫攻坚成果如何与乡村振兴有机衔接。

第三章 农村土地法律与政策

教学目的与要求

理解

1. 农村土地制度改革
2. 农村土地法律制度的框架

掌握

1. 农村土地"三权"分置
2. 农村集体经营性建设用地入市制度
3. 农村宅基地管理的法律制度

领会和应用

1. 稳定农村土地承包关系的法律制度
2. 搞活农村土地经营权的法律与政策

导学

第三章 农村土地法律与政策

知识导图

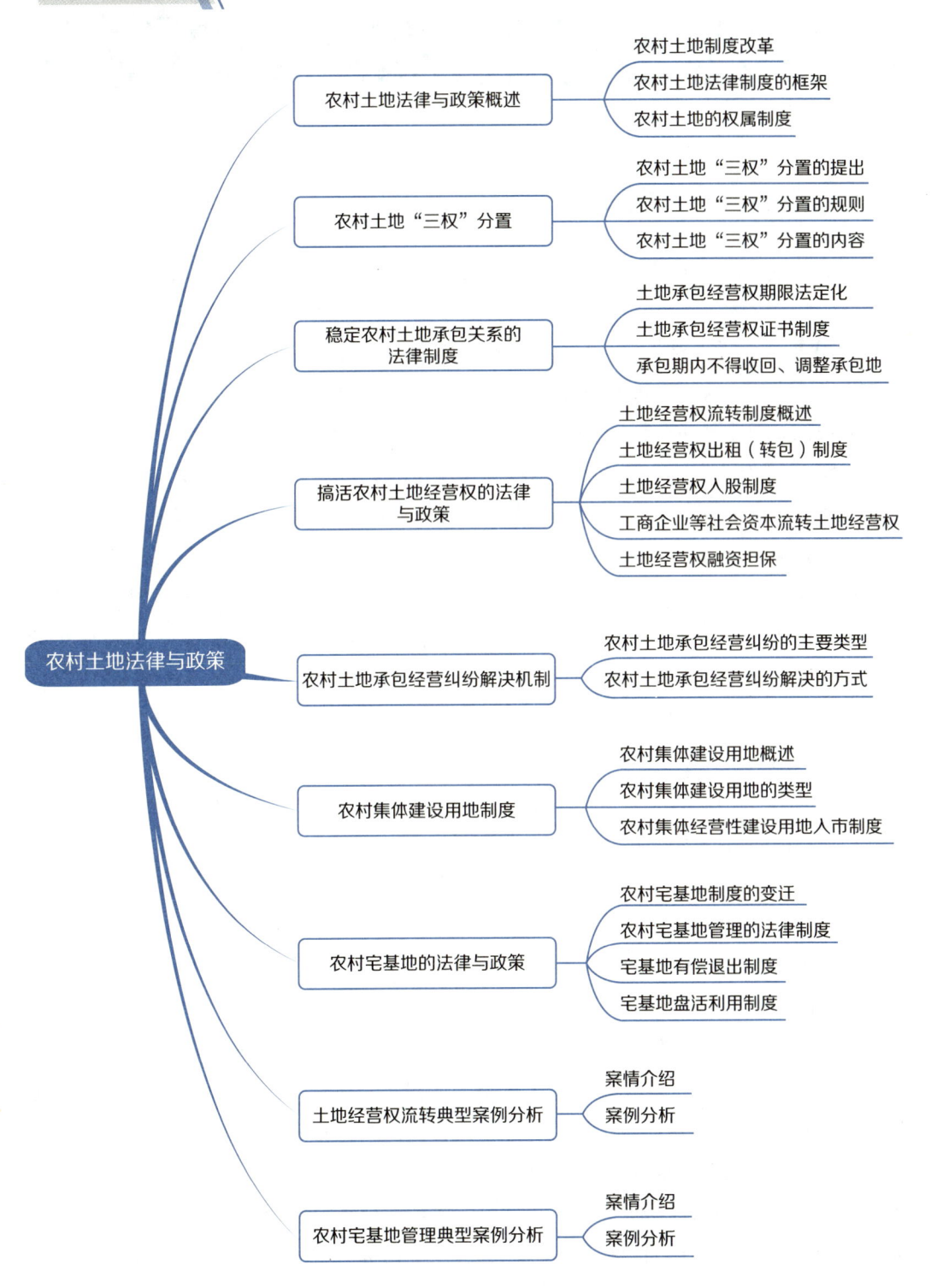

- **农村土地法律与政策**
  - 农村土地法律与政策概述
    - 农村土地制度改革
    - 农村土地法律制度的框架
    - 农村土地的权属制度
  - 农村土地"三权"分置
    - 农村土地"三权"分置的提出
    - 农村土地"三权"分置的规则
    - 农村土地"三权"分置的内容
  - 稳定农村土地承包关系的法律制度
    - 土地承包经营权期限法定化
    - 土地承包经营权证书制度
    - 承包期内不得收回、调整承包地
  - 搞活农村土地经营权的法律与政策
    - 土地经营权流转制度概述
    - 土地经营权出租（转包）制度
    - 土地经营权入股制度
    - 工商企业等社会资本流转土地经营权
    - 土地经营权融资担保
  - 农村土地承包经营纠纷解决机制
    - 农村土地承包经营纠纷的主要类型
    - 农村土地承包经营纠纷解决的方式
  - 农村集体建设用地制度
    - 农村集体建设用地概述
    - 农村集体建设用地的类型
    - 农村集体经营性建设用地入市制度
  - 农村宅基地的法律与政策
    - 农村宅基地制度的变迁
    - 农村宅基地管理的法律制度
    - 宅基地有偿退出制度
    - 宅基地盘活利用制度
  - 土地经营权流转典型案例分析
    - 案情介绍
    - 案例分析
  - 农村宅基地管理典型案例分析
    - 案情介绍
    - 案例分析

01 第一节　农村土地法律与政策概述

一、农村土地制度改革

（一）改革开放之前的农村土地制度

1950年《中华人民共和国土地改革法》颁布实施的目标是"废除地主阶级封建剥削的土地所有制，实行农民的土地所有制"。随着之后开展的农业生产合作社和人民公社，农民的私有土地所有权逐渐转变为集体土地所有权。

1955年《农业生产合作社示范章程》第十七条第一款规定："社员的土地必须交给农业生产合作社统一使用，因为农业生产合作社组成的基本条件，就是把社员分散经营的土地联合起来，加以合理的和有计划的经营。"此时社员土地仍归社员个人所有。1956年《高级农业生产合作社示范章程》第十三条第一款规定："入社的农民必须把私有的土地和耕畜、大型农具等主要生产资料转为合作社集体所有。"入社农民的私有土地变为合作社集体所有，从而实现了农民的私有土地所有权向集体土地所有权的转变。此时的集体土地所有权是以农业生产合作社为主体的土地所有权。

1958年人民公社成立，使集体土地所有权发生了变化。1958年12月《关于人民公社若干问题的决议》指出，截至1958年12月，"全国七十四万多个农业生产合作社，就已经在广大农民的热烈要求的基础上，改组成了二万六千多个人民公社。参加公社的有一亿二千多万户，已经占全国各民族农户总数的百分之九十九以上"。同时，《关于人民公社若干问题的决议》进一步指出，农业生产合作社变为人民公社，使原来的集体所有制扩大了和提高了，并且带上了若干全民所有制的成分，但是这并不等于已经把农村中的集体所有制变成了全民所有制。因此，农业生产合作社经过"小社并大社，转为人民公社"后，集体土地所有权转变为以人民公社为主体的集体土地所有权。

1959年，人民公社的所有制再次调整。1959年4月《关于人民公社的十八个问题》规定："现在人民公社的所有制，除了公社直接所有的部分以外，还有生产大队和生产队的所有制；而且基本上是生产队（有些地方是生产大队，总之大体相当于原来的高级农业生产合作社）的所有制。"同时，生产队被确定为基本核算单位。1962年9月《农村人民公社工作条例（修正草案）》（以下简称《修正草案》）第二十一条第一款规定:"生产队范围内的土地,都归生产队所有。生产队所有的土地,包括社员的自留地、自留山、宅基地等等,一律不准出租和买卖。"这进一步明确了生产队作为集体土地所有权主体的地位。同时,根据《修正草案》第十二条第一款和第十九条第五项的规定,归公社或者生产大队所有的农村土地主要是山林。自此,《修正草案》所确立的"以生产队为基本核算单位的'三级所有、队为基础'的农村经济体制,就一直比较稳定地实行到农村改革之前"①。1975年《宪法》第七条第二款规定:"现阶段农村人民公社的集体所有制经济,一般实行三级所有、队为基础,即以生产队为基本核算单位的公社、生产大队和生产队三级所有。"1978年《宪法》第七条第一款规定:"农村人民公社经济是社会主义劳动群众集体所有制经济,现在一般实行公社、生产大队、生产队三级所有,而以生产队为基本核算单位。生产大队在条件成熟的时候,可以向大队为基本核算单位过渡。"两部《宪法》均以国家根本大法的形式肯定了以生产队为基本核算单位的人民公社、生产大队、生产队三级所有的集体所有制。

(二) 改革开放之后的农村土地制度

"1978年,中国共产党十一届三中全会深刻总结建国以来正反两方面的经验教训,作出了把党和国家工作重点转移到经济建设上来、实行改革开放的历史性决策,并提出'为了保障人民民主,必须加强社会主义法制,使民主制度化、法律化,使这种制度和法律具有稳定性、连续性和极大的权威,做到有法可依、有法必依、执法必严、违法必究'。这次会议开启了中国改革开放和社会主义民主法制建设的历史新时期。这个时期立法工作的重点是,恢复和重建国家秩序,实行和推进改革开放。"②

我国农村的改革始于农村土地制度改革。1980年9月《关于进一步加强和完善农业生产责任制的几个问题》中第一次明确肯定了"包产到户"和"包干到户",但是仍局限于"那些边远山区和贫困落后的地区"。自此之后,在坚持集体土地所有权基础上,农村土地的家庭承包经营得到全面发展。1982年中央一号文件《全国农村工作会议纪要》进一步明确:"包干到户"是社会主义农业经济的组成部分。1984年中央一号文件《中共中央关于一九八四年农村工作的通知》规定:"土地承包期一般应在十五年以上。生产周期长的和开发性的项目,如果树、林木、荒山、荒地等,承包期应当更长一些。"

农村土地经营体制的变化,被这一时期的农村土地制度所肯定。1982年《宪法》第十条第二款明确规定了集体土地所有权,即"农村和城市郊区的土地,除由法律规定属于国家所有的以外,属于集体所有;宅基地和自留地、自留山,也属于集体所有。"1986

---

① 陈锡文,赵阳,陈剑波,等. 中国农村制度变迁60年. 北京:人民出版社,2009:19.
② 2011年10月27日,国务院新闻办公室发布的《中国特色社会主义法律体系》白皮书。

年4月12日第六届全国人民代表大会第四次会议通过的《中华人民共和国民法通则》（以下简称《民法通则》）对改革开放之后农村土地制度的构建起到了重大作用，主要体现在三个方面：一是明确了集体土地所有权的主体以及行使方式。《民法通则》第七十四条第二款规定："集体所有的土地依照法律属于村农民集体所有，由村农业生产合作社等农业集体经济组织或者村民委员会经营、管理。已经属于乡（镇）农民集体经济组织所有的，可以属于乡（镇）农民集体所有。"二是土地的承包经营权正式被写入法律。《民法通则》第八十条第二款规定："公民、集体依法对集体所有的或者国家所有由集体使用的土地的承包经营权，受法律保护。承包双方的权利和义务，依照法律由承包合同规定。"需要注意的是，此处的法律术语并非我们今天所熟知的"土地承包经营权"。三是农村土地的权利主体制度的构建，农村承包经营户的概念以及责任承担得以明确。《民法通则》第二十七条规定："农村集体经济组织的成员，在法律允许的范围内，按照承包合同规定从事商品经营的，为农村承包经营户。"第二十九条规定："个体工商户、农村承包经营户的债务，个人经营的，以个人财产承担；家庭经营的，以家庭财产承担。"

为了加强土地管理，维护土地的社会主义公有制，保护、开发土地资源，合理利用土地，切实保护耕地，适应社会主义现代化建设的需要，1986年6月25日，第六届全国人民代表大会常务委员会第十六次会议通过《土地管理法》，其主要内容包括总则、土地的所有权和使用权、土地的利用和保护、国家建设用地、乡（镇）村建设用地、法律责任、附则。《土地管理法》对农村土地的所有权和使用权做了明确规定，同时规定了包括宅基地在内的乡（镇）村建设用地的相关问题。1988年《土地管理法》修订的内容主要涉及改革土地使用制度、乡（镇）村公共设施、公益事业建设用地的审批、破坏耕地行为的法律责任、城乡居民违法占地建住宅行为的处理等方面。

1993年《宪法修正案》将"家庭联产承包为主的责任制"明确为社会主义劳动群众集体所有制经济。1999年《宪法修正案》更进一步明确了家庭承包经营为基础、统分结合的双层经营体制成为我国农村的基本经营制度。国家根本大法对农村基本经营制度的确立，为农村土地制度的立法推进奠定了基础。1993年7月，作为我国农业基本法的《农业法》通过。"经过14年的改革，我国农村已经形成了以家庭联产承包为主的责任制和统分结合的双层经营体制，大规模的农业生产关系调整基本结束，党和政府在领导农村改革的实践中已经形成了一系列行之有效的基本政策。"[①] 《农业法》是对改革开放以来农业的基本政策的立法确认。值得关注的是，1993年《农业法》明确规定了土地承包经营权的流转，其第十三条第二款规定："在承包期内，经发包方同

[①] 农业部部长1993年2月15日在第七届全国人民代表大会常务委员会第三十次会议上做的《关于〈中华人民共和国农业基本法（草案）〉的说明》。

意，承包方可以转包所承包的土地、山岭、草原、荒地、滩涂、水面，也可以将农业承包合同的权利和义务转让给第三者。"同时，1993年《农业法》第十三条第三款规定："承包期满，承包人对原承包的土地、山岭、草原、荒地、滩涂、水面享有优先承包权。"二轮延包的基本目标是农村土地承包关系的稳定。1993年11月，《中共中央国务院关于当前农业和农村经济发展的若干政策措施》对二轮延包问题做了更为细致的规定，提出要求："为了稳定土地承包关系，鼓励农民增加投入，提高土地的生产率，在原定的耕地承包期到期之后，再延长三十年不变。开垦荒地、营造林地、治沙改土等从事开发性生产的，承包期可以更长。"

1998年《土地管理法》修订的内容主要包括：土地管理方式改为土地用途管制制度；土地利用总体规划和土地利用年度计划效力的强化；加大对农用地特别是对耕地的保护力度；土地利用总体规划的审批权、占用农用地特别是耕地的审批权和征地的审批权上收；法律责任的完善；等等。在农村土地制度建设方面，修订后的《土地管理法》第十四条规定："农民集体所有的土地由本集体经济组织的成员承包经营，从事种植业、林业、畜牧业、渔业生产。土地承包经营期限为三十年。发包方和承包方应当订立承包合同，约定双方的权利和义务。承包经营土地的农民有保护和按照承包合同约定的用途合理利用土地的义务。农民的土地承包经营权受法律保护。在土地承包经营期限内，对个别承包经营者之间承包的土地进行适当调整的，必须经村民会议三分之二以上成员或者三分之二以上村民代表的同意，并报乡（镇）人民政府和县级人民政府农业行政主管部门批准。"上述修订有三个方面值得关注：一是土地承包经营权的名称确定。土地承包经营权作为一个完整、连贯的术语第一次出现在《土地管理法》第十四条，即"农民的土地承包经营权受法律保护"。而在此之前的法律文本之中，一直沿用的是"土地的承包经营权"。二是承包期三十年被写入法律。1984年中央一号文件《中共中央关于一九八四年农村工作的通知》明确规定：土地承包期一般应在十五年以上。生产周期长的和开发性的项目的承包期应当更长一些。1993年《中共中央国务院关于当前农业和农村经济发展的若干政策措施》将二轮延包期限规定为三十年，从事开发性生产的承包期可以更长。直至1998年《土地管理法》修订，该法第十四条第一款将承包三十年写入法律之中。三是承包期内土地调整受到限制。1984年中央一号文件规定：可以本着"大稳定，小调整"的原则调整土地；1993年《中共中央国务院关于当前农业和农村经济发展的若干政策措施》提倡在承包期内实行"增人不增地、减人不减地"的原则；1997年8月《中共中央办公厅、国务院办公厅关于进一步稳定和完善农村土地承包关系的通知》明确了"小调整"只限于人地矛盾突出的个别农户依照严格程序调整。上述政策在1998年《土地管理法》中得到确认，该法第十四条第二款明确了承包期内的土地调整只能是个别调整，而且依照严格的法律程序。

为了稳定和完善以家庭承包经营为基础、统分结合的双层经营体制，赋予农民长期而有保障的土地使用权，维护农村土地承包当事人的合法权益，促进农业、农村经济发展和农村社会稳定，2002年8月29日，第九届全国人民代表大会常务委员会第二十九次会议通过《农村土地承包法》，该法自2003年3月1日起施行。1998年党的十五届三中全会通过的《中共中央关于农业和农村工作若干重大问题的决定》明确提出："要坚定不移地贯彻土地承包期再延长三十年的政策，同时要抓紧制定确保农村土地承包关系长期稳定的法律法规，赋予农民长期而有保障的土地使用权。"《农村土地承包法》的"制定和实施，对于保持党在农村的基本政策的连续性和稳定性，更好地保护农民的合法权益，进一步调动其积极性，促进农业和农村经济乃至整个国民经济的发展，具有重要而深远的意义"[1]。同年12月《农业法》修订，删除了第二章"农业生产经营体制"中关于土地承包经营权的相关规定，明确规定适用《土地管理法》和《农村土地承包法》。2007年《物权法》颁布，完成了农村土地制度的基本构建。一方面，土地承包经营权的用益物权性质得以明确。《农村土地承包法》根据土地承包经营权的取得方式，将土地承包经营权分为通过家庭承包方式取得的土地承包经营权和通过其他方式承包取得的土地承包经营权。之所以做出这种区分，是因为家庭承包是按照国家有关规定进行的，人人有份的承包，具有社会保障的性质，而其他方式承包是通过市场化方式获得土地承包经营权[2]。同时，对前者实行物权保护，对后者实行债权保护[3]。《物权法》中土地承包经营权的规定基本是对《农村土地承包法》的延续，并不再区分取得方式，明确了土地承包经营权的用益物权性质。另一方面，规范了土地承包经营权流转。《农村土地承包法》在第二章第五节以及第三章第四十九条对土地承包经营权流转做了专门规范，明确了土地承包经营权流转的原则、方式等一系列问题。为了进一步规范土地承包经营权流转，2005年1月7日，《农村土地承包经营权流转管理办法》经农业部第二次常务会议审议通过，自2005年3月1日起施行。《物权法》第一百二十八条也对土地承包经营权流转做了明确规定。同时，《物权法》第十二章规定了建设用地使用权制度，并在第一百五十一条明确规定："集体所有的土地作为建设用地的，应当依照土地管理法等法律规定办理。"《物权法》第十三章还明确规定了宅基地使用权制度。

---

[1] 全国人民代表大会农业与农村委员会副主任委员2001年6月26日在第九届全国人民代表大会常务委员会第二十二次会议上做的《关于〈中华人民共和国农村土地承包法（草案）〉的说明》。

[2] 胡康生. 中华人民共和国农村土地承包法释义. 北京：法律出版社，2002：107.

[3] 全国人民代表大会农业与农村委员会副主任委员2001年6月26日在第九届全国人民代表大会常务委员会第二十二次会议上做的《关于〈中华人民共和国农村土地承包法（草案）〉的说明》。

（三）农村"三块地"改革

2013 年 11 月 12 日，党的十八届三中全会通过《中共中央关于全面深化改革若干重大问题的决定》。该决定对农村土地制度改革做了全面部署，主要涉及农村集体经营性建设用地入市、农村土地征收、宅基地制度改革三个方面，这被称为农村"三块地"改革。在农村集体经营性建设用地方面，该决定要求："在符合规划和用途管制前提下，允许农村集体经营性建设用地出让、租赁、入股，实行与国有土地同等入市、同权同价。"在农村土地征收方面，该决定指出："缩小征地范围，规范征地程序，完善对被征地农民合理、规范、多元保障机制。"在宅基地制度改革方面，该决定规定："保障农户宅基地用益物权，改革完善农村宅基地制度，选择若干试点，慎重稳妥推进农民住房财产权抵押、担保、转让，探索农民增加财产性收入渠道。"

> **思政启示**
>
> 我国长期实行城乡二元土地制度，"三块地"改革有利于增加农民的财产性收入，提高土地利用效率，增加耕地后备资源。

2014 年 12 月 2 日，中央全面深化改革领导小组第七次会议审议通过《关于农村土地征收、集体经营性建设用地入市、宅基地制度改革试点工作的意见》。2015 年 2 月 27 日第十二届全国人民代表大会常务委员会第十三次会议通过的《全国人民代表大会常务委员会关于授权国务院在北京市大兴区等三十三个试点县（市、区）行政区域暂时调整实施有关法律规定的决定》指出："为了改革完善农村土地制度，为推进中国特色农业现代化和新型城镇化提供实践经验，第十二届全国人民代表大会常务委员会第十三次会议决定：授权国务院在北京市大兴区等三十三个试点县（市、区）行政区域，暂时调整实施《中华人民共和国土地管理法》、《中华人民共和国城市房地产管理法》关于农村土地征收、集体经营性建设用地入市、宅基地管理制度的有关规定。上述调整在 2017 年 12 月 31 日前试行。"2017 年 11 月 4 日、2018 年 12 月 29 日，全国人民代表大会常务委员会分别做出决定，上述试点工作延期至 2019 年 12 月 31 日。

农村"三块地"改革试点工作取得显著成效。2018 年 12 月 23 日，《国务院关于农村土地征收、集体经营性建设用地入市、宅基地制度改革试点情况的总结报告》指出："33 个试点县（市、区）已按新办法实施征地 1 275 宗、18 万亩；集体经营性建设用地已入市地块 1 万余宗，面积 9 万余亩，总价款约 257 亿元，收取调节金 28.6 亿元，办理集体经营性建设用地抵押贷款 228 宗、38.6 亿元；腾退出零星、闲置的宅基地约 14 万户、8.4 万亩，办理农房抵押贷款 5.8 万宗、111 亿元。"同时，农村"三块地"改革也为农村土地法律制度建设提供了依据，相关改革试点成果在 2020 年《土地管理法》修订时得到了立法确认。

二、农村土地法律制度的框架

> 🔍 知识点
> 农村土地法律制度的框架

"中国特色社会主义法律体系，是以宪法为统帅，以法律为主干，以行政法规、地方性法规为重要组成部分，由宪法相关法、民法商法、行政法、经济法、社会法、刑法、诉讼与非诉讼程序法等多个法律部门组成的有机统一整体。"[①] 我国农村土地法律制度的框架可以从农村土地法律体系的层次和法律部门两个方面进一步阐述。

（一）农村土地法律体系的层次

我国农村土地法律体系主要包括宪法、法律、行政法规和地方性法规四个层次。

1. 宪法

宪法是中国特色社会主义法律体系的统帅。宪法是国家的根本法，具有最高的法律效力。一切法律、行政法规和地方性法规都不得与宪法相抵触。《宪法》规定了我国农村基本经营制度和土地法律制度等相关内容。在农村基本经营制度方面，《宪法》第八条第一款规定："农村集体经济组织实行家庭承包经营为基础、统分结合的双层经营体制。农村中的生产、供销、信用、消费等各种形式的合作经济，是社会主义劳动群众集体所有制经济。参加农村集体经济组织的劳动者，有权在法律规定的范围内经营自留地、自留山、家庭副业和饲养自留畜。"在农村土地法律制度方面，《宪法》第十条第二款规定："农村和城市郊区的土地，除由法律规定属于国家所有的以外，属于集体所有；宅基地和自留地、自留山，也属于集体所有。"农村土地法律体系中的法律、行政法规和地方性法规的相关内容，不得与《宪法》的上述规定相抵触。

2. 法律

法律是中国特色社会主义法律体系的主干。《中华人民共和国立法法》（以下简称《立法法》）第七条规定："全国人民代表大会和全国人民代表大会常务委员会行使国家立法权。全国人民代表大会制定和修改刑事、民事、国家机构的和其他的基本法律。全国人民代表大会常务委员会制定和修改除应当由全国人民代表大会制定的法律以外的其他法律；在全国人民代表大会闭会期间，对全国人民代表大会制定的法律进行部分补充和修改，但是不得同该法律的基本原则相抵触。"法律规定了我国农村土地法律体系中的基本制度。我国1986年制定了《土地管理法》、2002年制定了《农村土地承包法》、2009年制定了《农村土地承包经营纠纷调解仲裁法》。

---

① 2011年10月27日，国务院新闻办公室发布的《中国特色社会主义法律体系》白皮书。

3. 行政法规

行政法规是中国特色社会主义法律体系的重要组成部分。《立法法》第六十五条规定："国务院根据宪法和法律，制定行政法规。行政法规可以就下列事项作出规定：（一）为执行法律的规定需要制定行政法规的事项；（二）宪法第八十九条规定的国务院行政管理职权的事项。应当由全国人民代表大会及其常务委员会制定法律的事项，国务院根据全国人民代表大会及其常务委员会的授权决定先制定的行政法规，经过实践检验，制定法律的条件成熟时，国务院应当及时提请全国人民代表大会及其常务委员会制定法律。"行政法规在我国农村土地法律体系中占有举足轻重的地位。我国 1994 年制定《基本农田保护条例》，1998 年通过新的《基本农田保护条例》，1994 年《基本农田保护条例》同时废止。

4. 地方性法规

地方性法规是中国特色社会主义法律体系的又一重要组成部分。根据《立法法》第七十二条的规定，省、自治区、直辖市的人民代表大会及其常务委员会，设区的市的人民代表大会及其常务委员会，自治州的人民代表大会及其常务委员会，可以根据具体情况和实际需要，制定地方性法规。《立法法》第七十三条第一款规定："地方性法规可以就下列事项作出规定：（一）为执行法律、行政法规的规定，需要根据本行政区域的实际情况作具体规定的事项；（二）属于地方性事务需要制定地方性法规的事项。"

在我国农村土地法律体系中，地方性法规对农村土地法律和行政法规做了进一步的规定。以《农村土地承包法》为例，2002 年《农村土地承包法》制定后，各地结合实际情况制定了实施办法。例如，2004 年 7 月 30 日山东省第十届人民代表大会常务委员会第九次会议通过《山东省实施〈中华人民共和国农村土地承包法〉办法》，2005 年 6 月 17 日安徽省第十届人民代表大会常务委员会第十七次会议通过《安徽省实施〈中华人民共和国农村土地承包法〉办法》，2007 年 11 月 29 日四川省第十届人民代表大会常务委员会第三十一次会议通过《四川省〈中华人民共和国农村土地承包法〉实施办法》。

（二）农村土地法律体系的法律部门

法律部门"是指根据一定的标准和原则，按照法律规范自身的不同性质、调整社会关系的不同领域和不同方法等所划分的同类法律规范的总和"[1]。我国法律部门是以调整对象和调整方法作为基本标准，对中国特色社会主义法律体系做的基本划分。我

---

[1] 张文显. 法理学. 5 版. 北京：高等教育出版社，2018：101.

国农村土地法律体系主要包括宪法相关法、民商法、行政法、经济法、社会法、刑法、诉讼与非诉讼程序法七个法律部门。

1. 宪法相关法

宪法"是确认民主事实，集中反映一个国家政治力量对比关系，通过规范国家权力保障公民基本权利的国家根本法"[①]、"宪法相关法是与宪法相配套、直接保障宪法实施和国家政权运作等方面的法律规范"[②]。《宪法》对农村土地法律制度做了明确规定，如前文所述。

2. 民商法

民商法，是指调整平等主体的自然人、法人和非法人组织之间的财产关系和人身关系的法律规范的总称。在我国农村土地法律体系中，《农村土地承包法》属于民商法的范畴。

3. 行政法

"行政法是有关行政及与行政有关的法律规范的总称。"[③] 在我国农村土地法律体系中，虽然没有哪一部法律直接归属于行政法，但是在不少农村土地法律中有行政责任的相关规定。以《农村土地承包法》为例，其第六十五条规定：国家机关及其工作人员有利用职权干涉农村土地承包经营，变更、解除承包经营合同，干涉承包经营当事人依法享有的生产经营自主权，强迫、阻碍承包经营当事人进行土地承包经营权互换、转让或者土地经营权流转等侵害土地承包经营权、土地经营权的行为，情节严重的，由上级机关或者所在单位给予直接责任人员处分。

4. 经济法

"经济法是调整在现代国家进行宏观调控和市场规制的过程中发生的社会关系的法律规范的总称。"[④] 在我国农村土地法律体系中，《土地管理法》等属于经济法的范畴。

5. 社会法

"社会法是调整劳动关系、社会保障、社会福利和特殊群体权益保障等方面的法律规范。"[⑤] 在我国农村土地法律体系中，虽然没有哪一部法律直接归属于社会法，但是在不少农村土地法律中有特殊群体权益保障的相关规定。以《农村土地承包法》为例，其第六条规定："农村土地承包，妇女与男子享有平等的权利。承包中应当保护妇女的合法权益，任何组织和个人不得剥夺、侵害妇女应当享有的土地承包经营权。"

[①] 《宪法学》编写组．宪法学．北京：高等教育出版社，人民出版社，2011：26.
[②] 2011年10月27日，国务院新闻办公室发布的《中国特色社会主义法律体系》白皮书。
[③] 《行政法与行政诉讼法学》编写组．行政法与行政诉讼法学．2版．北京：高等教育出版社，2018：8.
[④] 《经济法学》编写组．经济法学．北京：高等教育出版社，2018：13.
[⑤] 2011年10月27日，国务院新闻办公室发布的《中国特色社会主义法律体系》白皮书。

6. 刑法

"刑法是掌握政权的阶级即统治阶级，为了维护本阶级政治上的统治和经济上的利益，根据自己的意志，以国家名义制定、颁布的规定犯罪、刑事责任及刑罚的法律。"[1] 在我国农村土地法律体系中，虽然没有哪一部法律直接归属于刑法，但是在不少农村土地法律中有刑事责任的相关规定。以《农村土地承包法》为例，其第六十二条规定：违反土地管理法规，非法征收、征用、占用土地或者贪污、挪用土地征收、征用补偿费用，构成犯罪的，依法追究刑事责任。

7. 诉讼与非诉讼程序法

"诉讼与非诉讼程序法是规范解决社会纠纷的诉讼活动与非诉讼活动的法律规范。"[2] 在我国农村土地法律体系中，《农村土地承包经营纠纷调解仲裁法》属于诉讼与非诉讼程序法的范畴。

三、农村土地的权属制度

农村土地的权属制度，是指农村土地的归属和利用的相关制度，主要包括农村土地所有权制度和农村土地使用权制度。

（一）农村土地所有权制度

《民法典》第二百四十条规定："所有权人对自己的不动产或者动产，依法享有占有、使用、收益和处分的权利。"我国的土地所有权主体包括两类：国家和集体。《宪法》第十条第一款、第二款规定："城市的土地属于国家所有。农村和城市郊区的土地，除由法律规定属于国家所有的以外，属于集体所有；宅基地和自留地、自留山，也属于集体所有。"因此，农村土地所有权，是指本集体成员集体依法对农村土地享有的占有、使用、收益和处分的权利。

我国农村的集体分为三个层级：村民小组、村和乡镇。在农村土地所有权的行使方面，根据《民法典》第二百六十二条的规定，由不同的农村集体经济组织、村民委员会或者村民小组代表集体行使，具体如下：属于村农民集体所有的农村土地，由村集体经济组织或者村民委员会依法代表集体行使所有权；分别属于村内两个以上农民集体所有的农村土地，由村内各该集体经济组织或者村民小组依法代表集体行使所有权；属于乡镇农民集体所有的农村土地，由乡镇集体经济组织代表集体行使所有权。

---

[1] 《刑法学》编写组. 刑法学（上册·总论）. 北京：高等教育出版社，2019：36.
[2] 2011年10月27日，国务院新闻办公室发布的《中国特色社会主义法律体系》白皮书。

值得注意的是，既有农村集体经济组织又有村民委员会的，应当由谁代表集体行使土地所有权呢？1992年1月31日，全国人民代表大会常务委员会法制工作委员会《对关于村民委员会和村经济合作社的权利和关系划分的请示的答复》中规定："集体所有的土地依照法律规定属于村农民集体所有的，应当由村农业生产合作社等农业集体经济组织经营、管理，没有村农业集体经济组织的，由村民委员会经营、管理。"《民法典》坚持了这一做法，其第一百零一条第二款规定："未设立村集体经济组织的，村民委员会可以依法代行村集体经济组织的职能。"

截至2021年10月12日，根据北大法宝中国法律检索系统的检索结果，涉及农村集体经济组织的共计13 193部：中央法规606部，其中法律68部，行政法规79部，司法解释21部，部门规章387部，党内法规制度42部，行业规定等9部；地方法规规章12 587部，其中地方性法规1 386部，地方政府规章435部，地方规范性文件5 669部，地方司法文件49部，地方工作文件4 618部，行政许可批复430部。但是，全国层面的农村集体经济组织的法律缺位。关于农村集体经济组织的立法工作，2015年中央一号文件指出："抓紧研究起草农村集体经济组织条例。"2016年《中共中央 国务院关于稳步推进农村集体产权制度改革的意见》要求："抓紧研究制定农村集体经济组织方面的法律"。2018年中央一号文件和2019年中央一号文件均明确："研究制定农村集体经济组织法"。2017年《民法总则》赋予了农村集体经济组织特别法人地位，《民法典》延续了这一规定。但是，农村集体经济组织的概念、成员、股权、治理机制等问题，还有待专门立法的规定，这将为其更好地代表集体行使土地所有权奠定制度基础。

（二）农村土地使用权制度

《土地管理法》第十条规定："国有土地和农民集体所有的土地，可以依法确定给单位或者个人使用。使用土地的单位和个人，有保护、管理和合理利用土地的义务。"**农村土地使用权**，是指土地使用权人对农民集体所有和国家所有依法由农民集体使用的土地，依法享有的占有、使用和收益的权利。根据土地的不同用途，农村土地主要包括农用地和建设用地。从现行法律规定来看，农用地的使用权主要包括土地承包经营权和土地经营权，建设用地的使用权主要包括宅基地使用权和集体建设用地使用权。

土地承包经营权，是指土地承包经营权人依法对其承包经营的耕地、林地、草地等享有占有、使用和收益的权利，有权从事种植业、林业、畜牧业等农业生产。**土地经营权**，是指土地经营权人有权在合同约定的期限内占有农村土地，自主开展农业生产经营并取得收益的权利。宅基地使用权，是指宅基地使用权人依法对集体所有的土地享有占有和使用的权利，有权依法利用该土地建造住宅及其附属设施。《民法典》中的建设用地使用权，是指建设用地使用权人依法对国家所有的土地享有占有、使用和收益的权利，有权利用该土地建造建筑物、构筑物及其附属设施。《民法典》对于集体建设用地使用权并未做明文规定，其第三百六十一条规定："集体所有的土地作为建设用地的，应当依照土地管理的法律规定办理。"上述农村土地使用权制度，后文将进一步详细阐释。

> **谈观点**
>
> 请谈谈你对我国农村土地制度改革的理解。

第二节 农村土地"三权"分置

一、农村土地"三权"分置的提出

"2013年7月，习近平总书记在湖北考察时指出，深化农村改革，完善农村基本经营制度，要好好研究土地所有权、承包权、经营权三者之间的关系。"[1] 2014年中央一号文件明确提出农村土地"三权"分置，即"在落实农村土地集体所有权的基础上，稳定农户承包权、放活土地经营权"。2014年至2019年的中央一号文件均对农村土地"三权"分置提出明确要求。2016年10月中共中央办公厅、国务院办公厅印发的《关于完善农村土地所有权承包权经营权分置办法的意见》明确了农村土地"三权"分置的重要意义、总体要求，提出逐步形成"三权"分置格局，并确保"三权"分置有序实施。该意见规定："现阶段深化农村土地制度改革，顺应农民保留土地承包权、流转土地经营权的意愿，将土地承包经营权分为承包权和经营权，实行所有权、承包权、经营权（以下简称'三权'）分置并行，着力推进农业现代化，是继家庭联产承包责任制后农村改革又一重大制度创新。"农村土地"三权"分置格局应当是：始终坚持农村土地集体所有权的根本地位；严格保护农户承包权；加快放活土地经营权；逐步完善"三权"关系。

---

[1] 国务院发展研究中心农村经济研究部. 集体所有制下的产权重构. 北京：中国发展出版社，2015：9.

农村土地"三权"分置提出之后，2018年《农村土地承包法》修订之前，土地经营权已经在相关法律中得到立法确认，主要是：2014年11月《中华人民共和国行政诉讼法》（以下简称《行政诉讼法》）修订，该法第十二条第一款明确将行政机关侵犯农村土地经营权列入行政诉讼的受案范围；2017年12月《农民专业合作社法》修订，该法第十三条第一款对土地经营权出资做了规定。土地经营权经由《行政诉讼法》和《农民专业合作社法》的确认成为一种法定权利，无疑推动了农村土地"三权"分置的立法进程。但是，上述两部法律并没有完全解决农村土地"三权"分置的立法表达问题。由于土地承包权的缺位，"三权"的性质、内容以及相互关系并不明晰，"三权"分置的主要立法工作并未完成。从农村土地的法律体系来看，农村土地"三权"分置的立法工作应当由《农村土地承包法》和《民法典》完成。

二、农村土地"三权"分置的规则

《农村土地承包法》第九条规定："承包方承包土地后，享有土地承包经营权，可以自己经营，也可以保留土地承包权，流转其承包地的土地经营权，由他人经营。"该条文体现了农村土地"三权"分置的基本制度设计，应当着重从以下三个方面理解：

（1）农村土地"三权"分置与"两权"分置的关系。农村土地"三权"分置以"两权"分置为基础，承包方承包土地后享有土地承包经营权。若承包方自己经营，为农村土地"两权"分置，即"土地所有权＋土地承包经营权"；若承包方流转土地经营权，则承包方保留土地承包权，从而实现农村土地"三权"分置，即"土地所有权＋土地承包权＋土地经营权"。因此，我国的农村土地权利结构实际上是"两权"分置与"三权"分置并行的结构。

（2）农村土地"三权"分置的实现路径。实现农村土地"三权"分置的基本路径是承包方取得土地承包经营权后，保留土地承包权，流转土地经营权。土地经营权流转方式，包括出租（转包）、入股和其他方式。《农村土地承包法》第三十六条规定："承包方可以自主决定依法采取出租（转包）、入股或者其他方式向他人流转土地经营权，并向发包方备案。"

（3）农村土地"三权"分置的适用范围。农村土地"三权"分置的适用范围是家庭承包方式中承包方取得土地承包经营权后流转土地经营权的情形。在其他方式承包中，承包方取得的权利为土地经营权。《农村土地承包法》第四十九条规定："以其他方式承包农村土地的，应当签订承包合同，承包方取得土地经营权。当事人的权利和义务、承包期限等，由双方协商确定。以招标、拍卖方式承包的，承包费通过公开竞标、竞价确定；以公开协商等方式承包的，承包费由双方议定。"因此，在其他方式承包中，承包方无法保留土地承包权、流转土地经营权，从而排除了农村土地"三权"分置在其他方式承包中的适用。

三、农村土地"三权"分置的内容

> 🔎 知识点
> 农村土地"三权"分置的内容

（一）土地所有权

《关于完善农村土地所有权承包权经营权分置办法的意见》规定："始终坚持农村土地集体所有权的根本地位。"《农村土地承包法》第十三条规定了土地所有权的主体及其行使方式："农民集体所有的土地依法属于村农民集体所有的，由村集体经济组织或者村民委员会发包；已经分别属于村内两个以上农村集体经济组织的农民集体所有的，由村内各该农村集体经济组织或者村民小组发包。村集体经济组织或者村民委员会发包的，不得改变村内各集体经济组织农民集体所有的土地的所有权。国家所有依法由农民集体使用的农村土地，由使用该土地的农村集体经济组织、村民委员会或者村民小组发包。"同时，《民法典》第一百零一条第二款规定："未设立村集体经济组织的，村民委员会可以依法代行村集体经济组织的职能。"因此，代表农村集体发包土地从而实现土地所有权的，首先应当是农村集体经济组织。《农村土地承包法》中关于土地所有权的规定，主要体现在以下两个方面：

（1）土地承包经营权流转，须经发包方同意；土地承包经营权互换，须向发包方备案。土地经营权流转、受让方再流转土地经营权、土地经营权融资担保的，均须向发包方备案。

（2）发包方可以终止土地经营权流转合同。根据《农村土地承包法》第六十四条的规定：土地经营权人擅自改变土地的农业用途、弃耕抛荒连续两年以上、给土地造成严重损害或者严重破坏土地生态环境，承包方在合理期限内不解除土地经营权流转合同的，发包方有权要求终止土地经营权流转合同。

（二）土地承包权

《关于完善农村土地所有权承包权经营权分置办法的意见》规定："严格保护农户承包权。"《农村土地承包法》第九条规定，承包方承包土地后，可以保留土地承包权，流转其承包地的土地经营权。土地承包权的相关规定还有待进一步完善。对土地承包权的理解，应当着重从以下两个方面展开：

（1）土地承包权是农户的权利。家庭承包中的承包方应当是本集体经济组织的农户，而非农村集体经济组织成员个人。同时，《农村土地承包法》第十六条第二款规定："农户内家庭成员依法平等享有承包土地的各项权益。"但是,《农村土地承包法》对农户和家庭成员并未做出进一步的界定。《民法典》第五十五条规定:"农村集体经济组织的成员,依法取得农村土地承包经营权,从事家庭承包经营的,为农村承包经营户。"第五十六条第二款规定:"农村承包经营户的债务,以从事农村土地承包经营的农户财产承担;事实上由农户部分成员经营的,以该部分成员的财产承担。"因此,从《民法典》的规定来看,农村承包经营户与农户是同一概念。关于家庭成员的范围,《民法典》第一千零四十五条第三款规定:"配偶、父母、子女和其他共同生活的近亲属为家庭成员。"近亲属包括配偶、父母、子女、兄弟姐妹、祖父母、外祖父母、孙子女、外孙子女。

(2) 土地承包权不能流转。无论何种形式的土地经营权流转,农户始终保留土地承包权。《农村土地承包法》第四十四条规定:"承包方流转土地经营权的,其与发包方的承包关系不变。"

(三) 土地经营权

《关于完善农村土地所有权承包权经营权分置办法的意见》规定:"加快放活土地经营权。"《农村土地承包法》对土地经营权的设立、内容、登记等做了详细规定。

1. 土地经营权的设立

《农村土地承包法》第三十六条规定:"承包方可以自主决定依法采取出租(转包)、入股或者其他方式向他人流转土地经营权,并向发包方备案。"因此,土地经营权设立的主体应当包括双方当事人:一方是土地承包经营权人,另一方是作为受让方的土地经营权人。同时,土地经营权的流转主要采用签订流转合同的方式,实现土地经营权的出租(转包)、入股和其他方式。根据《农村土地承包法》第四十条的规定:土地经营权流转,当事人双方应当签订书面流转合同。土地经营权流转合同一般包括以下条款:①双方当事人的姓名、住所;②流转土地的名称、坐落、面积、质量等级;③流转期限和起止日期;④流转土地的用途;⑤双方当事人的权利和义务;⑥流转价款及支付方式;⑦土地被依法征收、征用、占用时有关补偿费的归属;⑧违约责任。承包方将土地交由他人代耕不超过一年的,可以不签订书面合同。

2. 土地经营权的内容

土地经营权的内容,是指土地经营权人所享有的权利和应承担的义务。土地经营权人对农村土地依法享有占有、使用、收益的权利。《农村土地承包法》第三十七条规定:"土地经营权人有权在合同约定的期限内占有农村土地,自主开展农业生产经营并取得收益。"为了实现农村土地的规模经营和农业的可持续发展,土地经营权人还享有下列权利:①改良土壤,建设农业生产附属、配套设施。《农村土地承包法》第四十三条规定:"经承包方同意,受让方可以依法投资改良土壤,建设农业生产附属、配套设施,并按照合同约定对其投资部分获得合理补偿。"②土地经营权再流转。《农村土地承包法》第四十六条规定:"经承包方书面同意,并向本集体经济组织备案,受让方可以再流转土地经营权。"③土地经营权融资担保。根据《农村土地承包法》第四十七条的规定:受让方通过流转取得的土地经营权,经承包方书面同意并向发包方备案,可以向金融机构融资担保。此外,承包方和受让方还可以通过土地经营权流转合同,约定土地经营权人享有的其他权利。

土地经营权人的义务主要是,不得擅自改变土地的农业用途,不得弃耕抛荒,不得给土地造成严重损害或者严重破坏土地生态环境。《农村土地承包法》第四十二条规定:"承包方不得单方解除土地经营权流转合同,但受让方有下列情形之一的除外:(一)擅自改变土地的农业用途;(二)弃耕抛荒连续两年以上;(三)给土地造成严重损害或者严重破坏土地生态环境;(四)其他严重违约行为。"根据《农村土地承包法》第六十四条的规定:土地经营权人对土地和土地生态环境造成的损害应当予以赔偿。

3. 土地经营权登记

为了进一步强化土地经营权的保护,符合条件的土地经营权人可以选择是否进行登记。《农村土地承包法》第四十一条规定:"土地经营权流转期限为五年以上的,当事人可以向登记机构申请土地经营权登记。未经登记,不得对抗善意第三人。"从上述法律规定来看,对土地经营权登记的理解主要应当把握以下三个方面:

(1)土地经营权登记的条件。只有土地经营权流转期限在五年以上的,当事人才能申请土地经营权登记。一方面,土地经营权流转期限不满五年的,当事人不可以申请土地经营权登记;另一方面,土地经营权流转期限在五年以上的,当事人也可以选择不申请土地经营权登记。

(2)土地经营权的登记机构。《农村土地承包法》并未明确规定土地经营权的登记机构。《农村土地承包法》第二十四条第一款:"国家对耕地、林地和草地等实行统一登记,登记机构应当向承包方颁发土地承包经营权证或者林权证等证书,并登记造册,确认土地承包经营权。"从实际工作出发,土地经营权的登记机构应当与土地承包经营权的登记机构一致。

(3)土地经营权登记的效力。土地经营权登记并非土地经营权取得的条件,而是其能否对抗善意第三人的要件。土地经营权应当自土地经营权流转合同生效之日起设立。因流转合同取得的土地经营权,基于合同的相对性原理,对合同当事人之外的第三人并无约束力。土地经营权登记后,则可以对抗善意第三人。所谓善意第三人,是指不知道也不应当知道土地经营权存在的第三人。例如,承包方将土地经营权流转给甲后,甲若进行登记,则其他人不能再对同一承包地申请土地经营权登记；甲若未进行登记，承包方又将土地经营权流转给善意第三人乙，乙若进行登记，则乙的权利可以对抗甲的权利。因此，土地经营权登记对于保障土地经营权人的权利更为有利。

谈观点

请谈谈你对如何实现农村土地"三权"分置的理解。

03 第三节 稳定农村土地承包关系的法律制度

一、土地承包经营权期限法定化

知识点
土地承包经营权期限法定化

1980年9月27日中共中央印发的《关于进一步加强和完善农业生产责任制的几个问题》规定："专业承包联产计酬责任制，就是在生产队统一经营的条件下，分工协作，……以合同形式确定下来当年或几年不变。""应当支持群众的要求，可以包产到户，也可以包干到户，并在一个较长的时间内保持稳定。"由此，农村土地的承包经营得到了中央文件的认可，并在全国得以迅速发展。根据1982年中央一号文件《全国农村工作会议纪要》，截至1981年12月，全国农村已有90%以上的生产队建立了不同形式的农业生产责任制。关于承包期限，1982年中央一号文件进一步强调："目前实行的各种责任制，包括小段包工定额计酬，专业承包联产计酬，联产到劳，包产到户、到组，包干到户、到组，等等，都是社会主义集体经济的生产责任制。不论采取什么形式，只要群众不要求改变，就不要变动。"1984年中央一号文件《中共中央关于一九八四年农村工作的通知》明确要求："土地承包期一般应在十五年以上。生产周期长的和开发性的项目，如果树、林木、荒山、荒地等，承包期应当更长一些。"

在一轮承包到期之前，1993年《中共中央 国务院关于当前农业和农村经济发展的若干政策措施》提出要求："为了稳定土地承包关系，鼓励农民增加投入，提高土地的生产率，在原定的耕地承包期到期之后，再延长三十年不变。开垦荒地、营造林地、治沙改土等从事开发性生产的，承包期可以更长。"为了稳定农村土地承包关系，之后的中央文件多次强调土地承包期再延长三十年。例如，1995年《国务院批转农业部关于稳定和完善土地承包关系意见的通知》规定："发包方与农户签订的合同，到期一批，续订一批，把土地承包期再延长30年。"1997年《中共中央办公厅、国务院办公厅关于进一步稳定和完善农村土地承包关系的通知》规定："土地承包期再延长30年，是在第一轮土地承包的基础上进行的。开展延长土地承包期工作，要使绝大多数农户原有的承包土地继续保持稳定。不能将原来的承包地打乱重新发包，更不能随意打破原生产队土地所有权的界限，在全村范围内平均承包。已经做了延长土地承包期工作的地方，承包期限不足30年的，要延长到30年。"1998年《中共中央关于农业和农村工作若干重大问题的决定》规定："要坚定不移地贯彻土地承包期再延长三十年的政策，同时要抓紧制定确保农村土地承包关系长期稳定的法律法规，赋予农民长期而有保障的土地使用权。"

1998年《土地管理法》修订，其第十四条规定土地承包经营期限为三十年。"土地承包经营期限为三十年"正式被写入法律，土地承包经营权期限得以法定化。之后的2002年《农村土地承包法》和2007年《物权法》都延续了土地承包经营权期限的规定，并且针对草地和林地的承包期限做了进一步的规定。2002年《农村土地承包法》第一条要求："赋予农民长期而有保障的土地使用权"，第四条第一款规定："国家依法保护农村土地承包关系的长期稳定。"第二十条对承包期限做了明确规定："耕地的承包期为三十年。草地的承包期为三十年至五十年。林地的承包期为三十年至七十年；特殊林木的林地承包期，经国务院林业行政主管部门批准可以延长。"值得注意的是，上述承包期是法定期限，当事人不得任意改变。2005年《最高人民法院关于审理涉及农村土地承包纠纷案件适用法律问题的解释》第七条明确规定："承包合同约定或者土地承包经营权证等证书记载的承包期限短于农村土地承包法规定的期限，承包方请求延长的，应予支持。"

2008年党的十七届三中全会要求："现有土地承包关系要保持稳定并长久不变。" 2008年农村土地承包关系长久不变的提出，是我国改革开放以来农村土地制度改革的延续和发展，是对我国农村基本经营制度的肯定和坚持。党的十九大报告《决胜全面建成小康社会 夺取新时代中国特色社会主义伟大胜利》提出："保持土地承包关系稳定并长久不变，第二轮土地承包到期后再延长三十年。"这一决策的提出为确保和落实我国农村土地承包关系长久不变指明了方向。2018年《农村土地承包法》修订，将第一条"赋予农民长期而有保障的土地使用权"修改为"保持农村土地承包关系稳定并长久不变"，删除了第四条第一款"国家依法保护农村土地承包关系的长期稳定"的规定。同时，该法第二十一条第二款规定："前款规定的耕地承包期届满后再延长三十年，草地、林地承包期届满后依照前款规定相应延长。"第二轮土地承包到期后再延长三十年的立法确认，为保持农村土地承包关系稳定并长久不变奠定了制度基础。2019年11月26日发布的《中共中央 国务院关于保持土地承包关系稳定并长久不变的意见》详细阐释了"长久不变"的重要意义和总体要求，阐明了"长久不变"的政策内涵，并要求稳妥推进"长久不变"实施，切实做好"长久不变"基础工作。

二、土地承包经营权证书制度

1982年中央一号文件明确规定："为了保证土地所有权和经营权的协调与统一，社员承包的土地，必须依照合同规定，在集体统一计划安排下，从事生产。"并进一步强调："实行各种承包责任制的生产队，必须抓好订立合同的工作，把生产队与农户、作业组、专业人之间的经济关系和双方的权利、义务用合同形式确定下来。"由此可见，农村土地承包关系开始主要依靠承包合同予以确定和规范。由于合同的相对性，往往出现发包方违约，并任意调整、收回承包地的情形。正如1997年《中共中央办公厅、国务院办公厅关于进一步稳定和完善农村土地承包关系的通知》中所指出的："有的地方随意改变土地承包关系，以各种名义强行收回农民的一部分承包地，重新高价发包，加重农民负担。"为了进一步稳定农村土地承包关系，做好延长土地承包期的工作，《中共中央办公厅、国务院办公厅关于进一步稳定和完善农村土地承包关系的通知》明确要求："延长土地承包期后，乡（镇）人民政府农业承包合同主管部门要及时向农户颁发由县或县级以上人民政府统一印制的土地承包经营权证书。"2001年《中共中央关于做好农户承包地使用权流转工作的通知》强调："要把土地承包期再延长30年不变落实到具体农户和具体地块，并按规定与农户签订承包经营合同，发放承包经营权证书。"

2002年《农村土地承包法》第二十三条规定了通过家庭承包方式取得土地承包经营权的，"县级以上地方人民政府应当向承包方颁发土地承包经营权证或者林权证等证书，并登记造册，确认土地承包经营权。颁发土地承包经营权证或者林权证等证书，除按规定收取证书工本费外，不得收取其他费用"。同时，该法第四十九条规定了通过其他方式承包取得土地承包经营权的，即通过招标、拍卖、公开协商等方式承包农村土地的，经依法登记可取得土地承包经营权证或者林权证等证书。无论承包方通过何种方式取得土地承包经营权，县级以上地方人民政府未向承包方颁发土地承包经营权证或者林权证等证书的，应当补发。为了稳定和完善农村土地承包关系，维护承包方依法取得的土地承包经营权，加强农村土地承包经营权证管理，2003年11月14日，农业部令第 33 号发布《中华人民共和国农村土地承包经营权证管理办法》。

在实际的农村土地承包工作中，多数地区往往存在"地块不实、四至不清、面积不准"等问题，也有部分地区存在土地承包经营权证没有颁发给承包农户的情形。2009 年中央一号文件要求："稳步开展土地承包经营权登记试点，把承包地块的面积、空间位置和权属证书落实到农户"。2010 年中央一号文件规定："全面落实承包地块、面积、合同、证书'四到户'，扩大农村土地承包经营权登记试点范围"。2011 年农业部《关于开展农村土地承包经营权登记试点工作的意见》对开展农村土地承包经营权登记试点工作的重要意义、指导思想、主要任务、基本原则、主要内容和有关要求等做了详细规定。2013 年中央一号文件对土地承包经营权确权登记颁证工作提出明确的时间要求："用 5 年时间基本完成农村土地承包经营权确权登记颁证工作，妥善解决农户承包地块面积不准、四至不清等问题。"截至 2020 年 11 月，全国 2 838 个县（市、区）、3.4 万个乡镇、55 万多个行政村已基本完成土地承包经营权确权登记颁证工作，将 15 亿亩承包地确权给 2 亿农户，并给承包农户颁发土地承包经营权证，颁证率已超过 96%。

值得注意的是，土地承包经营权证的作用是确认土地承包经营权，而非土地承包经营权设立的依据。无论是 2002 年《农村土地承包法》还是 2007 年《物权法》，均明确规定土地承包经营权自承包合同生效时设立。《民法典》再次明确了土地承包经营权证作为权利证明的功能，其第三百三十三条第二款规定："登记机构应当向土地承包经营权人发放土地承包经营权证、林权证等证书，并登记造册，确认土地承包经营权。"此外，2018 年《农村土地承包法》修订时明确规定了在家庭承包方式中，农户内家庭成员依法平等享有承包土地的各项权益。为了进一步强化农户内家庭成员土地权益的保障机制，2018 年《农村土地承包法》第二十四条第二款规定："土地承包经营权证或者林权证等证书应当将具有土地承包经营权的全部家庭成员列入。"

三、承包期内不得收回、调整承包地

（一）承包期内不得收回承包地

承包期内，发包方任意收回承包地，是导致农村土地承包关系不稳定的重要因素，也是对承包方合法土地权益的侵犯。因此，《农村土地承包法》明确规定，承包期内，发包方不得收回承包地。同时，针对农村土地承包实践中发包方收回"外嫁女"承包地的情况，为了进一步强化妇女土地权益的保护，《农村土地承包法》要求，承包期内，妇女结婚，在新居住地未取得承包地的，发包方不得收回其原承包地；妇女离婚或者丧偶，仍在原居住地生活或者不在原居住地生活但在新居住地未取得承包地的，发包方不得收回其原承包地。

值得关注的是，2002年《农村土地承包法》第二十六条第三款规定了发包方收回承包地的特殊情形，即"承包期内，承包方全家迁入设区的市，转为非农业户口的，应当将承包的耕地和草地交回发包方。承包方不交回的，发包方可以收回承包的耕地和草地"。2015年党的十八届五中全会通过的《中共中央关于制定国民经济和社会发展第十三个五年规划的建议》提出推进以人为核心的城镇化，明确要求"维护进城落户农民土地承包权、宅基地使用权、集体收益分配权，支持引导其依法自愿有偿转让上述权益"。为了落实维护进城落户农民土地权益的要求，2018年《农村土地承包法》修订时删除了上述发包方收回承包地的规定，其第二十七条第二款规定："国家保护进城农户的土地承包经营权。不得以退出土地承包经营权作为农户进城落户的条件。"

考虑到农户全家进城落户后承包地的实际经营问题，2018年《农村土地承包法》第二十七条第三款规定："承包期内，承包农户进城落户的，引导支持其按照自愿有偿原则依法在本集体经济组织内转让土地承包经营权或者将承包地交回发包方，也可以鼓励其流转土地经营权。"由此可见，农户进城落户的，既可以将承包地按照《农村土地承包法》第三十四条的规定转让土地承包经营权，也可以按照《农村土地承包法》第三十条的规定将承包地交回发包方。承包方交回承包地，对其在承包地上投入而提高土地生产能力的，有权获得相应的补偿。

（二）承包期内不得调整承包地

"过去土地承包关系不稳定，主要原因在于通过行政手段频繁调整承包地，带来不少问题，农民群众意见很大。因此，承包期内必须坚持'增人不增地，减人不减地'。今后出现人地矛盾，主要应当通过土地流转、开发新土地资源、发展乡镇企业和第二、三产业等途径，用市场的办法解决，不宜再用行政手段调整承包地。"[①] 因此，2002年《农村土地承包法》明确了承包期内不得调整承包地的原则，其第二十七条第一款规定："承包期内，发包方不得调整承包地。"2018年《农村土地承包法》坚持了上述规定。

考虑到30年的承包期限较长，难免发生特殊情形，《农村土地承包法》规定：承包期内，因自然灾害严重毁损承包地等特殊情形对个别农户之间承包的耕地和草

---

① 全国人民代表大会农业与农村委员会副主任委员2001年6月26日在第九届全国人民代表大会常务委员会第二十二次会议上做的《关于〈中华人民共和国农村土地承包法（草案）〉的说明》。

地需要适当调整的，必须经本集体经济组织成员的村民会议三分之二以上成员或者三分之二以上村民代表的同意，并报乡（镇）人民政府和县级人民政府农业农村、林业和草原等主管部门批准。对上述承包地调整的特殊情形的规定应当注意以下三点：①调整情形局限于自然灾害严重毁损承包地等特殊情形，不宜做出扩大解释。②调整对象是个别农户之间承包的耕地和草地。一方面不得将全部农户的承包地打乱重分，另一方面调整对象不包括林地在内。③调整程序严格。在经过本集体经济组织成员的村民会议三分之二以上成员或者三分之二以上村民代表同意的情况下，还需要报乡（镇）人民政府和县级人民政府农业农村、林业和草原等主管部门批准。此外，发生特殊情形的，也并非必然要调整承包地，承包合同中约定不得调整的，按照其约定。

同时，除上述承包地调整的特殊情形外，承包期内由于结婚、出生等原因会产生新增人口。2018 年《农村土地承包法》第二十九条明确规定应当用于调整承包地或者承包给新增人口的三类土地：①集体经济组织依法预留的机动地。"机动地面积，指农村集体经济组织以农户家庭承包方式统一组织承包耕地时，预留的用于解决人地矛盾的耕地面积。新开发或土地整理新增加的耕地没有承包到户的、承包方依法自愿交回的耕地，也应纳入机动地统计。"[①] 根据《农村土地承包法》第六十七条的规定："本法实施前已经预留机动地的，机动地面积不得超过本集体经济组织耕地总面积的百分之五。不足百分之五的，不得再增加机动地。本法实施前未留机动地的，本法实施后不得再留机动地。"②通过依法开垦等方式增加的土地。开垦方式增加土地主要是指开发未利用地。《土地管理法》第三十九条第一款规定："国家鼓励单位和个人按照土地利用总体规划，在保护和改善生态环境、防止水土流失和土地荒漠化的前提下，开发未利用的土地；适宜开发为农用地的，应当优先开发成农用地。"第四十条第一款规定："开垦未利用的土地，必须经过科学论证和评估，在土地利用总体规划划定的可开垦的区域内，经依法批准后进行。禁止毁坏森林、草原开垦耕地，禁止围湖造田和侵占江河滩地。"《水土保持法》第二十条规定："禁止在二十五度以上陡坡地开垦种植农作物。在二十五度以上陡坡地种植经济林的，应当科学选择树种，合理确定规模，采取水土保持措施，防止造成水土流失。省、自治区、直辖市根据本行政区域的实际情况，可以规定小于二十五度的禁止开垦坡度。禁止开垦的陡坡地的范围由当地县级人民政府划定并公告。"第二十三条规定：

[①] 农业农村部政策与改革司.2019 年中国农村政策与改革统计年报.北京：中国农业出版社，农村读物出版社，2020：122.

"在五度以上坡地植树造林、抚育幼林、种植中药材等，应当采取水土保持措施。在禁止开垦坡度以下、五度以上的荒坡地开垦种植农作物，应当采取水土保持措施。具体办法由省、自治区、直辖市根据本行政区域的实际情况规定。"③发包方依法收回和承包方依法、自愿交回的土地。2018年《农村土地承包法》没有明确发包方依法收回承包地的情形，其第三十条规定了承包方交回承包地的情形，即"承包期内，承包方可以自愿将承包地交回发包方。承包方自愿交回承包地的，可以获得合理补偿，但是应当提前半年以书面形式通知发包方。承包方在承包期内交回承包地的，在承包期内不得再要求承包土地"。

（三）承包期内收回、调整承包地的法律责任

发包方在承包合同中违背承包方意愿或者违反法律、行政法规有关不得收回、调整承包地等强制性规定的约定无效。发包方违反《农村土地承包法》的规定收回、调整承包地，应当承担停止侵害、排除妨碍、消除危险、返还财产、恢复原状、赔偿损失等民事责任。《最高人民法院关于审理涉及农村土地承包纠纷案件适用法律问题的解释（2020年修正）》第六条专门针对发包方违法收回、调整承包地的纠纷处理做了详细规定："因发包方违法收回、调整承包地，或者因发包方收回承包方弃耕、撂荒的承包地产生的纠纷，按照下列情形，分别处理：（一）发包方未将承包地另行发包，承包方请求返还承包地的，应予支持；（二）发包方已将承包地另行发包给第三人，承包方以发包方和第三人为共同被告，请求确认其所签订的承包合同无效、返还承包地并赔偿损失的，应予支持。但属于承包方弃耕、撂荒情形的，对其赔偿损失的诉讼请求，不予支持。前款第（二）项所称的第三人，请求受益方补偿其在承包地上的合理投入的，应予支持。"

同时，国家机关及其工作人员有利用职权干涉农村土地承包经营，变更、解除承包经营合同，干涉承包经营当事人依法享有的生产经营自主权，给承包经营当事人造成损失的，应当承担损害赔偿等责任；情节严重的，由上级机关或者所在单位给予直接责任人员处分；构成犯罪的，依法追究刑事责任。

谈观点

以实际案例谈谈你对承包期内不得收回、调整承包地的理解。

04 第四节 搞活农村土地经营权的法律与政策

一、土地经营权流转制度概述

（一）土地经营权流转的概念

2002 年《农村土地承包法》确立了土地承包经营权流转制度，其第三十二条规定："通过家庭承包取得的土地承包经营权可以依法采取转包、出租、互换、转让或者其他方式流转。"第四十二条规定："承包方之间为发展农业经济，可以自愿联合将土地承包经营权入股，从事农业合作生产。"由此可见，2002 年《农村土地承包法》确定的通过家庭承包取得的土地承包经营权可以依法采取转包、出租、互换、转让、入股或其他方式流转，但是不能抵押。2007 年《物权法》第一百八十四条也明确将耕地上的土地使用权列为不得抵押的财产。相对于家庭承包，通过其他方式承包取得的土地承包经营权，经依法登记取得土地承包经营权证或者林权证等证书的，可以依法采取转让、出租、入股、抵押或者其他方式流转。为了规范农村土地承包经营权流转行为，维护流转双方当事人的合法权益，促进农业和农村经济发展，2005 年 1 月 7 日，农业部第二次常务会议审议通过《农村土地承包经营权流转管理办法》，该办法自 2005 年 3 月 1 日起施行。

2018 年《农村土地承包法》修订，对土地承包经营权互换、转让和土地经营权流转做了严格的区分。2019 年 9 月 26 日，农业农村部对《农村土地经营权流转管理办法（修订草案征求意见稿）》公开征求意见。在《关于〈农村土地经营权流转管理办法（修订草案征求意见稿）〉的说明》中进一步明确了土地经营权流转范围："为贯彻'三权分置'理念，有效回应《农村土地承包法》修法要旨，并考虑到土地经营权流转和土地承包经营权互换、转让在当事人、程序、监管等方面有较大差别，本次修改稿对于流转范围进行了界定，聚焦于土地经营权流转，流转方式包括出租、入股等，将规章名称由《农村土地承包经营权流转管理办法》修改为《农村土地经营权流转管理办法》。对于土地承包经营权的转让、互换将另行出台管理办法进行规定。"2021 年

> **思政启示**
>
> 土地经营权流转要明确土地集体所有权保持不变、稳定承包权、搞活经营权的"三权"分置改革时代意义。

1月26日,《农村土地经营权流转管理办法》经农业农村部2021年第一次常务会议审议通过,自2021年3月1日起施行。

《农村土地经营权流转管理办法》第三十四条第二款:"本办法所称农村土地经营权流转,是指在承包方与发包方承包关系保持不变的前提下,承包方依法在一定期限内将土地经营权部分或者全部交由他人自主开展农业生产经营的行为。"正确理解土地经营权流转的概念,有两个方面值得关注:

(1) 明确土地经营权流转方式。将土地经营权交由他人自主开展农业生产经营的方式,就是土地经营权流转方式。《农村土地经营权流转管理办法》第十四条第一款规定:"承包方可以采取出租(转包)、入股或者其他符合有关法律和国家政策规定的方式流转土地经营权。"因此,土地经营权流转方式包括出租(转包)、入股和其他方式,不能涵盖土地承包经营权互换、转让。根据《农村土地承包法》的规定,土地承包经营权转让,是指经发包方同意,承包方可以将全部或者部分的土地承包经营权转让给本集体经济组织的其他农户,由该农户同发包方确立新的承包关系,原承包方与发包方在该土地上的承包关系即行终止。土地承包经营权互换,是指承包方之间为方便耕种或者各自需要,可以对属于同一集体经济组织的土地的土地承包经营权进行互换,并向发包方备案。同时,土地承包经营权互换、转让的,当事人可以向登记机构申请登记。未经登记,不得对抗善意第三人。

(2) 正确理解土地经营权融资担保或者抵押。《农村土地承包法》第四十七条第一款规定:"承包方可以用承包地的土地经营权向金融机构融资担保,并向发包方备案。受让方通过流转取得的土地经营权,经承包方书面同意并向发包方备案,可以向金融机构融资担保。"第五十三条规定:"通过招标、拍卖、公开协商等方式承包农村土地,经依法登记取得权属证书的,可以依法采取出租、入股、抵押或者其他方式流转土地经营权。"《农村土地经营权流转管理办法》除强调土地经营权融资担保需要经承包方书面同意并向发包方备案外,未对土地经营权融资担保或者抵押做进一步的规定。原因在于:土地经营权融资担保或者抵押并不符合土地经营权流转的概念,在设立融资担保或者抵押时,无须将土地经营权交由他人自主开展农业生产经营。因此,不宜将土地经营权融资担保或者抵押纳入土地经营权流转的范围。但是在土地经营权融资担保或者抵押权实现的时候,可能产生土地经营权流转。以土地经营权抵押为例,根据《民法典》第四百一十条第一款的规定:"债务人不履行到期债务或者发生当事人约定的实现抵押权的情形,抵押权人可以与抵押人协议以抵押财产折价或者以拍卖、变卖该抵押财产所得的价款优先受偿。协议损害其他债权人利益的,其他债权人可以请求人民法院撤销该协议。"土地经营权人以土地经营权设立抵押后,在其不能履行到期债务时，可以通过出租、入股或者其他方式流转土地经营权，抵押权人就所得流转价款优先受偿。后文将专门讨论土地经营权融资担保。

（二）土地经营权流转的原则

> 🔍 知识点
> 土地经营权流转的原则

《农村土地承包法》第三十八条规定了土地经营权流转应当遵循的原则，主要包括以下五个方面：

（1）依法、自愿、有偿，任何组织和个人不得强迫或者阻碍土地经营权流转。土地经营权流转应当依法进行，在程序方面主要是需要签订书面流转合同并向发包方备案，《最高人民法院关于审理涉及农村土地承包纠纷案件适用法律问题的解释（2020年修正）》第十四条规定："承包方依法采取出租、入股或者其他方式流转土地经营权，发包方仅以该土地经营权流转合同未报其备案为由，请求确认合同无效的，不予支持。"在内容方面，则是当事人权利义务的约定应当符合法律规定。土地经营权流转还应当基于双方当事人的自愿。《民法典》第五条规定："民事主体从事民事活动，应当遵循自愿原则，按照自己的意思设立、变更、终止民事法律关系。"任何组织和个人不得强迫或者阻碍土地经营权流转。任何组织和个人强迫进行土地经营权流转的，该流转无效。发包方强迫或者阻碍承包方进行土地经营权流转的，应当承担停止侵害、排除妨碍、消除危险、返还财产、恢复原状、赔偿损失等民事责任。国家机关及其工作人员有利用职权强迫、阻碍承包经营当事人进行土地经营权流转等侵害土地承包经营权、土地经营权的行为，给承包经营当事人造成损失的，应当承担损害赔偿等责任；情节严重的，由上级机关或者所在单位给予直接责任人员处分；构成犯罪的，依法追究刑事责任。土地经营权流转还应坚持有偿原则，土地经营权人应当按照合同约定支付流转价款。根据《民法典》第五百一十条的规定，当事人流转价款没有约定或者约定不明确的，可以协议补充；不能达成补充协议的，按照合同相关条款或者交易习惯确定。根据《民法典》第五百一十一条的规定，当事人就有关合同内容约定不明确，依据前条规定仍不能确定的，流转价款按照订立合同时履行地的市场价格履行；依法应当执行政府定价或者政府指导价的，依照规定履行。

（2）不得改变土地所有权的性质和土地的农业用途，不得破坏农业综合生产能力和农业生态环境。首先，《农村土地承包法》第二条规定："本法所称农村土地，是指农民集体所有和国家所有依法由农民集体使用的耕地、林地、草地，以及其他依法用于农业的土地。"土地经营权流转不得改变土地农民集体所有或者国家所有的性质。其次，土地经营权流转应当遵循严格的用途管制。根据《土地管理法》第四条的规定，国家实行土地用途管制制度。国家编制土地利用总体规划，规定土地用途，将土地分为农用地、建设用地和未利用地。使用土地的单位和个人必须严格按照土地利用总体规划确定的用途使用土地。《农村土地承包法》第六十三条第一款规定："承包方、土地经营权人违法将承包地用于非农建设的，由县级以上地方人民政府有关主管部门依法予以处罚。"当事人擅自改变土地用途的，应当承担相应法律责任。《土地管理法》第七十五条规定："违反本法规定，占用耕地建窑、建坟或者擅自在耕地上建房、挖砂、采石、采矿、取土等，破坏种植条件的，或者因开发土地造成土地荒漠化、盐渍化的，由县级以上人民政府自然资源主管部门、农业农村主管部门等按照职责责令限期改正或者治理，可以并处罚款；构成犯罪的，依法追究刑事责任。"《农村土地经营权流转管理办法》第三条进一步要求，土地经营权流转还应当确保农地农用，优先用于粮食生产，制止耕地"非农化"、防止耕地"非粮化"。再次，土地经营权流转不得破坏农业综合生产能力。根据2004年《中共中央 国务院关于进一步加强农村工作提高农业综合生产能力若干政策的意见》的规定，农业综合生产能力的提高，应当以严格保护耕地为基础，以加强农田水利建设为重点，以推进科技进步为支撑，以健全服务体系为保障，使农业的物质技术条件明显改善，土地产出率和劳动生产率明显提高，农业综合效益和竞争力明显增强。最后，土地经营权流转不得破坏生态环境。《民法典》第九条规定："民事主体从事民事活动，应当有利于节约资源、保护生态环境。""为贯彻习近平生态文明思想，将绿色原则确立为民法的基本原则，规定民事主体从事民事活动，应当有利于节约资源、保护生态环境。"[①] 同时，《民法典》第七编第七章专门规定了环境污染和生态破坏责任。

（3）流转期限不得超过承包期的剩余期限。流转期限是土地经营权流转合同中的一般条款，由当事人约定，但是不得超过承包期的剩余期限。《农村土地承包法》第二十一条规定："耕地的承包期为三十年。草地的承包期为三十年至五十年。林地的承包期为三十年至七十年。前款规定的耕地承包期届满后再延长三十年，草地、林地承包期届满后依照前款规定相应延长。"以耕地的承包期为例，耕地的承包期正处于二轮承包期内。由于各地二轮承包工作开展的时间有所不同，耕地二轮承包期届满的时间也存在差异。但是，流转期限均不得超过各地二轮承包期的剩余期限；流转期限超过承包期的剩余期限的，超过的部分期限无效。

（4）受让方须具备农业经营能力或者相应资质。作为受让方的土地经营权人应当具备农业经营能力或者相应资质，这是保障农地农用的基本要求，从而保障土地用途管制制度的落实。《农村土地承包法》第四十五条第一款专门规定了对于工商企业等社会资本通过流转取得土地经营权应当进行资格审查。《农村土地经营权流转管理办法》

[①] 全国人民代表大会常务委员会副委员长2020年5月22日在第十三届全国人民代表大会第三次会议上做的《关于〈中华人民共和国民法典（草案）〉的说明》。

第二十九条第一款明确了相应的审查审核办法，后文将进一步阐释。

（5）在同等条件下，本集体经济组织成员享有优先权。《最高人民法院关于审理涉及农村土地承包纠纷案件适用法律问题的解释（2020 年修正）》第十一条规定："土地经营权流转中，本集体经济组织成员在流转价款、流转期限等主要内容相同的条件下主张优先权的，应予支持。但下列情形除外：（一）在书面公示的合理期限内未提出优先权主张的；（二）未经书面公示，在本集体经济组织以外的人开始使用承包地两个月内未提出优先权主张的。"

二、土地经营权出租（转包）制度

2002 年《农村土地承包法》第三十九条第一款规定："承包方可以在一定期限内将部分或者全部土地承包经营权转包或者出租给第三方，承包方与发包方的承包关系不变。"《农村土地承包经营权流转管理办法》第三十五条明确规定了土地承包经营权转包和出租的概念。转包是指承包方将部分或全部土地承包经营权以一定期限转给同一集体经济组织的其他农户从事农业生产经营。转包后原土地承包关系不变，原承包方继续履行原土地承包合同规定的权利和义务。接包方按转包时约定的条件对转包方负责。承包方将土地交他人代耕不足一年的除外。出租是指承包方将部分或全部土地承包经营权以一定期限租赁给他人从事农业生产经营。出租后原土地承包关系不变，原承包方继续履行原土地承包合同规定的权利和义务。承租方按出租时约定的条件对承包方负责。从上述土地承包经营权转包和出租的规定看，两者的差异主要在于受让方不同，转包的受让方为同一集体经济组织的其他农户，出租的受让方是其他从事农业生产经营的单位或者个人。因此，土地承包经营权转包和出租并没有本质区别。

2018 年《农村土地承包法》第三十六条明确规定承包方可以依法采用出租（转包）的方式流转土地经营权，进一步确认了土地经营权出租和转包应当同等对待，适用相同的规则。《民法典》第三百三十九条并未规定转包这一类土地经营权流转方式，《最高人民法院关于审理涉及农村土地承包纠纷案件适用法律问题的解释（2020 年修正）》也删除了原有关于转包的相关规定，进一步表明实际中已经存在土地经营权转包应当适用土地经营权出租的规则。《农村土地经营权流转管理办法》第十四条第二款明确了土地经营权出租（转包）的概念："出租（转包），是指承包方将部分或者全部土地经营权，租赁给他人从事农业生产经营。"

土地经营权出租（转包）应当符合土地经营权流转的原则。同时，对于土地经营权出租（转包）的流转期限，应当予以特别关注。《最高人民法院关于审理涉及农村土地承包纠纷案件适用法律问题的解释（2020 年修正）》第十六条规定：当事人对出租地流转期限没有约定或者约定不明的,参照《民法典》第七百三十条规定处理。根据《民法典》的规定,土地经营权出租(转包)的流转期限没有约定或者约定不明的,可以协议补充;不能达成补充协议的,按照合同相关条款或者交易习惯确定;当事人就有关合同内容约定不明确,依据前条规定仍不能确定的,视为不定期租赁,当事人可以随时解除合同,但是应当在合理期限之前通知对方。当事人解除合同的,土地经营权人应当将承包地交回承包方。除当事人另有约定或者属于林地承包经营外,承包地交回的时间应当在农作物收获期结束后或者下一耕种期开始前。

三、土地经营权入股制度

2002年《农村土地承包法》第四十二条规定了通过家庭承包取得的土地承包经营权入股:"承包方之间为发展农业经济,可以自愿联合将土地承包经营权入股,从事农业合作生产。"第四十九条规定了通过其他方式承包取得的土地承包经营权入股。两种土地承包经营权入股的差别在于受让方。《农村土地承包经营权流转管理办法》第三十五条进一步明确了两者的差别:**入股**是指实行家庭承包方式的承包方之间为发展农业经济,将土地承包经营权作为股权,自愿联合从事农业合作生产经营;其他方式承包的承包方将土地承包经营权量化为股权,入股组成股份公司或者合作社等,从事农业生产经营。因此,通过家庭承包取得的土地承包经营权不能入股组成股份公司或者合作社。

2013年11月12日党的十八届三中全会通过的《中共中央关于全面深化改革若干重大问题的决定》规定:"允许农民以承包经营权入股发展农业产业化经营。"2015年中央一号文件规定:"引导农民以土地经营权入股合作社和龙头企业。"2016年10月30日中共中央办公厅、国务院办公厅印发的《关于完善农村土地所有权承包权经营权分置办法的意见》要求,积极开展土地经营权入股农业产业化经营试点,总结形成可推广、可复制的做法和经验,在此基础上完善法律制度。2018年《农村土地承包法》第三十六条规定了土地经营权入股,取消了受让方的限制,为土地经营权入股发展农业产业化经营奠定了制度基础。《农村土地经营权流转管理办法》进一步明确了土地经营权入股的相关制度。所谓土地经营权入股,是指承包方将部分或者全部土地经营权作价出资,成为公司、合作经济组织等股东或者成员,并将土地经营权用于农业生产经营。同时,承包方自愿将土地经营权入股公司发展农业产业化经营的,可以采取优先股等方式降低承包方风险。公司解散时入股土地应当退回原承包方。

四、工商企业等社会资本流转土地经营权

2014 年中共中央办公厅、国务院办公厅印发《关于引导农村土地经营权有序流转发展农业适度规模经营的意见》，要求"加强对工商企业租赁农户承包地的监管和风险防范"。2015 年 4 月 14 日，《农业部 中央农办 国土资源部 国家工商总局关于加强对工商资本租赁农地监管和风险防范的意见》发布，要求：充分认识加强工商资本租赁农地监管和风险防范的重要性、引导工商资本到农村发展适合企业化经营的现代种养业、加强工商资本租赁农地规范管理、健全工商资本租赁农地风险防范机制、强化工商资本租赁农地事中事后监管等。

2018 年《农村土地承包法》修订，其第四十五条对工商企业等社会资本流转农地做了明确规定：一方面，县级以上地方人民政府应当建立工商企业等社会资本通过流转取得土地经营权的资格审查、项目审核和风险防范制度；另一方面，工商企业等社会资本通过流转取得土地经营权的，本集体经济组织可以收取适量管理费用。《农村土地经营权流转管理办法》对上述两个方面的制度做了进一步的规定。

（一）审查审核和风险防范制度

工商企业等社会资本流转土地经营权的，县级以上地方人民政府应当依法建立分级资格审查和项目审核制度。从审查审核程序来看，主要包括以下四个方面：

（1）达成流转意向。受让方与承包方就流转面积、期限、价款等进行协商并签订流转意向协议书。涉及未承包到户集体土地等集体资源的，应当按照法定程序经本集体经济组织成员的村民会议三分之二以上成员或者三分之二以上村民代表的同意，并与集体经济组织签订流转意向协议书。

（2）分级审查审核。受让方按照分级审查审核规定，分别向乡（镇）人民政府农村土地承包管理部门或者县级以上地方人民政府农业农村主管（农村经营管理）部门提出申请，并提交流转意向协议书、农业经营能力或者资质证明、流转项目规划等相关材料。

（3）做出审查审核意见。县级以上地方人民政府或者乡（镇）人民政府应当依法组织相关职能部门、农村集体经济组织代表、农民代表、专家等就土地用途、受让方农业经营能力，以及经营项目是否符合粮食生产等产业规划等进行审查审核，并于受理之日起 20 个工作日内做出审查审核意见。

（4）依法完成流转。审查审核通过的，受让方与承包方签订土地经营权流转合同。未按规定提交审查审核申请或者审查审核未通过的，不得开展土地经营权流转活动。

同时，县级以上地方人民政府依法建立工商企业等社会资本通过流转取得土地经营权的风险防范制度，加强事中事后监管，及时查处纠正违法违规行为。风险防范制度的建立主要包括三个方面：①流转公开透明。鼓励承包方和受让方在土地经营权流转市场或者农村产权交易市场公开交易。②设立风险保障金。对整村（组）土地经营权流转面积较大、涉及农户较多、经营风险较高的项目，流转双方可以协商设立风险保障金。③履约保证保险。鼓励保险机构为土地经营权流转提供流转履约保证保险等多种形式保险服务。

（二）管理费收取

《农村土地经营权流转管理办法》第三十一条对农村集体经济组织可以收取适量管理费用做了进一步细化规定。首先，收费依据。农村集体经济组织为工商企业等社会资本流转土地经营权提供服务的，可以收取适量管理费用。其次，收费金额和方式。收取管理费用的金额和方式应当由农村集体经济组织、承包方和工商企业等社会资本三方协商确定。最后，收费用途。管理费用应当纳入农村集体经济组织会计核算和财务管理，主要用于农田基本建设或者其他公益性支出。

五、土地经营权融资担保

（一）土地经营权融资担保的概念

根据 2002 年《农村土地承包法》的规定，通过家庭承包取得的土地承包经营权不得抵押，通过其他方式承包取得的土地承包经营权可以抵押。2007 年《物权法》第一百八十四条也明确规定耕地上的土地使用权不得抵押。2013 党的十八届三中全会通过的《中共中央关于全面深化改革若干重大问题的决定》规定："赋予农民对承包地占有、使用、收益、流转及承包经营权抵押、担保权能"。2015 年 12 月 27 日第十二届全国人民代表大会常务委员会第十八次会议通过《全国人民代表大会常务委员会关于授权国务院在北京市大兴区等 232 个试点县（市、区）、天津市蓟县等 59 个试点县（市、区）行政区域分别暂时调整实施有关法律规定的决定》。决定指出："授权国务院在北京市大兴区等 232 个试点县（市、区）行政区域，暂时调整实施《中华人民共和国物权法》、《中华人民共和国担保法》关于集体所有的耕地使用权不得抵押的规定。"2015 年 8 月 10 日，《国务院关于开展农村承包土地的经营权和农民住房财产权抵押贷款试点的指导意见》发布。2016 年 3 月 15 日，中国人民银行、中国银行业监督管理委员会、中国保险监督管理委员会、财政部、农业部联合发布《农村承包土地的经营权抵押贷款试点暂行办法》。2018 年 12 月 23 日，在第十三届全国人民代表大会常务委员会第七次会议上，国务院做了《关于全国农村承包土地的经营权和农民住房财产权抵押贷款试点情况的总结报告》。报告指出：截至 2018 年 9 月末，全国 232 个试点地区农用地抵押贷款余额 520 亿元，同比增长 76.3%，累计发放 964 亿元；农地抵押贷款余额中用于农业和其他生产经营的占 99%。2018 年《农村土地承包法》修订，明确规定了土地经营权融资担保制度。

土地经营权融资担保，是指土地经营权人以土地经营权作为担保物，向金融机构担保融资，如果出现土地经营权人不履行到期债务或者发生当事人约定的实现抵押权或者质权的情形，金融机构有权就该财产优先受偿。正确理解土地经营权融资担保，应当特别关注土地经营权融资担保和土地经营权抵押的区别。《农村土地承包法》在家庭承包中规定的是土地经营权融资担保，在其他方式承包中规定的是土地经营权抵押。土地经营权融资担保并非严格意义上的法律术语，根据《民法典》的规定，其应当被称为土地经营权抵押或者土地经营权质押。之所以采用土地经营权融资担保，是因为对土地经营权究竟属于用益物权还是属于债权存在较大争议：如果将土地经营权定性为用益物权，根据《民法典》第三百九十五条的规定，应当明确为土地经营权抵押制度；如果将土地经营权定性为债权，根据《民法典》第四百四十条的规定，应当明确为土地经营权质押制度。由于《农村土地承包法》中通过其他方式承包取得的土地经营权属于用益物权并无疑问，因此应当明确为土地经营权抵押制度。关于土地经营权抵押制度，《农村土地承包法》规定较少，可以参考土地经营权融资担保的规定执行。

（二）土地经营权融资担保的当事人

《农村土地承包法》第四十七条第一款规定：承包方可以用承包地的土地经营权，受让方通过流转取得的土地经营权，向金融机构融资担保。土地经营权融资担保的当事人应当包括承包方或者受让方、金融机构双方当事人。

《农村承包土地的经营权抵押贷款试点暂行办法》对承包方和受让方的条件做了进一步的明确。关于承包方的条件，该办法第六条规定："通过家庭承包方式取得土地承包经营权的农户以其获得的土地经营权作抵押申请贷款的，应同时符合以下条件：（一）具有完全民事行为能力，无不良信用记录；（二）用于抵押的承包土地没有权属争议；（三）依法拥有县级以上人民政府或政府相关主管部门颁发的土地承包经营权证；（四）承包方已明确告知发包方承包土地的抵押事宜。"关于受让方的条件，该办法第七条规定："通过合法流转方式获得承包土地的经营权的农业经营主体申请贷款的，应同时符合以下条件：（一）具备农业生产经营管理能力，无不良信用记录；（二）用于抵押的承包土地没有权属争议；（三）已经与承包方或者经承包方书面委托的组织或个人签订了合法有效的经营权流转合同，或依流转合同取得了土地经营权权属确认证明，并已按合同约定方式支付了土地租金；（四）承包方同意承包土地的经营权可用于抵押及合法再流转；（五）承包方已明确告知发包方承包土地的抵押事宜。"

广义上的金融机构包括银行、证券公司、保险公司、信托投资公司和基金管理公司等。《农村土地承包法》对金融机构并未做进一步的限制。《农村承包土地的经营权抵押贷款试点暂行办法》则将金融机构明确为银行业金融机构，主要包括政策性银行、商业银行、村镇银行、农村信用合作社等。

（三）土地经营权融资担保的设立

土地经营权融资担保的设立，与一般意义上的土地经营权抵押或者土地经营权质押存在差异。根据《民法典》第四百条第一款的规定："设立抵押权，当事人应当采用书面形式订立抵押合同。"同时，根据《民法典》第四百零二条的规定：以不动产设立抵押权的，应当办理抵押登记。抵押权自登记时设立。根据《民法典》的规定，设立权利质权同样应当采用书面形式订立质押合同，质权一般应当自登记或者交付权利凭证时设立。但是，根据《农村土地承包法》第四十七条第二款的规定：土地经营权融资担保的，一方面没有必须采用书面形式订立合同的要求，另一方面担保物权自融资担保合同生效时设立。当事人可以向登记机构申请登记；未经登记，不得对抗善意第三人。

同时，根据《农村土地承包法》第四十七条第一款的规定，承包方可以用承包地的土地经营权设立融资担保，并向发包方备案。受让方通过流转取得的土地经营权设立融资担保的，应当经承包方书面同意并向发包方备案。

（四）土地经营权融资担保的实现

土地经营权融资担保的关键在于一旦土地经营权人不能履行到期债务，如何保障担保物权人的合法权益。根据《民法典》的规定：抵押权人可以与抵押人协议以抵押财产折价或者以拍卖、变卖该抵押财产所得的价款优先受偿。抵押权人与抵押人未就抵押权实现方式达成协议的，抵押权人可以请求人民法院拍卖、变卖抵押财产。抵押财产折价或者变卖的，应当参照市场价格。质权实现与抵押权实现基本一致。

因此，为了保障担保物权人的合法权益，在土地经营权人不能履行到期债务时，土地经营权的处置成为关键。《农村承包土地的经营权抵押贷款试点暂行办法》第十五条规定了更为丰富的土地经营权处置方式："因借款人不履行到期债务，或者按借贷双方约定的情形需要依法行使抵押权的，贷款人可依法采取贷款重组、按序清偿、协议转让、交易平台挂牌再流转等多种方式处置抵押物，抵押物处置收益应由贷款人优先受偿。"

> **谈观点**
>
> 以实际案例谈谈你对土地经营权融资担保的理解。

05 第五节 农村土地承包经营纠纷解决机制

一、农村土地承包经营纠纷的主要类型

为了公正、及时地解决农村土地承包经营纠纷,维护当事人的合法权益,促进农村经济发展和社会稳定,2009年6月27日,第十一届全国人民代表大会常务委员会第九次会议通过《农村土地承包经营纠纷调解仲裁法》,该法自2010年1月1日起施行。制定《农村土地承包经营纠纷调解仲裁法》,"是实施农村土地承包经营制度的必要保障;是保障农民土地承包经营权的有效措施;是维护农村和谐稳定的重要途径;是规范土地承包仲裁工作,将仲裁法和农村土地承包法有关规定落到实处的客观需要"[①]。《农村土地承包经营纠纷调解仲裁法》第二条第二款规定了农村土地承包经营纠纷的类型,主要包括:①因订立、履行、变更、解除和终止农村土地承包合同发生的纠纷;②因农村土地承包经营权转包、出租、互换、转让、入股等流转发生的纠纷;③因收回、调整承包地发生的纠纷;④因确认农村土地承包经营权发生的纠纷;⑤因侵害农村土地承包经营权发生的纠纷;⑥法律、法规规定的其他农村土地承包经营纠纷。

2018年《农村土地承包法》修订后,农村土地承包经营纠纷的具体类型发生了变化。《最高人民法院关于审理涉及农村土地承包纠纷案件适用法律问题的解释(2020年修正)》第一条根据《农村土地承包法》的规定,修正了人民法院应当依法受理的农村土地承包民事纠纷的类型,主要包括:①承包合同纠纷;②承包经营权侵权纠纷;③土地经营权侵权纠纷;④承包经营权互换、转让纠纷;⑤土地经营权流转纠纷;⑥承包地征收补偿费用分配纠纷;⑦承包经营权继承纠纷;⑧土地经营权继承纠纷。

法律文件速查

《中华人民共和国农村土地承包经营纠纷调解仲裁法》

[①] 农业部部长2008年12月22日在第十一届全国人民代表大会常务委员会第六次会议上做的《关于〈中华人民共和国农村土地承包经营纠纷调解仲裁法(草案)〉的说明》。

《农村土地承包经营纠纷调解仲裁法》还没有做出相应修订。

> 🔍 **知识点**
> 农村土地承包经营纠纷的主要类型

根据上述法律的规定，农村土地承包经营纠纷的主要类型包括：

（1）承包合同纠纷。这主要是指因承包合同的订立、履行、变更、解除和终止等而发生的纠纷。发包方和承包方应当依法签订书面承包合同。同时，双方当事人应当依照法律规定和合同约定履行承包合同，否则应当依法承担违约责任。《农村土地承包法》第五十九条规定："当事人一方不履行合同义务或者履行义务不符合约定的，应当依法承担违约责任。"

（2）土地承包经营权、土地经营权侵权纠纷。任何组织和个人侵害土地承包经营权、土地经营权，都应当承担民事责任。《农村土地承包法》第五十七条明确了发包方侵害土地承包经营权的行为：①干涉承包方依法享有的生产经营自主权；②违反本法规定收回、调整承包地；③强迫或者阻碍承包方进行土地承包经营权的互换、转让或者土地经营权流转；④假借少数服从多数强迫承包方放弃或者变更土地承包经营权；⑤以划分"口粮田"和"责任田"等为由收回承包地搞招标承包；⑥将承包地收回抵顶欠款；⑦剥夺、侵害妇女依法享有的土地承包经营权；⑧其他侵害土地承包经营权的行为。发包方有上述行为的，应当承担停止侵害、排除妨碍、消除危险、返还财产、恢复原状、赔偿损失等民事责任。《农村土地承包法》第六十五条规定了国家机关及其工作人员侵害土地承包经营权、土地经营权的责任：国家机关及其工作人员有利用职权干涉承包经营当事人依法享有的生产经营自主权，强迫、阻碍承包经营当事人进行土地承包经营权互换、转让或者土地经营权流转等侵害土地承包经营权、土地经营权的行为，给承包经营当事人造成损失的，应当承担损害赔偿等责任。

（3）土地承包经营权互换、转让和土地经营权流转纠纷。2018年《农村土地承包法》修订时将原来的土地承包经营权流转分为土地承包经营权互换、转让和土地经营权流转，土地经营权流转方式包括出租（转包）、入股和其他方式。土地承包经营权互换、转让和土地经营权流转的双方当事人发生纠纷的，应当通过协商、调解、仲裁和诉讼的方式解决。

（4）土地承包经营权、土地经营权继承纠纷。《农村土地承包法》第三十二条规定："承包人应得的承包收益，依照继承法的规定继承。林地承包的承包人死亡，其继承人可以在承包期内继续承包。"第五十四条规定："依照本章规定通过招标、拍卖、公开协商等方式取得土地经营权的，该承包人死亡，其应得的承包收益，依照继承法的规定继承；在承包期内，其继承人可以继续承包。"因此，通过家庭承包取得的土地承包经营权，耕地和草地承包的承包人的承包收益依法可以继承，林地承包的承包人死亡的，承包收益和土地承包经营权依法可以继承。家庭承包中通过流转取得的土地经营权的继承问题，《农村土地承包法》没有明确规定，应当适用《民法典》的规定，经营收益和土地经营权可以依法继承。通过其他方式承包取得的土地经营权，承包收益和土地经营权依法可以继承。

（5）承包地征收补偿费用分配纠纷。《农村土地承包经营纠纷调解仲裁法》第二条规定，因征收集体所有的土地及其补偿发生的纠纷，不属于农村土地承包仲裁委员会的受理范围，可以通过行政复议或者诉讼等方式解决。《最高人民法院关于审理涉及农村土地承包纠纷案件适用法律问题的解释（2020年修正）》第一条规定：承包地征收补偿费用分配纠纷是人民法院的受理范围，但是农村集体经济组织成员就用于分配的土地补偿费数额提起民事诉讼的，人民法院不予受理。

（6）土地承包经营权确权纠纷。《最高人民法院关于审理涉及农村土地承包纠纷案件适用法律问题的解释（2020年修正）》第一条规定：农村集体经济组织成员因未实际取得土地承包经营权提起民事诉讼的，人民法院应当告知其向有关行政主管部门申请解决。根据《农村土地承包经营纠纷调解仲裁法》第二条的规定，因确认农村土地承包经营权发生的纠纷属于农村土地承包经营纠纷调解和仲裁的范围。

二、农村土地承包经营纠纷解决的方式

2013年党的十八届三中全会通过的《中共中央关于全面深化改革若干重大问题的决定》指出："完善人民调解、行政调解、司法调解联动工作体系，建立调处化解矛盾纠纷综合机制。"2014年党的十八届四中全会通过的《中共中央关于全面推进依法治国若干重大问题的决定》要求："健全社会矛盾纠纷预防化解机制，完善调解、仲裁、行政裁决、行政复议、诉讼等有机衔接、相互协调的多元化纠纷解决机制。加强行业性、专业性人民调解组织建设，完善人民调解、行政调解、司法调解联动工作体系。完善仲裁制度，提高仲裁公信力。健全行政裁决制度，强化行政机关解决同行政管理活动密切相关的民事纠纷功能。"2015年10月13日，中央全面深化改革领导小组第十七次会议审议通过《关于完善矛盾纠纷多元化解机制的意见》。

2018年中央一号文件明确指出："建立健全乡村调解、县市仲裁、司法保障的农村土地承包经营纠纷调处机制。"这为多元化农村土地承包经营纠纷解决机制建设指明了方向。2002年《农村土地承包法》第五十一条规定："因土地承包经营发生纠纷的，双方当事人可以通过协商解决，也可以请求村民委员会、乡（镇）人民政府等调解解决。当事人不愿协商、调解或者协商、调解不成的，可以向农村土地承包仲裁机构申请仲裁，也可以直接向人民法院起诉。"正式确立了农村土地承包经营纠纷的多元化解决机制。2018年《农村土地承包法》修订时坚持了上述制度。《农村土地承包经营纠

纷调解仲裁法》中再次确定了上述四种途径，第四条规定："当事人和解、调解不成或者不愿和解、调解的，可以向农村土地承包仲裁委员会申请仲裁，也可以直接向人民法院起诉。"因此，农村土地承包经营纠纷解决的方式主要包括协商、调解、仲裁和诉讼四类。

（一）协商

协商，是指发生农村土地承包经营纠纷时，在自愿基础上，当事人可以通过协商一致的方式，自行解决纠纷。《农村土地承包经营纠纷调解仲裁法》中规定的和解与《农村土地承包法》中规定的协商，应当归为一类农村土地承包经营纠纷解决途径。土地承包经营权和土地经营权均属于民事权利。民事主体在不违反法律强制性规定的情况下，可以自愿处分民事权利，符合《民法典》第五条的规定："民事主体从事民事活动，应当遵循自愿原则，按照自己的意思设立、变更、终止民事法律关系。"

（二）调解

调解，是指发生农村土地承包经营纠纷时，当事人可以请求村民委员会、乡（镇）人民政府等协调解决纠纷。和解、调解不成或者不愿和解、调解的，当事人可以向农村土地承包仲裁委员会申请仲裁，也可以直接向人民法院起诉。在农村土地承包经营纠纷的解决程序上，和解、调解并非必要的前置程序。当事人可以不经和解、调解，直接申请仲裁或者提起诉讼。村民委员会、乡（镇）人民政府调解农村土地承包经营纠纷，是重要的纠纷解决途径。《农村土地承包经营纠纷调解仲裁》第五条规定了农村土地承包经营纠纷调解应当公开、公平、公正，便民高效，根据事实，符合法律，尊重社会公德。同时，调解农村土地承包经营纠纷，村民委员会或者乡（镇）人民政府应当充分听取当事人对事实和理由的陈述，向当事人讲解有关法律以及国家政策，耐心疏导，帮助当事人达成协议。《农村土地承包经营纠纷调解仲裁法》第八条规定了调解的申请，既可以书面申请，也可以口头申请。《农村土地承包经营纠纷调解仲裁法》第十条规定的调解协议，经调解达成协议的，村民委员会或者乡（镇）人民政府应当制作调解协议书。调解协议书由双方当事人签名、盖章或者按指印，经调解人员签名并加盖调解组织印章后生效。

（三）仲裁

在我国，仲裁有广义和狭义之分。狭义的仲裁，是指商事仲裁。广义的仲裁，除商事仲裁外，还包括劳动争议仲裁和农村土地承包经营纠纷仲裁。《仲裁法》第七十七条规定:"劳动争议和农业集体经济组织内部的农业承包合同纠纷的仲裁,另行规定。"因此,农村土地承包经营纠纷解决机制中的仲裁专指农村土地承包经营纠纷仲裁,这是解决农村土地承包经营纠纷的重要途径。此外,为了规范农村土地承包经营纠纷仲裁,2009年12月18日,经农业部第十次常务会议审议通过,并经国家林业局同意,发布《农村土地承包经营纠纷仲裁规则》,该规则自2010年1月1日起施行。2009年12月18日,经农业部第十次常务会议审议通过,并经国家林业局同意,发布《农村土地承包仲裁委员会示范章程》,该章程自2010年1月1日起施行。与商事仲裁和劳动争议仲裁相比,农村土地承包经营纠纷仲裁有其自身鲜明的特点:

(1)"可裁可诉"。依据《农村土地承包经营纠纷调解仲裁法》第四条的规定,仲裁是"可裁可诉"的纠纷解决方式。农村土地承包经营纠纷仲裁并不是诉讼的前置程序,这一点与劳动争议仲裁的仲裁前置存在显著不同,对于启动仲裁程序或者是诉讼程序,当事人有着充分的程序选择权。

(2)当事人单方启动仲裁程序。仲裁的受理和仲裁程序的启动,并不要求纠纷当事人双方之间事先存在仲裁协议或是事后达成仲裁协议。任意一方当事人均可申请并启动仲裁程序,这一点与普通的商事仲裁的协议仲裁有着重大差别。《仲裁法》第四条规定:"当事人采用仲裁方式解决纠纷,应当双方自愿,达成仲裁协议。没有仲裁协议,一方申请仲裁的,仲裁委员会不予受理。"

(3)仲裁管辖具有强制性。《农村土地承包经营纠纷调解仲裁法》第二十一条规定:当事人申请仲裁,应当向纠纷涉及的土地所在地的农村土地承包仲裁委员会递交仲裁申请书。根据此规定,当农村土地承包经营纠纷发生后,纠纷涉及的土地所在地的农村土地承包仲裁委员会享有地域管辖权,实行强制性地域管辖。《仲裁法》第十六条规定,选定的仲裁委员会是仲裁协议应当具有的内容。仲裁委员会的管辖权来自仲裁协议。

(4)仲裁裁决生效具有特殊性。《农村土地承包经营纠纷调解仲裁法》第四十八条规定,当事人不服仲裁裁决的,可以自收到裁决书之日起三十日内向人民法院起诉。逾期不起诉的,裁决书即发生法律效力。由此可见,农村土地承包仲裁并非"一裁终局"。《仲裁法》第五十七条规定:"裁决书自作出之日起发生法律效力。"商事仲裁属于"一裁终局"。

(四)诉讼

《中华人民共和国民事诉讼法》(以下简称《民事诉讼法》)对民事诉讼的相关问题做了详尽规定。如果当事人选择诉讼解决农村土地承包经营纠纷,应当遵循《民事诉讼法》的相关规定。农村土地承包经营纠纷解决机制,应当着重探讨仲裁与诉讼的关系。正如前文所述，农村土地承包仲裁和诉讼的关系是：可裁可诉、裁后再诉、二审终审。此外，还需要明确以下两点：

（1）仲裁协议与诉讼的关系。根据《最高人民法院关于审理涉及农村土地承包纠纷案件适用法律问题的解释（2020年修正）》第二条的规定，人民法院受理涉及农村土地承包纠纷案件，根据当事人是否达成书面仲裁协议而有所区别：一是当事人自愿达成书面仲裁协议，包括当事人在书面合同中订有仲裁条款，或者在发生纠纷后达成书面仲裁协议。一方当事人向人民法院起诉的，人民法院应当告知原告向仲裁机构申请仲裁，原告坚持起诉的，裁定不予受理，但仲裁条款或者仲裁协议不成立、无效、失效、内容不明确无法执行的除外。在人民法院首次开庭前，被告以有书面仲裁协议为由对受理民事案件提出异议的，人民法院应当进行审查。经审查符合下列情形之一的，人民法院应当裁定驳回起诉：①仲裁机构或者人民法院已经确认仲裁协议有效的；②当事人没有在仲裁庭首次开庭前对仲裁协议的效力提出异议的；③仲裁协议符合《仲裁法》第十六条规定且不具有《仲裁法》第十七条规定情形的。二是当事人未达成书面仲裁协议。一方当事人向农村土地承包仲裁机构申请仲裁，另一方当事人提起诉讼的，人民法院应予受理，并书面通知仲裁机构。但另一方当事人接受仲裁管辖后又起诉的，人民法院不予受理。

（2）仲裁裁决与诉讼的关系。当事人不服仲裁裁决的，可以自收到裁决书之日起三十日内向人民法院起诉。《最高人民法院关于审理涉及农村土地承包经营纠纷调解仲裁案件适用法律若干问题的解释（2020年修正）》第二条和第三条规定：当事人在收到农村土地承包仲裁委员会做出的裁决书之日起三十日后或者签收农村土地承包仲裁委员会做出的调解书后，就同一纠纷向人民法院提起诉讼的，裁定不予受理；已经受理的，裁定驳回起诉。当事人在收到农村土地承包仲裁委员会做出的裁决书之日起三十日内，向人民法院提起诉讼，请求撤销仲裁裁决的，人民法院应当告知当事人就原纠纷提起诉讼。当事人对发生法律效力的调解书、裁决书，应当依照规定的期限履行。一方当事人逾期不履行的，另一方当事人可以向被申请人住所地或者财产所在地的基层人民法院申请执行。受理申请的人民法院应当依法执行。

谈观点

以实际案例谈谈你对解决农村土地承包经营纠纷的理解。

06 第六节　农村集体建设用地制度

一、农村集体建设用地概述

根据《土地管理法》第四条的规定：国家实行土地用途管制制度。按照土地用途，可以将土地分为农用地、建设用地和未利用地。所谓建设用地，是指建造建筑物、构筑物的土地，包括城乡住宅和公共设施用地、工矿用地、交通水利设施用地、旅游用地、军事设施用地等。

《土地管理法》第五章专门规定了建设用地，划定了集体建设用地的范围，主要涵盖四个方面：乡镇企业建设用地、集体公益性建设用地、宅基地和集体经营性建设用地。《土地管理法》第五十九条规定："乡镇企业、乡（镇）村公共设施、公益事业、农村村民住宅等乡（镇）村建设，应当按照村庄和集镇规划，合理布局，综合开发，配套建设；建设用地，应当符合乡（镇）土地利用总体规划和土地利用年度计划，并依照本法第四十四条、第六十条、第六十一条、第六十二条的规定办理审批手续。"《土地管理法》第六十三条规定了集体经营性建设用地同样应当符合土地利用总体规划、城乡规划。上述条文明确了集体建设用地的基本要求：

（1）符合乡（镇）土地利用总体规划。《土地管理法》第十九条第二款规定："乡（镇）土地利用总体规划应当划分土地利用区，根据土地使用条件，确定每一块土地的用途，并予以公告。"

（2）符合土地利用年度计划。根据《土地管理法》第二十三条的规定，各级人民政府应当加强土地利用计划管理，实行建设用地总量控制。土地利用年度计划，根据国民经济和社会发展计划、国家产业政策、土地利用总体规划以及建设用地和土地利用的实际状况编制。土地利用年度计划应当对集体经营性建设用地做出合理安排。

（3）符合村庄和集镇规划。根据《土地管理法》第二十一条的规定：村庄和集镇规划，应当与土地利用总体规划相衔接，村庄和集镇规划中建设用地规模不得超过土地利用总体规划确定的村庄、集镇建设用地规模。在村庄和集镇规划区内，村庄、集镇建设用地应当符合城市村庄和集镇规划。

（4）应当合理布局，综合开发，配套建设。根据《土地管理法》第十七条的规定：土地利用总体规划的编制应当统筹安排城乡生产、生活、生态用地，满足乡村产业和基础设施用地合理需求，促进城乡融合发展。

（5）应当办理审批手续。根据《土地管理法》第四十四条的规定：建设占用土地，涉及农用地转为建设用地的，应当办理农用地转用审批手续。此外，乡镇企业建设用地、集体公益性建设用地和宅基地还应当分别根据《土地管理法》第六十条、第六十一条、第六十二条的规定办理审批手续。

二、农村集体建设用地的类型

> 🔍 知识点
> 农村集体建设用地的类型

（一）乡镇企业建设用地

《土地管理法》第六十条规定了乡镇企业建设用地。根据《乡镇企业法》第二条的规定，乡镇企业，是指农村集体经济组织或者农民投资为主，在乡镇（包括所辖村）举办的承担支援农业义务的各类企业。所谓农村集体经济组织或者农民投资为主，是指农村集体经济组织或者农民投资超过百分之五十，或者虽不足百分之五十，但能起到控股或者实际支配作用。乡镇企业符合企业法人条件的，依法取得企业法人资格。

农村集体经济组织利用集体建设用地自己兴办的企业，或者农村集体经济组织利用集体建设用地与其他单位、个人以土地使用权入股、联营等形式共同举办企业的，除符合集体建设用地的基本要求外，还应当持有关批准文件，向县级以上地方人民政府自然资源主管部门提出申请，按照省、自治区、直辖市规定的批准权限，由县级以上地方人民政府批准；兴办企业的建设用地，必须严格控制。省、自治区、直辖市可以按照乡镇企业的不同行业和经营规模，分别规定用地标准。

值得注意的是，乡镇企业建设用地与集体经营性建设用地虽然均可作为企业建设用地，但是两者存在明显差异：一是主体不同。乡镇企业建设用地的主体局限于农村集体经济组织自己兴办或者联合兴办的乡镇企业，而集体经营性建设用地的主体可以是符合规定的单位或者个人。二是抵押的限制不同。例如，《民法典》第三百九十八条规定："乡镇、村企业的建设用地使用权不得单独抵押。以乡镇、村企业的厂房等建筑物抵押的，其占用范围内的建设用地使用权一并抵押。"而集体经营性建设用地使用权没有不得单独抵押的限制。

（二）集体公益性建设用地

集体公益性建设用地，是指基于乡（镇）村公共设施、公益事业建设，需要使用的建设用地。《土地管理法》第六十一条规定："乡（镇）村公共设施、公益事业建设，需要使用土地的，经乡（镇）人民政府审核，向县级以上地方人民政府自然资源主管部门提出申请，按照省、自治区、直辖市规定的批准权限，由县级以上地方人民政府批准；其中，涉及占用农用地的，依照本法第四十四条的规定办理审批手续。"

（三）宅基地

宅基地，是指农村居民用于建造住宅及其附属设施的建设用地。《土地管理法》第六十二条对宅基地申请、审批、退出、盘活利用等相关问题做了比较详尽的规定。宅基地的相关问题，将在本章第七节详细阐述。

（四）集体经营性建设用地

集体经营性建设用地，是指土地利用总体规划、城乡规划确定为工业、商业等经营性用途，并经依法登记的集体建设用地。2019 年《中共中央 国务院关于建立健全城乡融合发展体制机制和政策体系的意见》规定："允许村集体在农民自愿前提下，依法把有偿收回的闲置宅基地、废弃的集体公益性建设用地转变为集体经营性建设用地入市"。2021 年 3 月 11 日第十三届全国人民代表大会第四次会议表决通过的《中华人民共和国国民经济和社会发展第十四个五年规划和 2035 年远景目标纲要》再次重申："允许农村集体在农民自愿前提下，依法把有偿收回的闲置宅基地、废弃的集体公益性建设用地转变为集体经营性建设用地入市。"《土地管理法》第六十三条规定了集体经营性建设用地的相关制度，下文将对其进一步阐述。

三、农村集体经营性建设用地入市制度

（一）集体经营性建设用地入市改革

党的十八届三中全会通过的《中共中央关于全面深化改革若干重大问题的决定》要求："建立城乡统一的建设用地市场。在符合规划和用途管制前提下，允许农村集体经营性建设用地出让、租赁、入股，实行与国有土地同等入市、同权同价。" 2014 年 12 月 2 日，中央全面深化改革领导小组第七次会议审议通过《关于农村土地征收、集体经营性建设用地入市、宅基地制度改革试点工作的意见》。2015 年 2 月 27 日第十二届全国人民代表大会常务委员会第十三次会议表决通过《全国人民代表大会常务委员会关于授权国务院在北京市大兴区等三十三个试点县（市、区）行政区域暂时调整实施有关法律规定的决定》。集体经营性建设用地入市进入试点阶段，试点截止时间为 2017 年 12 月 31 日。2017 年 12 月 27 日第十二届全国人民代表大会常务委员会第三十一次会议，2018 年 12 月 29 日第十三届全国人民代表大会常务委员会第七次会议，

两次通过延长试点时间，截止时间为 2019 年 12 月 31 日。

自集体经营性建设用地入市开展试点工作以来，2015 年至 2019 年中央一号文件都对试点工作的开展提出了明确要求，并强调总结集体经营性建设用地入市的改革试点经验。根据 2018 年 12 月 23 日第十三届全国人民代表大会常务委员会第七次会议通过的《国务院关于农村土地征收、集体经营性建设用地入市、宅基地制度改革试点情况的总结报告》，截至 2018 年 12 月，33 个试点县（市、区）的集体经营性建设用地已入市地块 1 万余宗，面积 9 万余亩，总价款约 257 亿元，收取调节金 28.6 亿元，办理集体经营性建设用地抵押贷款 228 宗、38.6 亿元。集体经营性建设用地入市试点工作已经取得显著成效，同时，在入市的条件和范围、入市规则和监管措施等方面，还有待进一步完善。2019 年 8 月 26 日，第十三届全国人民代表大会常务委员会第十二次会议通过《全国人民代表大会常务委员会关于修改〈中华人民共和国土地管理法〉、〈中华人民共和国城市房地产管理法〉的决定》，修订后的《土地管理法》通过立法形式明确了集体经营性建设用地入市的相关制度。

（二）集体经营性建设用地入市的主体

集体经营性建设用地入市的主体包括土地所有权人和用地主体双方当事人。《土地管理法》第十一条规定："农民集体所有的土地依法属于村农民集体所有的，由村集体经济组织或者村民委员会经营、管理；已经分别属于村内两个以上农村集体经济组织的农民集体所有的，由村内各该农村集体经济组织或者村民小组经营、管理；已经属于乡（镇）农民集体所有的，由乡（镇）农村集体经济组织经营、管理。"在符合土地利用总体规划、城乡规划的前提下，集体经营性建设用地入市，应当经本集体经济组织成员的村民会议三分之二以上成员或者三分之二以上村民代表的同意。

根据《土地管理法》第六十三条第一款的规定：集体经营性建设用地主体包括单位或者个人。所谓单位，应当包括法人和非法人组织两类民事主体。所谓个人，则是指自然人。换言之，自然人、法人和非法人组织三类民事主体均可以作为集体经营性建设用地入市的主体。

（三）集体经营性建设用地入市的方式

根据《土地管理法》第六十三条第一款的规定，集体经营性建设用地入市的方式主要包括出让和出租两种。同时，无论采用何种入市方式，均应当签订书面合同，载明土地界址、面积、动工期限、使用期限、土地用途、规划条件和双方其他权利义务。《土地管理法》并未对集体经营性建设用地出租、出让做更为详尽的规定，而是在其第六十三条第四款规定："集体经营性建设用地的出租，集体建设用地使用权的出让及其最高年限、转让、互换、出资、赠与、抵押等，参照同类用途的国有建设用地执行。

具体办法由国务院制定。"

集体经营性建设用地出租的规则，主要参照适用1999年国土资源部发布的《规范国有土地租赁若干意见》的相关规定。集体经营性建设用地使用权出让的规则，则主要参照适用《民法典》《土地管理法》以及《中华人民共和国城镇国有土地使用权出让和转让暂行条例》（以下简称《城镇国有土地使用权出让和转让暂行条例》）中关于建设用地使用权出让的相关规定。需要明确的是，待国务院制定了集体经营性建设用地出租、集体经营性建设用地使用权出让的具体办法后，应当依照新的规则严格执行。

（四）集体经营性建设用地使用权的流转

《土地管理法》第六十三条第三款规定："通过出让等方式取得的集体经营性建设用地使用权可以转让、互换、出资、赠与或者抵押，但法律、行政法规另有规定或者土地所有权人、土地使用权人签订的书面合同另有约定的除外。"集体经营性建设用地使用权的转让、互换、出资、赠与、抵押等，参照同类用途的国有建设用地执行。

在国务院没有制定集体经营性建设用地使用权转让、互换、出资、赠与或者抵押的具体办法之前，集体经营性建设用地使用权流转的规则，主要参照适用《民法典》《土地管理法》以及《城镇国有土地使用权出让和转让暂行条例》中关于建设用地使用权流转的相关规定。待具体办法制定后，应当依照新的规则严格执行。

谈观点

以实际案例谈谈你对集体经营性建设用地入市的理解。

07 第七节 农村宅基地的法律与政策

一、农村宅基地制度的变迁

（一）改革开放之前的宅基地制度

1950年《土地改革法》颁布实施确立了农民对农村土地的所有权。关于房屋问题，《土地改革法》第二条规定："没收地主的土地、耕畜、农具、多余的粮食及其在农村中多余的房屋。但地主的其他财产不予没收。"同时，根据《土地改革法》第十条和第三十条的规定，所有没收和征收得来的土地和其他生产资料，除本法规定收归国家所有者外，均由乡农民协会接收，统一地、公平合理地分配给无地少地及缺乏其他生产资料的贫苦农民所有。土地改革完成后，由人民政府发给土地所有证，并承认一切土地所有者自由经营、买卖及出租其土地的权利。因此，农民对于宅基地享有所有权，宅基地可以自由买卖、出租。

1955年《农业生产合作社示范章程》第十七条第一款规定，社员土地交由农业生产合作社统一使用，但是并未改变土地所有权，宅基地所有权仍属于农民。1956年《高级农业生产合作社示范章程》第十三条第一款规定，入社农民的私有土地转为合作社集体所有，从而实现了个人土地所有权向集体土地所有权的转变。此时的集体土地所有权的主体是农业生产合作社。根据该章程第十六条第二款的规定，社员原有的房屋地基无须入社，宅基地所有权自然属于农民；社员新修房屋需用的地基由合作社统筹解决。

1962年9月《农村人民公社工作条例修正草案》第二十一条第一款规定："生产队范围内的土地，都归生产队所有。生产队所有的土地，包括社员的自留地、自留山、宅基地等等，一律不准出租和买卖。"该条款确立了生产队作为宅基地所有权主体的地位。1963年《中共中央关于各地对社员宅基地问题作一些补充规定的通知》首次在规范性文本中使用"宅基地使用权"一词，确立了宅基地制度的基本框架："（一）社员的宅基地，包括有建筑物和没有建筑物的空白宅基地，都归生产队集体所有，一律不准出租和买卖。但仍归各户长期使用，长期不变，生产队应保护社员的使用权，不能想收就收，想调剂就调剂。（二）宅基地上的附着物，如房屋、树木、厂棚、猪圈、厕所等永远归社员所有，社员有买卖或租赁房屋的权利。房屋出卖以后，宅基地的使用权即随之转移给新房主，但宅基地的所有权仍归生产队所有。（三）社员需新建房又没有宅基地时，由本户申请，经社员大会讨论同意，由生产队统一规划，帮助解决，但尽可能利用一些闲散地，不占用耕地，必须占用耕地时，应根据《六十条》规定，报县人民委员会批准，社员新建住宅占地无论是否耕地，一律不收地价。（四）社员不能借口修建房屋，随便扩大墙院，扩大宅基地，来侵占集体耕地，已经扩大侵占的必须退出。"

（二）改革开放之后的宅基地制度

改革开放之后，随着经济发展、农民富裕，农村建房日益兴旺，对耕地保护产生了不利影响。1981年4月17日，《国务院关于制止农村建房侵占耕地的紧急通知》发布。该通知规定:"农村社队的土地都归集体所有。分配给社员的宅基地、自留地(自留山)和承包的耕地,社员只有使用权,既不准出租、买卖和擅自转让,也不准在承包地和自留地上建房、葬坟、开矿、烧砖瓦等。"1982 年《村镇建房用地管理条例》颁布实施,其第四条规定:"农村人民公社、生产大队、生产队的土地,分别归公社、大队、生产队集体所有。社员对宅基地、自留地、自留山、饲料地和承包的土地,只有按照规定用途使用的使用权,没有所有权。不得在自留地、自留山、饲料地和承包的土地上建房、葬坟、开矿和毁田打坯、烧砖瓦等。严禁买卖、出租和违法转让建房用地。"再次明确了社员对宅基地只有使用权,没有所有权。同时,《村镇建房用地管理条例》对宅基地的统一规划、用地标准和审批制度等做了较为具体的规定。

1986 年 6 月《土地管理法》颁布,《村镇建房用地管理条例》废止。《土地管理法》专章规定了乡(镇)村建设用地,对宅基地的规划、审批、标准等做了详细规定。第三十七条规定:"乡(镇)村建设应当按照合理布局、节约用地的原则制定规划,经县级人民政府批准执行。城市规划区内的乡(镇)村建设规划,经市人民政府批准执行。农村居民住宅建设,乡(镇)村企业建设,乡(镇)村公共设施、公益事业建设等乡(镇)村建设,应当按照乡(镇)村建设规划进行。"第三十八条规定:"农村居民建住宅,应当使用原有的宅基地和村内空闲地。使用耕地的,经乡级人民政府审核后,报县级人民政府批准;使用原有的宅基地、村内空闲地和其他土地的,由乡级人民政府批准。农村居民建住宅使用土地,不得超过省、自治区、直辖市规定的标准。出卖、出租住房后再申请宅基地的,不予批准。"第四十一条规定:"城镇非农业户口居民建住宅,需要使用集体所有的土地的,必须经县级人民政府批准,其用地面积不得超过省、自治区、直辖市规定的标准,并参照国家建设征用土地的标准支付补偿费和安置补助费。"1990 年,国务院批转国家土地管理局《关于加强农村宅基地管理工作请示的通知》要求,深入宣传《土地管理法》,开展"人多地少、节约用地"的国情、国策观念教育;切实强化土地管理职能,加强农村宅基地审批管理工作;进行农村宅基地有偿使用试点:①切实加强领导,选择经济基础较好,耕地资源紧张的县、乡、村,有组织、有步骤地进行试点。②确定宅基地有偿使用收费标准时,对在规定用地标准以内的,既要体现有偿原则,又要照顾群众的经济承受能力,少用少交费,多用多交费;超标准用地的,应规定较高的收费标准;对级差收益较高地段,收费标准要适当提高。③建立和完善土地使用费管理制度。宅基地使用费要本着"取之于户,收费适度;用之于村,使用得当"的原则,实行村有、乡管、银行立户制度。专款专用,主要用于村内基础设施和公益事业建设,不得挪作他用。1993 年《中共中央办公厅、国务院办公厅关于涉及农民负担项目审核处理意见的通知》取消了农村宅基地有偿使用收费和农村宅基地超占费。1995 年国家土地管理局发布的《确定土地所有权和使用权的若干规定》第五章"集体土地建设用地使用权"规定了宅基地使用权确权的相关问题。

1998 年《土地管理法》修订后我国土地管理方式确定为土地用途管制制度，同时将原来的国家建设用地和乡（镇）村建设用地两章合并为建设用地。1998 年《土地管理法》第六十二条规定了宅基地制度："农村村民一户只能拥有一处宅基地，其宅基地的面积不得超过省、自治区、直辖市规定的标准。农村村民建住宅，应当符合乡（镇）土地利用总体规划，并尽量使用原有的宅基地和村内空闲地。农村村民住宅用地，经乡（镇）人民政府审核，由县级人民政府批准；其中，涉及占用农用地的，依照本法第四十四条的规定办理审批手续。农村村民出卖、出租住房后，再申请宅基地的，不予批准。"同时，第六十三条明确规定：农民集体所有的土地的使用权不得出让、转让或者出租用于非农业建设。2007 年 3 月 19 日《物权法》颁布，将宅基地使用权明确为用益物权，最终确立了我国宅基地权利结构的基本格局，即"宅基地所有权 + 宅基地使用权"。

值得关注的是城镇居民不得购置农村宅基地的政策要求。1999 年《国务院办公厅关于加强土地转让管理严禁炒卖土地的通知》规定："农民的住宅不得向城市居民出售，也不得批准城市居民占用农民集体土地建住宅，有关部门不得为违法建造和购买的住宅发放土地使用证和房产证。"2004 年《国务院关于深化改革严格土地管理的决定》规定："改革和完善宅基地审批制度，加强农村宅基地管理，禁止城镇居民在农村购置宅基地。"2004 年国土资源部印发《关于加强农村宅基地管理的意见》的通知，再次强调："严禁城镇居民在农村购置宅基地，严禁为城镇居民在农村购买和违法建造的住宅发放土地使用证。"2007 年《国务院办公厅关于严格执行有关农村集体建设用地法律和政策的通知》规定："农村住宅用地只能分配给本村村民，城镇居民不得到农村购买宅基地、农民住宅或'小产权房'。单位和个人不得非法租用、占用农民集体所有土地搞房地产开发。"

（三）宅基地"三权"分置改革

2015 年，全国人民代表大会常务委员会授权全国 33 个区县开展农村土地制度改革试点工作。宅基地制度改革，与征地制度改革、集体经营性建设用地入市并列，成为三项试点内容之一。宅基地制度改革主要围绕健全宅基地权益保障方式、宅基地审批制度、宅基地有偿使用、宅基地有偿退出等内容展开，取得了显著成效。根据 2018 年 12 月 23 日第十三届全国人民代表大会常务委员会第七次会议通过的《国务院关于农村土地征收、集体经营性建设用地入市、宅基地制度改革试点情况的总结报告》，截至 2018 年 12 月，腾退出零星、闲置的宅基地约 14 万户、8.4 万亩，办理农房抵押贷款 5.8 万宗、111 亿元。同时，2018 年中央一号文件做出探索宅基地所有权、资格权、使用权"三权"分置的改革部署后，山东禹城、浙江义乌和德清、四川泸县等试点地区结合实际，探索了一些宅基地"三权"分置模式。但是，目前试点范围比较窄，试点时间比较短，尚未形成可复制、可推广的制度经验，且各有关方面对宅基地所有权、资格权、使用权的权利性质和边界认识还不一致，有待深入研究。

另外，值得关注的是农民住房财产抵押贷款试点工作。2015 年 12 月 27 日第十二届全国人民代表大会常务委员会第十八次会议通过《全国人民代表大会常务委员会关于授权国务院在北京市大兴区等 232 个试点县（市、区）、天津市蓟县等 59 个试点县（市、区）行政区域分别暂时调整实施有关法律规定的决定》。该决定指出："授权国务院在北京市大兴区等 232 个试点县（市、区）行政区域，暂时调整实施《中华人民共和国物权法》、《中华人民共和国担保法》关于集体所有的耕地使用权不得抵押的规定；在天津市蓟县等 59 个试点县（市、区）行政区域暂时调整实施《中华人民共和国物权法》、《中华人民共和国担保法》关于集体所有的宅基地使用权不得抵押的规定。"2015 年 8 月 10 日，《国务院关于开展农村承包土地的经营权和农民住房财产权抵押贷款试点的指导意见》发布。2016 年 3 月 15 日，中国人民银行、中国银行业监督管理委员会、中国保险监督管理委员会、财政部、国土资源部、住房和城乡建设部联合发布《农民住房财产权抵押贷款试点暂行办法》。2018 年 12 月 23 日，在第十三届全国人民代表大会常务委员会第七次会议上，国务院做了《关于全国农村承包土地的经营权和农民住房财产权抵押贷款试点情况的总结报告》。该报告指出：截至 2018 年 9 月末，59 个试点地区农房抵押贷款余额 292 亿元，同比增长 48.9%，累计发放 516 亿元；农房抵押贷款余额中用于农业和其他生产经营的占 78%。同时，报告还进一步指出：应当将农房抵押贷款试点纳入宅基地制度改革统筹考虑。目前宅基地"三权"分置整体改革方案仍在研究中，农房抵押贷款业务拟纳入宅基地"三权"分置改革的大盘子统筹考虑。

2019 年《土地管理法》修订，用立法形式确认了健全宅基地权益保障方式、宅基地管理制度、宅基地有偿退出等改革试点的成果。但是，"考虑到宅基地所有权、资格权、使用权属于重要的民事权益，目前试点面还不够宽，试点时间比较短，尚未形成可复制、可推广的制度经验，各有关方面对'三权分置'的具体界定、相关权利的实现方式等还未形成共识，当前直接确定为法律制度的条件还不成熟，建议待进一步试点探索、总结经验后，通过立法予以规范"①。

2020年中央一号文件提出"以探索宅基地所有权、资格权、使用权'三权分置'为重点，进一步深化农村宅基地制度改革试点"。党的十九届五中全会审议通过的《中共中央关于制定国民经济和社会发展第十四个五年规划和二〇三五年远景目标的建议》明确要求："探索宅基地所有权、资格权、使用权分置实现形式"。2020年6月，中央全面深化改革委员会第十四次会议通过《深化农村宅基地制度改革试点方案》。2021年中央一号文件要求："加强宅基地管理，稳慎推进农村宅基地制度改革试点，探索宅基地所有权、资格权、使用权分置有效实现形式。"

二、农村宅基地管理的法律制度

（一）宅基地权益保障方式

> **知识点**
> "一户一宅"原则

1. "一户一宅"原则

《土地管理法》第六十二条第一款规定："农村村民一户只能拥有一处宅基地，其宅基地的面积不得超过省、自治区、直辖市规定的标准。"1998年《土地管理法》修订的指导思想是实现对耕地更为强有力的保护，并将我国土地管理方式由过去的分级限额审批制度改为土地用途管制制度。为了更好地保护耕地，防止农村村民建房对耕地的侵占、破坏，1998年《土地管理法》修订时确立了"一户一宅"原则。2019年《土地管理法》修订时坚持了该原则。

所谓"一户一宅"原则，是指符合条件的农村居民，只能以户为单位申请一处符合法定标准面积的宅基地。"一户一宅"原则，主要规范的是宅基地的申请取得，通过继承等方式合法取得宅基地的不受该原则的约束。根据第三次全国农业普查数据，2016年末，全国99.5%的农户拥有自己的住房。其中，拥有1处住房的20 030万户，占87.0%；拥有2处住房的2 677万户，占11.6%；拥有3处及以上住房的196万户，占0.9%。② 正确理解"一户一宅"原则，主要包括以下两个方面：

（1）农村居民申请取得宅基地应当符合法定条件。农村居民申请宅基地以户为单位，2020年《自然资源部 农业农村部关于保障农村村民住宅建设合理用地的通知》规定："注意分户的合理性，做好与户籍管理的衔接，不得设立互为前置的申请条件。"各省、自治区、直辖市根据实际情况，对申请条件的规定略有差异。以安徽省为例，

---

① 自然资源部部长2018年12月23日在第十三届全国人民代表大会常务委员会第七次会议上做的《关于〈中华人民共和国土地管理法〉、〈中华人民共和国城市房地产管理法〉修正案（草案）〉说明》。
② 国家统计局《第三次全国农业普查主要数据公报（第四号）》。

根据《安徽省实施〈中华人民共和国土地管理法〉办法》第四十四条第一款的规定："农村村民符合下列条件之一的，可以申请使用宅基地：（一）因结婚等原因，确需建房分户，原宅基地面积低于分户标准的；（二）因自然灾害或者实施村镇规划需要搬迁的；（三）经县级以上人民政府批准回原籍落户，没有住宅需要新建住宅的；（四）原有宅基地被依法征用的；（五）县级以上人民政府规定的其他条件。"

（2）按照"一户一宅"原则取得宅基地的面积应当符合法定标准。考虑到全国各地土地资源禀赋差异较大，《土地管理法》并没有规定全国统一的标准，而是由各省、自治区、直辖市规定。以辽宁省为例，根据《辽宁省实施〈中华人民共和国土地管理法〉办法》第三十一条的规定："农村村民建住宅，宅基地的用地标准按下列规定执行：（一）人均耕地 1 300 平方米以上的村，每户不准超过 400 平方米；（二）人均耕地 667 平方米以上，1 300 平方米以下（含本数）的村，每户不准超过 300 平方米；（三）人均耕地 667 平方米以下（含本数）的村，每户不准超过 200 平方米。在前款规定的限额内，市、县人民政府可以根据当地实际，具体规定本行政区域内的农村宅基地标准。"

2. "户有所居"原则

2019 年《土地管理法》修订时确立了宅基地权益保障方式的另一个原则："户有所居"。《土地管理法》第六十二条第二款规定："人均土地少、不能保障一户拥有一处宅基地的地区，县级人民政府在充分尊重农村村民意愿的基础上，可以采取措施，按照省、自治区、直辖市规定的标准保障农村村民实现户有所居。"

🔍 知识点

"户有所居"原则

"户有所居"原则，是指在不能以"一户一宅"实现宅基地权益保障的地区，在尊重农村村民意愿的前提下，县级人民政府可以以户为单位按照法定标准实现农村村民的居住保障。"户有所居"原则是"一户一宅"原则的补充，它充分考虑到了部分地区由于人均土地面积较小，无法实现"一户一宅"的宅基地权益保障方式。至于"户有所居"的保障标准，《土地管理法》授权由各省、自治区、直辖市根据实际情况进一步明确。2020 年《自然资源部 农业农村部关于保障农村村民住宅建设合理用地的通知》明确要求，保障"户有所居"应当"充分尊重农民意愿，不提倡、不鼓励在城市和集镇规划区外拆并村庄、建设大规模农民集中居住区，不得强制农民搬迁和上楼居住"。

（二）农村村民建住宅的要求

《土地管理法》第六十二条第三款规定："农村村民建住宅，应当符合乡（镇）土地利用总体规划、村庄规划，不得占用永久基本农田，并尽量使用原有的宅基地和村内空闲地。编制乡（镇）土地利用总体规划、村庄规划应当统筹并合理安排宅基地用地，改善农村村民居住环境和条件。"农村村民建住宅应当符合规划的要求。根据《土地管理法》第十九条第二款的规定："乡（镇）土地利用总体规划应当划分土地利用区，根据土地使用条件，确定每一块土地的用途，并予以公告。"《中华人民共和国城乡规划法》对乡规划和村庄规划提出了明确要求，其第十八条规定："乡规划、村庄规划应当从农村实际出发，尊重村民意愿，体现地方和农村特色。乡规划、村庄规划的内容应当包括：规划区范围，住宅、道路、供水、排水、供电、垃圾收集、畜禽养殖场所等农村生产、生活服务设施、公益事业等各项建设的用地布局、建设要求，以及对耕地等自然资源和历史文化遗产保护、防灾减灾等的具体安排。乡规划还应当包括本行政区域内的村庄发展布局。"

为了进一步保障农村村民的宅基地用地需求，2020年《自然资源部 农业农村部关于保障农村村民住宅建设合理用地的通知》要求："各省级自然资源主管部门会同农业农村主管部门，每年要以县域为单位，提出需要保障的农村村民住宅建设用地计划指标需求，经省级政府审核后报自然资源部。自然资源部征求农业农村部意见后，在年度全国土地利用计划中单列安排，原则上不低于新增建设用地计划指标的5%，专项保障农村村民住宅建设用地，年底实报实销。"同时，为了加强规划管控，《自然资源部 农业农村部关于保障农村村民住宅建设合理用地的通知》规定："在县、乡级国土空间规划和村庄规划中，要为农村村民住宅建设用地预留空间。已有村庄规划的，要严格落实。没有村庄规划的，要统筹考虑宅基地规模和布局，与未来规划做好衔接。要优先利用村内空闲地，尽量少占耕地。"

（三）宅基地申请审批制度

> 知识点
> 宅基地申请审批制度

《土地管理法》第六十二条第四款规定："农村村民住宅用地，由乡（镇）人民政府审核批准；其中，涉及占用农用地的，依照本法第四十四条的规定办理审批手续。"2019年《土地管理法》修订时下放了宅基地审批权限，明确规定农村村民申请宅基地的，由乡（镇）人民政府审核批准。农村居民申请宅基地应当履行相应程序，2019年《农业农村部 自然资源部关于规范农村宅基地审批管理的通知》中明确了宅基地申请审批程序。

（1）农户申请。符合宅基地申请条件的农户，以户为单位向所在村民小组提出宅基地和建房（规划许可）书面申请。

（2）村民小组、村集体经济组织或者村民委员会审查。村民小组收到申请后，应提交村民小组会议讨论，并将申请理由、拟用地位置和面积、拟建房层高和面积等情况在本小组范围内公示。公示无异议或异议不成立的，村民小组将农户申请、村民小组会议记录等材料交村集体经济组织或村民委员会（以下简称村级组织）审查。村级组织重点审查提交的材料是否真实有效、拟用地建房是否符合村庄规划、是否征求了用地建房相邻权利人意见等。没有分设村民小组或宅基地和建房申请等事项已统一由村级组织办理的，农户直接向村级组织提出申请，经村民代表会议讨论通过并在本集体经济组织范围内公示后，由村级组织签署意见，报送乡（镇）人民政府。

（3）乡（镇）人民政府审核批准。市、县人民政府有关部门要加强对宅基地审批和建房规划许可有关工作的指导，乡（镇）人民政府要探索建立一个窗口对外受理、多部门内部联动运行的农村宅基地用地建房联审联办制度，方便农民群众办事。公布办理流程和要件，明确农业农村、自然资源等有关部门在材料审核、现场勘查等各环节的工作职责和办理期限。审批工作中，农业农村部门负责审查申请人是否符合申请条件、拟用地是否符合宅基地合理布局要求和面积标准、宅基地和建房规划许可申请是否经过村组审核公示等，并综合各有关部门意见提出审批建议。自然资源部门负责审查用地建房是否符合国土空间规划、用途管制要求，其中涉及占用农用地的，应在办理农用地转用审批手续后，核发乡村建设规划许可证；在乡、村庄规划区内使用原有宅基地进行农村村民住宅建设的，可按照本省（区、市）有关规定办理规划许可。涉及林业、水利、电力等部门的要及时征求意见。根据各部门联审结果，由乡（镇）人民政府对农村宅基地申请进行审批，出具《农村宅基地批准书》，鼓励地方将乡村建设规划许可证由乡镇一并发放，并以适当方式公开。乡镇要建立宅基地用地建房审批管理台账，有关资料归档留存，并及时将审批情况报县级农业农村、自然资源等部门备案。

此外，《土地管理法》第六十二条第五款规定："农村村民出卖、出租、赠与住宅后，再申请宅基地的，不予批准。"这一方面是为了防止农村村民在建造住宅的名义下违法进行房地产开发，另一方面也是对宅基地保障功能的重申，不得重复申请宅基地。

（四）宅基地制度改革与管理的主管部门

《土地管理法》第六十二条第七款规定："国务院农业农村主管部门负责全国农村宅基地改革和管理有关工作。"2019年《土地管理法》修订"落实深化党和国家机构改革精神，明确国务院农业农村主管部门负责全国农村宅基地改革和管理有关工作，赋予农业农村主管部门在宅基地监督管理和行政执法等方面相应职责"[①]。

[①] 自然资源部部长2018年12月23日在第十三届全国人民代表大会常务委员会第七次会议上做的《关于〈中华人民共和国土地管理法〉、中华人民共和国城市房地产管理法〉修正案（草案）〉说明》。

《土地管理法》第六十七条第二款规定："县级以上人民政府农业农村主管部门对违反农村宅基地管理法律、法规的行为进行监督检查的，适用本法关于自然资源主管部门监督检查的规定。"当然，宅基地制度改革与管理，同土地利用总体规划、耕地保护等密切相关。因此，宅基地制度改革与管理需要农业农村部门与自然资源部门的密切配合。

三、宅基地有偿退出制度

《土地管理法》第六十二条第六款规定：国家允许进城落户的农村村民依法自愿有偿退出宅基地，从而确立了宅基地有偿退出制度。所谓宅基地有偿退出，是指农村村民自愿将宅基地交回农村集体经济组织或者村民委员会，农村集体经济组织或者村民委员会给予相应补偿的制度。宅基地有偿退出，应当与宅基地收回制度相区别。宅基地收回，是指农村集体经济组织或者村民委员会，依法强制收回农村村民的宅基地使用权。《土地管理法》第六十六条第一款规定了土地使用权收回的法定情形，该规定也适用于宅基地使用权收回，这些情形主要包括：为乡（镇）村公共设施和公益事业建设，需要使用土地的；不按照批准的用途使用土地的；因撤销、迁移等原因而停止使用土地的。

对宅基地有偿退出的理解，应当从以下三个方面展开：首先，在宅基地退出主体方面，新修订的《土地管理法》要求是进城落户的农村村民。进城落户，是指农村村民的户籍变更为城镇居民。由于宅基地使用权实行"一户一宅"原则，"进城落户"应当理解为农村村民户内所有家庭成员均进城落户。其次，在宅基地退出补偿方面，农村集体经济组织或者村民委员会应当给予原宅基地使用权人合理补偿，具体补偿数额由农村村民与农村集体经济组织或者村民委员会协商确定。最后，宅基地有偿退出应当征得集体同意。由于宅基地有偿退出需要农村集体经济组织或者村民委员会给予合理补偿，因此农村村民应当征得农村集体经济组织或者村民委员会的同意，在双方协商一致的情形下完成宅基地退出。

四、宅基地盘活利用制度

《土地管理法》第六十二条第六款规定：鼓励农村集体经济组织及其成员盘活利用闲置宅基地和闲置住宅，从而确立了宅基地盘活利用制度。但是，《土地管理法》并未对宅基地盘活利用做更为明确的规定。2019年《农业农村部关于积极稳妥开展农村闲置宅基地和闲置住宅盘活利用工作的通知》（以下简称《盘活利用通知》）对宅基地盘活利用的主体、模式等做了更为明确的规定。

（1）宅基地盘活利用的主体是农村集体经济组织及其成员。《盘活利用通知》规定："在充分保障农民宅基地合法权益的前提下，支持农村集体经济组织及其成员采取自营、出租、入股、合作等多种方式盘活利用农村闲置宅基地和闲置住宅。鼓励有一定经济实力的农村集体经济组织对闲置宅基地和闲置住宅进行统一盘活利用。支持返乡人员依托自有和闲置住宅发展适合的乡村产业项目。引导有实力、有意愿、有责任的企业有序参与盘活利用工作。依法保护各类主体的合法权益，推动形成多方参与、合作共赢的良好局面。"

（2）宅基地盘活利用的模式选择应当因地制宜。《盘活利用通知》提出："各地要统筹考虑区位条件、资源禀赋、环境容量、产业基础和历史文化传承，选择适合本地实际的农村闲置宅基地和闲置住宅盘活利用模式。鼓励利用闲置住宅发展符合乡村特点的休闲农业、乡村旅游、餐饮民宿、文化体验、创意办公、电子商务等新产业新业态，以及农产品冷链、初加工、仓储等一二三产业融合发展项目。支持采取整理、复垦、复绿等方式，开展农村闲置宅基地整治，依法依规利用城乡建设用地增减挂钩、集体经营性建设用地入市等政策，为农民建房、乡村建设和产业发展等提供土地等要素保障。"

（3）宅基地盘活利用应当依法开展。《盘活利用通知》要求："各地要进一步加强宅基地管理，对利用方式、经营产业、租赁期限、流转对象等进行规范，防止侵占耕地、大拆大建、违规开发，确保盘活利用的农村闲置宅基地和闲置住宅依法取得、权属清晰。要坚决守住法律和政策底线，不得违法违规买卖或变相买卖宅基地，严格禁止下乡利用农村宅基地建设别墅大院和私人会馆。要切实维护农民权益，不得以各种名义违背农民意愿强制流转宅基地和强迫农民'上楼'，不得违法收回农户合法取得的宅基地，不得以退出宅基地作为农民进城落户的条件。对利用闲置住宅发展民宿等项目，要按照2018年中央一号文件要求，尽快研究和推动出台消防、特种行业经营等领域便利市场准入、加强事中事后监管的措施。"

谈观点

以实际案例谈谈你对宅基地有偿退出和盘活利用的理解。

08 第八节 土地经营权流转典型案例分析

一、案情介绍

青海省海西蒙古族藏族自治州中级人民法院民事判决书（2016）青 28 民终 29 号

上诉人（原审原告）：项某合

委托代理人：杨某

被上诉人（原审被告）：天峻县加陇生态畜牧专业合作社

法定代表人：才某太，天峻县加陇生态畜牧专业合作社理事长

委托代理人：拉某

上诉人项某合因与被上诉人天峻县加陇生态畜牧专业合作社土地承包经营权入股合同纠纷一案，不服青海省天峻县人民法院（2015）天民一初字第 157 号民事判决，向本院提起上诉。本院于 2016 年 1 月 20 日受理后，依法组成合议庭并于 2016 年 3 月 31 日公开开庭审理了本案。上诉人项某合及其委托代理人杨某、被上诉人天峻县加陇生态畜牧专业合作社理事长才某太及其委托代理人拉某到庭参加诉讼。本案现已审理终结。

原审法院查明，2011 年 8 月 8 日，原告、被告双方签订《合作社入社协议书》，原告以其草场使用权入股天峻县加陇生态畜牧专业合作社，协议期限自 2011 年 8 月 10 日至 2014 年 8 月 10 日。协议期满后，天峻县加陇生态畜牧专业合作社于 2014 年 10 月召集合作社成员协商第二个生产周期（2014 年 10 月 1 日至 2017 年 10 月 1 日）的入股事宜，并告知合作社成员自愿以草场使用权入股加陇生态畜牧专业合作社的，应在自愿入社签字表和捺印表中签字、捺印，原告项某合之妻尚某某代表原告参与协商并捺印，双方签订协议书，协议期限自 2014 年 10 月 1 日至 2017 年 10 月 1 日，其间天峻县加陇生态畜牧专业合作社在原告所属草场架设网围栏 2 500 米，计 15 400 元；建设彩钢房一套，价值 52 800 元；另建蓄棚一个。后原告以家庭困难、天峻县加陇生态畜牧专业合作社分红较低为由要求退股，双方协商未果。

本案证据的分析：被告提交的《合作社入社协议书》、自愿入社签字表和捺印表，

原告项某合虽然表示不是其本人及家人签字、捺印,但证人才某某出庭证明"自愿入社签名表中的所有人都到了现场,会写字的亲自签名,不识字的也是本人亲自捺的印",且原告及其家人当场并未表示反对,《合作社入社协议书》应有效;原告对被告提交的其余证据不持异议,本院予以认定。

原审法院认为,公民、法人的合法权益依法受法律保护,原告、被告双方签订的《合作社入社协议书》合法、有效,双方应按《合作社入社协议书》履行各自的义务,该协议书约定"本社成员一经加入生态畜牧专业合作社,三年内不能主动提出退股",故原告项某合要求被告天峻县加陇生态畜牧专业合作社返还草场使用权的诉讼请求,本院不予支持。据此,依照《中华人民共和国民法通则》第八十八条第一款的规定,判决:驳回原告项某合的诉讼请求。案件受理费50元,由原告项某合承担。

上诉人项某合不服原判,上诉称,2011年上诉人将其所有的2 452.1亩冬季草场和789.75亩秋季草场入股天峻县加陇生态畜牧专业合作社,双方约定本社成员三年内不能主动提出退股,三年期满后可无条件退股。2014年8月入股期限届满,上诉人要求退股,但被上诉人要求上诉人支付182 400元基础设施建设费用后方同意退股。故请求:①撤销青海省天峻县人民法院(2015)天民一初字第157号民事判决书,改判被上诉人向上诉人返还草场使用权;②本案诉讼费用由被上诉人承担。

被上诉人天峻县加陇生态畜牧专业合作社辩称,上诉人要求合作社返还草场使用权及承担本案诉讼费用的上诉理由不能成立。根据合作社的章程,如非要退股,就应退还在其草场上建设的基础设施建设费用213 900元。项某合的妻子尚某某是才某太的妹妹,2014年10月份的《合作社入社协议书》上也是尚某某捺的手印。

根据双方当事人的诉辩意见,本案的争议焦点是:①2014年10月1日双方签订的第二份《合作社入社协议书》是否成立?②上诉人项某合是否符合退股条件?

二审中,上诉人项某合申请证人尚某某出庭作证,拟证实2014年10月份的《合作社入社协议书》上的指印并非尚某某所捺;申请证人才某某出庭作证,拟证实上诉人项某合入股的草场其中有一部分草场系才某某的。

被上诉人天峻县加陇生态畜牧专业合作社质证称,证人才某某是上诉人项某合的女婿,户口于2014年迁入项某合家,在本村没有草场,也没有牛羊,对其证明不予认可。

二审中,被上诉人天峻县加陇生态畜牧专业合作社提交如下证据:

(1)青海省国土资源厅文件两份、织合玛乡加陇村实施开发方案一份,拟证实上诉人家的草场围栏是天峻县加陇生态畜牧专业合作社从青海省国土资源厅争取的扶贫项目,包括牛羊、三间房子和两个畜棚。

（2）2015 年合作社牛羊入股分红的统计表一份，拟证实上诉人领取了 2015 年的分红款。

上诉人项某合质证称：①合作社的一切事情都是其妻子尚某某出面的，手印也不是自己捺的，对此并不知情；②钱和牛羊都领了，都是 2015 年领的，但并未签字。

经审理查明，上诉人项某合领取了被上诉人天峻县加陇生态畜牧专业合作社 2015 年的补偿款及牛羊。

本院二审查明的其他事实与一审查明的事实一致。

本院认为，上诉人项某合不认可 2014 年 10 月的《合作社入社协议书》上的签字、捺印，申请其妻子尚某某出庭作证，拟证实尚某某并未捺印，但庭审中尚某某无法明确表示该协议书上的指印不是其所捺，上诉人项某合亦当庭认可领取了被上诉人天峻县加陇生态畜牧专业合作社 2015 年的补偿款及牛羊，则上诉人项某合已按协议约定履行了合同，根据《合同法》第三十七条之规定，上诉人项某合与被上诉人天峻县加陇生态畜牧专业合作社于 2014 年 10 月 1 日签订的《合作社入社协议书》成立并生效，对当事人具有法律约束力。该协议书明确约定"本社成员一经加入生态畜牧专业合作社，三年内不能主动提出退股"，故上诉人项某合的上诉请求不能成立，本院不予支持。

综上，原判认定事实清楚，程序合法，适用法律正确，应予维持。依照《中华人民共和国民事诉讼法》第一百七十条第一款第（一）项之规定，判决如下：

驳回上诉，维持原判。

二审案件受理费 50 元，由上诉人项某合承担。

本判决为终审判决。

二、案例分析

本案发生在 2018 年《农村土地承包法》修订之前，土地经营权入股并未得到立法确认，但是不影响其作为土地经营权入股的典型案例。同时，在案例分析中，还可以结合 2018 年《农村土地承包法》修订做进一步的探讨。本案的争议焦点是土地经营权入股协议中，"本社成员一经加入生态畜牧专业合作社，三年内不能主动提出退股"的效力问题。

（一）退社自由与入股协议

退社自由，是 2006 年《农民专业合作社法》第三条明确规定的农民专业合作社应当遵循的原则之一。包含退社自由在内的社员资格开放与自愿原则，被国际合作社联盟视为合作社最本质的特征之一。问题的关键在于，是否允许农民专业合作社对退社自由做出一定限制，以及应当如何限制？

（1）农民专业合作社可以对退社自由做出一定限制。退社自由应当依法实现，而非由农民专业合作社成员任意实施。本案适用的应当是2006年《农民专业合作社法》，其第二十一条第一款规定，成员资格终止的，农民专业合作社应当按照章程规定的方式和期限，退还记载在该成员账户内的出资额和公积金份额，以及成员资格终止前的可分配盈余。从该条规定看，允许农民专业合作社对退社的方式和期限做出特别的规定。2017年《农民专业合作社法》修订时坚持了上述规定。

（2）应当通过章程而非入股协议，对退社自由做出相应限制。入股协议的双方当事人是土地承包经营权人和农民专业合作社，其法律效力仅及于当事人双方。而农民专业合作社章程，对全体农民专业合作社成员发生法律效力。《农民专业合作社法》第十九条将承认并遵守农民专业合作社章程作为成为农民专业合作社成员的必要条件。换言之，土地经营权入股时，农民专业合作社虽然可以在入股协议中对退社自由做出一定限制，但是要得到法律的认可，应当尽快通过章程对相关限制做出明确规定。根据《农民专业合作社法》第三十条的规定，做出修改章程的决议应当由本社成员表决权总数的三分之二以上通过。章程对表决权数有较高规定的，从其规定。

（3）应当关注出资和出资额的区别。《农民专业合作社法》规定的是退社时退回成员的"出资额"，而不是"出资"。如果入股土地对农民专业合作社的规模经营没有影响，或者双方当事人协商一致，退回入股的土地经营权，即"出资"，自然并无不可。但是，土地是进行农业合作经营的基础，大多数情况下农民专业合作社都会对入股土地进行整理，并建设相应的农业基础设施。此种情形下，农民专业合作社成员要求退回入股土地不利于农业的规模化经营以及可持续发展，应当做出替代性安排，以保障退社自由。替代性安排主要包括两种方式：一是调整同等面积和质量的其他土地；二是返还等值货币。无论做出何种替代性安排，农民专业合作社实际上退回成员的均为"出资额"，而不是"出资"。

（二）承包方不得单方解除土地经营权流转合同与退社自由

2018年《农村土地承包法》修订时增加了对承包方单方解除土地经营权流转合同的限制，其第四十二条规定："承包方不得单方解除土地经营权流转合同，但受让方有下列情形之一的除外：（一）擅自改变土地的农业用途；（二）弃耕抛荒连续两年以上；（三）给土地造成严重损害或者严重破坏土地生态环境；（四）其他严重违约行为。"换言之，除非受让方出现上述法定情形，否则承包方不得单方解除土地经营权流转合同，收回承包地。问题的关键在于，如何正确理解和适用承包方不得单方解除土地经营权流转合同和保障土地经营权入股农民专业合作社的退社自由。

  承包方不得单方解除土地经营权流转合同不构成对退社自由的否定。承包方不得单方解除土地经营权流转合同，是《农村土地承包法》针对所有土地经营权流转合同的规定。从土地经营权流转的方式来看，包括出租（转包）、入股和其他方式。而且根据《农村土地经营权流转管理办法》第十四条的规定，土地经营权入股中的受让方包括公司、合作经济组织等。因此，土地经营权入股不但应当适用《农村土地承包法》的规定，而且应当适用《公司法》《农民专业合作社法》等相关法律的规定。同时，根据《立法法》第九十二条的规定，同一机关制定的法律、行政法规、地方性法规、自治条例和单行条例、规章，特别规定与一般规定不一致的，适用特别规定。就土地经营权入股农民专业合作社而言，《农村土地承包法》的规定属于一般规定，而《农民专业合作社法》的规定属于特别规定。因此，退社自由的保障应当优先于承包方不得单方解除土地经营权流转合同。当然，如前文所述，农民专业合作社成员退社自由的实现，也应当依照法律规定和章程约定，农民专业合作社成员不能任意解除土地经营权流转合同，收回承包地。

09 第九节　农村宅基地管理典型案例分析

一、案情介绍

最高人民法院行政判决书（2020）最高法行再375号

再审申请人（一审第三人、二审上诉人）：吉某玉

委托诉讼代理人：汪某霞

委托诉讼代理人：颜某

被申请人（一审原告、二审被上诉人）：郭某荣

被申请人（一审被告、二审被上诉人）：广东省梅州市五华县人民政府

法定代表人：朱某辉

委托诉讼代理人：薛某贤

委托诉讼代理人：钟某嘉

再审申请人吉某玉因被申请人郭某荣诉被申请人广东省梅州市五华县人民政府（以下简称五华县政府）土地行政登记一案，不服广东省高级人民法院（2018）粤行终327号行政判决，向本院申请再审。本院于2020年8月4日做出（2019）最高法行申12459号行政裁定，提审本案，并于2020年9月2号立案，依法组成合议庭并进行了审理。本案现已审理终结。

广东省梅州市中级人民法院一审查明：2010年11月25日，吉某智向广东省梅州市五华县国土资源局（以下简称五华县国土局）提交土地登记申请书、身份证明、土地权属证明书等申请资料，就涉案土地申请土地登记。其中，吉某智提交的土地权属证明书的备注栏注明：此表只供1986年12月31日前农村私人建房者不能提供土地权属证明材料的用地户使用，作为土地权属来源依据。五华县国土局受理吉某智的申请后，经过土地登记地籍调查、宗地图测绘、土地宗地登记公告、土地登记审批等程序，并报五华县政府登记造册后，于2011年12月8日向吉某智核发华府集用（2011）第0099709号《集体土地使用证》（以下简称99709号土地证）。

另查明，郭某荣是五华县华城镇维西村村民，娶吉某智女儿吉某玉1为妻。吉某智另有一女吉某玉。吉某智2014年去世后，吉某玉1一方与吉某玉一方因涉案土地使用权及地上建造房屋所有权的继承问题发生纠纷。2017年1月，吉某玉向广东省五华县人民法院提起继承诉讼，请求按吉某智的遗嘱继承涉案土地使用权及地上建造房屋所有权。郭某荣在该案诉讼中知悉五华县政府为吉某智颁发了99709号土地证，遂提起本案行政诉讼，请求撤销99709号土地证。

再查明，吉某智系非农业家庭户口，退休前在五华县人民医院工作。涉案土地上的房屋于2009年开始建造，2010年建好。

广东省梅州市中级人民法院一审认为，《中华人民共和国行政诉讼法》第二条规定，公民、法人或者其他组织认为行政机关和行政机关工作人员的行政行为侵犯其合法权益，有权依照本法向人民法院提起诉讼。本案中，郭某荣认为五华县政府为吉某智颁发的99709号土地证使用了其承包的土地，该颁证行为侵犯了其土地承包经营权。为证明其主张，郭某荣提供了五华县华城镇维西村民委员会出具的证明及同村村民的证人证言。吉某玉亦承认建房的土地是郭某荣妻子吉某玉1名下的集体土地。

因此，郭某荣与本案被诉行政行为有利害关系，具备本案的原告主体资格。吉某玉主张99709号土地证已经颁证6年，郭某荣的起诉已经超过法定起诉期限。但吉某玉并未提供任何证据证明五华县政府为吉某智颁发99709号土地证时郭某荣已经知道该行政行为的具体内容。故郭某荣主张是在2017年的继承纠纷诉讼案件中才知道99709号土地证的颁证行为内容，应予以认可，因此其提起本案诉讼并未超过法定起诉期限。

五华县政府的颁证行为存在以下违法之处：一是吉某智是非农业家庭户口，其不具备申请集体土地使用权登记的资格。二是吉某智申请颁证时提交的土地权属证明书中村民小组所填写的房屋建造时间与实际建造时间不符，根据庭审中郭某荣与吉某玉的陈述，涉案土地上的房屋于2009年开始建造，2010年建好。该土地权属证明书的备注栏注明，此表只供1986年12月31日前农村私人建房者不能提供土地权属证明材料的用地户使用，作为土地权属来源依据。因此吉某智提交的土地权属证明书不能作为土地权属来源依据。三是五华县政府提交的土地登记地籍调查表中，欠缺四邻签名，无法证明其所进行的相关地籍调查真实、合法。故五华县政府为吉某智核发99709号土地证的行政行为事实不清、证据不足，违反法定程序，应予撤销。

综上所述，郭某荣诉请撤销99709号土地证的理由成立，依法予以支持。依照《中华人民共和国行政诉讼法》第七十条第一、第三项的规定，判决撤销99709号土地证。吉某玉不服，向广东省高级人民法院提起上诉。

广东省高级人民法院查明的事实与一审法院查明的事实一致。

广东省高级人民法院二审认为，在本案中，华城镇维西村委会作为涉案土地的所有权人，出具证明证实，吉某智持有的99709号土地证记载的地块原属于郭某荣的家庭承包土地，故郭某荣有权针对五华县政府核发99709号土地证的行为提起本案诉讼，且没有证据证明郭某荣知道或应当知道五华县政府核发99709号土地证的具体时间，其自认在2017年的另案继承权纠纷中才知道99709号土地证，因此，吉某玉关于郭某荣不具备本案原告主体资格，其起诉超过法定起诉期限的理由不能成立，应不予采纳。

《土地登记办法》第九条第一款规定："申请人申请土地登记，应当根据不同的登记事项提交下列材料：（一）土地登记申请书；（二）申请人身份证明材料；（三）土地权属来源证明；（四）地籍调查表、宗地图及宗地界址坐标；（五）地上附着物权属证明；（六）法律法规规定的完税或者减免税凭证；（七）本办法规定的其他证明材料。"本案中，吉某智向五华县政府提交了土地登记申请书、身份证明、土地权属证明书等材料，申请涉案集体土地的使用权登记，五华县政府经审核后给吉某智核发99709号土地证。

但根据本案证据材料，吉某智申请取得99709号土地证时属于居民户口，并非华城镇维西村委会的集体经济组织成员，亦无其他证据证明其有权取得涉案集体土地的使用权。且吉某智申请发证填写的土地权属证明书仅适用于1986年12月31日之前建造的房屋申请发证使用，而吉某智房屋的建造时间并非1986年12月31日前。另外，吉某智申请发证时的土地登记地籍调查表中欠缺四邻签名。一审法院经审理认定，五华县政府核发99709号土地证的行政行为事实不清、证据不足，违反法定程序，据此判决撤销99709号土地证并无不当，应予以维持。

综上所述，一审判决正确，予以维持。吉某玉的上诉理由不能成立，应予以驳回。依照《中华人民共和国行政诉讼法》第八十九条第一款第一项的规定，驳回上诉，维持一审判决。

吉某玉申请再审称：吉某智退休以后就将户口迁回农村，并在农村一直居住，因祖宅成为危房才向政府申请办理建房手续。该房屋在1986年已经打好地基，2010年才续建完成。请求撤销一、二审判决，驳回郭某荣的诉讼请求。

郭某荣答辩称：吉某智系非农业家庭户口，不符合在集体土地使用证上登记的基本条件，其使用涉案土地建房侵犯了郭某荣的承包土地。请求驳回吉某玉的再审申请。

五华县政府答辩称：2010年11月，吉某智向五华县国土局提交土地登记申请书、身份证明、土地权属证明书等材料，就涉案宅基地申请土地登记。五华县国土局依法调查核实后，于2010年12月予以公告，公告期间没人提出异议。2011年12月，五华县政府依法向吉某智颁发99709号土地证。该行政行为事实清楚、程序合法、适用法律正确。请求驳回郭某荣的起诉。

本院认为，根据原审查明事实及当事人提交的证据材料，吉某智原为广东省五华县人民医院干部，20世纪80年代退休以后，将户口迁回五华县华城镇维西村上排组，并一直居住在祖宅中，其女儿吉某玉负责照顾其生活起居直至其去世。虽然吉某智的户籍信息登记为城镇居民，但是其本人自退休以后一直居住在该集体经济组织之中，将集体经济组织所有的集体土地作为其基本的生活和居住保障，与该集体经济组织形成了稳定的生产、生活关系。因此，当祖宅年久失修，存在安全隐患，无法继续居住时，吉某智有权申请重修祖宅或者根据规划向所在村民小组和村委会申请宅基地使用权异地建房居住。所在村民小组和村委会签字盖章予以同意，五华县国土局调查核实后予以公告，吉某玉与郭某荣均未提出异议。直至吉某智去世，因涉案宅基地使用权和房屋所有权继承纠纷，郭某荣才以吉某智并非该集体经济组织成员，侵犯了其承包土地为由提起本案行政诉讼，显然有违常理。

总之，吉某智20世纪80年代已将户口迁回五华县华城镇维西村上排组，并长期居住在其祖宅中，当祖宅年久失修，存在安全隐患，无法继续居住时，其有权申请宅基地使用权异地建房居住。因此，原颁证程序和相关证据虽存在不当之处，但因吉某智已于2014年去世，且无法通过采取补救措施解决，撤销99709号土地证也无法解决遗产继承和郭某荣主张的权益问题。一审判决撤销99709号土地证，二审判决驳回上诉、维持一审判决，系适用法律错误，应予纠正。自然资源部2020年9月9日在对第十三届全国人民代表大会第三次会议第3226号建议的答复中明确了"农民的宅基地使用权可以依法由城镇户籍的子女继承并办理不动产登记"。

根据《中华人民共和国继承法》的规定，被继承人的房屋作为遗产由继承人继承，按照房地一体原则，继承人继承取得房屋所有权和宅基地使用权，农村宅基地不能被单独继承。《不动产登记操作规范（试行）》明确规定，非本农村集体经济组织成员（含城镇居民），因继承房屋占有宅基地的，可按相关规定办理确权登记，在不动产登记簿及附注栏注记的该权利人为非本农村集体经济组织成员住宅的合法继承人。本案遗产继承纠纷各方均为家庭成员，宜通过协商一致或者互谅互让等方式平衡好各方权益。

综上，五华县政府向吉某智颁发 99709 号土地证的行为并无不当，一、二审判决认定事实不清、适用法律错误，应予纠正。依照《中华人民共和国行政诉讼法》第八十九条第一款第三项和《最高人民法院关于适用〈中华人民共和国行政诉讼法〉的解释》第一百一十九条第一款、第一百二十二条之规定，判决如下：

（1）撤销广东省高级人民法院（2018）粤行终 327 号行政判决；

（2）撤销广东省梅州市中级人民法院（2017）粤 14 行初 81 号行政判决；

（3）驳回郭某荣的诉讼请求。

一审和二审案件受理费共计 100 元，由郭某荣负担。

本判决为终审判决。

二、案例分析

最高人民法院的上述判决，对宅基地管理制度中的两个方面做出了回应，即宅基地的申请主体和宅基地使用权的继承问题。

（1）宅基地的申请主体。吉某智是否具备申请宅基地的资格成为本案的争议焦点。一审判决认为："吉某智是非农业家庭户口，其不具备申请集体土地使用权登记的资格。"二审判决认为："吉某智申请取得 99709 号土地证时属于居民户口，并非维西村委会的集体经济组织成员，亦无其他证据证明其有权取得涉案集体土地的使用权。"综合来看，一审判决和二审判决将户籍作为核心标准，并认为吉某智不具备农村集体经济组织成员身份，从而否定了其宅基地申请主体的资格。最高人民法院再审判决强调宅基地申请主体的资格认定，不能以户籍作为唯一标准，再审判决认为"虽然吉某智的户籍信息登记为城镇居民，但是其本人自退休以后一直居住在该集体经济组织之中，将集体经济组织所有的集体土地作为其基本的生活和居住保障，与该集体经济组织形成了稳定的生产、生活关系"。因此，宅基地申请主体资格的认定，应当综合考量户籍、将集体土地作为基本的生活和居住保障，与农村集体经济组织形成了稳定的生产、生活关系等多种因素。

（2）宅基地使用权的继承。自然资源部 2020 年 9 月 9 日在对第十三届全国人民代表大会第三次会议第 3226 号建议的答复中明确了"农民的宅基地使用权可以依法由城镇户籍的子女继承并办理不动产登记"。最高人民法院再审判决对上述答复做了进一步肯定。因此，宅基地使用权的继承并不因继承人的身份受到影响。同时，最高人民法院再审判决明确了继承人依法继承宅基地使用权的基本规则：只能根据房地一体原则，通过继承房屋取得房屋所有权和宅基地使用权。而且根据《不动产登记操作规范（试行）》的规定，非本农村集体经济组织成员（含城镇居民），因继承房屋占有宅基地的，可按相关规定办理确权登记，在不动产登记簿及附注栏注记的该权利人为非本农村集体经济组织成员住宅的合法继承人。换言之，宅基地使用权不能被单独继承，在没有房屋的情况下，被继承人死亡的，宅基地使用权应当由农村集体经济组织或者村民委员会收回。

第四章 农民专业合作社法律与政策

教学目的与要求

理解
1. 农民合作社的发展
2. 农民专业合作社的登记
3. 农民专业合作社的成员结构

掌握
1. 《农民专业合作社法》的适用范围
2. 农民专业合作社的扶持措施
3. 农民专业合作社的财产构成

领会和应用
1. 农民专业合作社的任职限制制度
2. 农民专业合作社的盈余分配制度

导学

第四章 农民专业合作社法律与政策

知识导图

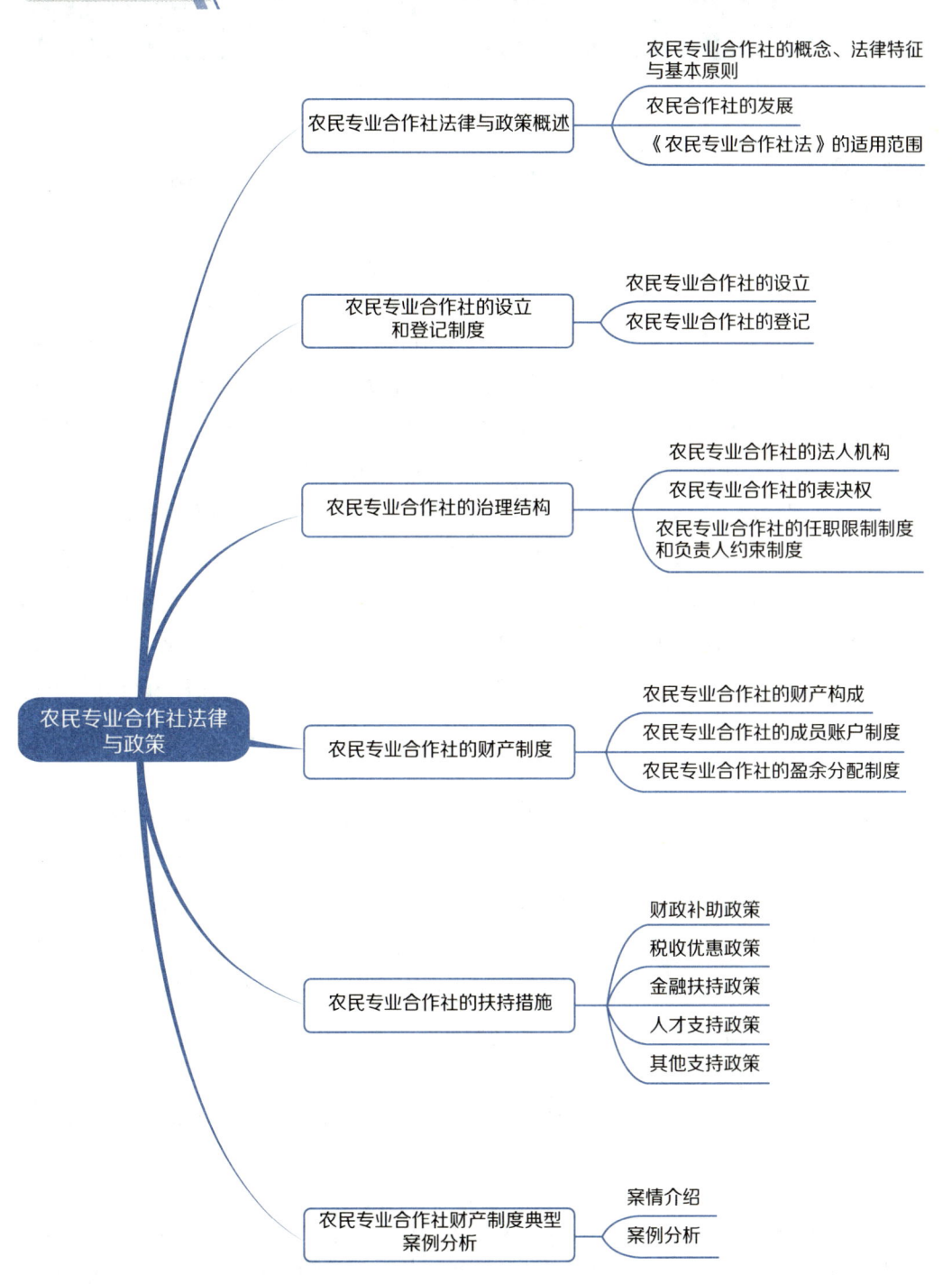

农民专业合作社法律与政策
- 农民专业合作社法律与政策概述
  - 农民专业合作社的概念、法律特征与基本原则
  - 农民合作社的发展
  - 《农民专业合作社法》的适用范围
- 农民专业合作社的设立和登记制度
  - 农民专业合作社的设立
  - 农民专业合作社的登记
- 农民专业合作社的治理结构
  - 农民专业合作社的法人机构
  - 农民专业合作社的表决权
  - 农民专业合作社的任职限制制度和负责人约束制度
- 农民专业合作社的财产制度
  - 农民专业合作社的财产构成
  - 农民专业合作社的成员账户制度
  - 农民专业合作社的盈余分配制度
- 农民专业合作社的扶持措施
  - 财政补助政策
  - 税收优惠政策
  - 金融扶持政策
  - 人才支持政策
  - 其他支持政策
- 农民专业合作社财产制度典型案例分析
  - 案情介绍
  - 案例分析

01 第一节 农民专业合作社法律与政策概述

法律文件速查

《中华人民共和国农民专业合作社法》

一、农民专业合作社的概念、法律特征与基本原则

（一）农民专业合作社的概念

学术界通常认为，世界范围成立最早的较为成熟的合作社是1843年诞生于英国曼彻斯特的罗虚代尔公平先锋社[①]。自此，合作社开始在世界范围内不断发展，从消费合作社、住宅合作社、信贷合作社发展到生产合作社、销售合作社等多种类型，合作社组织形式也开始向经济、社会各个领域扩展。

1895年，团结、服务于合作社并以推动世界范围内合作社运动为目标的国际合作社联盟（International Cooperative Alliance，ICA）在英国伦敦成立。国际合作社联盟是一个独立的非政府国际组织。按照国际合作社联盟的理解，合作社是人们自愿联合起来，通过共同拥有和民主控制的企业来满足其共同的经济、社会和文化需要和愿望的自治组织。学术界将符合国际合作社联盟确立的定义、原则的合作社称为经典合作社。但事实上，世界各国的合作社在保持合作社基本特性的基础上，有不同的表现形式和特点。

我国的农民专业合作社兴起于改革开放初期。在家庭承包经营制度确立后，小规模分散生产经营的农户面临激烈的市场竞争压力：在产前阶段，农业生产资料购买成本高，且经常会购买到质次价高的种子、化肥、农药；在产中阶段，由于生产规模狭小而难以克服生产要素配置低下的困境；在产后阶段，农产品销售困难的瓶颈难以摆脱。基于各种限制因素，在公司、农村集体经济组织、供销合作社、经营大户等各类组织和乡村精英的带动下，农户之间围绕农业生产经营活动，自发成立了各种类型的农民合作经济组织。这些组织在引领成员走向市场、提高农业生产的组织化程度等方面发挥了很大作用，但法律地位不明确、内部运行机制混乱、小农户成员的经济利益

[①] 1843年，英国北方罗虚代尔的一家法兰绒纺织厂，工人要求增加工资的罢工斗争失败后，工人一起商量补救措施，决定组织消费合作社。一年后，该消费合作社开始营业，主要业务是向社员出售面粉、黄油、茶叶、蜡烛等日用品。这个合作社被命名为"罗虚代尔公平先锋社"，其合作原则被称为"罗虚代尔原则"。在该原则的指导下，合作社运动逐步形成了具有特定内涵和特征的经济组织形式。

被公司和经营大户挤压等问题比较突出。为此，2006年10月31日第十届全国人民代表大会常务委员会第二十四次会议通过《农民专业合作社法》，该法自2007年7月1日起施行。

《农民专业合作社法》明确了农民专业合作社的设立、成员、组织机构、财务管理制度以及国家对农民专业合作社的支持政策等重要问题。法律的颁布实施，极大地推进了农民专业合作社在我国的发展。根据农业农村部相关统计数据，截至2020年11月底，依法登记的农民专业合作社达到224.1万家，农民专业合作社辐射带动全国近一半的农户，普通农户占合作社成员总数的80.7%。可以说，农民专业合作社已经成为农业生产经营活动中最为活跃的市场主体，在小农户与现代农业发展有机衔接、脱贫攻坚、乡村文化传承、乡村社会治理等方面具有不可替代的作用。

> **思政启示**
>
> 农民专业合作社的发展实践证明，合作社这一组织形式，对于增加农民收入、加快构建新型农业经营体系、推进农业现代化发挥着重要作用。

但是，从另一方面看，农民专业合作社不规范现象仍然比较突出，大量存在的"空壳社"，农民专业合作社中由少数人控制所形成的对小农户成员经济利益的挤压，以及对农民专业合作社扶持措施的不稳定等，都制约着农民专业合作社的可持续发展。为此，2017年12月27日，第十二届全国人民代表大会常务委员会第三十一次会议对《农民专业合作社法》进行了修订，修订后的《农民专业合作社法》自2018年7月1日起施行。

《农民专业合作社法》第二条规定："本法所称农民专业合作社，是指在农村家庭承包经营基础上，农产品的生产经营者或者农业生产经营服务的提供者、利用者，自愿联合、民主管理的互助性经济组织。"根据该条规定，农民专业合作社是建立在家庭承包经营基础上的，发展农民专业合作社，不仅不改变家庭承包经营的性质，反而以家庭承包经营为基础，是对家庭承包经营的巩固和完善。家庭承包经营是我国农村基本经营制度的基础。根据《宪法》第八条的规定，农村集体经济组织实行家庭承包经营为基础、统分结合的双层经营体制。我国农村实行家庭承包经营后，一家一户的小规模经营出现了很多困难，如土地经营规模狭小、劳动力短缺、市场信息不灵导致农产品销售困难等，为解决这些问题，农民必须通过合作社实现农业生产的规模化和农产品进入市场的规模化。因此，农村家庭承包经营制度的确立，是农民走向合作的内在需求，是合作社发展的客观基础。中央多次强调，要稳定家庭承包经营制度，发展农民专业合作社，不改变以家庭承包经营为基础的农村基本经营制度。

无论是国际合作社联盟的定义，还是我国法律对《农民专业合作社法》适用范围的规定，都强调了合作社成员间的利益一致性。国际合作社联盟突出体现了合作社中所有者、管理者、使用者的统一。成员是合作社的所有者，是指合作社的财产归成员所有、由成员支配。成员是合作社的管理者，是指在合作社中劳资角色不分离，由成员共同对合作社事务进行决策。成员是合作社的使用者，是指合作社是为成员服务的组织，成员通过对合作社服务的利用扩大了合作社的规模，并以合作社规模的扩大获取更为有利的市场交易机会，进而提高合作社的经济地位与社会地位。《农民专业合作社法》强调合作社的成员作为农产品生产经营者，或者农业生产经营服务的提供者和利用者，有利用合作社服务的共同需求，并以该共同需求为纽带，改变一家一户规模过于狭小导致的在市场竞争中的不利地位。

民主控制，或者民主管理，是强调合作社以成员为导向的治理特点。与其他经济组织不同，合作社突出了对人的权利的尊重和保护，法律赋予并坚持合作社成员人人平等。人人平等，也是法律规定的合作社的重要原则。

从组织性质看，农民专业合作社是互助性经济组织。农民专业合作社的成员是以小农户为基础建立的，成员的经营规模小、可支配的生产要素较少。以此为基础建立的农民专业合作社，能够体现成员间的互帮互助，突破规模不经济的限制，提高资源配置能力，通过合作提供土地等生产要素、合作购买生产资料、合作从事农业生产、合作销售农产品，提高所有成员的收入。

（二）农民专业合作社的法律特征

根据《农民专业合作社法》对农民专业合作社的定义和适用范围的规定，农民专业合作社是互助性经济组织，主要是为成员的生产经营提供服务。从这一角度看，农民专业合作社具有非营利法人的特点。与其他产业相比，农业的比较利益低，同时要承担自然风险和市场风险。作为农业生产经营主体的农户发展经济须兼顾安全与效率，其经营活动的主要目标不是效益最大化，而是通过增加收入改善家庭成员的生活质量。一方面，农民专业合作社的财产主要由成员提供，由成员共同使用，以服务成员为目的，实现成员自治，这是农民专业合作社重要的经济特性。另一方面，农民专业合作社要参与市场竞争，要实现组织及其成员的经济利益最大化，因此，农民专业合作社作为一个典型的市场主体，也具有营利法人的特点。正是因为农民专业合作社兼具非营利法人和营利法人的双重特点，《民法典》第九十六条规定："本节规定的机关法人、农村集体经济组织法人、城镇农村的合作经济组织法人、基层群众性自治组织法人，为特别法人。"因此，农民专业合作社属于特别法人。

1. 农民专业合作社与公司相比较，有其特殊性

农民专业合作社与公司相比较，二者的区别主要体现在：

（1）成立目的不同。《民法典》第七十六条第一款规定："以取得利润并分配给股

东等出资人为目的成立的法人，为营利法人。"公司是典型的以营利为目的的法人，是由股东组成，以取得经济利益并分配给股东为目的的法人。农民专业合作社设立的主要目的在于为成员提供服务。换句话讲，农民专业合作社的最大特点在于它的服务性，成员加入合作社，也是为了获取合作社的生产资料购买服务，生产过程中的植保、防疫等服务，产品加工和储运服务，统一销售时的品牌服务等，而不是获取股金分红。合作社对外仍是经营组织，在出售成员产品和为成员购买生产资料时，仍然以利益最大化为目的。所以，农民专业合作社是对内提供服务、对外追求利润的组织。

（2）联合基础不同。公司是股东通过出资联合组成的，所以，公司是资本的联合。合作社联合的基础是成员的劳动或者劳动成果。从我国农民专业合作社发展的实践看，一般是将成员以户为单位各自生产的农产品聚集起来，通过加工、包装统一销售，利用产品规模的扩大来降低销售成本，争取有利的市场交易机会，获取更大效益。

（3）治理结构不同。在公司制度中，治理权的分配依据是公司注册资本的构成，即公司的治理权分配是基于股东的出资额比例，或者其认购的股份数额的比例，按照资本多数决原则实行一股一票的表决权分配。在合作社制度中，治理权设置的基础是人人平等的原则，具体表现为合作社事务的决策要由全体成员共同参与。在作为农民专业合作社权力机构的成员大会的表决中，实行一人一票的成员多数决原则，不论是否出资及出资额大小，每个成员均享有一票的基本表决权。

（4）财产权利不同。公司股东向公司出资，形成公司法人财产权的基础。为保持公司资本的稳定性，公司股东不得退股，只能以股份转让的方式退出公司。合作社的财产同样是以成员向合作社出资为基础形成的，但为保护成员退社自由的权利，退社成员可以主张合作社退还出资，以及量化到其成员账户中的公积金份额。同时，按照《农民专业合作社法》第五条第二款的规定，农民专业合作社对包括成员出资在内的财产享有占有、使用和处分的权利。

（5）交易方式不同。在公司制度中，交易主要是指以公司贸易与其他交易相对人之间通过合同关系形成的交换关系。公司与股东之间的交易属于关联交易，因其可能损害其他股东的利益而受到限制。在合作社制度中，交易则除对外形成的交换关系外，更主要的是合作社与其成员之间的交易。如前所述，合作社是通过成员之间劳动的集合实现规模效益，成员对合作社提供的服务利用程度越高，合作社的效益越大，因此法律鼓励成员与合作社交易，以提高合作社的市场竞争力。

（6）分配方式不同。在公司制度中，盈余分配的基础是股东的出资比例或持有股份的比例。在合作社制度中，由于可分配盈余是通过成员与合作社之间的交易形成的，是合作社采购或者销售规模扩大而产生的规模效益，因此合作社盈余分配的基础是成员与合作社之间的交易量（额）的比例。

2. 农民专业合作社与合伙企业相比较，有其特殊性

农民专业合作社与合伙企业相比较，二者的共同点是都具有明显的人合组织属性，都实行一人一票为基础的民主表决制度。二者的区别主要表现在：

（1）从事业目的看，合伙企业是企业的一种类型，以营利为目的，合伙企业的目的是通过合伙人的共同管理和经营实现合伙企业的利益最大化；而农民专业合作社是兼具营利法人与非营利法人双重特点的特殊法人。

（2）从法律地位看，由于合伙企业不享有独立财产权，不能独立承担民事责任，因而合伙企业不属于法人。《民法典》第一百零二条第二款规定："非法人组织包括个人独资企业、合伙企业、不具有法人资格的专业服务机构等。"而《民法典》第一百条第一款规定："城镇农村的合作经济组织依法取得法人资格。"《农民专业合作社法》第五条第一款规定："农民专业合作社依照本法登记，取得法人资格。"因此农民专业合作社具有法人资格，属于特殊法人。

（3）从责任方式看，合伙企业的合伙人对企业债务原则上承担无限连带责任。按照《合伙企业法》第二条第二款和第三款的规定，普通合伙企业由普通合伙人组成，合伙人对合伙企业债务承担无限连带责任。《合伙企业法》对普通合伙人承担责任的形式有特别规定的，从其规定。有限合伙企业由普通合伙人和有限合伙人组成，普通合伙人对合伙企业债务承担无限连带责任，有限合伙人以其认缴的出资额为限对合伙企业债务承担责任。按照《合伙企业法》第六十一条第二款的规定，有限合伙企业至少应当有一个普通合伙人，这意味着即使属于有限合伙企业，也至少有一名合伙人对合伙企业的债务承担无限连带责任。而按照《农民专业合作社法》第六条的规定："农民专业合作社成员以其账户内记载的出资额和公积金份额为限对农民专业合作社承担责任。"因此，农民专业合作社实行有限责任制度，合作社的每一个成员仅以其成员账户中记载的出资额和量化到成员账户中的公积金份额对合作社债务承担责任。

3. 农民专业合作社具有独立的法律特征

根据上述分析，农民专业合作社独立的法律特征可以归纳为以下几个方面：

（1）农民专业合作社的成员以农民为主体。农民专业合作社设立时，农民成员的比例不应低于合作社成员总数的80%；合作社存续期间，如果由于农民成员退社等导致农民成员的比例低于80%，合作社应及时吸收新的农民成员加入，以维持农民成员的比例符合法律规定。

（2）农民专业合作社应当主要为成员服务。从合作社成立的目的看，是要通过组织化满足农民购买生产资料、开展劳动互助、接受合作社提供的农业社会化服务、销售农产品等需求，因此营利并不是合作社成立的主要目的。按照《农民专业合作社法》的规定，农民专业合作社可以为非成员提供服务，但应当与对成员的服务分别核算。

（3）农民专业合作社强调成员权利平等。不论加入合作社时是否出资，不论采取何种方式出资以及出资额大小，不论是提供服务还是接受服务，全体成员都享有同等的对合作社事务进行决策的权利。在合作社中，成员是合作社的所有者，也是合作社的控制者，还是合作社服务的提供者和利用者。

（4）农民专业合作社兼具营利与非营利特点。对内，合作社成立的主要目的是为成员提供服务，而不是营利；对外，合作社要参与市场竞争，通过横向联合和产业链的纵向延伸提高市场竞争力，为成员谋取更大的经济利益。

（5）农民专业合作社是互助性经济组织。对小农户而言，生产经营规模狭小，可以支配的土地、劳动力、农业机械等生产要素少，资源配置空间有限，劳动效率不高。加入合作社，可以通过统一采购生产资料降低成本，通过统一技术服务提高生产效率，通过统一管理提高农产品品质，通过统一调配提高农业机械利用率，通过统一销售提高农产品价格。当前，农民专业合作社根据成员需求提供多样化服务，充分体现了互助性特征。

（三）农民专业合作社的基本原则

国际合作社联盟（ICA）倡导的合作社原则包括：①自愿与门户开放原则；②成员民主控制原则；③成员经济参与原则；④自治和中立原则；⑤教育、培训与咨询原则；⑥合作社之间的合作原则；⑦关心社区原则。国际合作社联盟倡导的合作社原则体现了合作社发展的理念和思想，各个国家在其立法例中，通常根据本国合作社发展实际，对这些原则进行不同程度的吸收和修正。与世界其他国家不同，我国的农民专业合作社形成于农业产业化发展过程中，公司领办合作社、农村精英领办合作社是比较普遍的现象。我国的农民专业合作社以促进小农户通过合作社这一组织方式弥补其在农业发展中的相对不利地位，保护农户及其他成员在合作社中的民主权利和经济利益为目的。《农民专业合作社法》在借鉴国际合作社联盟以及其他国家和地区相关立法例的基础上，基于我国农民专业合作社发展的实际与立法目标，明确了农民专业合作社应当遵循的基本原则。

1. 成员以农民为主体

成员以农民为主体，体现在多个方面。

（1）成员构成以农民为主体。我国城市化进程起步较晚，农民人数众多，且在市场竞争中处于相对弱势地位。为坚持农民专业合作社为农民服务的宗旨，发挥合作社在解决"三农"问题方面的作用，实现小农户与现代农业发展有机衔接，使农民真正成为合作社的主人，《农民专业合作社法》确立了农民专业合作社成员以农民为主体的原则，首先表现为成员数量上坚持以农民为主体。《农民专业合作社法》第二十条第一款规定:"农民专业合作社的成员中,农民至少应当占成员总数的百分之八十。"第二十条第二款同时对农民专业合作社中企业、事业单位、社会组织成员的数量进行了限制,即成员总数20人以下的,可以有1个企业、事业单位或者社会组织成员;成员总数超过20人的,企业、事业单位和社会组织成员不得超过成员总数的5%。法律之所以允许企业等法人组织加入合作社,是考虑到在我国农民专业合作社的形成和发展过程中,大量的合作社是由企业领办的。现代农业的发展,也离不开企业的资金、技术、管理和市场优势。企业等法人组织与农户结合建立合作社,符合我国当前合作社的发展实际,符合通过发展现代农业带领小农户走向市场的立法目的。但是,法人组织加入合作社,不得改变成员以农民为主体的原则的要求,合作社应当通过民主机制保障小农户在合作社中的话语权和经济利益,而不能使其被企业等法人组织控制。

(2)表决权分配以农民为主体。《农民专业合作社法》第二十二条规定:"农民专业合作社成员大会选举和表决,实行一人一票制,成员各享有一票的基本表决权。"农民专业合作社成员大会由全体成员组成,是农民专业合作社的权力机构,具有不同于其他经营主体的表决权分配方式。"一人一票"的民主管理制度,是由成员的特殊身份决定的,实行所有权与管理权相结合的原则。

(3)利益分配中以农民为主体。《农民专业合作社法》第四条规定:"盈余主要按照成员与农民专业合作社的交易量(额)比例返还。"相对于追求资本报酬的经营大户,小农户是合作社的所有者、交易者、服务利用者,是与合作社进行交易的主体,其对合作社的贡献主要体现在与合作社的交易量(额)中。小农户与合作社的交易量(额)比例越大,对合作社的贡献就越大,其可得到的盈余就越多。按照交易量(额)比例进行盈余分配是对小农户利益的倾向性保护。

2. 以服务成员为宗旨,谋求全体成员的共同利益

农民专业合作社以其成员为主要服务对象,以服务成员为宗旨。农民加入农民专业合作社后便可以享受合作社提供的专业性的产前、产中、产后服务,更好地发展生产。农民专业合作社将成员分散生产的农产品和需要的服务集聚起来,以规模化的方式进入市场,改变了单个农民的市场弱势地位。农民专业合作社是以成员自我服务为目的成立的,参加农民专业合作社的成员,都从事相关农产品的生产、经营,所有成员均需要由合作社提供生产资料购买、技术培训、病虫害防治和动物疫病防控、产品销售等服务,目的是通过合作社互助提高规模效益。无论是农民个体成员还是企业等法人组织成员,加入合作社都是为了享受合作社提供的服务,合作社以服务为纽带将同类或者业务上有关联的成员组织起来,其本质上是成员共同利益的联合体。

3. 入社自愿、退社自由

农民专业合作社是互助性经济组织,凡具有民事行为能力的公民,能够利用农民

专业合作社提供的服务，承认并遵守农民专业合作社章程，履行章程规定的入社手续的，都可以成为农民专业合作社的成员。成员享有加入某一个或者某几个农民专业合作社的自由，也享有退出农民专业合作社的自由。农民自愿加入农民专业合作社，可以以家庭承包为基础独立从事生产经营活动，并享有合作社提供的生产经营过程中的服务；也可以将土地经营权等入股到合作社，由合作社统一组织生产经营，成员参与合作社的管理。任何组织和个人不得违背农民意愿强迫农民加入合作社。

在合作社存续期间，成员由于各种原因，如职业发生变化而不再需要农民专业合作社提供的服务，可以选择退出合作社。退社是成员实现其民主权利的重要形式，退社权受法律保护，合作社不得对成员退社进行限制。对于退出合作社的成员，合作社应当按照法律和章程规定的方式和程序，退还记载在退社成员账户中的出资额和公积金份额，并将成员资格终止前的可分配盈余依法返还给退社成员。

4. 成员地位平等，实行民主管理

民主控制或者民主管理，是合作社的重要特征之一。合作社重要事项的决策，应当广泛听取成员的意见，并通过一人一票的方式形成决议。成员地位平等，是指在合作社中不论出资多少、贡献大小，所有成员在合作社中的法律地位一律平等，包括领办合作社的公司、农村精英等，与普通农户一样，平等参与合作社事务的管理。依照法律规定，农民专业合作社应当设立成员大会，全体成员均在成员大会中有表达意见和建议的权利，成员大会形成的决议应当体现广大成员一致的利益诉求。因此，民主管理也是实现全体成员共同利益的重要形式。另外，合作社的民主管理，还是合作社规范化建设的重要内容。目前，我国一些农民专业合作社内部运行机制不健全，不能真正实行民主管理，不利于保护农民成员的民主权利和经济利益。有关部门组织开展了农民专业合作社规范化建设行动，重点从组织机构设置、运行方式、成员的民主权利和经济利益保护等方面引导合作社健全保障成员民主管理的制度和机制。

民主管理的原则，需要具体的法律制度的保障。《农民专业合作社法》从成员大会的设立、职权、表决权分配、议事规则等方面做了明确规定，对成员大会做了设立门槛和代表人数的限制，并保障成员对合作社事务进行监督的权利。

5. 盈余主要按照成员与农民专业合作社的交易量（额）比例返还

盈余分配方式的不同，是农民专业合作社与其他经济组织的重要区别。**交易量（额）返还原则**，也称惠顾返还原则，是指农民专业合作社的可分配盈余，主要按照成员与农民专业合作社之间的交易量（额）比例返还给成员。这一原则，与国际合作社联盟倡导的成员经济参与原则一致。成员基于对合作社经济参与的程度分享合作社盈余，可以增强合作社的凝聚力，也有助于合作社扩大经营规模和提高市场谈判地位。在我国的农民专业合作社发展实践中，农民专业合作社的盈余形成既有资本的贡献，也有成员对农民专业合作社服务的利用的贡献。其中，以交易量为核心的对农民专业合作社服务的利用，更多发生在小农户与农民专业合作社之间。以交易量（额）返还为主的原则，体现了法律对农民专业合作社中相对弱势的农民成员经济利益的保护。为了保护小农户成员和出资较多的成员两个方面的积极性，《农民专业合作社法》规定，在弥补亏损、提取公积金后的当年盈余，为农民专业合作社的可分配盈余。可分配盈余按照法律和章程的规定返还或者分配给成员，其中，按照交易量（额）比例返还的部分不得低于农民专业合作社可分配盈余的60%。

二、农民合作社的发展

（一）农民合作社的发展概况

《农民专业合作社法》颁布实施后，合作社的数量在短期内快速增长，到2020年底，注册登记的农民合作社已经超过220万家，平均每个建制村有3.6家农民合作社。在实施乡村振兴战略，加快推进农业农村现代化的进程中，合作社的地位和作用不断提升。习近平总书记多次对农民合作社的发展做出重要指示，指出"要突出抓好农民合作社和家庭农村两类农业经营主体发展，赋予双层经营体制新的内涵，不断提高农业经营效率"。近年来的中央一号文件也对农民合作社的发展提出了明确要求。可以说，农民合作社的快速发展，既是农民提升组织化水平的客观需求，也是落实中央有关精神的重大实践。

当前，农民合作社的发展呈现出以下主要特点：

1. 合作社的数量持续增长，对农户的带动能力不断增强

与2007年相比，合作社的数量年均增长20万家，平均增幅达到60%以上。根据有关部门的调查，2017年合作社的社均营业收入超过2 000万元，社均盈余返还额达到200万元。合作社在数量持续增长的同时，对农户的带动能力不断增强，实有入社农户超过1亿，辐射带动了全国近一半的农户。

2. 合作社类型和发展模式呈现多样化特点

农民合作社发展初期，主要是解决小农户在农业生产资料购买、农业技术服务和农产品销售方面存在的困难，因此农产品产销合作社是合作社的主要类型。随着农业结构和农业生产方式的不断变化，专门以提供农业生产全过程托管服务的合作社越来越多，专业性的农机作业合作社、植保合作社越来越多。根据农村人口中留守妇女比例持续较高的特点，不少合作社专门从事手工制品编织业务，扩展了农业和农村产业的领域。近年来，随着农业产业链的不断延伸，从事农产品贮运、加工等成为合作社

的主要业务，加入合作社的农户可以分享农业产业链延伸形成的增值利润。根据有关单位调查，近 20% 的农民合作社发展休闲农业，合作社的新业态纷纷涌现。随着互联网技术的广泛应用和智能手机的普及，越来越多的合作社在农产品销售中采用电商模式。从合作社覆盖的产业范围看，约 70% 的合作社从事种植业，35% 的合作社从事养殖业，13% 的合作社从事加工业，14% 的合作社从事农资经销，19% 的合作社从事农产品加工利用。其中，同时从事两种以上业务的合作社占合作社总数的 60% 以上。

3. 合作社标准化生产快速发展，农产品质量不断提升

国家和社会高度关注农产品质量安全问题，城乡居民对农产品品质的追求也促使农产品生产从注重数量转向注重品质。合作社顺应这一转型，越来越重视农产品标准化生产和品质提升。根据农业农村部的统计，我国农产品质量安全例行监测合格率连续稳定在 96% 以上，其中合作社发挥了重要作用。根据有关调查，90% 以上的合作社实行了标准化生产，70% 以上的合作社有自己的注册商标。六成以上的合作社开展了绿色食品、有机食品认证或者实施了农产品合格证制度。

4. 合作社联合的趋势显著，农民合作社联合社数量稳定增长

为实现资源互补，越来越多的合作社纷纷成立或者加入农民合作社联合社，到 2020 年底，注册登记的农民合作社联合社已经超过 1 万家。农民合作社联合社是以农民专业合作社为成员，为实现共同的利益目标而组建的具有合作社性质的联合组织。在联合机制下，有的农民合作社联合社是以同类农产品合作社或者同类服务型合作社为基础建立的，各成员社通过共同采购生产资料降低生产成本、共同调剂农业机械设备提高农机利用率、共同销售降低销售成本获得更高利润；有的农民合作社联合社是不同类合作社为了实现各自的贷款需求提供相互担保或者开展内部资金互助而建立的；有的农民合作社联合社是成员社共同出资为发展农产品加工业而建立的。除联合社外，合作社为了实现做大做强的目标，与其他合作社共同成立具有区域性的合作社联合会。还有的合作社与产业链的相关企业共同合作成立产业联合体。合作社相互之间的联合，或者与企业等经济组织的联合，提高了资源配置效率，拓展了业务范围，延伸了农业的产业链，最终带动合作社成员共同富裕。

（二）农民合作社的作用

合作社的发展，体现了家庭承包经营制度背景下小农户提高农业生产和融入农产品市场的组织化水平的强烈意愿。《农民专业合作社法》的颁布实施，从制度层面确立了合作社的法律地位，改善了农民通过建立或者加入合作社提升市场竞争力的制度基础。农民合作社作为小农户与现代农业发展有机衔接的组织载体，在农村经济和社会生活的多个方面发挥了重要作用。

1. 农民合作社在发展农业农村经济中的作用

农民合作社作为经济组织，首先体现出在农业和农村经济活动中组织农民衔接农产品市场的纽带和桥梁作用。具体包括：

（1）提高了农业生产和农产品进入市场的组织化程度。越来越多的农民通过合作社这一平台与市场和消费者建立了联系。在产前，合作社组织农民统一购买生产资料，降低了农产品生产成本；在产中，合作社通过统一提供农机作业、病虫害防治和疫病防控、统一担保融资、统一产品标准、统一调配劳动力等，克服了小农户资源要素配置的局限性；在产后，合作社通过统一品牌、统一加工贮藏、统一组织上市销售等，解决了农产品销售难题，提高了农产品附加值，增加了合作社成员的收入。一般情况下，加入合作社的农民平均收入要比未入社农民的平均收入高30%以上。《乡村振兴促进法》第四十六条第二款规定，县级以上地方人民政府应当支持发展农民专业合作社、家庭农场、农业企业等多种经营主体，健全农业农村社会化服务体系。实践中，合作社在开展农业社会化服务方面发挥着重要作用。例如，贵州湄潭落花屯茶叶合作社，通过为茶农提供开沟施肥、机械采茶、修剪茶蓬等服务，解决了合作社成员茶园管理中的劳动力短缺问题，提高了茶叶品质，增加了农民收入。

（2）延伸了农业的产业链，提高了合作社的效益。小农户由于受到资源短缺和抗风险能力较弱的影响，通常只能从事初级农产品生产，难以获得产业链两端的利润增值。合作社通过规模集聚，提高了小农户的资源配置能力，进而可以组织小农户延伸农业的产业链。当前，越来越多的合作社选择了一二三产业融合发展的路径，开展农产品加工业、农产品电商业、旅游休闲农业等农村新产业、新业态，提高了合作社的盈利能力。产业链的延伸，也使农业因季节性和农产品的鲜活性所形成的风险得到化解。

（3）提高了资源配置能力，优化了农业产业结构。合作社通过土地经营权流转、专业化经营和服务，以资源优势为基础，以农产品市场为导向，选择适宜的产业，使农业产业结构、农产品的品种结构得到改善。在当前农业供给侧结构性改革过程中，合作社也同样可以发挥重要作用。资源的合理配置，从根本上改变了小农户经营的局限性，提高了劳动生产率和土地生产率。

（4）农业技术水平和装备水平得到显著提高。一般来说，加入同一合作社的农户从事同类农产品的生产经营活动，具有同业经营特点。同业生产经营者有共同的技术需求，例如，以种植业为主要业务的合作社，其成员都需要引进新品种，需要改进田间管理模式，需要统一的病虫害防治技术；以养殖业为主要业务的合作社，其成员都需要改进饲养水平，防控动物疫病，提高饲料报酬率，提升产品品质。根据有关资料，能够为成员提供农业技术和信息服务的合作社约占合作社总数的15%以上。合作社为成员提供技术服务，提高了农业经营效率。合作社通过土地经营权流转实现了农业的规模化、集约化经营，具备了发展农机免耕作业、无人机喷洒农药等条件，农业机械化水平随着农村劳动力结构变化和土地政策的完善而不断提高。

（5）改善了农产品品质。合作社作为凝聚小农户的经济组织，既集聚了农户生产的农产品或者土地、劳动力等要素，也会确立产品的收购标准，统一为成员购买并指导成员合理使用农业投入品，要求成员按照统一的生产流程和技术要求进行农产品生产。合作社通过内部的自律机制和相互监督机制，强化了成员的质量安全责任。越来越多的合作社生产的食品获得了"绿色食品""有机食品"认证，通过品牌化经营，农产品质量标准不断提升。

2. 农民合作社在农村社会发展中的作用

农民合作社作为农业农村领域活跃的市场主体，在体现其经济功能的同时，基于其坐落在农村、以农民为主体建立、强调益贫功能、实行民主管理等特性，在农村社会发展中发挥着重要作用。

（1）农民合作社为农户提供了就业机会。一方面，随着农村人口结构尤其是劳动力结构的变化，越来越多的农民进入城市就业，导致农业劳动力严重不足。另一方面，规模化的农业生产意味着对有知识、有技术的劳动力有更多需求。在合作社的生产经营过程中，无论是农机作业，还是专业化的病虫害防治和农产品采收，以及发展农村手工制品编织和农产品加工，发展旅游休闲农业，都有广泛的优质劳动力需求。实践中，大量进城的农民工返回农村，青年学生和退伍军人也纷纷回到农村，加入农民合作社从事农业生产经营，实现了就地就近就业，逐步改变了过去农村以留守老人、留守妇女和留守儿童为主体的人口结构。农村人口结构的变化，对于农村产业发展、农民家庭生活的和谐、农村社会治理，都起到了积极作用。

（2）密切了城乡关系，增进了城市居民对农业和农村的了解。合作社通过发展旅游休闲农业，吸引越来越多的城市居民到农村体验农村生活，体验农业劳动的艰辛与快乐。城市居民到农村，推动了旅游休闲农业和民宿旅游的发展，促进了农村新产业、新业态的形成，也密切了城乡关系，增进了城市居民的农业意识和乡土知识。城市居民到农村，拉近了农民与城市居民的距离，增进了农民与城市居民的相互理解，也为农民生活方式的转变提供了新的观念。

（3）促进了农村社会稳定和乡风文明。合作社的发展，在增加农民收入和吸收农民就业的同时，改变了农民观念，丰富了农民的生活方式。合作社具有人合属性，强调成员之间的信任基础。合作社作为以地缘、业缘为基础而形成的连接小农户的纽带，增进了农民相互之间的合作意识与互助精神。在对合作社事务共同贡献、共同管理、共同经营的过程中，加入合作社的农民越来越体现出互帮互助和相互奉献的意识。因此，合作社在促进农村社会和谐、稳定，弘扬优良的社会道德风尚和传承优秀传统文化方面，发挥着越来越重要的作用。

（4）改善了农村的生态环境。农民合作社作为对成员提供公益服务和作为市场主体的营利特性的组织，可以通过投入品控制、生产过程的技术服务等方式，减少化学投入品的使用；通过改善土壤的有机质，提高农产品质量和土地的生产能力。例如，东北黑土地保护项目的实施，主要靠农机合作社采用免耕机械和技术，使土壤得到显著改善。再如，不少养殖合作社通过畜禽粪便的资源化利用，改善了农村的生态环境。

（5）提升了农民的整体素质。农民合作社在技术普及过程中，通过技术培训、技术服务等方式，提高了农民的科学技术素质；通过合作社内部民主管理制度的实施，提高了农民参与合作社事务管理的能力；通过对接农产品市场，提高了农民的市场意识和风险防范意识。在合作社发展过程中，不少地方的农民素质有了显著提高。

（三）农民合作社发展中存在的主要问题

农民合作社在快速发展过程中，也存在一些问题。

（1）从合作社自身角度看，存在的问题主要是：规模普遍偏小，竞争能力弱，对农民的带动能力不强；合作社运行不规范现象比较突出，大量"空壳社"的存在引发了合作社的支持政策不能很好体现政策目标，使合作社的整体声誉受到损害；合作社内部利益分配关系不规范，农民成员的经济利益不能得到有效保护；合作社少数人控制的现象比较突出，农民成员在合作社中的话语权不能得到保障；合作社内部风险共担机制没有形成，一些合作社的核心成员承担着过大风险，影响合作社发展的可持续性。

针对这些问题，需要通过吸收更多农民以资金、土地等要素加入合作社，扩大合作社的规模和提高合作社的要素集聚能力；要通过对合作社规范发展的指导改进合作社的运行机制，尤其是要充分尊重和保护农民在合作社中的民主权利和经济利益；要严格依法和按照合作社章程完善盈余分配制度；要理顺合作社的治理结构，建立和完善利益共享与风险共担机制。

（2）从合作社发展的外部环境看，存在的问题主要是：合作社的支持政策不稳定，尤其是合作社发展过程中必需的建设用地需求不能得到保障，制约着合作社一二三产业融合发展和产业链的延伸；合作社贷款难的问题长期得不到解决，致使合作社在发展过程中普遍遇到资金瓶颈；合作社的管理人员、技术人员、营销人员的政策支持落实不到位，合作社的能力提升受到很大制约。

针对这些问题，需要完善对合作社的财税支持政策，确保财政资金对合作社的稳定扶持，要加强对合作社财政资金使用情况的监督，确保财政资金使用的合法合规；需要完善土地经营权抵押等政策，提高合作社的融资能力；需要加强合作社的辅导员队伍，根据合作社发展特点加强对合作社管理人员、技术人员和营销人员的培训。

三、《农民专业合作社法》的适用范围

根据《农民专业合作社法》对农民专业合作社的定义，《农民专业合作社法》适用于以农民为主体举办的、以农产品生产经营或者农业生产经营服务为主要活动内容的、自愿联合为基础的互助性经济组织。根据这一定义，农民专业合作社可以区分为产销类合作社和服务类合作社两种主要类型。从我国合作社发展的实践看，既有围绕粮食、蔬菜、果品、中药材等各类农产品成立的产销类合作社，也有以农业生产资料、农业机械、植物保护、农产品储运等为主营业务的服务类合作社，还有一些合作社从事手工制品编织、乡村旅游等业务。

具体而言，《农民专业合作社法》的适用范围包括主体、行为和业务几个方面。

从主体范围看，《农民专业合作社法》适用于以农民为主体举办的各种类型的合作社。从实践看，无论是公司领办还是农村集体经济组织领办，无论是基层供销合作社领办还是其他新型农业经营主体领办，只要是以农民专业合作社从事生产、经营或者服务活动，都应当适用《农民专业合作社法》。从合作社的类型看，无论是土地股份合作社还是农机服务合作社，无论是产品销售合作社或者农资购销合作社还是乡村旅游合作社或者传统手工制品编织合作社，都适用《农民专业合作社法》。但需要说明的是，由农村集体经济组织改制的村经济合作社或者村股份经济合作社，由于其成员不具有开放性，因此以本集体经济组织的成员为边界；组织目标既涉及农村集体资产的盘活利用，也涉及集体经济组织的管理；组织结构和运行机制以及解散、破产清算等都有特殊性，与农民专业合作社的性质不同，因而不适用《农民专业合作社法》，但农村集体经济组织领办的专业合作社适用《农民专业合作社法》。

从行为范围看，农民专业合作社的设立条件和程序，农民专业合作社的财产构成，农民专业合作社的成员资格、成员结构和成员权利，农民专业合作社的组织机构设置及职权，农民专业合作社的财务管理及盈余分配，农民专业合作社联合社的设立和运行，以及对农民专业合作社的扶持与管理，都应当适用《农民专业合作社法》。

从业务范围看，农民专业合作社的业务类型包括以下方面：根据《农民专业合作社法》第三条的规定，农民专业合作社以其成员为主要服务对象，其业务内容可以是农业生产资料的购买、使用，农产品的生产、销售、加工、运输、贮藏及其他相关服务，农村民间工艺及

> 知识点
> 农民专业合作社的业务类型

制品、休闲农业和乡村旅游资源的开发经营等，与农业生产经营有关的技术、信息、设施建设运营等服务。该规定涵盖了传统的以农产品产销为核心的农业产业，围绕农产品产销的服务业，以及从农业产业延伸出来的手工制品编织、旅游等多种业务。农民专业合作社业务范围的广泛性，体现了一二三产业融合发展的理念，也体现了农业的多种功能。

> **谈观点**
>
> 1. 我国农民专业合作社发展有哪些特点？
> 2. 当前我国农民合作社发展中存在哪些问题？

第二节 农民专业合作社的设立和登记制度

一、农民专业合作社的设立

根据《农民专业合作社法》第十二条和《农民专业合作社登记管理条例》的规定，设立农民专业合作社应当具备下列条件：

（一）有五名以上符合《农民专业合作社法》规定的成员

> 🔍 知识点
> 设立农民专业合作社应符合的条件

关于农民专业合作社的成员，《农民专业合作社法》第十九条和第二十条分别做了规定。第十九条规定："具有民事行为能力的公民，以及从事与农民专业合作社业务直接有关的生产经营活动的企业、事业单位或者社会组织，能够利用农民专业合作社提供的服务，承认并遵守农民专业合作社章程，履行章程规定的入社手续的，可以成为农民专业合作社的成员。但是，具有管理公共事务职能的单位不得加入农民专业合作社。"这一规定需要从以下方面理解：

1. 农民专业合作社成员须具备民事行为能力

农民专业合作社成员主要是自然人。关于自然人的民事行为能力，按照《民法典》

第十八条的规定:"成年人为完全民事行为能力人,可以独立实施民事法律行为。"也就是说,加入农民专业合作社的自然人成员,应当符合法律规定的年龄等条件,可以独立判断自己的行为,可以独立实施民事法律行为。另外,符合法律规定的法人,如企业、事业单位或者社会组织,也可以成为农民专业合作社成员。《民法典》第五十九条规定:"法人的民事权利能力和民事行为能力,从法人成立时产生,到法人终止时消灭。"

2. 农民专业合作社成员须能够利用合作社提供的服务

无论是法人成员还是自然人成员,加入农民专业合作社,都是以利用合作社提供的服务为目的,包括生产资料的购买服务、产品的销售服务、生产过程中的农机服务、技术服务等。对法人成员而言,其业务范围应当与农民专业合作社的生产经营活动直接相关。

3. 加入农民专业合作社,须承认并遵守合作社的章程

章程是农民专业合作社从事各类活动的重要依据,成员加入合作社,享有章程约定的成员权利,并须履行章程约定的义务。

4. 加入农民专业合作社,须履行章程规定的入社手续

例如,一些农民专业合作社章程要求,加入合作社必须提交书面申请,并经理事会审核同意后报成员大会或者成员代表大会批准;也有一些农民专业合作社章程要求,加入合作社须向合作社出资。

5. 具有公共管理事务职能的单位不得加入农民专业合作社

例如,政府设立的农村基层动物兽医卫生机构,承担着为本区域的所有畜禽生产经营者提供公共兽医卫生的职能,因而不得加入养殖类合作社。法律这样规定,是为了强调相关单位依法履行公共管理事务的职能,防止形成管理机构与农民专业合作社之间的利益输送通道,损害社会公共利益。

同时,按照法律要求,农民专业合作社应当置备成员名册,并报登记机关备案。成员名册是登记机关确定农民专业合作社成员结构合法性以及明确成员权利的重要依据。

《农民专业合作社法》第二十条对农民专业合作社的成员结构做了明确规定,主要包含两个方面:①农民成员的数量要符合法定比例。农民专业合作社必须体现以农民为主体的原则,农民专业合作社的成员中,农民至少应当占成员总数的百分之八十。农民专业合作社因成员发生变更,使农民成员低于法定比例的,应当自事由发生之日起六个月内采取吸收新的农民成员入社等方式使农民成员达到法定比例。农民专业合作社的成员为农民的,成员身份证明为农业人口户口簿;无农业人口户口簿的,成员身份证明为居民身份证和土地承包经营权证或者村民委员会(居民委员会)出具的身

份证明。②如果企业、事业单位或者社会组织以法人身份加入合作社，法人成员的比例也须符合法律规定的比例。成员总数二十人以下的，可以有一个企业、事业单位或者社会组织成员；成员总数超过二十人的，企业、事业单位和社会组织成员不得超过成员总数的百分之五。

实践中，有很多不具有农民身份的自然人领办或者加入农民专业合作社。例如，一些大学生返乡就业创业，还有不少的城市居民通过土地经营权流转到农村从事农业生产经营活动。这些人具有知识、能力、视野优势，加入农民专业合作社，有利于改变合作社中人才短缺的困境，因此应当加以鼓励。但是，非农民成员加入农民专业合作社，不得突破上述关于农民专业合作社中农民成员比例的基本要求。

（二）有符合《农民专业合作社法》规定的章程

农民专业合作社章程是农民专业合作社设立时由全体设立人共同拟订、一致通过的农民专业合作社内部行为准则，是对农民专业合作社重要事项所做的规定。章程一旦生效，对农民专业合作社的所有成员均具有约束力，成员应当遵守章程规定，依据章程行使权利和履行义务。

> **知识点**
> 农民专业合作社章程应当载明的事项

根据《农民专业合作社法》第十五条的规定，农民专业合作社章程应当载明下列事项：

1. 名称和住所

农民专业合作社的名称一般由所处区域、字号、主要业务和组织性质组成。例如，北京市门头沟区阿芳嫂黄芩种植农民专业合作社，其中北京市门头沟区是所处区域，阿芳嫂是字号，黄芩种植是主要业务，农民专业合作社是组织性质。农民专业合作社的住所地是农民专业合作社的办公机构所在地，明确住所地具有重要的法律意义，例如，法律文书的送达等都是以住所地为依据。根据《农民专业合作社登记管理条例》第十一条第七项的规定，农民专业合作社注册登记时，应当提交能够证明农民专业合作社对其住所享有使用权的住所使用证明，如房产证明或者房屋租赁合同等。

2. 业务范围

业务范围是指符合《农民专业合作社法》规定的、由农民专业合作社根据成员需求和生产经营活动需要确定的主要业务的范围。农民专业合作社的业务范围可以包括农业生产资料购买，农产品销售、加工、运输、贮藏，以及与农业生产经营有关的技术、信息等服务。业务范围可以是一项，也可以是多项。农民专业合作社的业务范围如有属于法律、行政法规或者国务院规定在登记前须经批准的项目的，应当提交有关批准文件。

3. 成员资格及入社、退社和除名

农民专业合作社可以通过章程自主规定成员的资格，如须利用农民专业合作社提供的服务等。同时，章程中应当规定成员的入社条件，例如，是否应当出资，是否可以土地经营权、农机设备等出资，是否能够参加农民专业合作社统一组织的各项活动等。章程对于成员加入农民专业合作社的程序也需要做出规定，《农民专业合作社法》第二十四条规定："符合本法第十九条、第二十条规定的公民、企业、事业单位或者社会组织，要求加入已成立的农民专业合作社，应当向理事长或者理事会提出书面申请，经成员大会或者成员代表大会表决通过后，成为本社成员。"

入社自愿、退社自由是农民专业合作社的重要原则，退社是成员资格丧失的主要情形。农民专业合作社章程中规定了成员退社的条件、程序以及财产处理、亏损承担等相关事项。《农民专业合作社法》第二十五条规定："农民专业合作社成员要求退社的，应当在会计年度终了的三个月前向理事长或者理事会提出书面申请；其中，企业、事业单位或者社会组织成员退社，应当在会计年度终了的六个月前提出；章程另有规定的，从其规定。退社成员的成员资格自会计年度终了时终止。"成员退社的法律后果主要是：①成员在其资格终止前与农民专业合作社已订立的合同，应当继续履行；章程另有规定或者与本社另有约定的除外。②成员资格终止的，农民专业合作社应当按照章程规定的方式和期限，退还记载在该成员账户内的出资额和公积金份额；对成员资格终止前的可分配盈余，依照《农民专业合作社法》第四十四条的规定向其返还。③资格终止的成员应当按照章程规定分摊资格终止前本社的亏损及债务。

除名也是成员资格丧失的情形之一。《农民专业合作社法》第二十六条规定："农民专业合作社成员不遵守农民专业合作社的章程、成员大会或者成员代表大会的决议，或者严重危害其他成员及农民专业合作社利益的，可以予以除名。"与退社是成员自愿放弃成员资格不同，除名是对成员资格的强制剥夺，因此程序更应严谨规范。对于一般的违约行为，可以要求违约成员承担违约责任或者其他救济措施，只有其行为方式及后果严重到一定程度时才可以适用。按照法律规定，成员的除名，应当经成员大会或者成员代表大会表决通过。如果农民专业合作社决议对成员除名的，应当为拟除名成员提供陈述意见的机会。成员除名的法律后果与成员退社的法律后果是一致的。

被除名成员的成员资格自会计年度终了时终止。

4. 成员的权利和义务

（1）成员的权利。根据《农民专业合作社法》第二十一条的规定，农民专业合作社成员享有的权利主要包括：

> 🔍 知识点
> 农民专业合作社成员的权利和义务

第一，参加成员大会，并享有表决权、选举权和被选举权，按照章程规定对本社实行民主管理。农民专业合作社作为互助性经济组织，强调成员权利平等，成员既是农民专业合作社的所有者，也是服务的利用者，还是合作社的控制者。每一个成员都有通过成员大会表达意愿和诉求的权利，成员依法享有的表决权、选举权和被选举权不得被剥夺或限制。

关于成员通过成员大会行使表决权的分配规则，《农民专业合作社法》第二十二条明确规定："农民专业合作社成员大会选举和表决，实行一人一票制，成员各享有一票的基本表决权。出资额或者与本社交易量（额）较大的成员按照章程规定，可以享有附加表决权。本社的附加表决权总票数，不得超过本社成员基本表决权总票数的百分之二十。享有附加表决权的成员及其享有的附加表决权数，应当在每次成员大会召开时告知出席会议的全体成员。"从这一规定可以看出，农民专业合作社的表决权包括基本表决权和附加表决权两种。基本表决权是每一个成员都享有的表决权，附加表决权是给予对农民专业合作社有超出普通成员的贡献的成员的特别表决权。无论是基本表决权还是附加表决权，均按照一人一票原则行使。例如，某合作社有 100 名成员，其基本表决权总数即为 100 票。假设成员甲是合作社的主要出资者，按照章程规定，可以给成员甲以最高 20 票的表决权。此时，合作社的表决权总数为 120 票。

第二，利用本社提供的服务和生产经营设施。农民专业合作社应当根据成员的共同需求开展生产经营和服务活动，只要加入农民专业合作社，成员就有利用本社提供的服务的权利，有利用本社的生产经营设施的权利。

第三，按照章程规定或者成员大会决议分享盈余。分享盈余是成员加入农民专业合作社的主要目的之一，公平分享盈余是农民专业合作社成员的基本权利。盈余分配的具体办法要符合法律规定，符合农民专业合作社章程或者成员大会的决议。

第四，查阅本社的章程、成员名册、成员大会或者成员代表大会记录、理事会会议决议、监事会会议决议、财务会计报告、会计账簿和财务审计报告。农民专业合作社强调成员权利平等，也包含监督权利的平等，农民专业合作社的管理人员应当自觉接受成员监督。查阅相关资料，是成员行使监督权利的必要保障。

第五，章程规定的其他权利。

（2）成员的义务。根据《农民专业合作社法》第二十三条的规定，农民专业合作社成员承担的义务主要包括：

第一，执行成员大会、成员代表大会和理事会的决议。农民专业合作社作为互助性经济组织，要实现成员间共同的事业目标，满足每个成员的经济利益和社会利益，需要以所有成员之间的互信、互助、互利为基础。只有每个成员都能够参与农民专业合作社决策，都能够履行农民专业合作社决议，才可以保障农民专业合作社的决议得到实施，农民专业合作社的事业才会持续发展。

第二，按照章程规定向本社出资。成员出资，是农民专业合作社从事生产经营主要的财产基础，也是农民专业合作社对外信用的基础。但由于每个农民专业合作社的业务范围不同、经营方式不同，因此对资金的需求也不同。《农民专业合作社法》并没有关于成员出资义务的规定，因此是否出资、出资多少，以及以何种方式出资，均应在农民专业合作社的章程中做出规定。

第三，按照章程规定与本社进行交易。交易，也称为成员惠顾，在这里的含义是成员通过农民专业合作社购买生产资料、销售产品或者接受农民专业合作社提供的其他各类服务。与其他市场主体不同，农民专业合作社市场竞争力的提升以及盈利水平的提高，最终取决于合作社的规模集聚所产生的市场地位，而规模集聚的基础和核心是成员对农民专业合作社所提供的服务的利用。例如，种植合作社的成员都需要使用肥料，如果所有成员的肥料都通过农民专业合作社统一购买，合作社就可以获得更为有利的肥料购买价格，进而降低每一户农民的肥料采购成本。反之，如果成员自己通过别的途径购买肥料，农民专业合作社就不能获得肥料购买的优惠价格。因此，通过农民专业合作社统一购买和统一销售，有利于每个成员的利益，也有利于合作社的整体利益。与本社进行交易，利用合作社的服务，既是成员的权利，也是成员的义务。

第四，按照章程规定承担亏损。农民专业合作社作为互助性经济组织，所形成的经营风险或者亏损应当由成员共同分担，因此风险共担是农民专业合作社的重要特点。具体亏损的承担方式，需要由章程规定。

第五，章程规定的其他义务。即除上述法律规定的成员义务外，农民专业合作社的章程还可以对成员的义务做出其他规定。

5. 组织机构及其产生办法、职权、任期、议事规则

农民专业合作社组织机构一般包括成员大会、成员代表大会、理事会、理事长、监事会或者执行监事等。其中，成员大会和理事长是依法必须设立的机构，其他机构则应根据法律规定和农民专业合作社的特点自主设立。

6. 成员的出资方式、出资额，成员出资的转让、继承、担保

关于出资方式，《农民专业合作社法》第十三条规定："农民专业合作社成员可以用货币出资，也可以用实物、知识产权、土地经营权、林权等可以用货币估价并可以依法转让的非货币财产，以及章程规定的其他方式作价出资；但是，法律、行政法规规定不得作为出资的财产除外。"

关于成员的出资额，不同的农民专业合作社可以根据需要自主决定。实践中，有的农民专业合作社为了防止少数成员对合作社进行控制，规定了最高出资额或者最高出资比例；有的农民专业合作社规定了最低出资额，章程要求每个成员均须承担最低出资义务，目的是让每个成员都能够关心合作社的发展，支持合作社的生产经营活动。

成员出资是否可以转让、继承或者设定担保，决定着对出资成员的权利限制以及

农民专业合作社成员间的互信基础。一般而言，成员出资的转让，尤其是对农民专业合作社以外的其他人转让，会带来成员身份转移的后果。例如，合作社成员甲将其对合作社的货币出资转让给非合作社成员乙，乙成为合作社新的出资人，则乙当然也就取得了合作社成员的身份。这种情形，与章程规定的合作社新成员身份取得须经成员大会或者成员代表大会表决通过的要求并不一致。因此，成员出资是否可以转让，成员出资是否可以向合作社以外的非成员转让，需要由章程做出明确规定。出资的继承是指只继承财产利益，还是可以继承成员身份，以及是否允许在成员出资财产上设定担保，也需要由章程做出明确规定。

7. 财务管理和盈余分配、亏损处理

农民专业合作社需要有明确的财务管理制度，包括财产构成、财产使用方式、财务管理权限、会计账簿管理规则、财政补助资金的使用和管理办法、公积金的提取和使用等。盈余分配和亏损处理在《农民专业合作社法》中有明确规定，农民专业合作社可以在法律规定的原则下做出具体的制度安排。为规范农民专业合作社会计工作，财政部于2007年制定《农民专业合作社财务会计制度（试行）》（财会〔2007〕15号），该制度自2008年1月1日起施行。根据2017年修订的《农民专业合作社法》，农民专业合作社的财务会计制度也在修订中。

8. 章程修改程序

农民专业合作社因为法定事由或者自身情况变化，可以对章程做出修改，但章程修改会影响合作社每个成员的权利和义务，因此在程序上需要明确，确保修改的章程能够体现合作社全体成员的共同意志。

9. 解散事由和清算办法

农民专业合作社的解散包括因法定事由解散和由合作社自主解散。解散意味着合作社法律人格的灭失，因此合作社章程中需要对自主解散的事由、条件等做出明确规定。解散会影响合作社成员的利益，也会影响合作社债权人的利益，因此关于财产清算的具体办法也需要以法律规定为基础加以明确。

10. 公告事项及发布方式

农民专业合作社的重大事项形成的各项决议，都会直接影响每一个成员，因此，合作社章程应当明确对相关决议、制度等通过公告的形式以及成员认可的方式向成员发布。发布公告既有利于成员明确其权利义务的内容，也有利于成员对合作社事项进行监督。

11. 附加表决权的设立、行使方式和行使范围

附加表决权是对农民专业合作社贡献较大的成员在合作社事务管理权上的一种激励机制，合作社可以依法设立附加表决权，当然也可以不设立附加表决权。设立附加

表决权的，章程可以对附加表决权的行使方式和行使范围做出限制。

12. 需要载明的其他事项

除上述事项外，农民专业合作社可以根据自身特点，在章程中载明其他事项。

由于农民专业合作社的主要成员是农民，农民在章程制定过程中不一定能够精准理解法律的相关要求，因此农业部于2007年6月29日发布《农民专业合作社示范章程》。根据修订后的《农民专业合作社法》，农业农村部2018年12月17日对该示范章程进行修订后重新发布。农民专业合作社在申请设立登记时，可以该示范章程作为参考。

（三）有符合《农民专业合作社法》规定的组织机构

农民专业合作社应当依照法律规定，设立相关的组织机构。其中，成员大会作为成员表达意愿和诉求的机构，必须设立；理事长是农民专业合作社的法定代表人，也必须设立。理事会、监事会或者执行监事，根据农民专业合作社的需要设立。在符合法定条件时，可以设立成员代表大会，成员代表大会的代表人数、职权以及议事规则，也需要在章程中明确规定。关于成员代表大会的设立条件和议事规则等在本章第三节会具体阐明。

> 知识点
> 农民专业合作社的法定代表人

（四）有符合法律、行政法规规定的名称和章程确定的住所

名称和住所是法定的登记事项，因此农民专业合作社在申请注册登记时，应当确定名称和住所。农民专业合作社的名称应当含有"专业合作社"字样，并符合国家有关企业名称登记管理的规定。农民专业合作社的住所是其主要办事机构所在地。

（五）有符合章程规定的成员出资

成员出资是农民专业合作社财产的重要组成部分，也是成员身份取得的重要标志。鉴于农民专业合作社业务范围和经营方式不同，对财产的需求也不同，因此对成员的出资义务的规定，主要取决于农民专业合作社的章程规定。章程规定了出资的，向农民专业合作社出资就是成员的基本义务。成员应当将其认可的出资财产的占有、使用和处分的权利让渡于农民专业合作社。为确保农民专业合作社对成员出资的支配权行使，《农民专业合作社法》第十三条第二款规定："农民专业合作社成员不得以对该社或者其他成员的债权，充抵出资；不得以缴纳的出资，抵销对该社或者其他成员的债务。"

二、农民专业合作社的登记

农民专业合作社的登记包括设立登记、变更登记和注销登记等。按照法律规定，

不论是哪种登记类型，有两点是共同的：①登记机关均为市场监督管理部门；②登记机关办理登记不得收取费用。

（一）设立登记

农民专业合作社的设立登记，是指由农民专业合作社的设立人按照法律规定的条件和程序发起设立农民专业合作社，并向登记机关申请设立农民专业合作社，取得农民专业合作社法人营业执照的登记程序。设立农民专业合作社，一般应当按照下列程序进行：

发起人根据资源禀赋和市场需求，以满足农民共同利益为目标，形成农民专业合作社设立方案，拟订农民专业合作社章程草案—召集设立人大会，确定关于农民专业合作社设立的重大事项—根据法律法规确定的设立条件准备相关登记文件—将法律法规要求的登记文件提交给登记机关，申请农民专业合作社的设立登记。

从实践看，在农民专业合作社设立阶段，合作社的发展方向与主要业务、合作社规模、合作社组织机构及其负责人、合作社运行机制、合作社治理结构、合作社章程框架，都是需要明确的。

根据《农民专业合作社法》的相关规定，设立农民专业合作社，应当召开由全体设立人参加的设立大会。设立时自愿成为该社成员的人为设立人。设立大会的职权主要包括：①通过本社章程，章程应当由全体设立人一致通过；②选举产生理事长、理事、执行监事或者监事会成员；③审议其他重大事项。

在申请设立农民专业合作社时，全体设立人指定的代表或者委托的代理人须向登记机关提交相关文件。《农民专业合作社法》规定的设立文件包括：①登记申请书；②全体设立人签名、盖章的设立大会纪要；③全体设立人签名、盖章的章程；④法定代表人、理事的任职文件及身份证明；⑤出资成员签名、盖章的出资清单；⑥住所使用证明；⑦法律、行政法规规定的其他文件。根据《农民专业合作社登记管理条例》的要求，申请登记还需要提交载明成员的姓名或者名称、出资方式、出资额以及成员出资总额，并经全体出资成员签名、盖章予以确认的出资清单。

> 🔎 知识点
> 农民专业合作社的登记机关

农民专业合作社的登记机关是市场监督管理部门。设立农民专业合作社，原则上向所在地的县（市）、区市场监督管理部门登记。国务院市场监督管理部门可以对规模较大或者跨地区的农民专业合作社的登记管辖做出特别规定。

登记机关应当自受理登记申请之日起 20 日内办理完毕，向符合登记条件的申请者颁发营业执照，登记类型为农民专业合作社。如果申请人提交的登记申请材料齐全、符合法定形式，登记机关能够当场登记的，市场监督管理部门应予当场登记，发给营业执照。营业执照签发日期为农民专业合作社成立日期。

农民专业合作社取得营业执照后，还应当依法办理税务登记或者履行其他登记程序。

需要特别强调的是，农民专业合作社经登记取得营业执照后，应当按照国家有关规定，向登记机关报送年度报告，并向社会公示。如前所述，"空壳社"现象的存在占用了登记资源，提高了国家对农民专业合作社进行精准扶持的识别成本，损害了农民专业合作社的整体声誉。为此，2019 年 2 月，中央农办、农业农村部、市场监管总局等 11 个部门和单位联合印发《开展农民专业合作社"空壳社"专项清理工作方案》，对"空壳社"专项清理工作做出了具体安排。按照意见要求，对于无农民成员实际参与、无实质性生产经营活动、因经营不善停止运行，甚至打着农民专业合作社的名义从事非法金融活动的农民专业合作社要进行专项清理。2019 年 9 月，经国务院同意，中央农办、农业农村部等 11 个部门和单位联合印发《关于开展农民合作社规范提升行动的若干意见》，进一步明确了清理"空壳社"专项行动的总体要求和具体部署。根据《农民专业合作社法》第十七条的规定："农民专业合作社应当按照国家有关规定，向登记机关报送年度报告，并向社会公示。"依照法律规定，国家工商行政管理总局 2014 年发布《农民专业合作社年度报告公示暂行办法》。该办法明确要求，农民专业合作社应当于每年 1 月 1 日至 6 月 30 日，通过企业信用信息公示系统向工商行政管理部门报送上一年度年度报告，并向社会公示。农民专业合作社年度报告的内容包括：行政许可取得和变动信息；生产经营信息；资产状况信息；开设的网站或者从事网络经营的网店的名称、网址等信息；联系方式信息；国家工商行政管理总局要求公示的其他信息。农民专业合作社未按照规定的期限报送年度报告并公示的，年度报告公示信息隐瞒真实情况、弄虚作假的，以及登记机关在依法履职过程中通过登记的住所无法与农民专业合作社取得联系的，将会被列入经营异常名录。

（二）变更登记

根据《农民专业合作社登记管理条例》第二十条的规定，农民专业合作社的名称、住所、成员出资总额、业务范围、法定代表人姓名发生变更的，应当自做出变更决定之日起 30 日内向原登记机关申请变更登记，并提交相应的法律文件。这里所说的相应的法律文件包括：法定代表人签署的变更登记申请书；成员大会或者成员代表大会做出的变更决议；法定代表人签署的修改后的章程或者章程修正案；法定代表人指定代表或者委托代理人的证明。

农民专业合作社变更业务范围涉及法律、行政法规或者国务院规定须经批准的项目的，应当自批准之日起 30 日内申请变更登记，并提交有关批准文件。

农民专业合作社成员发生变更的，应当自本财务年度终了之日起 30 日内，将法定代表人签署的修改后的成员名册报送登记机关备案。为确保农民合作社中农民成员的比例不低于法定的 80% 的要求，新成员入社的还应当提交新成员的身份证明。

农民专业合作社修改章程未涉及登记事项的，应当自做出修改决定之日起 30 日内，将法定代表人签署的修改后的章程或者章程修正案报送登记机关备案。

变更登记事项涉及营业执照变更的，登记机关应当换发营业执照。

（三）注销登记

农民专业合作社的注销登记是指农民专业合作社法人资格灭失的登记程序。注销包括因主体不适格而注销，因行为不合法而注销，因农民专业合作社的合并、分立而注销，因章程规定的事业目标不能实现而解散的注销，以及因破产清算而解散的注销等情形。不论由于哪种原因注销，农民专业合作社都应当依法办理注销登记手续。根据《农民专业合作社法》第四十八条第一款的规定，农民专业合作社的解散事由主要包括章程规定的解散事由出现、成员大会决议解散、因合并或者分立需要解散，以及依法被吊销营业执照或者被撤销。除因合并或者分立需要解散的情形外，由于其他三种原因解散的，应当在解散事由出现之日起 15 日内由成员大会推举成员组成清算组，开始解散清算。逾期不能组成清算组的，成员、债权人可以向人民法院申请指定成员组成清算组进行清算，人民法院应当受理该申请，并及时指定成员组成清算组进行清算。《农民专业合作社登记管理条例》第二十五条规定：成立清算组的农民专业合作社应当自清算结束之日起 30 日内，由清算组全体成员指定的代表或者委托的代理人向原登记机关申请注销登记，并提交下列文件：清算组负责人签署的注销登记申请书；农民专业合作社依法做出的解散决议，农民专业合作社依法被吊销营业执照或者被撤销的文件，人民法院的破产裁定、解散裁判文书；成员大会、成员代表大会或者人民法院确认的清算报告；营业执照；清算组全体成员指定代表或者委托代理人的证明。

因合并、分立而解散的农民专业合作社，应当自做出解散决议之日起 30 日内，向原登记机关申请注销登记，并提交法定代表人签署的注销登记申请书、成员大会或者成员代表大会做出的解散决议以及债务清偿或者债务担保情况的说明、营业执照和法定代表人指定代表或者委托代理人的证明。

经登记机关注销登记，农民专业合作社终止。

> **谈观点**
>
> 法律对农民专业合作社的成员结构有什么要求？

03 第三节 农民专业合作社的治理结构

农民专业合作社是自治组织，保护其自治权利是立法的目标之一。国家保护农民专业合作社及其成员的合法权益，任何单位和个人不得侵犯。农民专业合作社的自治权利包含合作社设立和运行的各个环节，例如，合作社可以自主制定章程，根据章程规定自主决定公积金的提取及使用；在符合法定比例的前提下，农民专业合作社自主决定盈余分配方式。同时，农民专业合作社的自治建立在符合法律规定的条件下。

一、农民专业合作社的法人机构

（一）成员大会

农民专业合作社的权力机构是成员大会。成员大会由农民专业合作社的全体成员组成。成员参加成员大会是法律赋予的权利，也是"成员地位平等，实行民主管理"原则的体现。成员可以通过成员大会参与农民专业合作社事务的决策和管理。成员大会负责就农民专业合作社的重大事项做出决议，集体行使权力。

根据《农民专业合作社法》第二十九条的规定，成员大会行使下列职权：修改章程；选举和罢免理事长、理事、执行监事或者监事会成员；决定重大财产处置、对外投资、对外担保和生产经营活动中的其他重大事项；批准年度业务报告、盈余分配方案、亏损处理方案；对合并、分立、解散、清算，以及设立、加入联合社等做出决议；决定聘用经营管理人员和专业技术人员的数量、资格和任期；听取理事长或者理事会关于成员变动情况的报告，对成员的入社、除名等做出决议；公积金的提取及使用；章程规定的其他职权。

关于农民专业合作社的议事规则，《农民专业合作社法》中也有明确规定。第三十条规定："农民专业合作社召开成员大会，出席人数应当达到成员总数三分之二以上。成员大会选举或者作出决议，应当由本社成员表决权总数过半数通过；作出修改章程或者合并、分立、解散，以及设立、加入联合社的决议应当由本社成员表决权总数的三分之二以上通过。章程对表决权数有较高规定的，从其规定。"根据该规定，农民专业合作社一般事项的表决，实行简单多数原则，重大事项的表决，实行绝对多数原则。

实践中，一些农民专业合作社几乎不召开成员大会，或者流于形式，用培训大会、分红大会等替代成员大会，这是对成员民主管理权利的侵犯。需要明确的是，法律规定或者农民专业合作社章程规定的属于成员大会职权的事项，没有通过成员大会表决或者表决未获通过的，所形成的决议不具有法律效力，不对成员产生约束力。符合属于《农民专业合作社法》第二十九条规定事项没有通过成员大会或者章程赋权于成员大会的决议做出的，该事项的决策不具有法律效力。

另一个需要特别说明的问题是，成员大会是由全体成员参加并按照章程确定的成员大会的议事规则召开的，但实践中，成员的身份确定比较复杂，而成员身份是区分成员大会的决议是否有效的重要标准。这里需要解决的法律问题是，因为农民专业合作社的设立登记或者变更登记程序与农民专业合作社成员的入社或者退社程序不一致，如何确定成员的身份，以及由此所影响的成员大会的合法性？根据法律的相关规定，只要符合法律规定的入社条件和程序，就可以取得农民专业合作社的成员资格，也就有权参加成员大会，而不论其是否在市场监督管理部门备案的成员名册中已经包含。同样的道理，如果已经完成了农民专业合作社章程规定的成员退社程序，或者已经造成农民专业合作社成员除名的后果，都会导致成员资格丧失，丧失资格的成员不再享有参加成员大会的权利。

（二）成员代表大会

《农民专业合作社法》第三十二条规定，农民专业合作社成员超过150人的，可以按照章程规定设立成员代表大会。成员代表大会按照章程规定可以行使成员大会的部分或者全部职权。依法设立成员代表大会的，成员代表人数一般为成员总人数的10%，最低人数为51人。根据上述规定，成员代表大会并非农民专业合作社的必设机构，成员代表大会的设立需要符合两个条件：一是成员总数超过150人；二是有章程规定的依据。法律之所以对成员代表大会设立成员规模门槛，其立法意旨在于小规模的农民专业合作社应当通过成员大会的方式由全体成员直接参与合作社事务的决策，而不是通过成员代表大会替代成员行使治理参与权利。对于规模较大的农民专业合作社，全体成员直接决策会降低农民专业合作社的治理效率，因此，可以依据法律和章程规定设立成员代表大会，但所选举的代表应当具有代表性，如兼顾其所处的区域、所从事的生产经营活动的类型，以及成员的不同出资方式和规模等，且不得少于法律规定的代表人数要求。

> 知识点
> 成员代表大会的设立条件

（三）理事会和理事长

《农民专业合作社法》规定，理事长是农民专业合作社的法定代表人，其对外代表农民专业合作社的行为，以农民专业合作社的名义活动。因此，法律要求农民专业合作社应当设理事长1名。至于是否设立理事会，可以根据农民专业合作社的规模和业务类型由章程或者通过成员大会决议确定。

（四）监事会或者执行监事

监事会或者执行监事是农民专业合作社的监督机构。由于农民专业合作社的成员有权对合作社事务进行直接监督，因此，是否设立监事会或者执行监事，法律授权农民专业合作社自主决定。

（五）经理

农民专业合作社的经理是合作社聘任的负责日常经营管理的人员。为降低农民专业合作社的人力成本，合作社的经理可以由理事长或者理事兼任。实践中，一些规模较大、业务较多的农民专业合作社，尝试聘用职业经理人负责合作社的经营活动，将成员的劳动要素、土地要素和其他资本要素与职业经理人的经营才能有机结合，取得了较好的效果。但是，总体而言，农民专业合作社应当体现所有者、管理者与使用者的统一，应当鼓励合作社从成员中培育经营管理人才。

现象观察

农民种田有了"职业经理人"

新华网四川频道2012年2月3日电（记者许茹）　成都崇州市隆兴镇黎坝村100多亩地里的小麦、油菜绿油油的，长势喜人。以前，村里的年轻人都外出打工，春耕时节"无人种田"；如今，村里的土地不仅不再"撂荒"，还在种田"职业经理人"的带动下，年年丰收，户户增收。

崇州市隆兴镇黎坝村15组的陈永建说，他所在的组共有98人，有近40人在外打工，余下的基本都是老年人和孩子。由于种粮收入不高，年轻人更愿意外出打工，每到春耕季节"无人种田"的问题最让人头疼。土地是农民的"命根子"，"撂荒"了实在让人心疼。

两年前，为了解决这一问题，崇州市创新体制机制，在黎坝村成立了第一个农民土地股份合作社——杨柳农村土地承包经营股份合作社，31户农民用自家的100多亩土地自愿入股，选举理事会负责生产经营、监事会监督生产经营和财务收支执行情况，更重要的是还聘请了崇州市农业专家周维松为"职业经理人"。

种田"职业经理人"要全程代耕代管，负责合作社的采购、生产、管理、经营全过程。2010年，黎坝村遭遇了一场稻飞虱，周维松比周边的农户提前一周发现了秧苗的异常，立即对症用药。当年合作社的水稻保证了800斤的亩产量，而周边农户每亩地只收了200斤。

现在，在崇州像周维松这样的种田"职业经理人"已经超过500名。2012年崇州还计划新增现代农业职业经理人500名，提高农业的职业管理水平。崇州市农业发展局副局长介绍说，"职业经理人"的收入从合作社的净收入中按一定比例提取，再扣除合作社公积金外的收入，按入股比例分配给农民。

资料来源：佚名．成都崇州市：农民种田有了"职业经理人"．（2012-02-04）[2021-05-12]．https://news.ifeng.com/c/7fbNKuYiMBJ.

二、农民专业合作社的表决权

农民专业合作社的表决权，是指农民专业合作社的成员享有的在本社成员大会上对有关决议事项做出赞成或者反对的意思表示的权利。按照《农民专业合作社法》的规定，农民专业合作社的表决权分为基本表决权和附加表决权。

基本表决权是在农民专业合作社选举和表决时每个成员都享有的权利。依照《农民专业合作社法》的规定，农民专业合作社成员大会选举和表决，实行一人一票制，即当农民专业合作社召开成员大会，选举合作社的理事会成员、理事长、执行监事或者监事会成员，以及对合作社章程规定的成员大会应当表决的事项进行表决时，所有成员均享有一票的基本表决权。这里的"成员"，可以是自然人成员，也可以是符合法律规定的成员结构要求的企业、事业单位和社会组织等法人成员。实践中还需要注意的问题是，由于加入农民专业合作社的主要是农民，农民既可以以个人身份加入，也可以以户的名义加入。依据合作社章程，如果农民以户的名义加入合作社，应当实行一户一票。

附加表决权是农民专业合作社成员在享有一人一票的基本表决权之外额外享有的投票权。《农民专业合作社法》第二十二条第二款规定，出资额或者与本社交易量（额）较大的成员按照章程规定，可以享有附加表决权。本社的附加表决权总票数，不得超过本社成员基本表决权总票数的百分之二十。享有附加表决权的成员及附加表决权数，应当在每次成员大会召开时告知出席会议的成员。章程可以限制附加表决权行使的范围。附加表决权是对贡献较大的成员在合作社中的话语权激励机制，一些北美国家和地区的合作社立法中也有类似的规定。从我国合作社发展的实际看，普通农户需要依靠经营大户或者企业的带动，企业往往对合作社的发展提供了资金、技术、市场、加工等小农户短缺的生产经营要素，或者通过较大的交易规模为合作社的竞争力提升做出较大贡献。对这些成员给予附加表决权，可以更好地促进合作社发展。但同时，如果附加表决权过大，会削弱普通农户在合作社中的治理权，为此，法律对附加表决权的数额做出限定，章程也可以对附加表决权的行使加以限制。

三、农民专业合作社的任职限制制度和负责人约束制度

农民专业合作社实行门户开放原则，即入社自愿、退社自由的原则。凡是承认农民专业合作社章程，愿意履行成员义务的组织和个人，在符合法定比例的基础上，原则上都可以申请加入农民专业合作社。但是，为保护农民专业合作社成员利益和社会公共利益，法律对农民专业合作社的成员和负责人的任职做出了特别规定。《农民专业合作社法》规定的任职限制制度主要包括四种情形：①具有管理公共事务职能的单位不得加入农民专业合作社。管理公共事务职能的单位，包括一些事业单位和社会组织，掌握着公共资源，

> 知识点
> 农民专业合作社的任职限制制度

很容易将公共资源输入某个合作社，进而影响其他经营者公平享有公共资源的权利。2013年12月20日发布的《工商总局 农业部关于进一步做好农民专业合作社登记与相关管理工作的意见》规定，村民委员会不能成为农民专业合作社的单位成员。不得混淆村民委员会管理公共事务的职能与农民专业合作社的经济组织功能，实行"村社合一"。②理事长、理事、经理和财务会计人员不得兼任监事。监事在农民专业合作社中的职能是对相关负责人的行为进行监督，负责人兼任监事会导致监督失效。③农民专业合作社的理事长、理事、经理不得兼任业务性质相同的其他农民专业合作社的理事长、理事、监事、经理。这一规定，是为了防止农民专业合作社的负责人借在同类业务农民专业合作社中的兼任行为进行利益输送，谋取私利，损害农民专业合作社及其成员的利益。④执行与农民专业合作社业务有关的公务人员，不得担任农民专业合作社的理事长、理事、监事、经理或者财务会计人员。

对农民专业合作社负责人的约束主要体现在农民专业合作社的理事长、理事和管理人员不得有下列行为：①侵占、挪用或者私分本社资产；②违反章程规定或者未经成员大会同意，将本社资金借贷给他人或者以本社资产为他人提供担保；③接受他人与本社交易的佣金归为己有；④从事损害本社经济利益的其他活动。理事长、理事和管理人员违反上述规定所得的收入，应当归本社所有；给本社造成损失的，应当承担赔偿责任。

第四节 农民专业合作社的财产制度

一、农民专业合作社的财产构成

> **知识点**
> 农民专业合作社的财产构成

《农民专业合作社法》第五条第二款规定:"农民专业合作社对由成员出资、公积金、国家财政直接补助、他人捐赠以及合法取得的其他资产所形成的财产,享有占有、使用和处分的权利,并以上述财产对债务承担责任。"

农民专业合作社的财产构成如下:

(一)成员出资

成员的出资义务是由章程规定的。农民专业合作社可以自主决定成员是否出资,成员是否应当均等出资及是否设置单个成员出资比例的限制,成员的出资方式及是否要求成员在合作社存续期间追加出资,以及成员出资的转让、继承、担保等与成员出资相关的事项。

为降低农民专业合作社的注册登记门槛,法律不要求农民专业合作社注册登记时出具验资报告,但需经全体成员签字确认。①《农民专业合作社法》第十三条第一款规定:"农民专业合作社成员可以用货币出资,也可以用实物、知识产权、土地经营权、林权等可以用货币估价并可以依法转让的非货币财产,以及章程规定的其他方式作价出资;但是,法律、行政法规规定不得作为出资的财产除外。"根据这一规定,成员出资包括三种形式:货币出资、实物出资和其他出资。

(二)公积金

公积金是农民专业合作社为了扩大再生产或者弥补亏损,从当年合作社盈余中提

---

① 《农民专业合作社法》第十六条关于工商登记法定文件的第五项要求是出资成员签名、盖章的出资清单;2007年5月28日国务院发布的《农民专业合作社登记管理条例》第十一条也做出了相同的规定,但同时该条例第八条规定:"成员以非货币财产出资的,由全体成员评估作价。"鉴于出资作价会影响农民专业合作社的资本结构,如果农民专业合作社同时接受财政补助资金,根据《农民专业合作社法》第四十四条规定的盈余分配规则,该作价数额也会影响没有出资的成员的利益。因此,笔者认为,农民专业合作社的出资清单应当由农民专业合作社的全体成员签字确认。

取的资金。农民专业合作社可以按照章程规定或者成员大会决议从当年盈余中提取公积金。公积金用于弥补亏损、扩大生产经营或者转为成员出资。法律对农民专业合作社的公积金提取没有强制要求,即合作社提取的公积金为任意公积金,由合作社根据自己的章程提取和使用。每年提取的公积金须按照章程规定量化为每个成员的份额,并记载在成员账户中。具体而言,公积金量化到成员账户中,可以有三种方式:①按照成员与合作社之间的交易量(额)量化;②按照合作社成员的出资比例量化;③按照交易量(额)与成员出资相结合的方式量化。具体如何量化,由合作社章程规定。实践中,也有部分合作社在提取公积金的同时,提取风险金。顾名思义,风险金是用来弥补合作社经营亏损的,与公积金的功能有重叠,因此应当与合作社提取的公积金一样量化到成员账户中。

(三) 财政补助形成的财产

随着国家对农民专业合作社扶持力度的不断加大,越来越多的农民专业合作社可以获得财政补助资金。《农民专业合作社法》第六十五条规定:"中央和地方财政应当分别安排资金,支持农民专业合作社开展信息、培训、农产品标准与认证、农业生产基础设施建设、市场营销和技术推广等服务。国家对革命老区、民族地区、边疆地区和贫困地区的农民专业合作社给予优先扶助。县级以上人民政府有关部门应当依法加强对财政补助资金使用情况的监督。"为了保障财政补助资金的使用效果,防止农民专业合作社套取财政补助资金,法律规定,农民专业合作社接受财政补助形成的财产,在解散、破产清算时,不得作为可分配剩余资产分配给成员,具体按照国务院财政部门有关规定执行。

(四) 他人捐赠形成的财产

一些社会组织和个人有志于对农民专业合作社的发展提供帮助,可以向农民专业合作社提供捐赠。他人捐赠形成的财产,也是农民专业合作社可以独立支配的财产。

(五) 合法取得的其他财产形成的财产

除上述财产外,农民专业合作社可以通过生产经营或者其他方式,合法取得其他财产。例如,农民专业合作社对外出租冷库使用权,可以获得租金收入,该收入也是农民专业合作社的财产。再如,农民专业合作社为成员或者非成员购买生产资料提供中介服务,可以获得佣金,该佣金也是农民专业合作社的财产。

农民专业合作社财产权利的内容,是指农民专业合作社对上述财产享有的占有、使用、处分的权利。占有,是指农民专业合作社对上述财产依据法律实际控制的权利;

使用,是指农民专业合作社对上述财产合法利用的权利;处分,是指农民专业合作社以上述财产设定抵押、出售或者清偿债务的权利。

与公司不同,农民专业合作社的财产因为成员退社制度和除名制度的安排而可能发生变动。成员退社和被除名,是成员资格丧失的两种情形。成员退社是成员资格的主动丧失,被除名则是成员资格的被动丧失。无论是成员资格的主动丧失还是成员资格的被动丧失,资格丧失的成员都有权主张农民专业合作社返还其出资及量化的公积金份额。当然,资格丧失的成员也应当分担其资格丧失前农民专业合作社的亏损及债务。

二、农民专业合作社的成员账户制度

成员账户,是指农民专业合作社按照法律规定为每个成员设立的,用以记载成员的出资额、公积金份额以及与农民专业合作社之间交易量(额)的会计账户。农民专业合作社的成员账户制度的主要立法目的之一是区分成员与农民专业合作社之间财产权利的边界。为保护成员的财产权利,《农民专业合作社法》第四十三条规定,农民专业合作社应当为每个成员设立成员账户,账户中主要记载下列内容:该成员的出资额;量化为该成员的公积金份额;该成员与本社的交易量(额)。成员账户样表如表4-1所示。

表4-1 成员账户样表

成员姓名: 　　　　　联系地址: 　　　　　　　　　第　　页

编号	年月日	摘要	成员出资	公积金份额	形成财产的财政补助资金量化份额	捐赠财产量化份额	交易量 产品1	交易量 产品2	交易额 产品1	交易额 产品2	盈余返还金额	剩余盈余返还金额
1												
2												
3												
4												
5												
年终合计				公积金总额:					盈余返还总额:			

农民专业合作社设立成员账户的法律意义主要在于：①作为成员承担有限责任的界限。《农民专业合作社法》第六条规定："农民专业合作社成员以其账户内记载的出资额和公积金份额为限对农民专业合作社承担责任。"据此，农民专业合作社成员对农民专业合作社债务承担有限责任，责任的边界包括农民专业合作社成员对农民专业合作社的出资额，也包括历年农民专业合作社提取的公积金量化到成员账户的部分。②作为分红的依据。根据《农民专业合作社法》第四十四条的规定，农民专业合作社的可分配盈余在按照交易量（额）返还后的部分，应当按照成员出资额、量化的公积金份额、财政补助和他人捐赠形成的财产的平均量化额进行分配。其中，成员账户中记载的成员出资额和量化的公积金份额是分配盈余的基本依据。③作为成员资格终止时财务处理的基础。《农民专业合作社法》第二十八条第一款规定："成员资格终止的，农民专业合作社应当按照章程规定的方式和期限，退还记载在该成员账户内的出资额和公积金份额；对成员资格终止前的可分配盈余，依照本法第四十四条的规定向其返还。"根据法律规定，成员资格终止的财务处理包括三项内容：①按照成员账户记载返还出资额和公积金份额；②对资格丧失前农民专业合作社已经产生的可分配盈余应当按照法律和章程规定的返还和分配方式参与分配；③按照章程规定分摊资格终止前本社的亏损及债务。同时，如果成员在成员资格终止前已经与农民专业合作社订立合同，应当继续履行。④作为农民专业合作社清算时分配剩余财产的依据。根据《农民专业合作社法》第四十九条的规定，农民专业合作社解散清算的，清偿债务后的剩余财产应当在成员间进行分配，而分配剩余财产的基本依据仍然是农民专业合作社为每个成员设立的成员账户。

> 🔍 知识点
> 农民专业合作社设立成员账户的法律意义

三、农民专业合作社的盈余分配制度

《农民专业合作社法》第四十四条规定："在弥补亏损、提取公积金后的当年盈余，为农民专业合作社的可分配盈余。可分配盈余主要按照成员与本社的交易量（额）比例返还。可分配盈余按成员与本社的交易量（额）比例返还的返还总额不得低于可分配盈余的百分之六十；返还后的剩余部分，以成员账户中记载的出资额和公积金份额，以及本社接受国家财政直接补助和他人捐赠形成的财产平均量化到成员的份额，按比例分配给本社成员。经成员大会或者成员大会表决同意，可以将全部或者部分可分配盈余转为对农民专业合作社的出资，并记载在成员账户中。具体分配方法按照章程的规定或者经成员大会决议确定。"

正确理解农民专业合作社的盈余分配制度，要注意把握以下几点：

（一）明确可分配盈余的概念

农民专业合作社的可分配盈余与利润有关，但又不同于利润。可分配盈余是农民专业合作社年度经营的纯利润弥补亏损和提取公积金后的剩余部分。

（二）明确交易量（额）返还原则

可分配盈余的分配要体现主要按交易量（额）比例返还。这里的"主要"，是指按交易量（额）比例返还的盈余不得低于可分配盈余的百分之六十。农民专业合作社是以农民为主体从事农业生产经营和服务的互助性经济组织，成员享受农民专业合作社提供的服务的量（额），即与农民专业合作社的交易量（额），是衡量成员对农民专业合作社贡献的主要依据。成员与农民专业合作社的交易量（额）也是产生合作社盈余的主要来源。

交易量（额）返还原则是合作社的基本原则之一，也是农民专业合作社区别于其他市场主体的重要特征。由于各种原因，一些农民专业合作社的盈余基本上都是按照成员出资比例分配的，这种做法是不符合法律要求的。还有一些农民专业合作社实行一次让利与二次返利相结合的盈余分配办法，即为成员购买生产资料，或者收购成员产品时，给成员以优惠价格，向成员让利。年终分配盈余时，再按照成员与农民专业合作社之间的交易量向成员返利，较好地体现了对农民成员经济利益的保护。作为法律的强制性规定，应当遵循交易量（额）返还原则，依法分配盈余。

（三）以成员账户记载的出资额和公积金份额作为分红的基本依据

交易量（额）返还后的剩余部分应当在农民专业合作社成员间进行分配。根据《农民专业合作社法》第四十四条的规定，农民专业合作社应当对返还后的剩余部分按照成员账户记载的出资额和公积金份额，以及本社接受财政补助和他人捐赠形成的财产平均量化到成员的份额，按比例分配。农民专业合作社的利润形成既有惠顾的贡献，也有资本的贡献。农民专业合作社的资本可能来源于成员出资，也可能来源于农民专业合作社经营过程中形成的积累，以及财政补助和他人捐赠形成的财产的收益。现实中，农民专业合作社成员出资不足、农民专业合作社资金短缺是一个普遍现象。适当按照出资额进行盈余分配，可以使出资多的成员获得更多的盈余，从而鼓励成员出资，壮大农民专业合作社资金实力。

（四）坚持财政补助和他人捐赠形成的财产的收益由全体成员均享

财政补助形成的财产平均量化，并不是要对财政补助形成的财产进行平均分配，而是对这些财产的收益在成员间进行平均分配，即农民专业合作社分配盈余时财政补助形成的财产的收益按照成员人数以平均量化的方式作为依据，而不是直接分配财政补助形成的财产。

一些社会组织或者个人为支持农民专业合作社发展，会为农民专业合作社提供捐赠。农民专业合作社接受捐赠形成的财产也是农民专业合作社财产的组成部分，按照法律规定，在农民专业合作社进行盈余分配时，他人捐赠形成的财产的收益也需要比照财政补助形成的财产的收益，在全体成员中平均量化。

（五）可分配盈余可以转为成员对农民专业合作社的出资

鉴于农民专业合作社发展过程中普遍存在的资金约束问题，法律规定，经成员大会或者成员代表大会表决同意，可以将全部或者部分可分配盈余转为成员对农民专业合作社的出资，并记载在成员账户中。可分配盈余转为成员对农民专业合作社的出资，相当于成员向农民专业合作社追加出资，与成员加入农民专业合作社时的出资的法律性质一致，因此须在成员账户中予以记载。不同的是，成员出资是依照农民专业合作社章程履行成员义务的行为，而可分配盈余转为成员对农民专业合作社的出资则是依据成员大会或者成员代表大会的决议。

按照上述理解，农民专业合作社成员的盈余分配公式可以表示如下：

$$x = \frac{t}{\sum t} \times p \times d_s + \frac{c + a + \sum s/m + \sum d/m}{\sum c + \sum a + \sum s + \sum d} \times (1-p) \times d_s$$

其中，x 表示某成员能够获得的交易量（额）返还额和资本收益额，t 表示某成员当年度与农民专业合作社之间的交易量（额），$\sum t$ 表示农民专业合作社当年度与所有成员之间的交易总量（额），p 表示农民专业合作社章程规定的交易量（额）返还比例（按照法律规定 p 不得低于60%），d_s 表示年度可分配盈余（当年利润－当年公积金），c 表示某成员对农民专业合作社的出资额，$\sum c$ 表示农民专业合作社全体成员的出资总额，a 表示某成员账户中量化的公积金份额，$\sum a$ 表示农民专业合作社历年提取的公积金总额，$\sum s$ 表示农民专业合作社接受财政补助形成的财产的总额，$\sum d$ 表示农民专业合作社接受他人捐赠形成的财产总额，m 表示农民专业合作社分配盈余时的实有成员总数。

《农民专业合作社法》第四十四条规定的盈余分配制度体现了几个方面的立法思想：①保护农民成员尤其是小规模生产者成员的主体地位，在合作社中惠顾额较大的一般是利用农民专业合作社服务的农民成员，出资的成员很少有惠顾，他们以出资方式贡献于农民专业合作社的发展。惠顾返还原则是农民专业合作社的一个核心原则，交易量越大，说明成员对农民专业合作社服务的利用程度越高，对农民专业合作社提高竞争力、获取更大利润的贡献也越高，因而能够得到的返还越高，制度价值在于能够使更多的合作社成员通过农民专业合作社销售产品和购买生产资料。②尊重资本贡献，但强调资本报酬有限原则，以协调农民专业合作社中交易与资本的关系。适度的资本回报可以激发成员向农民专业合作社出资的积极性，解决农民专业合作社发展中的资金约束问题。③农民专业合作社全体成员对财政补助形成的财产和他人捐赠形成的财产，有共享收益的权利，不能仅由出资成员获取财政补助形成的财产的收益。

谈观点

如何准确理解农民专业合作社的盈余分配制度？

05 第五节 农民专业合作社的扶持措施

思政启示

《农民专业合作社法》是一部促进和保护农民专业合作社发展的法律，其首要目标是为从事家庭经营的农户服务，在农业经营主体多元化的新形势下，更应当注意保护小规模农户的利益，提高其组织化程度，帮助他们向规模化、专业化、市场化转变。

合作社作为以农民为主体的市场主体，在适应现代农业发展、实现小农户与现代农业发展有机衔接、推动农业结构性改革和农产品供给侧改革、提高农民素质、实施乡村振兴战略等方面，发挥着不可替代的作用。习近平总书记曾经明确指出，要重点抓好家庭农场和农民合作社两类新型农业经营主体，并多次对合作社发展做出重要指示。历年来中央有关农业农村经济发展的重要文件，也都对合作社的发展提出了明确的方向和要求，强调通过各种手段支持合作社的规范与发展。《农民专业合作社法》设立扶持措施专章，从财政补助、税收优惠、金融扶持、人才支持等方面规定了支持农民专业合作社发展的主要措施。同时，中央和地方也出台了一系列支持农民专业合作社发展的政策。

一、财政补助政策

对合作社给予财政补助，是国家支持合作社发展的重要政策，也是国家惠农政策的重要体现。农民专业合作社是由农民组织起来的，以具有弱质性特征为核心的农业生产经营为主要业务，所以，支持农民专业合作社，也就是支持农民，支持农业。《农民专业合作社法》第六十五条第一款规定："中央和地方财政应当分别安排资金，支持农民专业合作社开展信息、培训、农产品标准与认证、农业生产基础设施建设、市场营销和技术推广等服务。国家对革命老区、民族地区、边疆地区和贫困地区的农民专业合作社给予优先扶助。"近年来，国家对农民专业合作社的财政支持力度不断加大，有效推动了农民专业合作社的快速发展，撬动了更多社会资本投入农民专业合作社，引领农民专业合作社发展。根据有关机构的调研，约10%的农民专业合作社接受过各级财政的直接补助。

从实践看，对农民专业合作社的财政补助大体上有两种渠道：

（1）对农民专业合作社专门的财政支持，包括对各级示范农民专业合作社的财政资金奖补，以及对农民专业合作社的品牌建设、人才培养、电商等专项补助。例如，为了改善农产品产地初加工设施条件，减少产后损失，增加有效供给，促进农民增收，提高产品质量安全水平，2012年，农业部办公厅、财政部办公厅印发《2012年农产品产地初加工补助项目实施指导意见》，明确对符合条件的农民专业合作社给予专项资金扶持，规定了对于农民专业合作社发展农产品初加工的财政资金奖补范围、对象、方式、标准等相关内容。再如，2019年，农业农村部办公厅、财政部办公厅发布《关于支持做好新型农业经营主体培育的通知》，明确提出以县级以上农民专业合作社示范社及联合社为主要对象，要求各地根据实际，统筹利用中央财政农业生产发展资金中的适度规模经营资金以及自有财力等渠道予以支持。鼓励各地采取先建后补、以奖代补等方式，对农民专业合作社、家庭农场、农业产业化联合体等新型农业经营主体给予适当支持。

（2）符合条件的农民专业合作社申请相应的财政项目支持资金。《农民专业合作社法》第六十四条规定，国家支持发展农业和农村经济的建设项目，可以委托和安排有条件的农民专业合作社实施。例如，对于国家财政投入的农业基础设施建设、高标准农田建设等，开展农业社会化服务、发展农产品电商等，符合条件的农民专业合作社可以申请成为建设主体。

《农民专业合作社法》涉及财政补助的规定，主要有以下四个方面：

> 🔎 知识点
> 《农民专业合作社法》涉及财政补助的规定

（1）明确财政补助形成的财产是农民专业合作社财产的组成部分。根据《农民专业合作社法》第五条第二款的规定，农民专业合作社对财政补助形成的财产，享有占有、使用和处分的权利。

（2）财政补助形成的财产是农民专业合作社盈余分配时的重要依据。根据《农民专业合作社法》第四十四条第二款的规定，在农民专业合作社分配盈余时，财政补助形成的财产应当在全体成员之间平均量化，确保财政补助形成的财产的收益由农民专业合作社全体成员共享。

（3）农民专业合作社接受财政补助形成的财产，在解散、破产清算时，不得作为可分配剩余资产分配给成员，具体按照国务院财政部门有关规定执行。2019年6月25日，财政部、农业农村部印发《农民专业合作社解散、破产清算时接受国家财政直接补助形成的财产处置暂行办法》，该办法自2019年7月1日起施行。根据该办法，合作社解散、破产清算时，剩余财产中财政补助形成的财产，应当优先划转至原农民专业合作社所在地的其他农民专业合作社，也可划转至原农民专业合作社所在地的村集体经济组织或者代行村集体经济组织职能的村民委员会。因农业结构调整、生态环境保护等导致农民专业合作社解散、破产清算的，剩余财产中财政补助形成的财产，应当优先划转至原农民专业合作社成员新建的农民专业合作社，促进转产转业。

（4）县级以上人民政府有关部门应当依法加强对财政补助资金使用情况的监督，防止财政补助资金被私分、截留、挪用。

二、税收优惠政策

> 🔎 知识点
> 农民专业合作社的税收优惠政策

税收优惠，是指政府根据国家法律、行政法规以及有关的方针政策，利用税收制度，减轻特定纳税人应履行的纳税义务，以此来补贴纳税人的某些活动或者降低纳税人负担的制度。我国的农民专业合作社发展历史较短，总体上看还处于起步阶段，对农民专业合作社给予税收优惠，可以降低农民专业合作社的生产经营成本，提高其市场竞争力，更好地实现小农户与现代农业发展有机衔接以及推进农业农村现代化，因而具有非常重要的意义。

《农民专业合作社法》第六十七条明确规定，农民专业合作社享受国家规定的对农业生产、加工、流通、服务和其他涉农经济活动相应的税收优惠。为落实法律规定，2008年6月24日，《财政部 国家税务总局关于农民专业合作社有关税收政策的通知》

发布。该通知规定，对农民专业合作社销售本社成员生产的农业产品，视同农业生产者销售自产农业产品免征增值税；增值税一般纳税人从农民专业合作社购进的免税农业产品，可按13%的扣除率计算抵扣增值税进项税额；对农民专业合作社向本社成员销售的农膜、种子、种苗、化肥、农药、农机，免征增值税；对农民专业合作社与本社成员签订的农业产品和农业生产资料购销合同，免征印花税。

除国家统一的对合作社的税收优惠政策外，有些地方出台了一系列通过税收优惠支持农民专业合作社发展的政策。例如，浙江省地方税务局发出《关于农民专业合作社若干税费政策问题的通知》，规定对农民专业合作社的经营用房，免征房产税和城镇土地使用税；广东省国家税务局发出《关于进一步加强农民专业合作社税收管理有关问题的通知》，规定增值税一般纳税人从农民专业合作社购进免税农业产品，凭农民专业合作社开具的农产品销售发票上注明的农产品买价和13%的扣除率计算抵扣增值税进项税额；《黑龙江省农民专业合作社条例》规定，农民专业合作社从事农业机耕、排灌、病虫害防治、植物保护、农牧保险以及相关技术培训业务，家禽、牲畜、水生动物的配种和疾病防治，免征营业税；重庆市农委、国税局、地税局共同发出《关于做好农民专业合作社税收有关工作的通知》，要求重庆市各地国税、地税部门要积极引导农民专业合作社按照税法的规定办理税务登记证，落实免收税务登记工本费的政策。

三、金融扶持政策

在我国的农民专业合作社发展实践中，资金短缺几乎成为合作社发展的瓶颈。这首先源于农民专业合作社特殊的成员构成，按照法律规定，农民专业合作社的成员必须80%以上是农民，相对而言，农民不具有足够的出资能力，也不具有承担投资风险的意识，由此导致农民专业合作社自有资金不足。其次是农民专业合作社的盈余分配制度倾向于交易量（额）返还原则，而不是以资本报酬为主，从而导致农民专业合作社吸引成员出资的动力不足。最后是对农民专业合作社的财政补助具有特惠性质，获得财政补助的农民专业合作社必须符合相关的条件和要求，而对大多数农民专业合作社而言，财政补助的获得门槛过高。为了解决农民专业合作社发展的资金约束问题，必须构建有效的农民专业合作社金融扶持政策。

《农民专业合作社法》第六十六条第一款和第二款对农民专业合作社的金融扶持做了专门规定。按照法律规定，对农民专业合作社的金融扶持包括政策性金融扶持和商业性金融扶持两个方面。一是政策性金融机构应当采取多种形式，为农民专业合作社提供多渠道的资金支持。具体支持政策由国务院规定。二是国家鼓励商业性金融机构采取多种形式，为农民专业合作社及其成员提供金融服务。

在农民专业合作社的信贷问题上,突出的矛盾是农民专业合作社不能提供足够的担保财产,商业性金融机构基于资金回收安全考虑,对农民专业合作社提供信贷支持的动力不足。解决这一矛盾,需要从三个方面着手:①从法律制度层面提高农民专业合作社的融资担保能力。例如,根据《农村土地承包法》的规定,经承包方同意,土地经营权可以作为担保财产向金融机构申请融资。②由地方政府以财政资金为基础为农民专业合作社的贷款提供公共担保。近年来,一些地方设立了专门的农业担保公司,为农民专业合作社和其他新型农业经营主体提供担保,取得了很好的效果。③由农民专业合作社内部成员之间开展相互担保,共同解决农民专业合作社融资难的问题。

实践中,一些农民专业合作社的理事长或者核心成员为解决农民专业合作社融资难的问题,以自己的财产为农民专业合作社提供担保,在一定程度上缓解了农民专业合作社融资难的问题,但理事长或者核心成员需要承担的风险过大,不利于完善农民专业合作社的风险共担机制。

除金融扶持政策外,符合条件的农民合作社也可以开展内部资金互助。早在2008年10月,党的十七届三中全会通过的《中共中央关于推进农村改革发展若干重大问题的决定》就提出,"允许有条件的农民专业合作社开展信用合作"。2010年中央一号文件提出"支持有条件的合作社兴办农村资金互助社"。2012年中央一号文件提出要"有序发展农村资金互助组织,引导农民专业合作社规范开展信用合作"。2013年中央一号文件提出要"规范合作社开展信用合作"。2014年中央一号文件提出要"坚持社员制、封闭性原则,在不对外吸储放贷、不支付固定回报的前提下,推动社区性农村资金互助组织发展"。互助本来就是农民专业合作社的基本理念,资金互助也是农民专业合作社成员之间互助的重要领域,因此,符合条件的农民专业合作社开展内部资金互助,是解决农民专业合作社及其成员资金困境的重要手段。但是,农民专业合作社开展内部资金互助,必须坚持封闭性原则,按照吸股不吸储、分红不分息的政策要求,谨慎开展活动。

农业保险,也是支持农民专业合作社发展的金融扶持政策的重要组成部分。《农民专业合作社法》第六十六条第三款规定,国家鼓励保险机构为农民专业合作社提供多种形式的农业保险服务。鼓励农民专业合作社依法开展互助保险。

四、人才支持政策

基于农民专业合作社特殊的成员构成,人才短缺也是农民专业合作社发展的瓶颈。解决农民专业合作社的人才短缺问题,应主要从以下方面着手:

(1)吸引优秀人才创办领办农民专业合作社或者到农民专业合作社任职。2021年

2月，中共中央办公厅、国务院办公厅印发的《关于加快推进乡村人才振兴的意见》指出，鼓励农民工、高校毕业生、退役军人、科技人员、农村实用人才等创办领办家庭农场、农民专业合作社。鼓励有条件的地方支持农民专业合作社聘请农业经理人。

（2）加强对农民专业合作社骨干的培训，培育留得住、用得上的合作社自有人才。要逐步建立农民专业合作社带头人人才库，从法律政策知识、合作社财务会计制度、合作社运营管理、合作社品牌建设、合作社技术提升等方面，因地制宜地加强对农民专业合作社骨干的培训。鼓励家庭农场经营者、农民专业合作社带头人参加职称评审、技能等级认定。

（3）加强对农民专业合作社的业务指导。2011年初，农业部印发《农民专业合作社辅导员工作规程》，该规程在农民专业合作社辅导员的工作职责中要求，指导农民专业合作社加强农产品质量安全监管，实行标准化生产，规范生产档案记录，推行农产品产地编码制度，建立农产品质量安全追溯和自律性检验检测制度，帮助农民专业合作社申报无公害农产品、绿色食品、有机食品和地理标志等认证认定；指导农民专业合作社开拓产品市场，提高市场谈判和营销能力，开展品牌化经营，注册商标，组织农民专业合作社参加名牌产品和著名商标评比认定，推荐农民专业合作社参加宣传推介活动，指导农民专业合作社运用互联网进行产品展示及发布供求信息。

（4）鼓励社会力量对农民专业合作社发展提供智力支持。《关于加快推进乡村人才振兴的意见》指出，鼓励农业企业依托信息、科技、品牌、资金等优势，带动农民创办家庭农场、农民专业合作社，打造乡村人才孵化基地。从实践看，各类科技机构和高等院校、各类企业、各类社会组织等以多种方式融入农民专业合作社的发展，对农民专业合作社的规范、发展与转型升级发挥了重要的智力帮扶作用。

五、其他支持政策

对农民专业合作社的政策支持，涉及农民专业合作社发展的各个方面。不同时期，农民专业合作社发展遇到的问题和困难不同，支持政策也不同。2007年以来，中央层面有关农民专业合作社的政策包括：全面贯彻落实《农民专业合作社法》的各项制度；从财政、税收、信贷、人才等方面完善农民专业合作社发展的政策支持体系；允许有条件的农民专业合作社开展内部资金互助和合作保险；鼓励农民专业合作社之间的联合与合作，支持发展农民专业合作社联合社；允许土地经营权入股农民专业合作社，发展土地股份合作社；支持发展乡村旅游合作社；鼓励发展生产、供销、信用"三位一体"的综合合作社；发挥农民专业合作社在小农户与现代农业发展有机衔接中的作用；鼓励农民专业合作社发展农产品初加工，开展农民专业合作社质量提升整县推进试点，引导农民专业合作社规范发展与质量提升；因地制宜地探索农民专业合作社发展的不同道路等。

> **知识点**
> 农民专业合作社从事农产品初加工用电

为了解决农民专业合作社发展过程中的用地问题，解决农民专业合作社产业链延伸发展二三产业的用电价格问题，《农民专业合作社法》第六十八条规定，农民专业合作社从事农产品初加工用电执行农业生产用电价格，农民专业合作社生产性配套辅助设施用地按农用地管理，具体办法由国务院有关部门规定。

总体上看，我国对农民专业合作社的支持政策逐步完善，农民专业合作社发展的政策环境越来越宽松。这些政策，对于明确农民专业合作社的发展方向，引导农民专业合作社规范发展，解决农民专业合作社的发展瓶颈，更好地发挥农民专业合作社在小农户与现代农业发展有效衔接以及乡村振兴战略实施中的作用，都具有非常重要的意义。

谈观点

1. 如何提高农民专业合作社的融资担保能力？
2. 如何改善农民专业合作社人才短缺的现状？

06 第六节 农民专业合作社财产制度典型案例分析

一、案情介绍

（一）案件基本情况

案由：侵害集体经济组织成员权益纠纷

案号：（2020）黔05民终6036号

二审法院：贵州省毕节市中级人民法院

诉讼当事人：上诉人（一审原告）：肖某均等 3 人

被上诉人（一审被告）：查某本，以及七星关区朱昌镇山脚村贯尧组九股水生态林场专业合作社（法定代表人：查某本，系合作社理事长）

一审原告：尚某林等 16 人

上诉人因与一审原告尚某林等人以及被上诉人查某本、七星关区朱昌镇山脚村贯尧组九股水生态林场专业合作社（以下简称九股水合作社）侵害集体经济组织成员权益纠纷一案，不服贵州省毕节市七星关区人民法院（2020）黔 0502 民初 4106 号民事判决，向本院上诉。本院依法组成合议庭审理了本案。本案现已审理终结。

（二）上诉人上诉请求

上诉人上诉请求：①撤销一审判决，改判支持上诉人的诉讼请求或将本案发回重审；②本案一、二审诉讼费用由被上诉人承担。

主要的事实及理由：

（1）①根据九股水合作社章程第 24 条，本社不设理事会，由理事长对成员大会负责，并行使下列职权：制定年度财务预决算、盈余分配和亏损弥补等方案，将方案提交成员大会审议。制定九股水合作社盈余分配方案系被上诉人的义务。依照《民事诉讼法》第六十四条之规定，对九股水合作社盈余分配方案，应由被上诉人提供或由人民法院依职权调取。并非一审法院认定的被上诉人只负有管理失职的责任，而不负有举证的责任。②被上诉人在一审庭审中自认在七星关区科技局领取了补助金，一审法院并未依法查明被告从七星关区科技局领取的补助金的性质和用途。被上诉人也自认已将补助金的一半按比例分配给了社员，只因与大方县弘林药材有限公司签订《合作种植天麻、冬荪、茯苓协议》，而将补助金的另一半私自截留。该协议违反了合作社章程第 18 条第（9）项以及《农民专业合作社法》第 29 条第（3）项的规定，该协议签订在合作社章程之后，未经成员大会决定，违反了法律法规的强制性规定，双方签订的协议无效。一审法院认定了该协议真实存在，但达不到被上诉人用以证明补助金与该协议的关联性。通过被上诉人的庭审陈述，从被上诉人将补助金的一半分配给社员的事实，足以认定被上诉人已经过相关的结算，认可补助金系合作社盈利的事实。在与大方县弘林药材有限公司签订《合作种植天麻、冬荪、茯苓协议》无效的情况下，被上诉人应将其私自截留的补助金 123 000.00 元按投资比例分配给社员。

（2）一审法院并未依法明确责任主体，承担侵权责任的主体有自然人和合作社；且一审法院在未查清本案基本事实的情况下，依据《农民专业合作社法》《民事诉讼法》的相关规定，判决驳回上诉人的诉讼请求属于认定基本事实不清、适用法律错误，侵害了上诉人的合法利益。

(三) 一审原告向一审法院起诉请求

①判决被告九股水合作社按投资生态林场专业比例归还原告等社员的种植补助金 246 000.00 并支付利息（利息以 246 000.00 元为基数，按中国人民银行同期同类贷款利率从 2018 年 1 月计算至实际履行完毕之日止）；②判决被告查某本对上诉款项的清偿承担连带责任；③本案诉讼费用由被告负担。

(四) 一审法院认定事实与审判结果

一审法院经审理查明，2016 年 2 月 20 日，查某本、周某勇、吴某林等人发起成立七星关区朱昌镇山脚村贯尧组九股水生态林场专业合作社，并通过《七星关区朱昌镇山脚村贯尧组九股水生态林场专业合作社章程》，章程约定被告查某本担任该合作社理事长，同时约定"成员实行自主经营，自负盈亏，利益共享，风险共担，盈余主要按照成员与本社的交易量比例返还"，章程附件载明了所有社员的投资额和投资比例。2016 年 4 月 28 日，合作社登记注册成立，被告查某本担任法定代表人。2017 年 4 月 18 日，被告查某本以合作社名义与大方县弘林药材有限公司签订《合作种植天麻、冬荪、茯苓协议》，双方约定：由弘林公司提供种子、提供种植、管理、采收等全程技术跟踪服务指导工作，负责对合作社采收的冬荪、天麻按市场价进行回收，合作社负责提供种植林地、劳动力及费用，并约定合作种植 2 000 亩地。2018 年 1 月 4 日，毕节市七星关区科技局对九股水合作社发放国家种植补助金共计人民币 246 000.00 元，被告查某本作为九股水合作社法定代表人签字领取。原告认为，截至本案起诉时，被告查某本未将该笔补助金按照合作社社员的投资比例足额分配给原告等社员，私自占为己有，故诉至法院，请求判如所诉。

一审法院认为，根据《农民专业合作社法》的规定，在弥补亏损、提取公积金后的当年盈余，为农民专业合作社的可分配盈余。可分配盈余主要按照成员与合作社的交易量（额）比例返还。本案中，《七星关区朱昌镇山脚村贯尧组九股水生态林场专业合作社章程》约定"成员实行自主经营，自负盈亏，利益共享，风险共担，盈余主要按照成员与本社的交易量比例返还"，原告方提起要求将国家发放给被告九股水合作社集体的种植补助金按照合作社社员的投资比例足额分配给原告等社员，没有法律依据，也不符合合作社章程约定。同时，原告就该笔涉案补助金是否属于合作社盈余，也未提供证据予以证实。原告提出的关于被告查某本作为理事长未按法律规定和章程约定制定年度财务预结算、盈余分配方案以及亏损弥补方案等的陈述，一审法院认为属于合作社内部管理疏漏混乱导致，合作社从 2016 年成立至今从未进行制定年度财务预结算、盈余分配方案以及亏损弥补方案等工作，被告负有管理失职的责任，但在本案中并不因此承担举证责任倒置的责任，原告仍负有对自己的主张提供证据加以证实的举证责任。据此，依照《农民专业合作社法》第四十四条、《民事诉讼法》第六十四条之规定，判决如下：驳回原告的诉讼请求。案件受理费人民币 1 725.00 元（已减半），由原告承担。

（五）二审法院认定事实与审判结果

一审法院认定的事实，二审法院予以确认。二审法院另查明，九股水合作社未召开成员大会就是否有盈余用于分配及分配方案做出决议。九股水合作社章程规定，年度盈余分配方案和亏损弥补方案由成员大会审议批准；成员大会做出决议须经成员表决权总数过半数通过。

二审法院认为，《农民专业合作社法》第四十四条规定："在弥补亏损、提取公积金后的当年盈余，为农民专业合作社的可分配盈余。可分配盈余主要按照成员与本社的交易量（额）比例返还。可分配盈余按成员与本社的交易量（额）比例返还的返还总额不得低于可分配盈余的百分之六十；返还后的剩余部分，以成员账户中记载的出资额和公积金份额，以及本社接受国家财政直接补助和他人捐赠形成的财产平均量化到成员的份额，按比例分配给本社成员。经成员大会或者成员代表大会表决同意，可以将全部或者部分可分配盈余转为对农民专业合作社的出资，并记载在成员账户中。具体分配办法按照章程规定或者经成员大会决议确定。"本案上诉人主张分配的款项，既无财务会计资料证实是否属于可分配盈余，也无经成员大会审议批准的盈余分配方案，故上诉人的诉讼主张不符合前述法律规定，应予驳回。上诉人可以在前述法律规定的盈余分配条件成就后另行主张分配。一审法院认定事实清楚，判决结果正确，予以维持。据此，依照《农民专业合作社法》第四十四条、《民事诉讼法》第一百七十条第一款第一项的规定，判决如下：

驳回上诉，维持原判；二审案件受理费 3 450 元由上诉人自行负担。

二、案例分析

本案涉及的法律制度，是合作社的财产关系与盈余分配制度。基于本案例，需要重点关注以下几个方面的法律问题：

（一）关于财政补助的性质

在本案中，合作社理事长代表合作社领取区科技局发放的中药材种植补助金 24.6

万元。本案未查明该笔财政补助的补助依据、补助目的，因此不能确定该笔资金的性质。《农民专业合作社法》第五条第二款规定，农民专业合作社对由成员出资、公积金、财政补助、他人捐赠以及合法取得的其他资产所形成的财产，享有占有、使用和处分的权利，并以上述财产对债务承担责任。这里关于财政补助的关键点是，财政补助形成的财产，是合作社的财产，合作社享有占有、使用和处分的权利。基于法律规定，财政补助是否成为合作社的财产，需要具备两个要件：一是由国家财政拨付；二是形成财产。本案中的24.6万元是国家财政直接拨付的，但是否已经形成财产，是一个有争议的问题。实践中，财政资金的拨付有几种情形：一是财政资金以货币形式拨付。在项目指南中明确资金用于合作社增设固定资产，如专项用于冷库建设，则由财政资金建设的冷库就是合作社享有支配权利的财产。二是财政资金以货币形式拨付。在项目指南中明确资金用于合作社成员的生产投入补助，如用于成员购买中药材苗木、化肥等农业投入品，则应由合作社统一购买发放给合作社成员。由于购买的中药材苗木和化肥已经在成员的中药材生产过程中消耗，因此并未形成合作社的财产。三是财政资金直接以实物形式补助。该实物为固定资产的，则形成合作社的财产；该实物为投入品的，交由合作社使用或者发放给合作社成员使用，则不形成合作社的财产。

（二）关于财政补助形成的财产的处置

依照《农民专业合作社法》第五条第二款的规定，农民专业合作社对财政补助形成的财产享有占有、使用和处分的权利。假设本案中的中药材种植补助金用于合作社购买中药材加工设备，则合作社对该设备依法享有占有、使用和处分的权利。占有，是对财产依法实际控制的权利。使用，是对财产合法利用的权利。处分，是决定财产最终命运的权利，如用财产清偿合作社债务，以财产设定抵押向金融机构融资，以财产对外投资获取收益等。如果合作社经营不善面临破产，则财产应当纳入破产财产进行清算。

同时，法律对财政补助形成的财产在处分中有相应限制。《农民专业合作社法》第五十三条规定，农民专业合作社接受国家财政直接补助形成的财产，在解散、破产清算时，不得作为可分配剩余资产分配给成员，具体按照国务院财政部门有关规定执行。2019年6月25日，财政部、农业农村部联合印发《农民专业合作社解散、破产清算时接受国家财政直接补助形成的财产处置暂行办法》。根据该办法的规定，合作社解散和破产清算时，剩余财产中国家财政直接补助形成的财产，应当优先划转至原农民专业合作社所在地的其他农民专业合作社，也可划转至原农民专业合作社所在地的村集体经济组织或者代行村集体经济组织职能的村民委员会。因农业结构调整、生态环境保护等导致农民专业合作社解散、破产清算的，剩余财产中国家财政直接补助形成的财产，应当优先划转至原农民专业合作社成员新建农民专业合作社，促进转产转业。

（三）财政补助形成的财产在合作社盈余分配时的意义

财政补助形成的财产，是合作社盈余分配的重要依据。《农民专业合作社法》第四十四条规定："在弥补亏损、提取公积金后的当年盈余，为农民专业合作社的可分配盈余。可分配盈余主要按照成员与本社的交易量（额）比例返还。可分配盈余按成员与本社的交易量（额）比例返还的返还总额不得低于可分配盈余的百分之六十；返还后的剩余部分，以成员账户中记载的出资额和公积金份额，以及本社接受国家财政直接补助和他人捐赠形成的财产平均量化到成员的份额，按比例分配给本社成员。经成员大会或者成员代表大会表决同意，可以将全部或者部分可分配盈余转为对农民专业合作社的出资，并记载在成员账户中。具体分配办法按照章程规定或者经成员大会决议确定。"这里需要强调的是：合作社是以农民为主体的互助性经济组织，合作社的盈余本质上是合作社成员利用合作社服务而形成的，成员对合作社服务利用的程度越高，成员对合作社盈余形成的贡献就越大，因此依照法律规定的原则和要求，合作社的可分配盈余应当主要按照成员与合作社之间的交易量（额）比例返还，返还比例不得低于可分配盈余的 60%。假设上述案例中的合作社当年度利润总额为 22 万元，在弥补亏损和按照合作社的章程提取公积金后，还剩余 20 万元，那么这 20 万元就是合作社的可分配盈余。合作社应当从 20 万元中计提 60% 以上即不少于 12 万元，根据成员与合作社之间的交易量（额）比例返还给成员。返还后的剩余部分为 8 万元，这 8 万元需要根据每个成员的出资额、公积金量化份额，以及财政补助和他人捐赠形成的财产的平均量化额，确定每个成员对合作社的资本贡献额，合作社再根据成员资本贡献额的比例关系，在成员之间进行分配。假设甲成员对合作社出资 1 万元，记载在成员账户中累计的公积金份额为 2 000 元，合作社接受的财政补助 24.6 万元形成的财产是 20 万元，合作社的成员总数是 50 人，则财政补助的平均量化额为 4 000 元，几个数据加在一起后，则甲成员对合作社的资本贡献额为 1.6 万元。假设所有成员的资本贡献总额为 120 万元，则应以 1.6 万元除以 120 万元，再乘以 8 万元，所得结果就是甲成员应得的分红，约 1 067 元。

第五章 农产品质量安全法律制度

教学目的与要求

理解
1. 农产品质量安全的内涵
2. 我国农产品质量安全管理体制
3. 农产品质量安全追溯体系

掌握
1. 农产品生产记录制度
2. 农产品质量安全监管制度
3. 食用农产品合格证制度

领会和应用
1. 农产品质量安全协同治理的实现
2. 农产品包装和标识制度

导学

知识导图

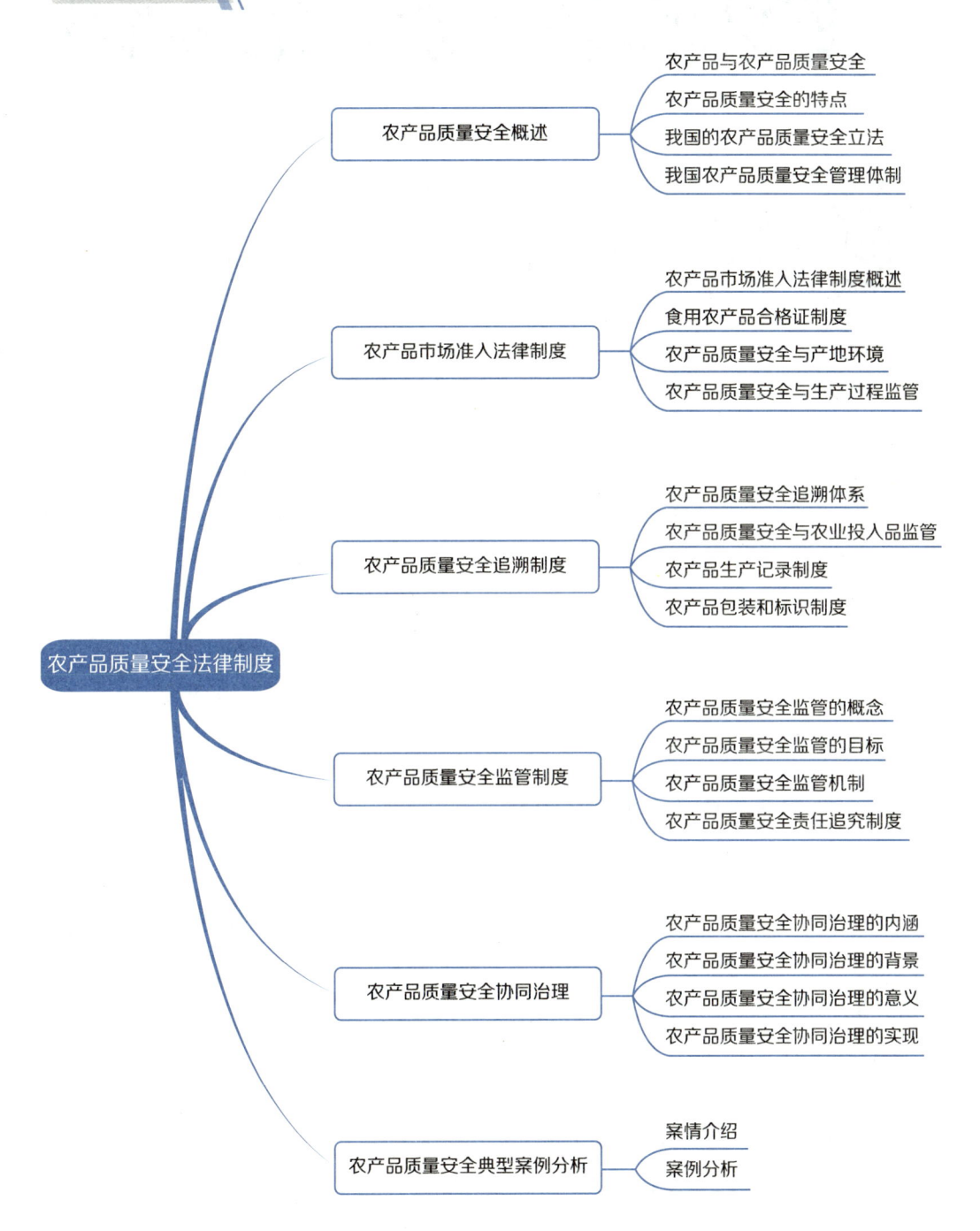

农产品质量安全法律制度
- 农产品质量安全概述
  - 农产品与农产品质量安全
  - 农产品质量安全的特点
  - 我国的农产品质量安全立法
  - 我国农产品质量安全管理体制
- 农产品市场准入法律制度
  - 农产品市场准入法律制度概述
  - 食用农产品合格证制度
  - 农产品质量安全与产地环境
  - 农产品质量安全与生产过程监管
- 农产品质量安全追溯制度
  - 农产品质量安全追溯体系
  - 农产品质量安全与农业投入品监管
  - 农产品生产记录制度
  - 农产品包装和标识制度
- 农产品质量安全监管制度
  - 农产品质量安全监管的概念
  - 农产品质量安全监管的目标
  - 农产品质量安全监管机制
  - 农产品质量安全责任追究制度
- 农产品质量安全协同治理
  - 农产品质量安全协同治理的内涵
  - 农产品质量安全协同治理的背景
  - 农产品质量安全协同治理的意义
  - 农产品质量安全协同治理的实现
- 农产品质量安全典型案例分析
  - 案情介绍
  - 案例分析

01 第一节 农产品质量安全概述

法律文件速查

《中华人民共和国农产品质量安全法》

思政启示

党中央、国务院高度重视农产品质量安全工作。习近平总书记指出，要把农产品质量安全作为转变农业发展方式、加快现代农业建设的关键环节，坚持源头治理、标本兼治，用四个"最严"，确保广大人民群众"舌尖上的安全"。

"民以食为天，食以安为先。"农产品是城乡居民的主要食物来源。农产品的质量安全状况，直接关系到人民群众的身体健康乃至生命安全。为了从源头上保障农产品质量安全，维护人民群众的身体健康，2006年4月29日，第十届全国人民代表大会常务委员会第二十一次会议通过《农产品质量安全法》，这是我国第一部全面规范农产品质量安全的法律。2009年2月28日，第十一届全国人民代表大会常务委员会第七次会议通过的《食品安全法》，进一步明确了我国食品（包括食用农产品，下同）安全监管体制，确立和完善了一系列食品安全监管法律制度。履行好法律法规赋予的农产品质量安全监管职能，让人民群众吃上安全、放心的农产品，是农业部门不可推卸的责任。

一、农产品与农产品质量安全

（一）农产品的定义

《农产品质量安全法》第二条规定："本法所称农产品，是指来源于农业的初级产品，即在农业活动中获得的植物、动物、微生物及其产品。"从法条表述中可以看出，《农产品质量安全法》将"农产品"界定为"初级产品"，而对"初级产品"的具体内涵并没有明确说明。

准确把握《农产品质量安全法》中关于农产品的含义，必须从立法本义出发。全国人民代表大会法律委员会在《农产品质量安全法（草案）》审议期间，会同农业部、卫生部等部门专门对此问题进行了反复研究，在其向全国人民代表大会常务委员会所做的《关于〈中华人民共和国农产品质量安全法（草案）〉审议结果的报告》中明确指出:"本法所称农产品,仅指来源于农业的初级产品,包括在农业活动中直接获得的未经加工的以及经过分拣、清洗、切割、冷冻、包装等简单处理的植物、动物、微生物及其产品。工业生产活动中以农产品为原料加工、制作的产品不属于农产品。"《农产品质量安全法》涉及农产品调整的范围包括三个方面:一是农产品的范围,"本法所指农产品,是指来源于农业的初级产品,即在农业活动中获得的植物、动物、微生物及其产品"。二是行为主体,既包括农产品的生产者和销售者,也包括农产品质量安全管理者和相应的检测技术机构和人员等。三是关于农产品调整的管理环节问题,既包括产地环境、农业投入品的科学合理使用、农产品生产和产后处理的标准化管理,也包括农产品的包装、标识、标志和市场准入管理。

(二)农产品认证分类

根据农产品质量安全的特性,可以把我国农产品分为传统农产品和经过安全认证的农产品两种类型,这种分类方式主要是为以下三类农产品做区分铺垫。凡是不需要或者未经安全认证的农产品,都属于传统农产品。传统农产品主要包括在自然环境下生产和加工的、保持了原始产出物原有样态和属性的农产品。传统农产品基本不受特定生产环境标准的限定,也不需要认证机构认证。而经过安全认证的农产品有以下三种类型:

1. 无公害农产品

依据农业部、国家质量监督检验检疫总局联合颁布的《无公害农产品管理办法》(2002年4月29日)的规定,无公害农产品是指产地环境、生产过程和产品质量符合国家有关标准和规范的要求,经认证合格获得认证证书并允许使用无公害农产品标志的未经加工或者初加工的食用农产品。按照法律规定,我国无公害农产品申请的批准权限主要由县级农业行政管理部门行使,县级农业行政管理部门受理无公害农产品申请后,上报到省级农业行政主管部门进行认证,同时呈报农业部(现为农业农村部)和国家认可的监督管理委员会备案。无公害农产品的生产对产地环境、区域范围、生产规模、质量控制措施、生产计划、标准和规范等均有要求。无公害农产品标志的使用在认证品种、数量上有一定的范围限制,申请无公害农产品认证的单位和个人在获得无公害农产品认证证书后,可以在法律许可范围内,在其产品包装、标签、广告、说明书上使用无公害农产品标志。

2018年,农业农村部启动无公害农产品认证制度改革,将原无公害农产品产地认定与产品认证工作合二为一,并由省级农业农村部门负责。《农业农村部办公厅关于印发〈2019年农产品质量安全工作要点〉的通知》要求,总结试点经验,全面试行食用农产品合格证制度,与市场监管部门联合建立产地准出市场准入衔接机制。稳妥推进无公害农产品认证制度改革,支持有条件的无公害农产品生产经营主体申请良好农业规范认证和发展绿色食品、有机农产品,加强对认证有效期内产品的监督管理。

2. 绿色食品

农业部颁布的《绿色食品标志管理办法》(2012 年 7 月 30 日)明确规定,绿色食品是指产自优良生态环境、按照绿色食品标准生产、实行全程质量控制并获得绿色食品标志使用权的安全、优质食用农产品及相关产品。绿色食品的认定要由专门、专业的机构负责,中国绿色食品发展中心就是绿色食品认证的专门、专业机构。该中心负责全国绿色食品的统一认证,同时使用绿色食品标志的最终审批和许可权限也属于该中心。从分类上看,我国绿色食品分为 A 级和 AA 级两类,只有经中国绿色食品发展中心授权,绿色食品申请主体才能在其产品包装、标签、广告、说明书上使用绿色食品标志。

3. 有机食品

有机食品也称生态或生物食品,是指在生产和加工过程中,不使用化学农药、化肥,不添加化学防腐剂等合成物质,也不用基因工程生物及其产物的一种纯粹源于自然、安全环保的食品。有机食品品质的保证主要得益于生态良好的有机农业生产体系,依据国际有机农业生产要求和相应标准生产加工。有机食品的使用资质也需经过专门、专业机构认证。只有经过认证授权后,申请主体方可在产品经营过程中使用有机食品标志。

(三)农产品质量安全的内涵

> 知识点
> 农产品质量安全的内涵

农产品质量安全指的是农产品具有优质、安全和营养的特点,可以说,农产品质量作为一个集合,指的是农产品质量方面的安全属性。一般来说,安全是指在合理的范围内可以控制的风险,具有一定的相对性,为此,我们可以理解为,凡是不会给消费者带来危害的农产品,就可以说是安全的农产品。农产品中不含有违规、超标的食品添加剂,不含有农药、兽药、重金属等有害物质的残留,也没有引起后代健康隐患的不利因素,且包装封存安全、环保,同时在从田间到餐桌全过程管理中符合相关法律法规的要求,这就是农产品质量安全。据此,农产品质量安全的内涵可以从以下两个角度理解:

(1)以"质量"和"安全"为定义标准,农产品质量安全要包括两个基本要义:"质量"是从农产品的内在品质与外在品质及能满足人们要求的程度视角进行定义的;"安全"是指从农产品对人体不存在危险、危害及造成健康损失的保障程度视角来定义的,包括风险控制水平和效用两层意思。

(2)仅就"安全"的指标考量,产品质量安全单指农产品安全。这种界定方式将安全纳入质量的范畴,认为质量中包括安全因素,只有将对人的生命财产安全及环境的危险控制在可以接受的范围内,质量才真正具有意义,没有安全做支撑的质量,不能满足人们的要求,不是通常意义上的质量。

根据《农产品质量安全法》的规定,农产品质量安全是指农产品质量符合保障人的健康、安全的要求。广义的农产品质量安全还包括农产品满足贮运、加工、消费、出口等方面的要求。

二、农产品质量安全的特点

从《农产品质量安全法》关于农产品定义和农产品质量安全内涵的界定以及管理实践来看,农产品质量安全具有以下三个特点:

> 🔎 知识点
> 农产品质量安全的特点

(1)广泛性和复杂性。农产品范围广泛,包括粮食、油料、畜禽产品、水产品、蔬菜、水果、花卉、中药材等。农产品的生物特性使其容易受到品种、产地环境、气候、季节、采捕期、生产条件、农业投入品等诸多因素的影响,并且不同种类的产品还具有不同的特性。

(2)隐蔽性和滞后性。农产品是否安全,仅凭肉眼或者直感一般不能做出评价,必须借助专业的仪器设备才能检测出来,并由专业的技术人员进行安全性判断。此外,农产品中的不安全因素除少数情况外,对人体的危害一般不表现为急性,而是在不知不觉中影响人的健康,容易被人们所忽视,只有长期食用,在人体积累到一定程度后才表现出来。①

(3)相对性和阶段性。农产品质量安全是一个相对的概念,由于自然条件、生产力发展水平以及饮食习惯等多方面的差异,不同国家、同一国家的不同地区、同一国家的不同发展阶段,农产品质量安全所包含的内容和确立的目标也不尽相同。一般来说,随着经济发展和生活水平的提高,人们对农产品质量安全的要求越来越高。②

三、我国的农产品质量安全立法

我国政府高度重视农产品质量安全。20世纪80年代以来,我国先后制定了《食品卫生法》《农业法》《渔业法》《动物防疫法》《畜牧法》《农药管理条例》《兽药管理条例》《饲料和饲料添加剂管理条例》《农业转基因生物安全管理条例》等一系列法律、法规,从不同角度对农产品质量安全做了一些规定,但这些规定比较分散,缺乏

---

① 任大鹏.农产品质量安全法律制度研究.北京:社会科学文献出版社,2009.
② 安建,张穹,牛盾.中华人民共和国农产品质量安全法释义.北京:法律出版社,2006.

全面、系统的规范。

为了切实保障农产品质量安全，维护人民群众的身体健康，2006年4月29日，第十届全国人民代表大会常务委员会第二十一次会议通过《农产品质量安全法》。它的出台标志着我国农产品质量安全管理全面进入法制化轨道。该法根据我国农产品质量安全现状，吸收和借鉴了国际通行做法和国外的有益经验，设立了一系列既符合国际惯例又符合我国国情的农产品质量安全监管制度，包括农产品质量安全风险评估、信息发布、产地保护生产记录、包装标识、监测和监督检查、事故报告和责任追究制度等。同时，对农产品质量安全管理的公共财政投入、科学研究与技术推广、农产品质量安全标准化生产、农业投入品的监督抽查和使用等内容也做了原则性规定。

为了进一步强化对包括食用农产品在内的食品等产品安全的监督管理，2007年7月26日，《国务院关于加强食品等产品安全监督管理的特别规定》发布。该规定针对当前产品质量安全监管中存在的突出问题，对现行法律、行政法规有关产品安全监督管理的规定做了重申、明确和补充，主要是：严格了生产经营者的行为规范，加大了对产品生产经营违法行为的处罚力度；严格了地方人民政府和监管部门的职责，赋予了监管部门制止、查处违法行为的必要权力，加重了监管部门不作为的法律责任。

为加强乳品质量安全监督管理，保证乳品质量安全，2008年10月9日国务院制定发布《乳品质量安全监督管理条例》。该条例强化了生鲜乳生产、收购、贮存、运输环节的监督管理，规定：在生鲜乳生产、收购、运输过程中不得添加任何有毒有害物质；开办生鲜乳收购站必须取得畜牧兽医部门核发的生鲜乳收购许可证；从事生鲜乳运输必须取得畜牧兽医部门核发的收购运输证明等。

为全面加强对包括农产品在内的食品安全管理，2009年2月28日第十一届全国人民代表大会常务委员会第七次会议通过《食品安全法》。该法是我国食品安全领域的基本法，进一步明确了我国的食品安全监管体制，确立了食品安全风险监测和评估、食品安全标准制定、食品检验、食品生产经营、食品安全信息公布、进出口管理、法律责任等制度。为贯彻落实《食品安全法》，2009年7月20日国务院发布《中华人民共和国食品安全法实施条例》，进一步明确了食品安全有关部门之间的工作分工，细化了《食品安全法》确立的各项监管制度。

《农产品质量安全法》自2006年施行以来，对转变我国农业发展方式、提升农产品质量、保障人民群众的身体健康和生命安全发挥了重要作用。随着经济社会发展和改革的不断深入，《农产品质量安全法》及其相关规定已明显不适应当前农产品质量安全监管形势。如部分农产品质量安全标准制订与修订严重滞后，给农产品的检验检测、监管执法带来困难。再如农产品生产过程可追溯制度因为缺少上位法，存在责任主体不明确、标准不统一、与市场分工边界模糊等问题。为此，2018年10月26日第十三届全国人民代表大会常务委员会第六次会议对《农产品质量安全法》进行了修正。

《农产品质量安全法》内涵相当丰富，为更好地贯彻实施《农产品质量安全法》，农业农村部还制定实施了一系列配套规章制度。与《农产品质量安全法》同期实施的相关配套规章制度有《农产品产地安全管理办法》《农产品包装与标识管理办法》《农产品质量安全检测机构资格认定管理办法》和《农产品质量安全监测管理办法》。另外，还有《转基因食品管理办法》《新资源食品卫生管理办法》《保健食品管理办法》《国务院关于加强食品等产品安全监督管理的特别规定》等。

四、我国农产品质量安全管理体制

根据《食品安全法》《农产品质量安全法》等法律、行政法规和国务院关于各相关部门职责的"三定"（定机构、定编制、定职能）的规定，我国目前对包括农产品在内的食品安全管理，实行"分段监管为主，品种监管为辅""地方政府负总责"的监管体制。县级以上地方人民政府统一负责、领导、组织、协调本行政区域内的食品安全监督管理工作，建立健全食品安全全程监督管理的工作机制；统一领导、指挥食品安全突发事件应对工作；完善、落实食品安全监督管理责任制，对各食品安全监督管理部门进行评议、考核等。农业部门负责农产品生产环节的监管，包括开展农产品质量安全风险监测和评估，对市场上销售的农产品进行监督抽查，对农产品生产企业和农民专业合作经济组织违法生产、销售农产品的行为进行查处等。质监部门负责食品生产加工环节和进出口食品安全的监管。工商部门负责对包括农产品在内的食品流通环节的监管。食品药品监管部门负责餐饮业、食堂等消费环节食品安全的监管。卫生部门承担食品安全综合协调职责，依法负责食品安全风险评估、食品安全标准制定、食品安全信息发布、食品检验机构的资质认定条件和检验的制定，组织查处食品安全重大事故。

02 第二节　农产品市场准入法律制度

一、农产品市场准入法律制度概述

（一）农产品市场准入法律制度的概念界定

市场准入，最初是部分发达国家为保护本国企业免受外国企业冲击而提出。20世纪 80 年代，我国基于加入世界贸易组织的需要，通过研究世界贸易组织规定以及各国制度，将 Market Access 直译为市场准入并录入法律文件中。通常认为，市场准入是缔约方在相互谈判的基础上达成的允许他国进入本国的产品和投资市场的一种承诺。市场准入是缔约方承担的特定义务，是国家通过实施各种法律和规章制度对本国市场对外开放程度的承诺。

农产品市场准入法律制度作为市场准入制度的一类，在规制农产品的准入方面起着至关重要的作用。但对于农产品市场准入法律制度的含义，法律、法规和规章制度尚未形成统一的界定。《农产品质量安全法》中的农产品市场准入法律制度主要体现在两个方面：①只有经检测符合农产品质量安全标准的农产品才可进入市场销售；②特定农产品须包装和附加相应标识才可销售，如转基因标识、检疫合格标志等。除此之外，地方规章制度中也做出了相应的规定，如《河北省农产品市场准入办法》第三条规定："本办法所称农产品市场准入，是指按照法律、法规、规章的规定，对经认证的无公害农产品、绿色食品、有机农产品和符合国家质量安全标准要求的农产品准予销售，对未经认证或者经检测不符合国家质量安全标准的农产品禁止销售的管理制度。"

农产品市场准入法律制度是指对于经有资质的认证机构或者权威部门认定的无公害农产品、绿色食品、有机食品，或者经检测符合国家质量安全标准的农产品准予上市交易流通，而对于未经认证或经检测不合格的农产品禁止上市销售，并经有关部门监督管理的法律制度。具体来说，农产品市场准入法律制度包括四个方面的内容：①准入对象是农产品；②准入标准是是否经认证或经检测符合国家质量安全标准；③准入过程需要有关部门的监督管理；④准入的后果是允许农产品进入市场销售。

（二）农产品市场准入法律制度的意义

1. 消除农产品"柠檬市场"

在市场经济中，优质则难以优价是生产者的普遍共识。基于利益驱动，部分生产者无节制降低成本，忽视农产品的质量而大量生产质次价廉的农产品，加之多数农产品具有经验品和信任品的特性，造成交易双方对于农产品质量的信息不对称。消费者对于农产品质量的辨别能力与选择能力受价格的影响较大，使得价高物美或价廉物优的农产品无法在市场立足，优质农产品的生产者由于无法获取利润甚至赔本而逐渐减少了产品的生产，而次品占据的市场份额与日俱增，逐渐形成"柠檬市场"。这不仅损害了农业生产者的经济利益，对消费者的健康也造成一定的损害。这就要求我国逐步健全农产品市场准入法律制度，将农产品质量安全作为准入标准来严格把关，竭力抵制次品，促进市场有序、健康发展。

2. 提高农业经济效益

建立和完善农产品市场准入法律制度，虽然短期内给农民带来诸多限制，但从长远看能带来契机。在设立以质量安全为核心的准入标准后，农产品的安全便成为市场竞争的核心。农产品质量优良、安全卫生，即使价格高，也会成为畅销品，相比之下，低劣农产品由于无安全保障，价格再低也无人问津。因此完善农产品市场准入法律制度，不仅可以提高我国农产品的市场竞争力，维护农产品销售市场的有序秩序，而且可以通过适当提高农产品的价格，为农产品生产者带来更多的收益，保证生产质优农产品的生产者具备市场主体的资格，促进我国农业发展。

3. 满足消费者的安全需求

随着生活水平的提高，消费者对农产品的要求已不仅仅局限于吃得饱，更注重健康、放心。尤其是在经历"毒大米""吊白块"等食品安全事件后，消费者愈加关注食品安全、卫生质量。在生态破坏和环境污染日益严重的今日，消费者更倾向于选择无药物残留、无细菌感染的安全食品。只有建立农产品市场准入法律制度，淘汰质量不合格的农产品，才能使消费者建立起对农产品的信心，满足消费者的安全需求，切实维护消费者的生命利益和健康利益。

二、食用农产品合格证制度

为落实食用农产品生产经营者的主体责任，健全产地准出制度，保障农产品质量安全，加快建立以食用农产品质量合格为核心的产地准出管理与市场准入管理衔接机制，根据《农产品质量安全法》等法律法规，农业部颁发《食用农产品合格证管理办法（试行）》，并决定在农产品生产供应量较大的河北、黑龙江、浙江、山东、湖南、陕西等省先行开展主要食用农产品合格证管理试点工作。

（一）食用农产品合格证制度的概念

食用农产品合格证制度是食用农产品生产者在自我管理、自控自检的基础上，自我承诺农产品安全合格上市的一种新型农产品质量安全治理制度。食用农产品生产者在交易时主动出具合格证，实现农产品合格上市、带证销售。通过食用农产品合格证制度，可以把生产主体管理、种养过程管控、农药兽药残留自检、产品带证上市、问题产品溯源等措施集成起来，强化生产者主体责任，提升农产品质量安全治理能力，更加有效保障农产品质量安全。截至 2020 年，我国已经在全国 2 760 个涉农县开展食用农产品合格证制度试行工作，试行范围内生产主体覆盖率达 35%，已经开具 2.2 亿张合格证，带证上市农产品达 4 670.5 万吨。

（二）食用农产品合格证制度的重要意义

1. 食用农产品合格证制度是无公害农产品认证制度改革的创新

为加快推进无公害农产品认证制度改革，避免在无公害农产品认证工作停止后出现监管"真空"，食用农产品合格证制度应运而生。全面推行食用农产品合格证制度，加快推进无公害农产品认证制度改革，适时停止无公害农产品认证工作，构建以合格证管理为核心的农产品质量安全监管新模式。

2. 食用农产品合格证制度是农产品质量安全监管制度的变革

随着我国农业农村经济进入高质量发展的新阶段，推进质量兴农，工作重心需要从政府认证向全程监管转变，加快探索建立新的更科学、更完善的监管制度尤为迫切。食用农产品合格证作为农产品产供销的信息载体，是解决全程监管难点、打通全程监管链的重要创新。

（三）食用农产品合格证制度的主要内涵

> 知识点
> 食用农产品合格证制度的主要内涵

1. 食用农产品合格证是承诺标识

食用农产品合格证是指食用农产品生产经营者对所生产经营的食用农产品自行开具的质量安全合格标识。作为一种质量标识，食用农产品合格证是食用农产品生产经营者对消费者、对社会的承诺，具有一定的法律效力和自我约束力。食用农产品合格证的法律定位就是标识。食用农产品合格证就是具有统一样式，并明确标注基本信息的特殊标识。

2. 食用农产品合格证是溯源凭证

食用农产品合格证清楚地标明了农产品的身份，内容包含农产品的名称和数量（重量）、种植养殖生产者信息、开具日期、承诺声明等。一张小小的标签，使农产品像工业品一样身份透明，一旦出了问题，消费者就可以追溯到底。

3. 食用农产品合格证是监管利器

推行食用农产品合格证管理，农业农村部门和市场监督部门可即时共享农产品检测结果、产地来源等信息，各行其责、环环管控，加强产地准出管理和市场准入管理衔接，有效实施农产品从田间到餐桌全过程管理。

4. 食用农产品合格证是信誉证明

食用农产品生产经营者出具食用农产品"合格证"，变被动检测为主动声明，目的是向消费者郑重"承诺"，有利于提高食用农产品生产经营者的安全责任意识，增强消费者的信心。

（四）食用农产品合格证制度的主要内容

1. 开具主体

将食用农产品生产企业、农民专业合作社、家庭农场列入试行范围，其农产品上市时要出具合格证。鼓励小农户参与试行。

2. 开具依据

食用农产品生产者应当根据国家法律法规、相关标准，执行现有的食用农产品质量安全控制要求，承诺提供的食用农产品符合农兽药残留食品安全国家标准，不使用非法添加物，对所销售食用农产品的质量安全以及合格证的真实性负责。

3. 样式和内容

食用农产品合格证全国统一样式，大小尺寸自定，内容应至少包含产品名称、数量（重量）、产地、生产者、产地收购者、屠宰厂（场）信息（名称、地址、联系方式）、开具日期及承诺声明。鼓励有条件的主体附带电子合格证、追溯二维码等。

（五）食用农产品合格证的使用场景

食用农产品合格证是食用农产品生产经营者对其产品合格的自我申明，是消费者选购农产品的判断依据，更是未来政府部门强化食用农产品质量安全监管的重要抓手。食用农产品合格证的使用场景覆盖生产、收购和入市三个环节，通过手写、印刷和智能终端打印的方式，完成食用农产品合格证的开具和查验。食用农产品生产企业、农民专业合作社、家庭农场等主体在严格执行现有的食用农产品质量安全控制要求的基础上，对所生产、销售的食用农产品自行开具质量安全合格证，在全国统一基本样式的基础上，鼓励有条件的主体附带电子合格证、追溯二维码等，逐步建立市场准入制度，严把食用农产品合格证产地准出和市场准入关口。

总之，食用农产品合格证是上市农产品的"身份证"，是生产者的"承诺书"，是质量安全的"新名片"。试行食用农产品合格证制度是加强农产品质量安全监管的重要手段。

三、农产品质量安全与产地环境

农产品产地环境对农产品质量安全具有直接、重大的影响。近年来，因为农产品产地的土壤、大气、水体被污染而严重影响农产品质量安全的事件时有发生。抓好农产品产地管理，是保障农产品质量安全的前提。《农产品质量安全法》规定，县级以上地方人民政府应当加强农产品产地管理，改善农产品生产条件。禁止违反法律法规的规定向农产品产地排放或者倾倒废水、废气、固体废物或者其他有毒有害物质。禁止在有毒有害物质超过规定标准的区域生产、捕捞、采集农产品和建立农产品生产基地。县级以上地方人民政府农业主管部门按照保障农产品质量安全的要求，根据农产品品种特性和生产区域大气、土壤、水体中有毒有害物质状况等因素，认为不适宜特定农产品生产的，应当提出禁止生产的区域，报本级人民政府批准后公布执行。

（一）农产品产地环境标准体系

我国农产品产地环境标准体系较为完善，覆盖了种植业、畜禽养殖产地环境、渔业产地环境三大领域。据统计，现行的农产品产地环境标准有60多项，其中限量标准40多项，规范类标准20多项。种植业标准涉及农产品产地土壤环境质量、农业用水、农区空气、农业投入品（农用城镇垃圾、畜禽粪便等）以及无公害农产品和绿色食品产地环境标准等。畜禽养殖产地环境相关标准16项，其中限量标准4项，规范类标准12项。渔业产地环境标准主要有6项。这些标准的制定和颁布对于保障农产品产地安全、促进农业投入品的安全使用起到了积极的推动作用。

（二）产地安全监测

农产品产地安全监测结果是科学划分农产品的产地类型、有效防治产地环境污染的依据和基础。县级以上农业行政主管部门应当依法建立健全农产品产地安全监测管理制度，加强农产品产地安全调查、监测和评价。省级以上人民政府农业行政主管部门还应当在工矿企业周边的农产品生产区、污水灌溉区、大中城市郊区农产品生产区、重要农产品生产区以及其他需要监测的区域分别设置国家级和省级监测点，监控农产品产地安全变化动态，并以此来指导农产品产地安全管理和保护工作。

（三）划定农产品禁止生产区

随着城市化、工业化进程的加快，近年来一些地区受到工业"三废"污染，大气、土壤、水体中有毒有害物质严重超标，个别区域已经不再适宜某些农产品的生产。通过划定农产品禁止生产区，将农产品产地划分为适宜生产区域和禁止生产区域，实施区别管理，从产地环节切断有毒有害物质对农产品质量安全的危害途径，是确保农产品质量安全的重要措施。

> 📖 知识点
> 农产品禁止生产区必须具备的条件

划定农产品禁止生产区，应当按照保障农产品质量安全的要求，根据农产品的品种特性和生产区域大气、土壤、水体中有毒有害物质状况等因素来确定。农产品禁止生产区必须具备三个条件：①农产品生产区域含有有毒有害物质，不符合农产品产地安全标准；②农产品生产区域生产的某种农产品中有毒有害物质的含量不符合农产品质量安全标准；③农产品中有毒有害物质超标是由该农产品生产区域有毒有害物质超标所引起，两者具有因果关系。

划定农产品禁止生产区，应当由县级以上地方人民政府农业行政主管部门向省级人民政府农业行政主管部门提出建议，由省级人民政府农业行政主管部门组织专家论证，在对产地条件和品种特性进行科学评估后，报请本省级人民政府批准后公布。农产品禁止生产区划定后，所在地县级人民政府农业行政主管部门应当在禁止生产区设置标示牌，载明禁止生产区地点、"四至"范围、面积、禁止生产的农产品种类、主要污染物种类、批准单位、立牌日期等。

各级农业部门在依法划定农产品禁止生产区时，还需要特别注意两个问题：

（1）不能把农产品禁止生产区简单地理解为"不宜农用区域"。农产品禁止生产区是针对特定种类的农产品划定的禁止生产区域，并非针对所有农产品。比如，有的地方不适宜种植食用农产品，但可以种植非食用农产品；有的水域不适宜养殖鱼虾类，但可能适宜养殖贝类。

（2）划定农产品禁止生产区，不得改变原产地的所有权属和使用权属，不得改变耕地和基本农田的性质，更不得以此为理由随意降低农用地征地补偿标准。据了解，一些地方已经出现以划定农产品禁止生产区为由，将城市周边的农用地改作建设用地从事商业开发的违法现象。

（四）产地保护

根据《农产品质量安全法》《环境保护法》《基本农田保护法》等法律法规的规定，保护农产品产地既是各级农业行政主管部门的职责，也是农产品生产者的义务，更是全社会的责任。其中，县级以上地方人民政府农业行政主管部门的职责主要是：制定农产品产地污染防治与保护规划，积极推进清洁生产技术和方法，发展生态农业，并采取生物、化学、工程等措施，对农产品禁止生产区和有毒有害物质不符合产地安全标准的其他农产品生产区域进行修复和治理。

农产品生产者的义务主要是：合理使用化肥、农药、兽药、农用薄膜等化工用品，及时清除和回收农用薄膜、农业投入品包装物等，不得使用国家明令禁止、淘汰的或者未经许可的农业投入品；农业生产用水和用作肥料的固体废物应当符合国家规定的标准，防止对农产品的产地造成污染。

此外，任何单位和个人都不得违反法律法规的规定向农产品产地排放或者倾倒废水、废气、固体废物或者其他有毒有害物质；不得在农产品产地堆放、贮存、处置工业固体废物；在农产品产地周围堆放、贮存、处置工业固体废物的，应当采取有效措施，防止对农产品产地安全造成危害。违反上述规定，有关部门应当依法进行调查处理。

四、农产品质量安全与生产过程监管

生产过程是影响农产品质量安全的关键环节。只有严格按照规定的技术要求和操作规程生产，并科学、合理地使用符合国家要求的农业投入品，才能生产出真正符合质量安全标准的农产品。《农产品质量安全法》《畜牧法》《乳品质量安全监督管理条例》等法律法规对农产品生产者生产过程中的行为提出了明确要求，也明确了农业行政主管部门的监管职责。

(一) 农产品生产者的义务

(1) 合理使用农业投入品。化肥、农药、兽药、饲料和饲料添加剂等农业投入品使用不当，会给农产品质量安全带来严重影响。《农产品质量安全法》要求所有农产品生产者都必须按照法律法规和有关国家强制性标准的要求，合理使用化肥、农药、兽药、饲料和饲料添加剂等农业投入品，严格执行农业投入品使用安全间隔期或者休药期的规定，防止因违反规定使用农业投入品危及农产品质量安全。

(2) 建立农产品生产记录制度。建立农产品生产记录制度，既有利于生产过程控制，推进标准化生产，也有利于农产品质量安全的追溯和责任追究。《农产品质量安全法》要求农产品生产企业和农民专业合作经济组织必须建立农产品生产记录制度，如实记载使用农业投入品的名称、来源、用法、用量和使用、停用的日期等有关情况，动物疫病、植物病虫草害的发生和防治情况，以及动植物的收获、屠宰或者捕捞的日期等情况。《畜牧法》《乳品质量安全监督管理条例》等法律法规还要求畜禽养殖场建立养殖档案，记录饲料、饲料添加剂、兽药等农业投入品的来源、名称、使用对象、使用时间和用量；要求养殖小区逐步建立养殖档案。

(3) 自检自测义务。要求农产品生产者自我把关，对其生产的农产品先行检测，防止不符合质量安全标准的农产品进入市场。《农产品质量安全法》要求农产品生产企业和农民专业合作经济组织自行或者委托检测机构对农产品质量安全状况进行检测。经检测不符合质量安全标准的农产品，不得销售。

(4) 对所生产的产品的质量安全负责。《农产品质量安全法》规定，不得生产、销售不符合质量安全标准的农产品；《国务院关于加强食品等产品安全监督管理的特别规定》进一步要求食用农产品生产者应当对其生产的食用农产品的质量安全负责，不得生产不符合法定要求的农产品。《乳品质量安全监督管理条例》则明确规定，奶畜养殖者、生鲜乳收购者应当对其生产、收购、运输、销售的生鲜乳的质量安全负责，是生鲜乳质量安全的第一责任者。

（二）农业行政主管部门的监管职责

（1）制定农产品生产技术要求和操作规程。农产品生产技术要求和操作规程是现代农业科技成果与实践经验的结晶，按照科学的生产技术要求和操作规程进行生产，是农产品质量安全的重要保证。根据《农产品质量安全法》，农业农村部和省、自治区、直辖市农业行政主管部门应当制定保障农产品质量安全的生产技术要求和操作规程。

（2）推行和引导农产品标准化生产。没有农业的标准化，就没有农业的现代化，实行农产品标准化生产，是保障农产品质量安全、提高农产品市场竞争力的根本途径。《农产品质量安全法》《畜牧法》明确要求各级农业行政主管部门应当积极推行和引导农产品标准化生产，推进农业标准化综合示范区、示范农场、养殖小区和无规定动植物疫病区建设。

（3）定期开展农业投入品监督抽查。抓农产品质量安全管理，必须重视农产品源头治理；抓农产品源头治理，必须重视农业投入品质量管理。《农产品质量安全法》规定，国务院农业行政主管部门和省、自治区、直辖市人民政府农业行政主管部门应当定期对可能危及农产品质量安全的农药、兽药、饲料和饲料添加剂、肥料等农业投入品进行监督抽查，并公布抽查结果。

（4）建立健全农业投入品安全使用制度。目前，我国已经制定农药合理使用准则、兽药合理使用准则、肥料合理使用准则、饲料合理使用准则等一系列农业投入品安全使用的生产技术要求和操作规程，但总体来看还不够完善，与发达国家相比还有较大差距，急需健全农业投入品安全使用的相关制度。

谈观点

1. 为什么要建立农产品市场准入制度？
2. 农产品生产者在保障农产品质量安全方面应当承担哪些义务？

03 第三节 农产品质量安全追溯制度

一、农产品质量安全追溯体系

农产品质量安全追溯体系，是把农产品整个生产销售周期全部的信息保存到追溯体系中，一旦农产品出现质量问题，可以在质量安全追溯体系中迅速查找到相关问题出现的原因，为研究处理措施提供参考。整个体系建设的核心思想就是要建立"一个中心和三大模块"，详细说就是追溯云端数据中心，生产、监管、消费三大模块。利用互联网技术、大数据技术、物联网技术及云计算等高科技，建立云端数据中心，通过该数据中心将生产、监管、消费三大模块有机地结合起来。农产品质量安全追溯体系包括两个系统：①技术系统，就是利用现代信息管理技术给农产品标上号码、保存相关的管理记录，能够追踪农产品从生产、加工、流通和销售整个过程的相关信息系统。②制度系统，即通过制定相关制度保障农产品质量安全追溯体系规范、持续运行。农产品质量安全追溯体系监管主要是依靠物流物态变化的跟踪溯源，全程记录农产品质量安全相关信息，明确农产品在生产、加工、流通各个阶段所处位置和质量安全相关信息，全面落实主体责任的监管方式。

建立农产品质量安全追溯体系，是创新农产品质量安全监管方式的重要举措，对进一步提升农产品质量安全监管能力、落实生产经营主体责任、增强食用农产品消费信心具有重要意义。2015年4月，国家发展和改革委员会批复国家农产品质量安全追溯管理信息平台（以下简称国家追溯平台）建设项目，要求以推进国家追溯平台建设为切入点，加快构建统一权威、职责明确、协调联动、运转高效的农产品质量安全追溯体系，推动实现农产品源头可追溯、流向可跟踪、信息可查询、责任可追究，保障公众消费安全。

二、农产品质量安全与农业投入品监管

（一）农业投入品的概念

所谓农业投入品，指的是在进行农产品生产进程中所添加或者使用的各类物质，

包括种子、种苗、化肥、农药、兽药、饲料和饲料添加剂等农用生产资料,以及农膜、农机、农业工程设施设备等农用工程物资。农业投入品是农业生产必不可少的物质,是关系到农产品质量安全的重要因素,依法严格规范农业投入品的使用管理,对于从源头上保证农产品质量安全具有重要意义。为此,《食品安全法》规定,食用农产品生产者应当依照食品质量安全标准和国家有关规定使用农药、化肥、兽药、饲料和饲料添加剂等农业投入品,严格执行农业投入品使用安全间隔期或者休药期的规定,不得使用国家明令禁止的农业投入品。禁止将剧毒、高毒农药用于蔬菜、瓜果、茶叶和中草药材等国家规定的农作物。农业投入品作为农业生产的基础物质,是对农产品质量安全造成影响的关键因素之一。如何保障农业投入品监管工作的效率、保障农产品的质量安全,是当前社会各界高度重视的话题。[1]

(二) 农业投入品市场监管存在的问题

1. 经营主体资格不规范

随着农业投入品需求量的持续上涨,全国各地农业经营主体呈现多元化的发展趋势。一些农资经销商没有取得法定资质甚至没有营业执照,一些经销商以连锁经营名义规避监督检查,一些经销商采取走街串巷的"游商"方式兜售假劣农资,严重侵害了农业生产者利益,同时也扰乱了农资经营市场。

2. 农业投入品检测工作存在缺失

农业投入品检测,既包含农资生产者的自我检测,也包含农资经营商的进货检验,还包含行政执法机关的检测。为便于农资使用者判断农资质量,农资经销商应当提供快速检测设施。但从现实看,农资销售环节的检测设施很不完善,经销商的检测能力与其经营的农资品种严重不符。过于烦琐的检测程序也影响了市场监管部门及时公布检测结果,对于不合格的检测结果,一些监管机构不愿意和不敢发布,导致检测信息透明度和可信度不高,不能为农产品生产者购买农资提供及时、有效的指导。

3. 农业投入品质量参差不齐

通常来说,大型连锁农资企业中的农业投入品合格率较高,而一些个体农资经销商的农业投入品质量存在不同程度的问题:①内在品质存在问题。近几年,随着农业投入品原材料价格不断攀升,部分个体农资经销商在农业投入品当中弄虚作假,将总养分标高,采用低价来竞争。②虚假宣传农业投入品。部分个体农资经销商虚假宣传农业投入品的功能,故意夸大种子的抗病性、成活率,或者农药、化肥的功能;一些

---

[1] 冉文江. 基于物联网的农产品安全监控信息系统研究. 扬州大学学报(人文社会科学版),2012 (6): 31-35.

个体农资经销商则从外地购买价格低廉的"三无"产品,对农作物的生产造成严重影响。[①]

(三) 完善农业投入品监管的对策

1. 加强行政执法监管

结合农资打假行动,深化拓展漠视侵害群众利益问题专项整治、兽药经营环节专项整治、农药包装废弃物回收处置专项整治等活动,对排查中发现的问题、监督抽检质量不合格产品问题、群众信访举报反映的问题、无证经营农药兽药问题、违规经营和使用农药问题、未建立农药兽药经营使用档案问题、未履行农药包装废弃物回收处置义务等,加大执法力度,严厉打击坑农、害农违法违规行为,涉嫌犯罪的,及时移交公安部门查处。

2. 严格产品质量检测

进一步加强检测体系建设,提高检测能力,扩大农业投入品生产经营企业产品质量检测数量和检测覆盖面,将饲料、种子、农药、兽药、化肥等产品纳入质量检测范围,及时对发现的不合格产品进行检测;将检测发现的不合格产品生产经营企业移交执法部门查处。

3. 推进网格化管理

各区市要建立健全基层监管执法人员网格化管理机制,形成"任务分解到网格、责任落实到网格、压力传导到网格、责任追究到网格"的格局。落实农药经营环节"档案化"管理制度,规范统一记录,对各级行政、执法监管和产品质量抽检实行留痕管理。完善农药监管平台,进行智能化升级,加强平台使用业务培训,实现农药产品来源可追溯、去向可追踪。落实种植养殖环节投入品使用记录制度,严厉打击违法使用禁用农药的行为。

4. 落实安全生产监管

进一步落实安全生产"企业主体责任、属地管理责任、行业监管责任",建设完善"风险分级管控与隐患排查治理双重体系",建立完善农业投入品生产经营企业安全生产监管台账,增强监管的针对性。建立"安全生产第三方评估机制",委托第三方对重点企业进行检查评估,及时、准确发现并消除企业安全隐患,责令限期整改,增强监管的有效性。建立安全生产"隐患问题移交机制",将日常监管和"第三方评估"发现的问题,及时移交有关部门查处。

[①] 周治华. 加强农业投入品监管保障农产品质量安全. 中国农资, 2014 (12): 283.

三、农产品生产记录制度

> 🔍 知识点
> 农产品生产记录制度

《农产品质量安全法》规定，农产品生产企业和农民专业合作经济组织应当建立农产品生产记录制度。不合理使用或者滥用化肥、农药、食品添加剂等农业投入品，是导致农产品安全质量问题的主要原因。建立农产品生产记录制度，有利于生产者严格执行化肥、农药、兽药、饲料及饲料添加剂等农业投入品的安全标准、使用技术要求和操作规程，确保食用农产品的安全；有利于在发生食品安全纠纷时查明责任，维护生产者的合法权益。为了确保生产者正确使用农业投入品，保证生产过程符合安全生产的原则，县级以上地方人民政府农业行政主管部门必须加强对使用农业投入品的管理和指导，建立健全农业投入品的安全使用制度。

食用农产品的生产企业和农民专业合作经济组织应建立食用农产品生产记录制度，记载使用农业投入品的名称、来源、用法、用量和使用、停用的日期，动物疫病、植物病虫害的发生和防治情况，以及动植物的收获、屠宰或者捕捞的日期等情况，这些是实现农产品可溯源的依据，是规范农业生产管理过程、加强农产品质量安全控制的有效措施。生产记录应本着必须、简明、有效的原则，生产者应是生产记录人，生产记录应保存两年，禁止伪造农产品生产记录，生产者对生产记录的真实性、完整性承担法律责任。

为进一步推进种植养殖生产主体建立和完善生产记录制度，要做好以下几个方面的工作：

（一）加强建立生产记录制度的宣传与指导

以种植养殖生产主体为重点，积极开展多种形式的宣传，促使生产主体进一步提高认识，增强其做好生产记录的自觉性。各级农产品质量安全监管人员和农技推广人员要结合日常巡查、技术推广与指导、培训等，加强上门指导与服务，把检查生产台账作为日常工作的重要内容，督促生产主体按要求做好生产记录。

（二）完善生产记录制度实施平台和载体建设

一方面，要优化生产记录文本。根据种植业、养殖业不同的生产特性，有条件的地方可以统一印制生产记录文本，免费发放给生产主体。对于生产主体自行印制的生产记录文本，要及时进行指导，优化生产记录事项，使之简便明了好记录，同时确保关键控制点信息不漏项。另一方面，要加快生产记录电子化研究和推广，实现生产记录信息联网，与农产品生产企业信用档案数据库、农资监管系统等农业信息系统有效对接，更好地发挥作用。

（三）要把生产记录制度实施情况作为生产主体申请各类农业扶持政策和项目申报的必要条件

在从国家至地方各级农业扶持政策申请和项目申报中，把生产记录制度实施情况作为生产主体申请申报资质条件之一，通过申报前审查、实施过程中检查、项目完成后验收、日常运行中检查评估等，增强生产记录制度实施的刚性要求和生产主体的自觉性。在"三品一标"工作中，尤其要重视生产记录制度的实施，将其作为认证审查和证后监管的重要一环，确保生产记录制度实施的完整性和时间性。

（四）要加强生产、流通与消费的产业链衔接

农产品产地准出是整合农产品生产记录制度、产品质量安全检测制度和提供合格证明、产地证明等内容，以准出引领和推动生产环节农产品质量安全管理的系统性措施。要加强农产品产地准出与市场准入的有效衔接，进一步推进生产记录制度的实施。

（五）开展生产记录执法检查

农产品生产企业和农民专业合作经济组织应当建立农业投入品使用记录制度，如实记录使用农业投入品的名称、来源、用法、用量和使用、停用的日期等内容，确保对生产过程中的问题进行追查，实现食用农产品安全可追溯。对农产品生产企业、农民专业合作经济组织等未建立或者未按照规定保存生产记录的，或者伪造生产记录的，责令改正而逾期不改正的，各级农业行政主管部门要坚决依法予以查处。[①]

四、农产品包装和标识制度

对农产品进行包装和标识，有利于消费者识别农产品的产地质量等级、生产者等质量安全状况信息，同时也是实施农产品安全追踪和溯源，建立农产品质量安全责任追究制度的前提。由于我国农产品包装和标识目前还处于起步阶段，包装和标识率较低，包装质量不高，建立农产品包装和标识制度还需要一个过程。《农产品质量安全法》和《农产品包装和标识管理办法》从我国农产品生产经营的现状出发，遵循"先易后难、稳步推进"的原则，首先针对特定的生产经营主体和特定的农产品提出了包装和标识要求。

---

① 叶显邦，曾宏杰，李永华. 食用农产品生产记录制度实施现状调研及建议. 农产品质量与安全，2011（6）：46－47.

（一）农产品包装

所谓农产品包装，是指对农产品分等、分级、分类后实施的装箱、装盒、装袋、包裹、捆扎等活动。《农产品质量安全法》将农产品包装义务主体限定为农产品生产企业、农民专业合作经济组织以及从事农产品收购的单位或者个人。对一家一户生产、农民自产自销的农产品，法律没有提出包装要求。

根据《农产品包装和标识管理办法》，必须包装后才能销售的农产品主要包括两类：①获得无公害农产品、绿色食品、有机农产品、农产品地理标志等认证的农产品。这类产品是我国优质农产品的典型代表，市场化程度比较高，包装销售的条件已经基本成熟，因此应当包装后才能销售。但对于其中的一些鲜活产品，如活畜、活禽、水产品等，由于包装比较困难，作为例外也可以不包装，由生产经营者根据市场消费需求采取适当的方式销售。②省级以上人民政府农业行政主管部门规定的其他需要包装销售的农产品。考虑到目前我国地区之间经济、市场发展不平衡，农产品质量安全管理水平存在差异，《农产品包装和标识管理办法》授权省级以上人民政府农业行政主管部门可以对上述产品以外的其他农产品提出强制包装销售的要求。

至于包装的具体要求，《农产品包装和标识管理办法》中有比较详细的规定。比如，包装应当符合农产品储藏、运输、销售及保障安全的要求，便于拆卸和搬运；包装农产品的材料和使用的保鲜剂、防腐剂、添加剂等物质必须符合国家强制性技术规范要求；农产品包装应当防止机械损伤和二次污染。

（二）农产品标识

所谓农产品标识，是指用文字、符号、数字、图案及相关说明表达农产品的生产信息、质量安全信息和消费信息。与农产品包装义务主体一样，农产品标识的义务主体也被《农产品质量安全法》限定为农产品生产企业、农民专业合作经济组织以及从事农产品收购的单位或者个人三类，对其他农产品生产经营者，法律没有规定标识义务。但是，与包装后才能销售的农产品范围有所不同，《农产品包装和标识管理办法》并没有将需要标识的农产品的范围限定在获得无公害农产品、绿色食品、有机农产品、农产品地理标志等认证的农产品上，而是要求上述三类主体销售的所有农产品都必须有标识，这一点是需要特别注意的。

> 知识点
> 农产品标识的义务主体

《农产品包装和标识管理办法》对标识的具体要求也有明确规定，如要求销售的农产品应当在包装物上标注或者附加标识标明品名、产地、生产者或销售者名称、生产日期；未包装的农产品，应当采取附加标签、标识牌、说明书等形式标明农产品的品名、生产地、生产者或者销售者名称等内容；农产品标识所用文字应当使用规范的中文，标识标注的内容应当准确、清晰、显著；销售获得无公害农产品、绿色食品、有机农产品等质量标志使用权的农产品，应当标注相应标志和发证机构；不得冒用无公害农产品、绿色食品、有机农产品等质量标志；畜禽产品、属于农业转基因生物的农产品，还应当按照有关法律、法规和规章制度的要求进行标识；等等。

谈观点

为什么要建立农产品生产记录制度？

04 第四节 农产品质量安全监管制度

一、农产品质量安全监管的概念

<u>农产品质量安全监管</u>指的是政府在市场经济条件下为了保障社会大众的利益对农业经济活动进行规范和约束。农产品质量安全监管包括政策手段和措施监督以及管理企业的准入、生产经营条件、生产经营资质、企业退出机制等各个方面。农产品质量安全监管的行为主体既包括农产品质量安全管理者和相应的检测机构与人员等，也包括农产品的生产者、销售者。农产品质量安全监管包括三个要点：①农业投入品的管理；②生产管理；③储藏和运输管理。在体系建设方面，重点建设监管体系、标准体系、执法体系和检测体系。由此可见，实施农产品质量安全监管的一项重要保障就是建设农产品质量安全监管能力。

根据《农产品质量安全法》的规定，农产品质量安全监管主要包括以下九项制度：①各级人民政府及其农业行政主管部门以及其他相关职能部门相互配合的管理体制；②农产品质量安全信息发布制度；③农产品生产记录制度；④农产品包装与标识制度；⑤农产品质量安全市场准入制度；⑥农产品质量安全监测和监督检查制度；⑦农产品质量安全风险评估制度；⑧农产品质量安全事故报告制度；⑨农产品质量安全责任追

究制度等。

二、农产品质量安全监管的目标

关于农产品质量安全监管的目标，不同阶段有不同的侧重点。2013 年，国家相关部门提出农产品质量安全监管的目标是"不发生重大农产品质量安全事件"。2014 年，农业部通过《农业部关于加强农产品质量安全全程监管的意见》，对农产品质量安全监管的目标进行了全面、细致、明确的规定，即在 3~5 年内，全面展开农产品质量安全标准化生产，基本遏制农产品质量安全违法犯罪行为；在 5~8 年内，建立健全农产品质量安全全程监管制度，为农产品质量安全监管执法提供强有力的依据。同时，全面提高各相关主体的农产品质量安全管理意识和水平。农产品质量安全监管不仅是提高农产品质量安全水平的一项制度性措施，更是促进我国农业可持续发展、促进我国农产品进出口贸易的一个战略性手段。

首先，保障广大人民群众的生命健康安全。改革开放以后，我国农产品数量和种类不断增多，人们的消费水平和消费能力不断提升，人们开始追求农产品质量和安全。什么样的农产品才是安全的、有保障的，成为广大人民群众日常生活中最为关心的问题。农产品质量安全监管的目标就是尽可能地消除农产品生产、加工、运输以及销售过程中可能产生的质量安全问题，最大限度地保障广大人民群众的生命健康安全，维护社会和谐。

其次，保证我国农产品出口创汇。尽管国内农业生产中劳动力的成本逐渐上升，但与农业发达国家相比，我国农产品生产仍然具有一定的劳动力价格优势，我国农产品在出口创汇方面占据很大的价格优势。因而，我国生产的蔬菜、水果、水产品等农产品在国际市场上占据很大的市场份额。尤其是我国加入世界贸易组织后，我国优势农产品在国际市场上一直保持顺差状态。出于各种原因，一些发达国家和地区设置了技术性农产品贸易屏障，并将其作为农产品国际市场准入标准。而这些技术性农产品贸易屏障的设置有一个冠冕堂皇的理由，即农产品质量安全。在此形势下，我国农业和农产品出口要想在国际市场上谋得一席之地，唯一的出路就是提高农产品质量安全水平，打破所谓的技术性农产品贸易屏障。农产品质量安全监管是最有效、最直接的手段。

三、农产品质量安全监管机制

（一）法律依据

我国对农产品质量安全监管高度重视，并制定了一系列法律法规保证农产品质量安全。国家立法机关制定的有关农产品质量安全监管的法律法规包括《农业法》《产品质量安全法》《农产品质量安全法》《食品安全法》《动物防疫法》《渔业法》等。这些法律法规为我国农产品质量安全监管奠定了法律基础。国务院及其他相关部门也制定了相应的法律法规保障农产品质量安全，包括《农业部关于加强农产品质量安全全程监管的意见》《无公害农产品管理办法》《国务院关于加强食品等产品安全监督管理的特别规定》等。总体上讲，我国有关农产品质量安全监管的法律法规正在逐步完善，现行的法律法规已经基本覆盖农产品产地管理制度、农产品质量安全市场准入制度、农产品质量安全监测和监督检查制度、农产品生产管理制度、农产品质量安全风险评估制度、农产品质量安全信息发布制度、农产品质量安全责任追究制度。

（二）监管职权

1. 行政强制措施权

> **知识点**
> 农业行政主管部门履行农产品质量安全监管职责时有权采取的行政强制措施

综合《农产品质量安全法》《乳品质量安全监督管理条例》《国务院关于加强食品等产品安全监督管理的特别规定》等法律法规的规定，农业行政主管部门在履行农产品质量安全监管职责过程中，有权采取的行政强制措施主要有：

（1）现场检查和查阅、复制权。包括：进入农产品、农业投入品生产经营场所实施现场检查；查阅和复制农产品生产记录、有关合同、票据、账簿以及其他有关资料。

（2）查封、扣押权。包括：查封、扣押不符合法定要求的农产品；查封、扣押违法使用的农业投入品以及用于违法生产的工具、设备；查封、扣押有关合同、票据、账簿以及其他有关资料；查封存在危害人体健康和生命安全重大隐患的生产场所。

（3）强制无害化处理或监督销毁权。可以强制对违法销售的农产品进行无害化处理或监督销毁。

（4）责令改正的权力。包括责令违法行为人停止、改正违法行为。

2. 行政处罚权

根据《农产品质量安全法》等法律法规，农业农村执法部门在农产品质量安全监督执法过程中，可以采取的行政处罚包括警告、罚款、没收违法所得、吊销许可证照等。具体来说，主要有：

根据《农产品质量安全法》，对于以下违法行为，农业农村执法部门应当给予没收违法所得并处罚款的行政处罚：农产品生产企业和农民专业合作经济组织未建立或未按规定保存农产品生产记录，或者伪造农产品生产记录；农产品质量安全检测机构伪造检测结果；农产品生产企业、农民专业合作经济组织以及从事农产品收购的单位和个人销售的农产品，未按规定进行包装、标识；农产品生产经营者在农产品包装、保鲜、贮存和运输过程中使用的保鲜剂、防腐剂、添加剂等材料不符合国家有关强制性的技术规范以及农产品生产企业、农民专业合作经济组织销售不符合食品安全标准的农产品等。

根据《国务院关于加强食品等产品安全监督管理的特别规定》，对农产品生产者（包括农产品生产企业、农民专业合作经济组织、农民等所有农业生产者）违法使用不符合法律、行政法规的规定和国家强制性标准的农业投入品的行为，农业行政主管部门应当给予没收违法所得并处罚款的行政处罚。

根据《乳品质量安全监督管理条例》，对生产、销售不符合乳品质量安全国家标准的乳品，尚不构成犯罪的行为，畜牧兽医主管部门、质量监督部门、工商行政管理依据各自职责应当给予没收违法所得、违法乳品和相关的工具、设备等物品，并处罚款、吊销许可证照的处罚；对生鲜乳收购者在生鲜乳收购过程中，加入非食品用化学物质或者其他可能危害人体健康的物质，尚不构成犯罪的行为，畜牧兽医主管部门、质量监督部门依据各自职责应当给予没收违法所得、违法乳品以及相关的工具、设备等物品，并处罚款、吊销许可证照的处罚。

（三）监督检查的主要措施

1. 检查巡查

农产品质量安全监管人员定期检查辖区内生产主体投入品使用情况、自律制度建立和落实情况、经营行为守法守信以及"三品"标识使用等情况，认真填写巡查记录，对发现的问题及时落实整改；督导生产主体建立农产品生产记录，督导农资生产经营单位建立进货查验和销售档案记录。

2. 监测

根据上级农业行政主管部门的农产品质量安全监测计划，结合当地农产品质量安全风险隐患分布及变化情况，适时调整监测品种、监测区域、监测参数和监测频率，制订并组织实施辖区内农产品质量安全监测计划。

3. 分析会商

根据农产品质量安全监测结果和检查巡查情况，定期或不定期地组织产业部门、监管部门、监测机构等单位开展分析会商，着重研究监测过程中发现的农产品质量安全问题和薄弱环节，研判农产品质量安全形势，对不合格农产品进行结果分析，对潜在的可能影响农产品质量安全的风险因素及时研究制定措施，指导安全生产。

4. 监管与项目扶持联动

加强农产品质量安全监管与项目扶持联动，把农产品质量安全监测结果作为各类农业项目申报的前置要求，全面落实生产主体责任，对有不良记录、使用违禁农产品投入品、所生产的农产品连续两次抽检不合格的生产主体，取消已授予的有关称号，三年内不予项目扶持。积极争取将农产品质量安全列入对地方政府的考核内容，严格执行"一票否优"制度。

5. 宣传告知

积极通过报刊、电视、农业信息网、农民信箱等媒体和专题讲座、咨询服务、科技下乡、农技人员联基地联大户、农产品质量安全直通车等活动进行宣传告知，向生产经营主体、消费者普及农产品质量安全知识和有关法律法规，解读工作部署和出台的政策措施，报道监管工作进展和政策落实情况，坚持正面宣传教育，积极开展舆论引导。

6. 执法处罚

严厉打击非法生产、销售和使用禁用的农（兽）药、饲料及饲料添加剂、隐性成分等违法行为，对检查或监测中发现的不符合农产品质量安全标准的产品，责令停止销售，进行无害化处理或者监督销毁；对责任者依法给予没收违法所得、罚款等行政处罚；对构成犯罪的，严格落实案件移送制度，将相关线索交由司法机关依法追究刑事责任。

7. 应急处置

制定并完善食品安全事故应急预案，成立应急组织，明确各应急成员单位职责，建立分工明确的应急处理责任制和预警机制，规范农产品质量安全事故的分级及应急响应程序，做好技术储备、应急物资、应急装备等保障工作，确保对农产品质量安全事件反应迅速、决策准确、措施果断、运转高效、处置得当、处理到位。

8. 信息公开

县级以上农业行政主管部门按照有关法律法规要求，免费向社会公布日常食品安全监督管理信息的咨询、查询方式，每半年向社会公布辖区内农产品质量安全监测结果，每年向社会公布辖区内农产品质量安全监管"红黑名单"。畅通农产品质量安全举报、投诉途径，完善举报线索受理、核查、移送、反馈机制，对举报人实施奖励和保护。

（四）监督检查处理

依据《食品安全法》《农产品质量安全法》等法律法规进行处理：

（1）县级以上农业行政主管部门对经检测不符合农产品质量安全标准的农产品，有权查封、扣押。

（2）使用农业投入品违反法律、行政法规和国务院农业行政主管部门的规定的，依照有关法律、行政法规的规定处罚。

（3）农产品生产企业、农民专业合作经济组织未建立或者未按照规定保存农产品生产记录的，或者伪造农产品生产记录的，责令限期改正；逾期不改正的，可以处 2 000 元以下罚款。

（4）销售的农产品未按照规定进行包装、标识的，责令限期改正；逾期不改正的，可以处 2 000 元以下罚款。

（5）使用的保鲜剂、防腐剂、添加剂等材料不符合国家有关强制性技术规范的，责令停止销售，对被污染的农产品进行无害化处理，对不能进行无害化处理的监督销毁；没收违法所得，并处 2 000 元以上 2 万元以下罚款。

（6）农产品生产企业、农民专业合作经济组织销售的农产品如果有下列情况，应责令其停止销售，追回已经销售的农产品，对违法销售的农产品进行无害化处理或者监督销毁；没收违法所得，并处 2 000 元以上 2 万元以下罚款：①含有国家禁止使用的农药、兽药或者其他化学物质的；②农药、兽药等化学物质残留或者含有的重金属等有毒有害物质不符合农产品质量安全标准的；③含有的致病性寄生虫、微生物或者生物毒素不符合农产品质量安全标准的；④其他不符合农产品质量安全标准的。

（7）冒用农产品质量标志的，责令改正，没收违法所得，并处 2 000 元以上 2 万元以下罚款。

（8）涉嫌犯罪的，移送司法机关处理。

四、农产品质量安全责任追究制度

建立并落实农产品质量安全责任追究制度，是提高农产品质量安全水平和农产品质量安全监管水平的重要手段。一般意义上的农产品质量安全责任追究，仅指农产品质量安全监管部门对农产品生产经营者违法生产经营不符合农产品质量安全标准的农产品的行为实施的责任追究。广义的农产品质量安全责任追究还包括对农产品质量安全监管部门及其人员不履行法定职责实施的行政责任追究。

（一）对农产品生产经营者违法行为的责任追究

对农产品生产经营者违法行为的责任追究是建立在全程监管理念基础上的一种管理模式，它不仅可以强化农产品生产经营者的责任意识，还是提高农产品质量安全监管效能的有力手段。《农产品质量安全法》完善了农产品质量安全责任追究制度，确立了农产品生产记录制度、农产品包装和标识制度、农产品生产企业和农民专业合作经济组织自行检验检测制度、销售企业和农产品批发市场进货验收制度，以及农产品质量安全违法行为法律责任的规定，为实施农产品质量安全责任追究奠定了基础、提供了重要依据。根据规定，农业行政主管部门在监督管理中发现不得销售的农产品，必须载明责任人，并对责任人依法予以处理或者向有关部门提出具体处理意见。但是，实施农产品质量安全责任追究制度，必须从我国国情和农业生产经营管理现状出发。由于我国小规模分散经营的农户数量很大，《农产品质量安全法》规定的农产品生产记录制度、农产品包装和标识制度、农产品生产企业和农民专业合作经济组织自行检验检测制度等并不适用于农民，因此对于广大农民生产的直接进入市场的农产品很难追溯和追究责任。目前，农产品质量安全责任追究主要针对农产品生产企业、农民专业合作经济组织、农产品批发市场以及从事农产品收购的单位和个人等特定的农产品生产经营者。

（二）对监管部门不履行法定职责的责任追究

实施农产品质量安全监管责任追究，是提高我国农产品监管水平、确保农产品质量安全的重要保障。《农产品质量安全法》明确规定，农产品质量安全监督管理人员不依法履行监督管理职责，或者滥用职权的，依法给予行政处分。《国务院关于加强食品等产品安全监督管理的特别规定》进一步加重了农产品质量安全监管部门不作为的责任，农业行政主管部门对不按照法定要求从事生产经营活动，或者生产、销售不符合法定要求产品等违法行为，不纠正、不处罚造成危害后果的，由监察机关或者任免机关对其主要负责人、直接负责的主管人员和其他直接责任人员给予记大过或者降级的处分；造成严重后果的，给予其主要负责人、直接负责的主管人员和其他直接责任人员撤职或者开除的处分；其主要负责人、直接负责的主管人员和其他直接责任人员构成渎职罪的，依法追究刑事责任。

05 第五节 农产品质量安全协同治理

近年来，各级农业行政主管部门按照中央的要求，始终把农产品质量安全摆在突出位置，坚持"产出来"和"管出来"两手抓，紧紧抓住"努力确保不发生重大农产品质量安全事件"的目标，积极推进标准化生产，深入开展专项整治，强化基层监管体系建设，取得了显著成效。政府在农产品质量安全监管中的主导作用毋庸置疑，但其行为也存在一定的局限性。随着改革开放和市场经济的深入开展，社会利益多元化增长、社会组织力量成长及消费者质量安全意识提高，监管内容的发展和利益诉求的增加，传统的"一元治理"模式正逐渐丧失其合理性和合法性，单一的政府监管已经不能适应社会发展需求。

一、农产品质量安全协同治理的内涵

农产品质量安全协同治理，指的是农产品质量安全不再局限于依靠政府的主导监管职能，而是要重点突出社会监督力量的多元化参与：除政府以外，企业和第三方力量都可作为社会监管主体，并有义务和责任对农产品质量安全进行全程监管。

对于企业而言，为消费者提供质量安全的农产品，不但能够保障自身不会受到法律的制裁和道德的谴责，而且会因为主动承担起作为农产品质量安全义务主体的责任而极大地提升自身形象，进而提升在市场中的影响力和品牌效应。目前，很多西方国家引入了企业社会责任（corporate social responsibility，CSR）机制，CSR机制正逐渐成为企业提升自我监管水平的一个重要条件。

第三方力量包括对政府和企业的行为进行监管的消费者、大众媒介、为农产品质量安全提供技术支持的中立的科学研究力量、区别于政府的各种非政府组织（Non-Governmental Organization，NGO）、为农产品质量安全提供公信力保障的第三方认证机构和检测机构等。以上提到的各种社会力量在农产品质量安全协同治理中扮演重要角色，发挥着不可替代的作用，能有效弥补政府监管的不足。农产品质量安全知识普及、社会公众教育、质量检测等领域应借助第三方力量，充分发挥消费者、科学研究力量与生产经营主体的积极作用，使之参与对农产品质量安全生产、经营安全技术、规则的制定与监督实施，改变农产品质量安全政府独当一面的局面。

二、农产品质量安全协同治理的背景

目前，我国正处于社会转型发展的新时期，这种新形势、新常态，使我国农产品质量安全监管面临一系列新问题、新情况。这些新问题、新情况主要体现在以下方面：①我国农产品和食品发展已经从过去只顾得上解决温饱过渡到更加重视质量安全的更高发展阶段；②市场经济条件下多元利益主体的出现，相应地造成需求多样化；③多元利益主体发展壮大，安全监管事务激增，单一的政府监管已经难以应付，加上消费主体意识的增强，自觉维护食品安全的愿望强烈，这些都催生了新的治理模式；④信息技术迅速发展，赋予目前社会"信息社会、网络社会、舆情社会"等时代特征。这些新问题和新情况，一方面为农产品质量安全监管提供了新的发展机遇，另一方面也必然对农产品质量安全监管水平和模式提出更高的要求。

党的十八届三中全会通过的《中共中央关于全面深化改革若干重大问题的决定》提出，要推进国家治理能力和治理体系的现代化。蕴含在这一命题中的治理理念开启了我国从"社会管理"向"社会治理"转变的新时期，这种转变彰显了新一届政府与社会关系的定位和理念。政府与社会力量不是管理与被管理的关系，政府不是社会事务的必然管理者，而社会力量也不是永远的被管理对象，多主体、全方位的合作交流才是更为科学的社会治理机制。同样，农产品质量安全协同治理取代单一的政府监管，表明农产品质量安全社会秩序的构建不能仅依靠政府，特别是不能把保障农产品质量安全的希望全部寄托于政府，在政府之外还存在其他的监管主体，在监管之外还有更多的治理路径，重要的是社会各主体之间的协商与合作。

三、农产品质量安全协同治理的意义

在 2015 年 6 月 18 日举办的全国食品安全宣传周主题活动中，农业部领导指出，农产品质量安全关系到每个人的切身利益，需要社会各方力量共同参与治理，或监管或保障或维护，建立农产品质量安全社会共治格局。面对复杂的农产品生产行业业态和严峻的监管形势，农产品质量安全由过去政府的一元化"单一监管"发展到当前监管主体多元化"协同治理"，客观反映了在新一轮行政体制改革和政府职能转变的双重社会背景下，政府对农产品质量安全监管从"简政放权"向"培育相关主体活力"的转变和尝试。

由于农产品质量安全问题众多，解决方式复杂，加上监管资源匮乏，难以全面覆盖发生的农产品质量安全事件，因此，继续实行自上而下的行政管理模式已经无法满足解决日益严重的农产品质量安全事件的需要，从"单一监管"走向"协同治理"也就变得更加迫切。构建多元主体参与的协同治理格局，能有效缓解一元监管体制下政府监管的压力，调动市场、社会组织、消费者、媒体和种植户参与农产品质量安全监管，通过自律与监督，弥补政府监管的局限性，提高农产品质量安全监管政策法规的科学性与适用性。这种监管模式转变的实质就是将农产品质量安全监管由自上而下的模式转变成上下相互配合的模式，即政府和社会共同治理。这种转变既优化了自上而下的模式，又增强了自下而上的监管力量，将社会上同样发挥作用的多元主体引进农产品质量安全监管领域，真正意义上实现了对农产品质量安全监管的政府和社会共同治理。

农产品质量安全"单一监管"更多地呈现了政府对农产品生产者和企业的要求，而"协同治理"则将这种单向的要求发展为双向互动，优化了过去政府和社会力量之间简单的管理与被管理关系，并对过去农产品质量安全方面出现的问题进行了更深刻的剖析，从而更好地满足了消费者对农产品质量安全的需要，维护了广大人民群众的利益。

四、农产品质量安全协同治理的实现

（一）转变治理理念

协同治理的确立是提升共治内涵、实现从"单一监管"向"协同治理"转变的前提。过去的"单一监管"大多依靠行政命令、强制、处罚，政府的指导、引导、鼓励作用多被忽视，在社会成员中间可能形成严肃的权威管制概念。而建设服务型政府，逐渐地打破原来对政府监管的僵化认识，更加要求发挥政府的服务功能，这就意味着：首先，政府应以服务为导向、以服务消费者农产品质量安全利益为核心，树立消费者权益至上的服务理念；其次，要破除官本位思想，拉近政府和公众的距离，使政府心为民所系，切实解决公众"菜篮子"问题；最后，把握服务社会的本质，多元主体治理工作要主动出击，深入农产品质量安全一线，使每一项工作都要切实还原服务本质，每一项内容都要以维护公众利益为落脚点，切实提高农产品质量安全，为消费者和社会力量参与农产品质量安全协同治理让渡空间、释放活力。

（二）拓展消费者参与渠道

（1）推行相关立法，提升消费者对农产品质量安全标准拟定过程的参与度，赋予消费者对农产品质量安全标准拟定的选择权与知情权。只有对农产品质量安全标准拟定的选择权和知情权得到保障，消费者才能在"协同治理"过程中真正明白什么样的农产品是符合质量安全标准的，在实际的监管中也就能够发挥应有的作用。

（2）充分发挥消费者团体和社区组织的作用，提升消费者对农产品质量安全社会监督的参与度。充分发挥大众媒介在农产品质量安全社会监督中的作用，为消费者开设农产品质量安全投诉专线和专门针对农产品质量安全的检举平台，将农产品生产经营者置于公众的舆论监督之下，保障农产品的生产和经营符合质量安全标准，并逐步形成正确、有序的农产品质量安全认知舆论环境。

（3）强化法律救济力度，以完善消费者合法权益诉讼渠道为基础，从诉讼、审判、执行方面构建消费者权益保障机制。同时，积极创新纠纷救济渠道，及时追踪报道农产品质量安全热点，通过电视台的市民热线、微信公共平台、微博等途径及时构建与消费者沟通的平台，为消费者参与农产品质量安全协同治理提供必要空间。

（4）农产品质量安全职能部门要保证农产品质量安全信息平台的完善，保障消费者能够及时、准确地掌握农产品质量安全方面的信息，以及某些农产品质量安全事件的相关处理信息。

（三）创新农产品质量安全信息服务网络

大数据为农产品质量安全协同治理提供了及时、准确的信息，使农产品质量安全保障可以追根溯源，为农产品质量安全实现全方位精准追踪、预测监管提供了可能，通过及时收集和分析数据为消费者消除安全隐患，赋予了农产品质量安全协同治理的信息化特征。

智慧化农产品质量安全信息服务网络面向农产品生产、运输、经营、消费相关主体，以大数据库为基础，以网络监管查询为平台，为农产品质量安全监管提供全方位数据支撑：首先，进行统一规划与顶层设计，实现统筹指挥协调、数据互通，实现从单兵作战型管理向协作服务型管理转变；其次，通过现代信息技术手段，丰富主动推送、智慧提醒、智能预警等功能，实现从被动响应型管理向主动预见型服务转变；最后，借助大数据综合服务管理信息系统，为消费者提供集查询、统计、监督、举报、资源共享于一体的网络数据平台，打造智慧化、全天候的农产品质量安全信息服务系统。

（四）推动和提升治理功能转换，构建多元治理新模式

农产品质量安全协同治理的本质是政府、行业、消费者"三位一体"的协同监管，当前，实现多元监管从维稳平台走向基层社会自治平台，推动和提升治理功能转换，是构建多元治理新模式亟待解决的问题。

（1）突出明确自治在农产品质量安全协同治理中的基础地位，治理的核心问题应围绕消费者对质量安全农产品的需求展开，政府不是唯一监管主体，在多元协同治理下，除各级人民政府部门外，监管主体还应该包括生产主体、社会组织及消费者。

（2）注重营造农产品质量安全自治氛围，通过完善激励机制或舆论宣传，构建协同治理中的自治氛围和自治主体发展的软环境。

（3）厘清行政管理部门与多元共治组织的职责权限，在协同治理架构中凸显社会公众自治的基础地位。可在智慧化农产品质量安全信息服务网络中建立统筹协调和分工协作机制。

（4）依托智慧化农产品质量安全信息服务网络采集的数据和资源，建立社会共治信息资源共享平台，使大数据为政府政务数据处理和主体自治资源查询提供双重数据支撑。同时，利用信息技术打破隔阂，建立跨界合作机制。在虚拟空间实现资源和数

据的有效盘活，积极推动政府部门层级之间、公私内外之间、社会组织之间的纵横联合，为农产品质量安全协同治理提供联系紧密、协同共生的社会化网络体系，畅通自下而上的反馈渠道和多向互动的监督体系，最终构建起农产品质量安全协同治理的多主体、多中心、多渠道的社会共治新格局。

> **谈观点**
>
> 农产品质量安全协同治理的意义是什么？

06 第六节 农产品质量安全典型案例分析

一、案情介绍

（一）案件基本情况

案由：生产、销售有毒、有害食品
案号：（2020）津 0116 刑初 474 号
一审法院：天津市滨海新区人民法院
公诉人：天津市滨海新区人民检察院
被告人：张某起

天津市滨海新区人民检察院以津滨检四部刑诉〔2020〕80 号起诉书指控被告人张某起犯生产、销售有毒、有害食品罪，于 2020 年 4 月 29 日向本院提起公诉，本院于同日立案，并依法组成合议庭，公开开庭审理了本案。天津市滨海新区人民检察院指派检察员张某香出庭支持公诉。被告人张某起及其辩护人均到庭参加诉讼。本案现已审理终结。

（二）检察机关指控

天津市滨海新区人民检察院以津滨检四部刑追诉〔2020〕1 号追加起诉决定书

指控：

自 2016 年底开始，张某起（已判刑）在天津市滨海新区××村租赁土地饲养羊只，并在其经营的"傻二子"牛羊肉店出售食用羊肉。2018 年 7 月，张某起为追求更大利润，向被告人秦某水购买盐酸克伦特罗（俗称瘦肉精），后将瘦肉精添加到水槽中对羊只进行喂养。2019 年 10 月 2 日上午，张某起在"傻二子"牛羊肉店内，将使用瘦肉精喂养过的一只活羊现场宰杀后销售给他人。当日，多人食用自张某起处购买的羊肉后出现食物中毒症状。

经天津市疾病预防控制中心检验，送检的生羊肉及熟羊内脏中均检出盐酸克伦特罗成分。经天津市畜产品质量安全检测中心及天津市海关动植物与食品检测中心检验，张某起饲养的羊只尿样及羊只饲养水中的盐酸克伦特罗含量不符合规定。

（三）法院认定事实

经审理查明，自 2016 年底开始，被告人张某起在滨海新区××村租赁土地饲养羊只，并在其经营的"傻二子"牛羊肉店出售食用羊肉。2018 年 7 月，被告人张某起为追求更大利润，向秦某水（另案处理）购买瘦肉精（学名为盐酸克伦特罗），后将瘦肉精添加到水槽中对羊只进行喂养。2019 年 10 月 2 日上午，被告人张某起在滨海新区"傻二子"牛羊肉店内，将使用瘦肉精喂养过的一只活羊现场宰杀后以人民币 2 465 元的价格销售给刘某 2。当日，多人食用自张某起处购买的羊肉后出现食物中毒症状。后经天津市第五中心医院出具的诊断证明证实，唐某 1、王某 1 等 13 人为食物中毒（瘦肉精中毒）。案发当晚食用的羊肉、剩余的生羊肉及喂养羊只的饲料、饮用水、羊只尿样等均被送至相关部门检验。

经天津市疾病预防控制中心检验，送检的生羊肉及熟羊内脏中均检出盐酸克伦特罗成分。经天津市畜产品质量安全检测中心及天津市海关动植物与食品检测中心检验，被告人张某起饲养的羊只尿样及羊只饲养水中的盐酸克伦特罗含量不符合规定。

庭审前，被告人张某起家属与被害人王某 1、胡某等 13 人达成协议，由张某起一次性赔偿 13 名被害人各项损失共计 9 万元，张某起得到被害人的谅解。

被告人张某起对公诉机关指控的犯罪事实供认不讳。

被告人张某起的辩护人辩称，张某起到案后坦白罪行，认罪认罚，其仅对饲养的部分羊只添加了瘦肉精，且喂养时间较短，13 名被害人中毒情节尚属轻微，未造成严重后果，且相关部门已对羊只做了无害化处理，目前张某起已对 13 名被害人进行了赔偿并得到被害人的谅解，请求对其依法从轻处罚并适用缓刑。

（四）审判结果

本院认为，被告人张某起在饲养肉羊过程中添加盐酸克伦特罗（俗称瘦肉精）等禁止在饲料和动物饮用水中使用的药品，并将使用瘦肉精喂养过的肉羊对外贩卖，造成多人食源性中毒，其行为已构成生产、销售有毒、有害食品罪，应予惩处。被告人张某起虽有前科劣迹，但其到案后能坦白罪行，认罪认罚，且已对被害人进行赔偿并得到被害人的谅解，可依法从轻处罚，对辩护人的相关辩护意见予以采纳。张某起饲养羊只的目的系对外销售，仅造成13名被害人食源性中毒是因为其仅销售了一头喂养过盐酸克伦特罗的羊只，其余羊只尚未对外销售，如这些羊只流入市场，将对广大消费者的生命健康安全造成不特定的损害，故其行为社会危害性较大，不宜适用缓刑。综上，本院认为公诉机关指控的罪名成立，量刑建议恰当，本院予以采纳。依照《中华人民共和国刑法》第一百四十四条、第六十七条第（三）款、第三十七条第（一）款和第（二）款的规定，判决如下：

（1）被告人张某起犯生产、销售有毒、有害食品罪，判处有期徒刑一年六个月，并处罚金人民币1万元。

（刑期自判决执行之日起计算。判决执行以前先行羁押的，羁押一日折抵刑期一日，即自2019年10月25日起至2021年4月24日止。罚金于本判决生效后十日内缴纳。）

（2）禁止被告人张某起自刑罚执行完毕之日起三年内从事肉类食品的生产、经营活动。

二、案例分析

本案涉及的法律制度，是农产品质量安全法律制度。基于本案，需要重点关注以下几个方面的法律问题：

（一）盐酸克伦特罗饲养肉羊行为的危害性

盐酸克伦特罗为 β2 蛋白激酶抑制剂，归属于拟肾上腺激素类药，产品名叫"氨哮素""克喘素"。盐酸克伦特罗是一种平喘药。该药既不是兽药，也不是饲料添加剂，而是肾上腺类神经兴奋剂。20 世纪 80 年代初，美国一家公司意外发现，盐酸克伦特罗可明显促进动物生长，并提升瘦肉率。它能够改变动物体内的代谢途径，促进肌肉，特别是骨骼肌中蛋白质的合成，抑制脂肪的合成，从而加快生长速度，使瘦肉相对增加，改善胴体品质。这一新发现很快被用于养殖业。饲料中添加盐酸克伦特罗后，可使猪等畜禽生长速率、饲料转化率、胴体瘦肉率提高 10% 以上，所以盐酸克伦特罗在作为饲料添加剂销售时的商品名又为"瘦肉精""肉多素"等。盐酸克伦特罗在家畜和人体内吸收好，而且与其他 β-兴奋剂相比，它的生物利用度高，以致人食用含有盐酸克伦特罗的猪肉、羊肉等后会有急性中毒症状，如果不及时抢救，有可能导致心律失常而猝死。

（二）关于禁止在饲料和动物饮用水中使用盐酸克伦特罗的法律规定

2002 年 9 月 10 日，农业部、卫生部、国家药品监督管理局发布《禁止在饲料和动物饮用水中使用的药物品种目录》，将盐酸克伦特罗和莱克多巴胺等 7 种瘦肉精列为禁用药品，并指出：其他单位和个人生产、经营、使用《禁止在饲料和动物饮用水中使用的药物品种目录》所列品种，用于饲料生产和饲养过程中的，上述有关部门按照谁发现谁查处的原则，依据各自法律法规予以处罚；构成犯罪的，要移送司法机关，依法追究刑事责任。

（三）关于张某起违法行为的分析

农户在饲养畜禽的过程中，合理用药、安全用药是预防疾病、保障质量的重要一环。使用违禁药物有以下几种情况：一是不知而为。即在购买时未被告知，也不知晓相关规定的情况下纯粹为提高畜禽的健康而购买。监管部门一方面应加大监管力度，从源头上杜绝违禁药物进入市场；另一方面应加大宣传力度，提高农户对国家相关规定的了解，督促农户在养殖过程中不使用违禁药物。二是糊涂而为。随着国家宣传力度的加大，农户对于国家禁止在饲养畜禽过程中添加违禁药物的规定有一些了解，但是具体包括哪些、有什么危害，则不明就里，因此在使用相关药物的过程中往往听从别人介绍或广告宣传，买到被国家列入违禁药物品种目录的药品也不知道。国家应杜绝违禁药物流入市场，加大对《禁止在饲料和动物饮用水中使用的药物品种目录》的宣传力度，防止别有用心者对善良农户进行不良引导。三是明知而为。即明明知道在畜禽饲养过程中不可以使用违禁药物，但为了获取利益明知故犯。此种行为往往为经济利益所驱使，置国法、他人安危于不顾，胆大妄为，利欲熏心，对这种行为必须加以严惩。

本案中张某起为追求更大利润，向秦某水购买瘦肉精（学名为盐酸克伦特罗），后将瘦肉精添加到水槽中对羊只进行喂养，且将喂养过瘦肉精的羊只对外销售，造成 13 名被害人食源性中毒，其行为属明知而为，违反《中华人民共和国农产品质量安全法》第三十三条第（二）项的规定：农药、兽药等化学物质残留或者含有的重金属等有毒有害物质不符合农产品质量安全标准的，不得销售。依据《中华人民共和国农产品质量安全法》第四十九条、第五十四条的规定，应责令停止销售，对被污染的农产品进行无害化处理，对不能进行无害化处理的予以监督销毁；没收违法所得，并处 2 000 元以上 2 万元以下罚款；给消费者造成损害的，依法承担赔偿责任。

本案中张某起的行为侵犯了国家对食品卫生的管理制度以及不特定多数人的身体健康权利。客观方面明知使用瘦肉精喂养过的羊只会对他人身体健康造成损害，仍对外销售。张某起作为具有刑事责任能力的自然人，主观方面明知使用瘦肉精喂养肉羊食用可能会造成食物中毒或其他食源性疾患，却对此结果采取放任的态度，仍对外销售，造成13人食源性中毒的法律后果，构成《中华人民共和国刑法》第一百四十四条生产、销售有毒、有害食品罪，应依法承担刑事责任。

第六章 农业资源和生态环境保护的法律与政策

教学目的与要求

理解

1. 自然资源权属制度
2. 农村生态环境保护的法律与政策
3. 捕捞业法律制度

掌握

1. 耕地资源保护法律制度
2. 森林资源保护法律制度
3. 草原资源保护法律制度

领会和应用

1. 永久基本农田特殊保护制度
2. 农村人居环境改善的主要政策

导学

第六章 农业资源和生态环境保护的法律与政策

知识导图

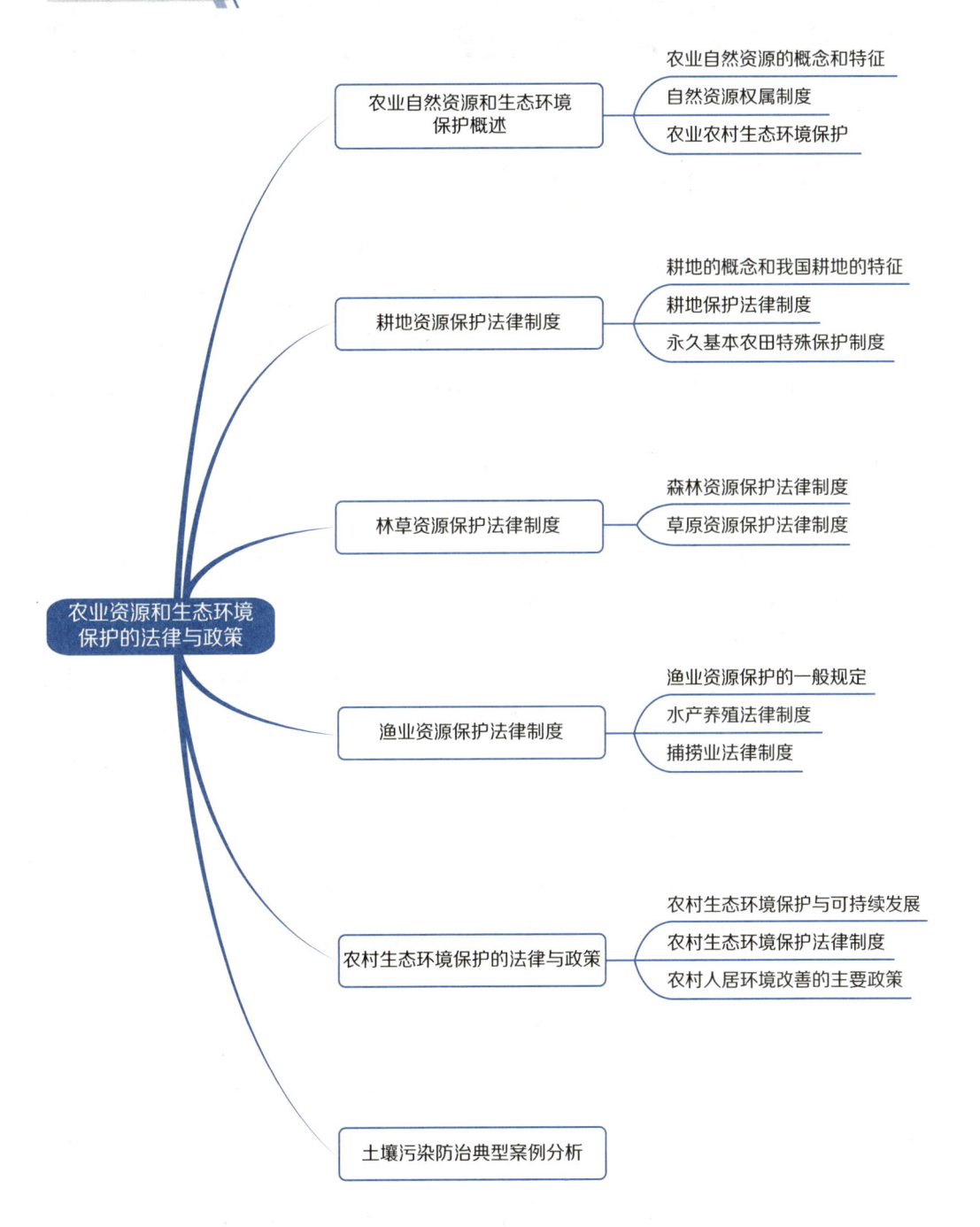

- 农业资源和生态环境保护的法律与政策
  - 农业自然资源和生态环境保护概述
    - 农业自然资源的概念和特征
    - 自然资源权属制度
    - 农业农村生态环境保护
  - 耕地资源保护法律制度
    - 耕地的概念和我国耕地的特征
    - 耕地保护法律制度
    - 永久基本农田特殊保护制度
  - 林草资源保护法律制度
    - 森林资源保护法律制度
    - 草原资源保护法律制度
  - 渔业资源保护法律制度
    - 渔业资源保护的一般规定
    - 水产养殖法律制度
    - 捕捞业法律制度
  - 农村生态环境保护的法律与政策
    - 农村生态环境保护与可持续发展
    - 农村生态环境保护法律制度
    - 农村人居环境改善的主要政策
  - 土壤污染防治典型案例分析

01 第一节　农业自然资源和生态环境保护概述

一、农业自然资源的概念和特征

农业自然资源是指自然界可被人类利用于农业生产的物质要素和能量要素来源，包括土地、森林、草原、水、生物等，一般指各种气象要素和水、土地、生物等自然物，不包括用以制造农业生产工具或用作动力能源的煤、铁、石油等矿产资源和风力、水力等资源。农业自然资源是人类社会存在和发展的物质基础和条件，离开农业自然资源或者没有农业自然资源，人类就不可能获得持续发展的源泉。

农业自然资源可分为不同的种类：按照自然资源的开采和物理构成，农业自然资源可分为土地资源、森林资源、草原资源、水资源、野生动植物资源等；按照自然资源的分布结构，农业自然资源可分为地上资源和地下资源；按照自然资源的利用限度，农业自然资源可分为可再生资源和不可再生资源。

农业自然资源具有如下特征：

（1）生态关联和整体性。农业自然资源彼此间相互依存、相互制约，形成一个统一的、相互影响的整体。在一定的水、热、气候条件下，形成一定的土壤和植被，以及与之相适应的动植物和微生物群落。一种自然因素的变化，会引起其他因素甚至资源组合的相应变化。例如，原始森林一旦被破坏，势必引起气候变化、水土流失和生物群落的变化，成为另一种类型的生态系统。

（2）资源生态的地区差异性。由于地球运动和地球表面海陆分布的状况及地质地貌变化，农业自然资源分布呈现地区差异性。南方和北方、东部和西部、沿海和内陆、平原和山区自然资源的形成条件以至各种资源的性质、数量、质量和组合特征等都有很大差别，在水田和旱地、平地和坡地、阳坡和阴坡以及不同的海拔高度之间，也存在差异化的资源生态特点。

（3）资源的可更新性、可循环性和可培育性。土壤、森林、草原等农业自然资源具有周期性的天然恢复力，其更新和循环的过程与人类干预活动密切相关。合理的人类活动可以使农业自然资源继续保持周而复始、不断更新的良好状态，建立起新的生态平衡；反之，人类对农业自然资源的不合理利用和掠夺式开发会导致农业自然资源衰退，甚至枯竭。因此，人类可以采取各种生态环境友好型措施培育农业自然资源，在一定程度上改变农业自然资源的形态和性质。例如,通过改土培肥、改善水利、培育优良的生物品种等,进一步发挥农业自然资源的生产潜力。

(4) 资源的有用性和稀缺性。多数农业自然资源具有两个方面的有用性,即经济上的有用性和生态上的有用性。经济上的有用性是指能够被人们用来改善生产条件和生活条件;生态上的有用性是指农业自然资源同时具有可以给人们提供除基本条件之外的休闲娱乐、观赏、郊游、旅行等生态属性。不可再生的农业自然资源具有稀缺性,即使可再生的农业自然资源,如果不适当地开发和利用,也会导致其稀缺。如淡水资源被过度开发和利用,就会使其成为稀缺资源。

二、自然资源权属制度

自然资源权属制度是法律关于自然资源归谁所有、归谁使用以及由此产生的法律后果由谁承担的一系列规定所构成的规范系统,是自然资源保护管理中最有影响力和不可或缺的基本法律制度。我国的自然资源权属制度主要包括两个方面的内容:自然资源所有权制度和自然资源使用权制度。

自然资源所有权制度是指自然资源所有权人依法对自然资源享有占有、使用、收益、处分四种权能。《宪法》第九条第一款规定:"矿藏、水流、森林、山岭、草原、荒地、滩涂等自然资源,都属于国家所有,即全民所有;由法律规定属于集体所有的森林和山岭、草原、荒地、滩涂除外。"第十条规定:"城市的土地属于国家所有。农村和城市郊区的土地,除由法律规定属于国家所有的以外,属于集体所有;宅基地和自留地、自留山,也属于集体所有。"《民法典》第二百五十条规定:"森林、山岭、草原、荒地、滩涂等自然资源,属于国家所有,但是法律规定属于集体所有的除外。"第二百五十一条规定:"法律规定属于国家所有的野生动植物资源,属于国家所有。"第二百六十条规定:"集体所有的不动产和动产包括:(一)法律规定属于集体所有的土地和森林、山岭、草原、荒地、滩涂;(二)集体所有的建筑物、生产设施、农田水利设施;(三)集体所有的教育、科学、文化、卫生、体育等设施;(四)集体所有的其他不动产和动产。"

2019年4月中共中央办公厅、国务院办公厅印发的《关于统筹推进自然资源资产产权制度改革的指导意见》指出,改革开放以来,我国自然资源资产产权制度逐步建立,在促进自然资源节约集约利用和有效保护方面发挥了积极作用,但也存在自然资源资产底数不清、所有者不到位、权责不明晰、权益不落实、监管保护制度不健全等问题,导致产权纠纷多发、资源保护乏力、开发利用粗放、生态退化严重。

自然资源保护坚持物权法定、平等保护原则。依法明确全民所有自然资源资产所有权的权利行使主体,健全自然资源产权体系和权能,完善自然资源产权法律体系,平等保护各类自然资源产权主体的合法权益,更好地发挥产权制度在生态文明建设中的激励约束作用。《民法典》第二百六十二条规定:"对于集体所有的土地和森林、山岭、草原、荒地、滩涂等,依照下列规定行使所有权:(一)属于村农民集体所有的,由村集体经济组织或者村民委员会依法代表集体行使所有权;(二)分别属于村内两个以上农民集体所有的,由村内各该集体经济组织或者村民小组依法代表集体行使所有权;(三)属于乡镇农民集体所有的,由乡镇集体经济组织代表集体行使所有权。"

《宪法》第九条第二款规定:"国家保障自然资源的合理利用,保护珍贵的动物和植物。禁止任何组织或者个人用任何手段侵占或者破坏自然资源。"《环境保护法》第四条第二款规定:"国家采取有利于节约和循环利用资源、保护和改善环境、促进人与自然和谐的经济、技术政策和措施,使经济社会发展与环境保护相协调。"第三十条规定:"开发利用自然资源,应当合理开发,保护生物多样性,保障生态安全,依法制定有关生态保护和恢复治理方案并予以实施。引进外来物种以及研究、开发和利用生物技术,应当采取措施,防止对生物多样性的破坏。"我国通过自然资源规划、自然资源综合利用、自然资源有偿使用、自然资源许可证制度保护和利用自然资源。

自然资源规划是指国家根据自然资源本身的特点和国民经济发展的要求,在一定规划期内对各类自然资源的开发、利用、管理、保护所做的总体安排,其目的是从宏观上解决自然资源开发利用与生态环境保护、当前利益与长期可持续发展的矛盾以及资源分配的问题,以保证用最佳的结构和形式开发利用资源,促进经济社会可持续发展,如土地利用总体规划、水规划、林业规划、矿产资源规划等。

自然资源综合利用是指根据资源的特性、功能、赋存形式和分布条件,采取各种科学的手段和方法,对其进行综合开发、合理和充分利用,变一用为多用,变小用为大用,变无用为有用,如国家提倡木材综合利用、水的循环利用、矿产的综合利用等。长期以来,人类对自然资源的使用是无偿的,形成了"资源无价、原料低价、制成品高价"的现象。"资源无价"一方面抑制可再生资源利用的积极性,另一方面助长了资源浪费现象,因此必须实行自然资源有偿使用制度。我国目前征收土地使用费、资源税和资源使用费都是自然资源有偿使用的体现。

自然资源许可证是政府颁发的允许特定主体从事特定行为的凭证,包括林木采伐许可证、采矿许可证、渔业捕捞许可证、取水许可证、野生动物特许猎捕证、狩猎证、驯养繁殖许可证等。自然资源许可证制度是指从事开发利用自然资源的单位,必须向有关管理机关提出申请,经审查批准,发给许可证后才能从事该项活动的制度。

三、农业农村生态环境保护

2018年《农业农村部关于深入推进生态环境保护工作的意见》提出,"进一步做好农业农村生态环境保护工作,打好农业面源污染防治攻坚战,全面推进农业绿色发展,推动农业农村生态文明建设迈上新台阶"。农业农村生态环境保护工作兼具责任感和使命感,只有使习近平生态文明思想和农业农村生态环境保护行动统一,才能提升农业农村生态文明;只有把握人与自然和谐共生的自然生态观,正确处理"三农"发展与生态环境保护的关系,才能自觉把尊重自然、顺应自然、保护自然的要求贯穿"三农"发展全过程;只有把握绿水青山就是金山银山的发展理念,坚定不移地走生态优先、绿色发展新道路,才能推动农业高质量发展和农村生态文明建设;只有把握良好生态环境是最普惠民生福祉的宗旨精神,才能着力解决好农业面源污染、农村人居环境脏乱差等农业农村突出环境问题,才能提供更多优质生态产品,以满足人民群众对优美生态环境的需要;只有把握山水林田湖草是生命共同体的系统思想,多措并举、综合施策,才能提高农业农村生态环境保护工作的科学性、有效性;只有采取最严格制度、最严密法治保护生态环境的方法路径,实施最严格的水资源管理制度和耕地保护制度,才能给子孙后代留下良田沃土、碧水蓝天。

2018年2月中共中央办公厅、国务院办公厅印发《农村人居环境整治三年行动方案》,将农村人居环境整治上升为国家发展战略,以农村垃圾、污水治理和村容村貌提升为主攻方向,加快补齐农村人居环境突出短板,把农村建设成为农民幸福生活的美好家园。加强村庄规划管理,推进农村垃圾、污水治理,推进"厕所革命",整治提升村容村貌,打造一批示范县、示范乡镇和示范村,加快推动功能清晰、布局合理、生态宜居的美丽乡村建设。《乡村振兴战略规划(2018—2022年)》指出尊重农民意愿,切实发挥农民主体作用,以建设美丽宜居村庄为导向,以农村生活垃圾、污水治理和村容村貌提升为主攻方向,开展农村人居环境整治行动,全面提升农村人居环境质量。2021年颁布实施的《乡村振兴促进法》第三十七条提出:"各级人民政府应当建立政府、村级组织、企业、农民等各方面参与的共建共管共享机制,综合整治农村水系,因地制宜推广卫生厕所和简便易行的垃圾分类,治理农村垃圾和污水,加强乡村无障碍设施建设,鼓励和支持使用清洁能源、可再生能源,持续改善农村人居环境。"

谈观点

以实际案例谈谈你对农业自然资源特征的理解。

02 第二节 耕地资源保护法律制度

一、耕地的概念和我国耕地的特征

(一) 耕地的概念

耕地是指种植农作物的土地,包括熟地,新开发、复垦、整理地,休闲地(含轮歇地、休耕地);以种植农作物(含蔬菜)为主,间有零星果树、桑树或其他树木的土地;平均每年能保证收获一季的已垦滩地和海涂。耕地中包括南方宽度<1.0米、北方宽度<2.0米的固定的沟、渠、路和地坎(埂),临时种植药材、草皮、花卉、苗木等的耕地。我国的耕地大约占世界总耕地的7%。

(二) 我国耕地的特征

我国耕地具有如下特征:

1. 人均耕地数量少,耕地资源约束态势将进一步加剧

思政启示

> 耕地保护关系到国家粮食安全。"国以民为本,民以食为天,土为粮之母",14亿多人口的吃饭问题,始终是我国头等重要的大事。

耕地是我国最为宝贵的资源和粮食生产最重要的物质基础,也是农民最基本的生产资料和最基础的生活保障。我国人均耕地不到世界平均水平的1/2,中低产田约占72%,粮食生产保障能力不够稳定。根据第二次全国土地调查,2009年全国耕地13 538.5万公顷(203 077万亩);从人均耕地看,全国人均耕地0.101公顷(1.52亩),较1996年第一次全国土地调查时的人均耕地0.106公顷(1.59亩)有所下降。随着人口持续增长,我国人均耕地还将下降,耕地资源约束态势将进一步加剧。

2. 耕地质量整体不高,耕地土壤质量稳中向优

2020年5月农业农村部发布的《2019年全国耕地质量等级情况公报》显示,2019年全国耕地质量平均等级为4.76等,比2014年提升了0.35个等级。其中评价为一至三等的耕地面积为6.32亿亩,占耕地总面积的31.24%。这部分耕地基础地力较好,

生产障碍因素不明显，应按照用养结合方式开展农业生产，确保耕地质量稳中向优。评价为四至六等的耕地面积为 9.47 亿亩，占耕地总面积的 46.81%。这部分耕地所处环境气候条件基本适宜，农田基础设施条件相对较好，生产障碍因素较不明显，是今后粮食增产的重点区域和重要突破口。评价为七至十等的耕地面积为 4.44 亿亩，占耕地总面积的 21.95%。这部分耕地基础地力相对较差，生产障碍因素突出，短时间内较难得到根本改善，应持续开展农田基础设施建设和耕地内在质量建设。

根据《我国耕地质量主要性状 30 年变化情况报告》，2019 年，国家耕地质量长期定位监测点有机质含量基本稳定在 24.9g/kg 左右，土壤全氮含量历年间数值基本维持在 1.45g/kg 左右；2009—2018 年，有效磷、速效钾含量依然保持上升趋势，分别从 23.9mg/kg、117.5mg/kg 上升至 29.9mg/kg、147mg/kg。我国耕地土壤质量在稳中向优的同时，也存在一些问题。由于农民重施元素肥、轻施微量元素肥，我国耕地土壤中部分微量元素缺乏。有效铜、锌、铁、锰、硼、钼处于缺乏或较缺乏水平的监测点占比分别为 1.2%、7.3%、5.7%、12.2%、55.4%、61.2%。2019 年，我国耕地质量问题集中体现为南方耕地酸化、北方耕地盐碱化、东北黑土地退化，涉及耕地面积 6.6 亿多亩，成为耕地治理的重点区域。

3. 耕地后备资源不足，耕地利用率低

我国拥有宜耕荒地资源 2.04 亿亩，按照 60% 的垦殖率计，可开垦耕地 1.22 亿亩。但由于生态环境保护的要求，耕地后备资源开发受到严格限制，今后通过后备资源开发补充耕地已十分有限。我国的耕地现状，从人为因素来看也是相当严峻的。根据国土资源公报的统计数据，2011 年全国净减耕地 20.29 亿亩，2015 年净减耕地 20.25 亿亩。从近些年的耕地变化情况看，我国耕地保护工作虽然取得一定成效，但耕地保护面临的形势依然十分严峻。2006 年第十届全国人民代表大会第四次会议通过的《中华人民共和国国民经济和社会发展第十一个五年规划纲要》明确提出，18 亿亩耕地红线是未来具有法律效力的约束性指标。《全国国土规划纲要（2016—2030 年）》要求，到 2020 年、2030 年我国耕地保有量要分别保持在 18.65 亿亩、18.25 亿亩以上。《中华人民共和国国民经济和社会发展第十四个五年规划和 2035 年远景目标纲要》提出，坚持最严格的耕地保护制度，强化耕地数量保护和质量提升，严守 18 亿亩耕地红线，遏制耕地"非农化"，防止耕地"非粮化"，规范耕地占补平衡，严禁占优补劣、占水田补旱地。

二、耕地保护法律制度

（一）严格控制耕地转为非耕地

《土地管理法》第四条第二款规定，"严格限制农用地转为建设用地，控制建设用地总量,对耕地实行特殊保护"。第三十条规定,我国保护耕地的基本方法,即"严格控制耕地转为非耕地"。自然资源部发布的《2017中国土地矿产海洋资源统计公报》显示,2017年末,全国耕地面积为13 486.32万公顷(20.23亿亩),全国因建设占用、灾毁、生态退耕、农业结构调整等减少耕地面积32.04万公顷,通过土地整治、农业结构调整等增加耕地面积25.95万公顷,年内净减少耕地面积6.09万公顷。耕地面积大量减少直接威胁农业发展和粮食安全。我国现有的耕地生产的粮食尚不能充分满足人民生活的需要。"十三五"以来,重农抓粮,各地各部门大力实施藏粮于地、藏粮于技战略,我国粮食产量站稳1.3万亿斤台阶,人均占有粮食约460千克,中国人的饭碗牢牢端在自己的手中。按照现有的生产力水平,为达到这一目标,必须保证耕地总量只能增加,不能减少。

我国耕地数量有限,而且可以开垦为耕地的荒地数量也较为有限,通过开垦荒地补充被非农业建设占用的耕地潜力不大。因此,为保证我国耕地总量的动态平衡,一方面要实行开垦未利用地、进行土地整理和复垦补充耕地的办法,另一方面要严格控制非农业建设占用耕地。为此,《土地管理法》规定了一系列制度,如土地用途管制制度、农用地转用审批制度、占用耕地补偿制度、永久基本农田保护制度、征用耕地审批制度、非农业建设占用耕地审批制度等。

(二)确保耕地总量不减少

耕地总量不减少是指通过行政、经济、法律的综合措施,保证我国现有耕地的总面积在一定时期内保持稳定。确保耕地总量不减少是国家根据我国耕地的基本状况和社会经济可持续发展的要求提出的土地管理工作的根本目标。

(1)根据《土地管理法》的有关规定,确保耕地总量不减少实行省级政府负责制,即第十六条规定的"省、自治区、直辖市人民政府编制的土地利用总体规划,应当确保本行政区域内耕地总量不减少",第三十二条规定的"省、自治区、直辖市人民政府应当严格执行土地利用总体规划和土地利用年度计划,采取措施,确保本行政区域内耕地总量不减少、质量不降低。"

(2)确保耕地总量不减少的措施。根据《土地管理法》的规定,确保耕地总量不减少的措施有:①严格执行土地利用总体规划和土地利用年度计划,控制建设用地的总量。②监督占用耕地的单位按照"占多少,垦多少"的原则,由占用耕地的单位负责开垦与所占用耕地的数量和质量相当的耕地;没有条件开垦或者开垦的耕地不符合要求的,应当按照省、自治区、直辖市的规定缴纳耕地开垦费,这一笔款项,用于开垦新的耕地。③划定永久基本农田保护区,并保证其数量占耕地总量的80%以上。④节约使用土地,严格保护耕地,制止破坏耕地的行为。⑤鼓励单位和个人按照土地利用总体规划，开垦未利用的土地。⑥鼓励进行土地整理，增加有效耕地面积。⑦开展土地复垦。

（3）如果某一省级行政区域内耕地总量减少，《土地管理法》第三十二条规定，由国务院责令在规定期限内组织开垦与所减少耕地的数量与质量相当的耕地，并由国务院自然资源主管部门会同农业农村主管部门验收。这是保证耕地总量不减少目标实现的一个行政措施。考虑到我国还有一些地方，由于耕地后备资源较少，可能确实无法保证本行政区域内的耕地总量不减少，因此《土地管理法》第三十二条还规定了一个变通措施，即"个别省、直辖市确因土地后备资源匮乏，新增建设用地后，新开垦耕地的数量不足以补偿所占用耕地的数量的，必须报经国务院批准减免本行政区域内开垦耕地的数量，易地开垦数量和质量相当的耕地"。

（三）非农业建设占用耕地补偿制度

从现有法律设定的制度来看，非农业建设占用耕地补偿制度的具体规定主要包括以下几个方面：

> 🔍 知识点
> 非农业建设占用耕地补偿制度的具体规定

（1）占补平衡。《土地管理法》第三十条第二款规定："国家实行占用耕地补偿制度。非农业建设经批准占用耕地的，按照'占多少，垦多少'的原则，由占用耕地的单位负责开垦与所占用的数量和质量相当的耕地；没有条件开垦或者开垦的耕地不符合要求的，应当按照省、自治区、直辖市的规定缴纳耕地开垦费，专款用于开垦新的耕地。"按照这一规定，任何依法进行的非农业建设占用耕地，占用耕地的单位占多少耕地就要负责新开垦多少耕地，所开垦的耕地，不仅要数量相同，还要质量相当。"质量相当"，是指新开垦的耕地的土地等级，要达到所占用的耕地的土地等级，即新开垦的耕地的生产能力、种植条件要与所占用的耕地基本同一水平。"没有条件开垦"，包括需要易地开垦，而占用耕地的单位没有能力易地开垦，或占用耕地的单位不具备开垦荒地的技术与装备等情况。"开垦的耕地不符合要求"，是指新开垦的耕地的生产能力、种植条件不能达到与所占用的耕地基本同一水平，不能通过验收等情况。在后两种情况下，占用耕地的单位要按照省、自治区、直辖市的规定缴纳耕地开垦费，这一笔款项，专门用于开垦新的耕地。

增减挂钩是促进耕地保护和节约集约用地的重要途径，《城乡建设用地增减挂钩试点管理办法》规定，城乡建设用地增减挂钩是指依据土地利用总体规划，将若干拟整理复垦为耕地的农村建设用地地块（拆旧地块）和拟用于城镇建设的地块（建新地块）等面积共同组成建新拆旧项目区，通过建新拆旧和土地整理复垦等措施，在保证项目区内各类土地面积平衡的基础上，最终实现增加耕地有效面积，提高耕地质量，节约集约利用建设用地，城乡用地布局更合理的目标。2001 年《关于进一步加强和改进耕地占补平衡工作的通知》提出，各省（区、市）要积极推行耕地储备制度和建设项目补充耕地与土地开发整理复垦项目挂钩制度。有条件的地方可安排土地开发整理复垦项目先行开发整理耕地，项目经验收合格后，将新增耕地指标划入耕地储备库；当建设项目占用耕地需补充时，收取耕地开垦费，从耕地储备库中划出耕地指标，作为建设项目占用耕地补偿指标，实现先补后占。暂无条件建立耕地储备库的地方，在建设项目占用耕地需补充时，应从土地开发整理复垦项目库中选取已经过论证并批准立项的项目与建设项目挂钩，拟订补充耕地方案，并利用建设单位所缴纳的耕地开垦费，组织实施土地开发整理复垦项目补充耕地。2017年《中共中央 国务院关于加强耕地保护和改进占补平衡的意见》指出，从严控制建设占用耕地，"实行新增建设用地计划安排与土地节约集约利用水平、补充耕地能力挂钩，对建设用地存量规模较大、利用粗放、补充耕地能力不足的区域，适当调减新增建设用地计划"。

（2）开垦验收。为了保证开垦耕地有组织、有步骤地进行，以保护生态环境，逐步实现土地利用总体规划的确保耕地总量不减少的要求。《土地管理法》第三十条第三款规定："省、自治区、直辖市人民政府应当制定开垦耕地计划，监督占用耕地的单位按照计划开垦耕地或者按照计划组织开垦耕地，并进行验收。"开垦耕地，对生态环境必然会造成一定的影响，不是任何荒地都适宜开垦为耕地，哪些荒地可以开垦为耕地，在编制土地利用总体规划时，要做出统筹安排。同时，各省级人民政府还应当制定开垦耕地的计划，按照计划要求并监督占用耕地的单位开垦耕地，或按照计划组织有关单位或个人开垦耕地，以逐步实现土地利用总体规划的有关要求。这个计划可以是年度的，即根据每年的土地利用年度计划对年度建设用地总量的控制指标，确定本年度的开垦数量和地点；也可以是跨年度的。

（四）保护土地与节约用地

思政启示

"人、山、水、林、田、湖"是一个生命共同体，作为耕地的"田"本身也是一个生态系统，耕地保护必须以保护和改善生态环境、防止水土流失等为前提，保护耕地就是保护生态环境。

土地保护是土地资源得以永续利用的前提，对立国之本、生存之本的土地，全社会都有保护的责任。《土地管理法》第三十六条对各级人民政府提出了保护土地的要求。保护土地首先是保护农业用地的生产能力不被破坏。因此，《土地管理法》第三十六条规定的内容，不仅适用于耕地，还适用于全部农业用地。保护土地，一方面是保护土地的生产能力，另一方面是通过积极的保护提高土地的生产能力。因此，这一条在规定积极的保护措施"引导因地制宜轮作休耕，改良土壤，提高地力，维护排灌工程设施"的同时，还规定

"防止土地荒漠化、盐渍化、水土流失和土壤污染"。对于土地保护，我国其他的有关自然资源和环境保护的法律如《水土保持法》《森林法》《草原法》《水法》《固体废物污染防治法》《环境保护法》《水污染防治法》等也做了很多规定。各级人民政府应当依照《土地管理法》和相关法律法规的规定，认真履行保护土地的责任。

社会和经济要发展，非农业建设占用土地是绝对的，也是必须的。但是，土地是有限的，不可能无限制地提供建设用地，土地利用的方式必须向集约化转变，非农业建设必须节约使用土地。根据《土地管理法》第三十七条的规定，节约使用土地的措施主要有：①非农业建设要节约使用土地。首先，应当尽量避免占用耕地，尽可能地使用荒山、荒地、荒滩。其次，如果必须占用耕地，应当尽量利用劣地，尽可能地不占用好地。最后，不论什么土地，都应节约使用，尽量少占，使土地利用达到最大的集约。②禁止破坏耕地。《土地管理法》第三十七条规定了被禁止的破坏耕地的行为：建窑、建坟，以及擅自在耕地上挖砂、采石、采矿、取土等。建窑，包括兴建各种类型的砖瓦窑、石灰窑等。建房，包括建住宅以及兴建工业、商业、服务业等各种类型的用房。建坟，是指违反国家规定进行土葬。擅自在耕地上挖砂、采石、采矿、取土，这些活动都会造成耕地的破坏，按照规定必须经过有关主管机关的批准、许可或土地所有者的同意。③禁止占用永久基本农田挖塘养鱼和发展林果业。永久基本农田不仅非农业建设一般不得占用，即使农业产业结构调整，也不得随意占用。发展经济作物和林果业、畜牧业、渔业是必须的，但是这种发展应当根据土地利用总体规划的安排进行，划为基本农田的耕地一律不得占用。对于应当退耕还林、还牧、还湖、还河的土地，应当根据土地利用总体规划，有计划地进行。④制止闲置、荒芜耕地的行为。闲置耕地，是指依法取得建设用地使用权占用耕地后未能及时按照批准的或土地使用权出让合同约定的用途加以利用，或土地利用率未达到规定要求，致使耕地被占用后处于未被利用或利用不充分的状态。荒芜耕地，是指土地具备耕种条件，而土地使用者故意不进行耕种。《土地管理法》第三十八条规定，"禁止任何单位和个人闲置、荒芜耕地"，并就闲置、荒芜耕地行为的具体处理办法做出了规定。

近些年，我国非常重视利用被占用耕地耕作层的土壤。《土地管理法》第三十一条规定，县级以上地方人民政府可以要求占用耕地的单位将所占用耕地耕作层的土壤用于新开垦耕地、劣质地或者其他耕地的土壤改良。这是节约使用与保护耕地的又一措施。耕地的使用价值，由其用途、光、热、水等自然条件，以及其耕作层的土壤质量等因素决定。耕地的耕作层，是人类长期劳动与自然作用创造的宝贵财富，也是耕地被改作其他用途后，唯一可以重新被加以利用的物质。而且将被占用耕地耕作层的土壤用于新开垦耕地的表层，用于劣质地或其他耕地的土壤改良，可以迅速提高土地的生产能力，是一种极大的节约。由于所占用的耕地质量不同，占用后的用途不同，因此不一定都要将被占用耕地耕作层的土壤加以利用，对于哪些要利用、如何利用，应当根据县级以上地方人民政府对占用耕地的单位的要求进行。

（五）开发未利用土地

开发未利用土地，就是将可以开发的未利用土地经过人类劳动的投入，使之变为可供利用的土地，补充农用地和建设用地。《土地管理法》第三十九条、第四十条和第四十一条是关于土地开发与开垦土地的规定。

1. 土地开发

土地开发是指人类通过劳力、技术和资金的投入，将土地由自然资源改造为经济资源。土地开发是对未利用的或难以利用的土地进行改造，也可以是对利用不合理、不充分的土地进行改造，以达到对土地的充分利用，有效发挥土地资源的优势与潜力。开发后的土地可以是农用地，也可以是建设用地。《土地管理法》第三十九条规定："国家鼓励单位和个人按照土地利用总体规划，在保护和改善生态环境、防止水土流失和土地荒漠化的前提下，开发未利用的土地；适宜开发为农用地的，应当优先开发成农用地。"据统计，我国土地总面积中难以被利用的土地，如沙漠、戈壁、海岛、高寒土地，达60多亿亩，占国土面积的36.3%。除难以被利用的土地外，可供开发的未利用的土地已经没有多少，这是我国宝贵的土地后备资源。因此，未利用的土地，不能随意开发，国家要对其开发活动进行管理和限制。

开发未利用的土地应当遵循的原则有三个：①必须依照土地利用总体规划进行。土地利用总体规划是我国土地开发利用的基本依据，任何土地利用活动，包括开发未利用的土地，都必须依据土地利用总体规划的要求进行。②必须在保护和改善生态环境、防止水土流失和土地荒漠化的前提下进行。土地是生态环境系统中最主要的环境要素之一，对土地的不适当利用，必然会对生态环境造成破坏。由于多年来忽视了对生态环境的保护，我国的生态环境系统十分脆弱，目前全国的水土流失区大约有180万平方千米，沙漠和风蚀沙化的土地约150万平方千米，还有约9 900万公顷的盐渍化土地。因此，开发未利用的土地，要注重保护生态环境，并要争取做到有利于生态环境改善，其中最重要的，就是要防止水土流失和土地荒漠化，这是实现土地资源可持续利用的基础。③适宜开发为农用地的，应当优先开发成农用地。我国的土地后备资源十分有限，可供开发为农用地的未利用的土地仅约18.8亿亩，其中绝大部分适宜发展林业和牧业，可以开垦的仅有约1.7亿亩，按照60%的垦殖率，大约1亿亩可开发为耕地。

2. 开垦土地

开垦土地是指以垦殖为目的开发土地，即开垦荒地为耕地用于农作物种植。开垦土地是土地开发的一种具体行为。关于开垦的范围，《土地管理法》第四十条规定，开垦未利用的土地，必须在土地利用总体规划划定的可开垦的区域内进行。在编制土地利用总体规划，划分土地利用区时，要按照有关规定，对有关环境保护、耕地需求等问题进行详尽的论证后，划定可开垦的区域。这样才能保证开垦土地是在保护和改善生态环境、防止水土流失和土地荒漠化的前提下进行的。

开垦未利用的土地的程序。《土地管理法》第四十条规定，开垦未利用的土地，必须经过科学论证和评估，在土地利用总体规划划定的可开垦的区域内，经依法批准后进行。开垦国有荒山、荒地、荒滩用于农业生产须符合审批管理规定。《土地管理法》第四十一条的规定，适用于以从事种植业、林业、畜牧业、渔业生产活动为目的，开发未确定使用权的国有荒山、荒地、荒滩的行为。

《土地管理法》第四十条还对禁止开垦的情形做了规定，即"禁止毁坏森林、草原开垦耕地，禁止围湖造田和侵占江河滩地"。这是对森林法、草原法、水法、防洪法有关规定的重申。除在开垦耕地时要符合环境保护的要求外，《土地管理法》第四十条规定，对已经开垦了的土地，如果对生态环境造成严重的危害，要"根据土地利用总体规划，对破坏生态环境开垦、围垦的土地，有计划有步骤地退耕还林、还牧、还湖"。

开发未利用的土地是投入大、比较效益低的事业，却是对全社会乃至全人类都有巨大贡献的事业。为了调动各方面开发未利用的土地的积极性，从而节约占用耕地，国家鼓励单位和个人开发未利用的土地，实行"谁开发、谁受益"的政策。因此，《土地管理法》第三十九条规定，"国家依法保护开发者的合法权益"。同时，第四十一条规定，开发未确定使用权的国有荒山、荒地、荒滩从事种植业、林业、畜牧业、渔业生产的，经县级以上人民政府依法批准，可以确定给开发单位或者个人长期使用。根据国务院的有关规定，通过"四荒拍卖"取得"四荒"土地使用权的期限可以为50年。

三、永久基本农田特殊保护制度

永久基本农田特殊保护制度，是指根据土地利用总体规划的要求及当地人口和耕地资源状况，将质量好、产量高、生产潜力大且集中连片的耕地划为永久基本农田，实行特殊保护的一种耕地保护制度。划定永久基本农田是为了对部分耕地实行特殊保护。

国家实行永久基本农田特殊保护制度。下列五种耕地根据土地利用总体规划应当划为永久基本农田：①经国务院农业农村主管部门或者县级以上地方人民政府批准确定的粮、棉、油、糖等重要农产品生产基地内的耕地。②有良好的水利与水土保持设施的耕地，正在实施

> 🔍 知识点
>
> 应当划为永久基本农田的五种耕地

改造计划的以及可以改造的中、低产田和已建成的高标准农田。有良好的水利与水土保持设施的耕地，基本上是旱涝保收的优质耕地，对其加以严格保护，对我们这个洪涝灾害频繁的国家来说，具有重要的现实意义。目前，中、低产田面积约占全国耕地总面积的三分之二，提高中、低产田的产量，对保障我国的粮食安全意义重大。因此，对于正在实施改造计划的以及可以改造的中、低产田都应当加以严格保护。③蔬菜生产基地。蔬菜供应是保障人民生活和社会安定的重要工作，担负着为人民生活生产和供应蔬菜任务的蔬菜生产基地的耕地，特别是为保障城市人民生活需要的蔬菜生产基地，更需要特殊保护，不得随意占用。④农业科研、教学试验田。这类耕地是农业高新技术生产试验的基本设施与生产基地，虽然数量不多，但是对促进农业生产率的提高有着极为重要的意义。⑤国务院规定应当划为永久基本农田的其他耕地。为了保证基本农田有足够的数量与良好的质量，除上述规定外，国务院还可以规定将其他耕地也划为永久基本农田。

《土地管理法》第三十三条规定，各省、自治区、直辖市划定的永久基本农田一般"应当占本行政区域内耕地的百分之八十以上"，这是为保证我国耕地的质量和基本数量提出的要求。同时，根据《土地管理法》第三十四条的要求，乡（镇）人民政府应当将永久基本农田的位置、范围向社会公告，并设立保护标志。

谈观点

请谈谈在我国的耕地保护工作中，应该如何保护土地和节约用地？在这方面目前还存在哪些问题？该如何解决？

03 第三节　林草资源保护法律制度

中华人民共和国成立后，国家始终将林草事业纳入工作全局来谋划与推动。早在1956年，毛泽东同志就发出"绿化祖国"的号召，并要求在一切可能的地方，均按规格种起树来。改革开放后，国家更加注重发挥林草资源的生态功能，逐步加大生态环境保护修复投入力度。进入21世纪，国家又根据社会主导需求的变化，确立了以生态建设为主的林草发展战略。党的十八大以来，党中央提出了一系列推动林草事业发展的新理念、新思想、新战略，推动我国林草事业发展和林草资源持续增长，使城乡面貌和人居环境得到明显改善。习近平总书记从生态文明建设的整体出发提出"山水林田湖草是生命共同体"的科学论断，强调"统筹山水林田湖草系统治理""全方位、全地域、全过程，开展生态文明建设"。

> **思政启示**
>
> 党的十八大以来，习近平总书记从生态文明建设的整体视野提出"山水林田湖草是生命共同体"的论断，强调"统筹山水林田湖草系统治理""全方位、全地域、全过程开展生态文明建设"。

一、森林资源保护法律制度

（一）《森林法》的调整对象

法律文件速查

《中华人民共和国森林法》

《森林法》是林业发展的根本大法，自 1985 年施行以来，经 1998 年修正和 2009 年修订，对于保护和合理利用森林资源，加快国土绿化和生态建设，保障和促进林业发展，发挥了十分重要的作用。2019 年 12 月 28 日，第十三届全国人民代表大会常务委员会第十五次会议表决通过了新修订的《森林法》。该法秉持尊重自然、顺应自然，生态优先、保护优先，促进森林资源可持续发展的原则，以保护、培育和合理利用森林资源，加快国土绿化，保障森林生态安全，建设生态文明，实现人与自然和谐共生为根本目的，对森林权属、发展规划、森林保护、造林绿化、经营管理、监督检查、法律责任等方面做出了详细规定。

根据《森林法》第二条的规定和从该法的整体章节安排来看，《森林法》的调整对象就是森林、林木的保护、培育、利用和森林、林木、林地的经营管理活动。这里需要强调的是，现行《森林法》将"林木"和"森林"同时列入调整的范畴，并将"培育"放在"利用"之前加以突出，体现了现代立法理念的时代精神，突出了现代林业性质和地位的变化，即更侧重于扩大森林资源，充分发挥森林的生态效益、社会效益，经营活动以营林为基础；更侧重于以建设良好的生态环境为主要目标的社会公益事业和基础产业。

森林、林木、林地的权属，通常也主要指森林、林木和林地的所有权和使用权。随着社会主义市场经济体制的逐步完善和社会主义新农村建设的全面推进，我国经济和社会发展的形式对林业提出了更高的要求，林业发展深层次问题日益显现，集体林权归属不清、权责不明、利益分配不合理、林农负担过重、经营体制不强、产权流转不规范等问题制约了林业发展和农民增收，林业蕴藏的巨大经济效益和生态效益没有完全释放出来。由此，我国拉开了集体林权制度改革的序幕，通过明晰产权、放活经营、规范流转，激发广大林农和各种社会力量投身林业建设的积极性，解放和发展林业生产力，实现经济社会的持续、健康发展。

林权是森林资源财产权在法律上的具体体现。林权证是森林、林木、林地唯一合法权属凭证，是维护经营单位和林农合法权利的主要依据。具体而言，林权包括对森林、林木、林地的占有权、使用权、收益权和处分权。所谓所有权，按照2020年5月28日第十三届全国人民代表大会第三次会议通过的《民法典》第二百四十条的规定，所有权人对自己的不动产或者动产，依法享有占有、使用、收益和处分的权利。所谓使用权，是指使用者对财产享有的占有、使用和收益的权利。按照《森林法》第十四条、第十七条和第二十条的规定，森林、林木、林地的权属有以下三种形式：

（1）国家所有权。《宪法》第九条明确规定："矿藏、水流、森林、山岭、草原、荒地、滩涂等自然资源，都属于国家所有，即全民所有；由法律规定属于集体所有的森林、山岭、草原、荒地、滩涂除外。"《森林法》第十四条规定："森林资源属于国家所有，由法律规定属于集体所有的除外。国家所有的森林资源的所有权由国务院代表国家行使。国务院可以授权国务院自然资源主管部门统一履行国有森林资源所有者职责。"

（2）集体所有权。按照《宪法》第九条的规定，法律规定属于集体所有的森林，归集体所有。因此，集体依照法律规定对森林、林木和林地享有所有权。在实践中，我国农村集体所有的森林、林木和林地，还包括在"四固定"① 时期确定给农村集体所有的森林、林木和林地。

（3）个人的林木所有权和林地使用权。个人所有的林木，主要是指农村居民在房前屋后、自留地、自留山和农业集体经济组织指定的其他地方种植的树木，在以承包和其他合法方式取得的有使用权的林地上和在承包的荒山、荒地、荒滩上种植的树木（按照承包合同约定归个人所有的），以及城镇居民在自有房屋的庭院内种植的树木。个人的林地使用权，是指承包造林的林地及其他依法取得的林地的使用权。在我国，土地不可以由个人所有，所以个人只能拥有林地的使用权，而不能拥有林地的所有权。

《森林法》第十五条第一款规定："林地和林地上的森林、林木的所有权、使用权，由不动产登记机构统一登记造册，核发证书。国务院确定的国家重点林区（以下简称重点林区）的森林、林木和林地，由国务院自然资源主管部门负责登记。"根据该条款

---

① "四固定"指劳力、土地、耕畜、农具固定给生产小组使用。

和《土地管理法》的规定，县级以上不动产登记机构对森林、林木和林地的所有权或者使用权进行登记造册，核发证书，即通常所称的林权证。对林地的所有权或者使用权的登记造册和核发证书，应当按照《森林法》的规定执行。林权证是关于森林、林木和林地所有权或者使用权的证书，是森林、林木和林地权属的法律凭证。《森林法》第十五条第二款还对林权的保护进行了规定，即"森林、林木、林地的所有者和使用者的合法权益受法律保护，任何组织和个人不得侵犯"。从《森林法》和相关法律的安排来看，为了保护森林、林木、林地的所有者和使用者的合法权益，法律提供了多种行政和司法的救济手段。

（二）主要法律制度

1. 分类经营管理制度

《森林法》充分发挥森林的多种功能，实现资源永续利用，在"总则"第三条规定"保护、培育、利用森林资源应当尊重自然、顺应自然，坚持生态优先、保护优先、保育结合、可持续发展的原则"。

《森林法》在森林保护、经营管理等章节，对公益林划定的标准、范围、程序等进行了细化，对公益林、商品林的具体经营制度做了规定，体现了公益林严格保护和商品林依法自主经营的立法原则。《森林法》第四十七条规定："国家根据生态保护的需要，将森林生态区位重要或者生态状况脆弱，以发挥生态效益为主要目的的林地和林地上的森林划定为公益林。"公益林由国务院和省、自治区、直辖市人民政府划定并公布。下列区域的林地和林地上的森林，应当划定为公益林：①重要江河源头汇水区域；②重要江河干流及支流两岸、饮用水水源地保护区；③重要湿地和重要水库周围；④森林和陆生野生动物类型的自然保护区；⑤荒漠化和水土流失严重地区的防风固沙林基干林带；⑥沿海防护林基干林带；⑦未开发利用的原始林地区；⑧需要划定的其他区域。强调科学保护，严格采伐管理，规范、合理地利用公益林。《森林法》第四十九条规定："国家对公益林实施严格保护。县级以上人民政府林业主管部门应当有计划地组织公益林经营者对公益林中生态功能低下的疏林、残次林等低质低效林，采取林分改造、森林抚育等措施，提高公益林的质量和生态保护功能。在符合公益林生态区位保护要求和不影响公益林生态功能的前提下，经科学论证，可以合理利用公益林林地资源和森林景观资源，适度开展林下经济、森林旅游等。利用公益林开展上述活动应当严格遵守国家有关规定。"同时，加强对非国有公益林经营者权利的保护，公益林划定涉及非国有林地的，应当与权利人签订书面协议，并给予合理补偿。

未划定为公益林的林地和林地上的森林属于商品林。商品林由林业经营者依法自主经营。在不破坏生态环境的前提下，可以采取集约化经营措施，合理利用森林、林木、林地，提高商品林的经济效益。国家鼓励发展下列商品林：①以生产木材为主要目的的森林；②以生产果品、油料、饮料、调料、工业原料和药材等林产品为主要目的的森林；③以生产燃料和其他生物质能源为主要目的的森林；④其他以发挥经济效益为主要目的的森林。在保障生态安全的前提下，国家鼓励建设速生丰产、珍贵树种和大径级用材林，增加林木储备，保障木材供给安全。

2. 森林资源保护制度

森林是国家的宝贵资源，它不但能提供木材和其他林产品，而且具有涵养水源、防风固沙、保持水土、调节气候、改善环境和防治空气污染等多种功能。因此，保护森林就是保护人类。在人类的历史发展进程中，森林是人类的养育者，人类离不开森林，二者互相依存，缺一不可。从法律上规定对森林资源实行保护性措施，对于保护森林资源以及促进林业发展，具有十分重要的现实意义和深远的历史意义。

按照生态优先、保护优先的原则，实行最严格的法律制度保护森林、林木和林地，在具有特殊保护价值的林区建立以国家公园为主体的自然保护地，加强保护；将党中央关于天然林全面保护的决策转化为法律制度，严格限制天然林采伐。进一步完善森林火灾科学预防、扑救以及林业有害生物防治制度，明确了人民政府、林业等有关部门、林业经营者的职责。为确保林地保有量不减少，形成了占用林地总量控制、建设项目占用林地审核、临时占用林地审批、直接为林业生产经营服务的工程设施占用林地审批的林地用途管制制度体系。

《森林法》第七条对森林生态效益补偿制度做了规定。森林生态效益补偿是一项服务社会、受益全民的公益事业，是提高生态环境效能、转变经济增长方式、提高人民生活质量、实现经济可持续发展的重要基础。用法律的形式在全国范围内建立森林生态效益补偿制度，是我国在社会主义市场经济条件下，实现经济建设与环境保护协调发展的一项决策。由于生态公益林不能砍伐利用，其建设和经营需要国家财政支持，在财政困难的情况下，生态公益林建设和经营者无经营收入，又得不到经济补偿，有关的林场、自然保护区管理机构普遍处于经营困境。因此，有必要通过建立森林生态效益补偿制度解决这一问题。生态公益林的建设和经营者的劳动成果服务于全社会，其损失补偿应由政府负责统筹。建立森林生态效益补偿制度，补偿生态公益林建设和经营者，是取之于民、用之于民，从而保证从事林业生态公益事业的林场职工和农民有持久投入的积极性和承受能力，使林业生态公益事业正常运转，持续、快速、健康发展。

3. 造林绿化制度

《森林法》强调了科学保护修复森林生态系统，采取以自然恢复为主、自然恢复和人工修复相结合的措施，对新造幼林地和其他应当封山育林的地方，组织封山育林，对国务院确定的需要生态修复的耕地，有计划地组织实施退耕还林还草；坚持数量和质量并重、质量优先，在大规模推进国土绿化的同时，应当科学规划、因地制宜，优化林种、树种结构，鼓励使用乡土树种和林木良种、营造混交林。造林绿化离不开各行各业、公民的广泛参与，我国将"每年三月十二日为植树节"写入《森林法》，并鼓励公民通过植树造林、抚育管护、认建认养等方式参与造林绿化，进一步丰富了公民履行植树义务的方式。同时，根据森林城市建设多年来取得的成绩，《森林法》规定统筹城乡造林绿化，推动森林城市建设。《2020年中国国土绿化状况公报》显示，全国完成造林677万公顷、森林抚育837万公顷、种草改良草原283万公顷、防沙治沙209.6万公顷。

《森林法》专门在第五章对植树造林进行了规定，其中第四十二条规定："国家统筹城乡造林绿化，开展大规模国土绿化行动，绿化美化城乡，推动森林城市建设，促进乡村振兴，建设美丽家园。"第四十三条规定："各级人民政府应当组织各行各业和城乡居民造林绿化。宜林荒山荒地荒滩，属于国家所有的，由县级以上人民政府林业主管部门和其他有关主管部门组织开展造林绿化；属于集体所有的，由集体经济组织组织开展造林绿化。城市规划区内、铁路公路两侧、江河两侧、湖泊水库周围，由各有关主管部门按照有关规定因地制宜组织开展造林绿化；工矿区、工业园区、机关、学校用地，部队营区以及农场、牧场、渔场经营地区，由各该单位负责造林绿化。组织开展城市造林绿化的具体办法由国务院制定。国家所有和集体所有的宜林荒山荒地荒滩可以由单位或者个人承包造林绿化。"

植树造林主要包括人工造林和封山育林两个方面的内容：①为了鼓励植树造林，充分调动各单位和个人造林、育林、护林的积极性，《森林法》规定：国家鼓励公民通过植树造林、抚育管护、认建认养等方式参与造林绿化。各级人民政府组织造林绿化，应当科学规划、因地制宜，优化林种、树种结构，鼓励使用乡土树种和林木良种、营造混交林，提高造林绿化质量。国家投资或者以国家投资为主的造林绿化项目，应当按照国家规定使用林木良种。②封山育林就是利用林木天然更新的能力，在有条件的山区，定期封山，禁止或者限制开荒、砍柴或者其他有害于林木生长的人畜活动，经过封禁和管理，使森林植被得以恢复的育林方式。加快国土绿化，如全部采用人工造林的方式，必然会受到劳动力、资金等方面的限制，延长造林绿化的时间，而采取封山育林的方式，可以充分发挥林木的天然更新能力，用工少、成本低、效益大，这既是加快林业发展的有效措施，也有利于改善野生动植物的生存环境，有利于生态环境保护。因此，应当在积极开展人工造林的同时，大力发展封山育林。《森林法》第四十六条专门对此进行了规范："各级人民政府应当采取以自然恢复为主、自然恢复和人工修复相结合的措施，科学保护修复森林生态系统。新造幼林地和其他应当封山育林的地方，由当地人民政府组织封山育林。各级人民政府应当对国务院确定的坡耕地、严重沙化耕地、严重石漠化耕地、严重污染耕地等需要生态修复的耕地，有计划地组织实施退耕还林还草。各级人民政府应当对自然因素等导致的荒废和受损山体、退化林地以及宜林荒山荒地荒滩，因地制宜实施森林生态修复工程，恢复植被。"

4. 林木采伐制度

> 知识点
> 林木采伐制度

《森林法》第五十四条规定："国家严格控制森林年采伐量。省、自治区、直辖市人民政府林业主管部门根据消耗量低于生长量和森林分类经营管理的原则，编制本行政区域的年采伐限额，经征求国务院林业主管部门意见，报本级人民政府批准后公布实施，并报国务院备案。重点林区的年采伐限额，由国务院林业主管部门编制，报国务院批准后公布实施。"

年森林采伐限额是指国家根据合理经营、永续利用的原则，对森林和林木实行限制采伐的最大控制指标，依照法定程序和方法对所有森林的林木分林种测算并经国家批准的合理年采伐量。长期以来，我国森林的消耗量高于生长量，木材供需矛盾十分尖锐。同时，森林资源的减少，使生态环境不断恶化。为了恢复和扩大森林资源，合理采伐森林资源，必须实行限额采伐，根据用材林的消耗量低于生长量的原则，严格控制森林年采伐量。除了用材林的成熟林和过成熟林蓄积量超过用材林的总蓄积量三分之二的个别省和自治区外，其他省、自治区和直辖市都必须按照用材林的消耗量低于生长量的原则，核定年森林采伐限额。只有这样，才能使森林资源越采越多、越采越好，永续利用，充分发挥森林的生态效益、经济效益和社会效益。因此，采伐森林、林木应当遵守下列规定：①公益林只能进行抚育、更新和低质低效林改造性质的采伐。但是，因科研或者实验、防治林业有害生物、建设护林防火设施、营造生物防火隔离带、遭受自然灾害等需要采伐的除外。②商品林应当根据不同情况，采取不同采伐方式，严格控制采伐面积，伐育同步规划实施。③自然保护区的林木，禁止采伐。但是，因防治林业有害生物、森林防火、维护主要保护对象生存环境、遭受自然灾害等特殊情况必须采伐的和实验区的竹林除外。省级以上人民政府林业主管部门应当根据上述规定，按照森林分类经营管理、保护优先、注重效率和效益等原则，制定相应的林木采伐技术规程。

采伐林地上的林木应当申请采伐许可证，并按照采伐许可证的规定进行采伐；采伐自然保护区以外的竹林，不需要申请采伐许可证，但应当符合林木采伐技术规程。农村居民采伐自留地和房前屋后个人所有的零星林木，不需要申请采伐许可证。非林地上的农田防护林、防风固沙林、护路林、护岸护堤林和城镇林木等的更新采伐，由有关主管部门按照有关规定管理。采挖移植林木按照采伐林木管理。具体办法由国务院林业主管部门制定。

禁止伪造、变造、买卖、租借采伐许可证。《森林法》第五十七条规定："采伐许可证由县级以上人民政府林业主管部门核发。县级以上人民政府林业主管部门应当采取措施，方便申请人办理采伐许可证。农村居民采伐自留山和个人承包集体林地上的林木，由县级人民政府林业主管部门或者其委托的乡镇人民政府核发采伐许可证。"

申请采伐许可证，应当提交有关采伐的地点、林种、树种、面积、蓄积、方式、更新措施和林木权属等内容的材料。超过省级以上人民政府林业主管部门规定面积或者蓄积量的，还应当提交伐区调查设计材料。符合林木采伐技术规程的，审核发放采伐许可证的部门应当及时核发采伐许可证。但是，审核发放采伐许可证的部门不得超过年森林采伐限额发放采伐许可证。《森林法》第六十条规定，有下列情形之一的，不得核发采伐许可证：①采伐封山育林期、封山育林区内的林木；②上年度采伐后未按照规定完成更新造林任务；③上年度发生重大滥伐案件、森林火灾或者林业有害生物灾害，未采取预防和改进措施；④法律法规和国务院林业主管部门规定的禁止采伐的其他情形。

二、草原资源保护法律制度

（一）《草原法》的调整范围

《草原法》第二条规定："在中华人民共和国领域内从事草原规划、保护、建设、利用和管理活动，适用本法。"可见，《草原法》所调整的草原活动，不仅是草原的利用和管理，还包括与草原的利用和管理密切相关的其他活动。对草原进行规划，能够从长远利益角度对草原利用进行考察，以便从有利于草原可持续发展的立场制定宏观目标和具体利用政策。草原的保护是草原利用的前提，只有对现有草原资源进行有效的保护，草原资源才有持续发展和利用的可能性；草原的保护和利用，都离不开草原建设，草原作为一种自然资源，具有其特有的发展规律和对环境的特定要求；同时，我国草原长期的过度利用给草原的发展带来了很大的破坏。这都要求加强草原建设。从我国草原资源的现状来看，我国90%的可利用天然草原不同程度地退化，且每年还以200万公顷的速度递增，草原过牧的趋势没有根本改变，乱采、滥挖等破坏草原的现象时有发生，荒漠化面积不断增加。草原生态环境持续恶化，不仅制约草原畜牧业发展，影响农牧民收入，而且直接威胁国家生态安全，因此，草原保护与建设亟待加强。草原的利用是草原规划、保护和建设的主要目的之一，草原的有效利用，不但可以推进我国畜牧业发展，而且对于牧区人民的生活也将发挥巨大作用。但是应当强调的是，草原的利用必须是合理的和可持续的，在利用的过程中应当充分考虑草原与其他生态环境之间的平衡，同时，还应当努力谋求草原将来的持续利用，而不是只追求短期效应，进行毁灭性的一次性利用。草原的规划、保护、建设和利用都应当在法律政策允许的范围内进行，这就要求加强对草原的管理。草原管理不仅仅是法律赋予草原行政主管部门的权力，更是相关机关应当承担的职责，只有强化对草原的管理，及时处理有关纠纷，制止破坏草原的行为，草原才能真正实现可持续发展。

《草原法》除对其调整的草原活动进行明确外，还对草原的范围进行了界定，其第二条第二款规定："本法所称草原，是指天然草原和人工草地。"天然草原指一种土地类型，是草本和木本饲用植物与其所着生的土地构成的具有多种功能的自然综合体。人工草地指选择适宜的草种，通过人工措施而建植或改良的草地。天然草原和人工草地在自然性状等方面有一定的区别，需要以不同的方式加以对待，因此，对于天然草原和人工草地，《草原法》在具体的利用和保护模式上，有不同的制度安排，下文将进行详细说明。

（二）草原利用方针

《草原法》第三条规定："国家对草原实行科学规划、全面保护、重点建设、合理利用的方针，促进草原的可持续利用和生态、经济、社会的协调发展。"这是关于草原利用方针的条款。科学规划，是指对草原的利用必须有计划地进行。根据《草原法》第四条的规定，要将草原的保护、建设和利用纳入国民经济和社会发展计划。全面保护，是指在有针对性地保护稀有资源的同时，对草原的保护应当全面进行，除草原资源外，草原周边的环境、生物等相关资源也应纳入保护范围。重点建设，是指在增加投入的基础上，对草原进行生产生活设施建设和人工草地建设、天然草原改良和饲草饲料基地建设，有侧重、有针对性地建设草原。合理利用，是指在保护、建设草原的同时，对草原的利用既不能无节制，不考虑将来的发展，也不能只保护、建设而完全不加以利用。对草原的合理利用，不但有利于牧民生活水平的提高和畜牧业的发展，而且有利于草原资源自身的良性循环。草原利用方针，不但对于草原法制建设起着指导性作用，而且对于整个草原的可持续发展具有重要意义。

（三）草原权属制度

1. 草原的所有权制度和使用权制度

《草原法》第九条至第十六条是关于草原所有权制度和使用权制度的规定。所谓所有权，根据《民法典》第二百四十条的规定，"所有权人对自己的不动产或者动产，依法享有占有、使用、收益和处分的权利"。《民法典》第三百二十三条规定："用益物权人对他人所有的不动产或者动产，依法享有占有、使用和收益的权利。"第三百二十四条规定："国家所有或者国家所有由集体使用以及法律规定属于集体所有的自然资源，组织、个人依法可以占有、使用和收益。"

根据《草原法》第九条的规定，草原的权属有三种形式：①国家所有权。《宪法》第九条明确规定："矿藏、水流、森林、山岭、草原、荒地、滩涂等自然资源，都属于国家所有，即全民所有；由法律规定属于集体所有的森林、山岭、草原、荒地、滩涂除外。"因此，《草原法》第九条第一款规定："草原属于国家所有，由法律规定属于集体所有的除外。国家所有的草原，由国务院代表国家行使所有权。"②集体所有权。按照《宪法》第九条的规定，法律规定属于集体所有的草原，归集体所有。因此，草原可以由集体依照法律规定享有所有权。③全民所有制单位、集体经济组织等对于草原的使用权。《草原法》第十条第一款规定："国家所有的草原，可以依法确定给全民所有制单位、集体经济组织等使用。"根据《草原法》第十一条第一款的规定，国家所有依法确定给全民所有制单位、集体经济组织等使用的草原和集体所有的草原，必须由县级以上人民政府登记造册，发放证书后，才能确认所有权或者使用权。如果没有经过县级以上人民政府登记确认，不能依法享有所有权或者使用权，其权益也就得不到法律的有效保护。而国家所有未确定使用权的草原，也应当由县级以上人民政府登记造册，并由其负责保护管理。另外，《草原法》第九条第二款、第十二条以及"法律责任"一章中的相关条款还对草原的所有权、使用权的保护进行了规定。可见，为了保护草原所有者和使用者的合法权益，法律提供了多种行政和司法的救济手段。

2. 草原承包

《草原法》第十三条、第十四条、第十五条是关于草原家庭承包经营或者联户承包经营的规定。家庭承包经营，是我国农村的一项基本制度，也是党在牧区的基本政策。通过草原的家庭承包，明确草原建设与保护的责权利，将人、畜、草等基本生产要素统一于家庭经营之中，完全符合牧区社会经济发展水平，可以有效地调动广大牧民发展牧业生产、保护和建设草原的积极性，使草原保护和建设与广大牧民的切身利益直接联系起来，是保护草原生产力的"长效定心丸"。相对于土地的家庭承包，草原的家庭承包相对滞后，规范性比较差，《草原法》的规定相对来说不够具体。但是，应当明确的是，草原的家庭承包是我国家庭承包的一种形式，与土地的家庭承包的根本差别在于承包的对象是草原，因此，《农村土地承包法》关于家庭承包的规定，完全适用于草原承包，只是在使用的过程中，有时需要对草原资源的特殊性与土地资源进行区分，不能简单地套用。

关于草原承包，《草原法》的规定主要侧重于以下几个方面：①承包草原在承包期不得调整，个别需要调整的，必须经过法定程序，并且非家庭承包方式的进行，也需要经过法定程序。②草原承包应当签订书面承包合同，并在合同中明确相关的权利和义务。③草原承包经营权流转及其限制。草原承包经营权同样可以流转，但这种流转受到原来签订的承包合同中的用途和期限等的限制。

3. 草原争议的处理

《森林法》第十六条规定："草原所有权、使用权的争议，由当事人协商解决；协商不成的，由有关人民政府处理。单位之间的争议，由县级以上人民政府处理；个人之间、个人与单位之间的争议，由乡（镇）人民政府或者县级以上人民政府处理。当事人对有关人民政府的处理决定不服的，可以依法向人民法院起诉。在草原权属争议解决前，任何一方不得改变草原利用现状，不得破坏草原和草原上的设施。"这是关于草原争议处理的主要规定。具体而言，草原争议的处理方式主要有两种，即政府处理和诉讼处理。根据《草原法》第十一条的规定，依法确定给全民所有制单位、集体经济组织等使用的国家所有的草原和集体所有的草原，应当由县级以上人民政府登记造册，发放证书，确认草原的所有权和使用权。因此，行使确权职能的有关各级人民政府应当是处理草原争议的机关。由于考虑到诸如中央、省直属国有草原，以及一些经营者经营的草原面积跨行政区域等特殊情况，对各级人民政府受理草原争议案件的范围，也应有所区别。根据《草原法》第十六条的规定，单位之间的草原争议，由县级以上人民政府处理；个人之间、个人与单位之间发生的草原争议，由乡（镇）人民政府县级以上人民政府依法处理。当事人对有关人民政府的处理决定不服的，可以在接到通知之日起一个月内，向人民法院起诉，由人民法院做出最终裁决。应当说明的是，《草原法》关于草原争议的处理，规定了由有关人民政府处理，即各级人民政府是处理草原争议的法定机关，由各级人民政府对草原争议做出处理决定是解决草原争议法定的、必经的程序，只有在当事人对有关人民政府的处理决定不服的情况下，当事人才可向有关人民法院提出诉讼，由人民法院对有关人民政府的处理决定做出裁决。因此，有关当事人对其草原争议既不能协议选择人民法院直接处理，也不能由任何一方直接向人民法院提起诉讼，而另一方申请有关人民政府做出处理。草原争议当事人一方或者双方因不服有关人民政府的处理决定而向人民法院提起诉讼，人民法院对这类案件的受理和审理，应当适用《行政诉讼法》的规定。根据《最高人民法院关于贯彻执行〈中华人民共和国行政诉讼法〉若干问题的意见（试行）》（1991年5月29日最高人民法院审判委员会第499次会议讨论通过，1991年6月11日发布）的规定，公民、法人或者其他组织对人民政府或者其主管部门有关土地、矿产、森林等资源的所有权或者使用权归属的处理决定不服，依法向人民法院起诉的，人民法院应作为行政案件受理。

(四) 草原规划制度

1. 草原统一规划制度

《草原法》第十七条规定："国家对草原保护、建设、利用实行统一规划制度。国务院草原行政主管部门会同国务院有关部门编制全国草原保护、建设、利用规划，报国务院批准后实施。县级以上地方人民政府草原行政主管部门会同同级有关部门依据上一级草原保护、建设、利用规划编制本行政区域的草原保护、建设、利用规划，报本级人民政府批准后实施。经批准的草原保护、建设、利用规划确需调整或者修改时，须经原批准机关批准。"草原属于珍贵的自然资源，具有有限性，对其利用应当考虑到将来的可持续发展，否则，草原资源将会面临不断减少乃至枯竭的危险。我国当前的草原资源已经十分稀少，草原的破坏也十分严重。因此，根据草原的现状，通过科学合理的规划，将草原的保护、建设、利用与整个地区、整个国家的资源尤其是草原资源的可持续发展结合起来，有计划、有目标、有针对性地对草原进行利用，就显得十分必要了。在具体的草原规划上，法律设定了国家、国务院草原行政主管部门、县级以上地方人民政府草原行政主管部门三个层次，并分别规定了它们主要负有的职责。

《草原法》第十八条规定了草原统一规划应当遵循的原则：①改善生态环境，维护生物多样性，促进草原的可持续利用；②以现有草原为基础，因地制宜，统筹规划，分类指导；③保护为主、加强建设、分批改良、合理利用；④生态效益、经济效益、社会效益相结合。另外，《草原法》第二十条规定，草原统一规划还应当与土地利用总体规划相衔接、与其他规划相协调，我们认为，这也应当是草原统一规划应当遵循的一个重要原则。

从法律的规定来看，草原统一规划的内容主要包括草原保护、建设、利用的目标和措施，草原功能分区和各项建设的总体部署，各项专业规划等几个方面。

2. 草原调查制度和草原统计制度

对草原的保护、建设和利用应当建立在对草原充分了解的基础上，只有充分掌握草原的相关信息，才有可能制定出真正符合草原实际的规划，因此，在某种角度看，草原调查和草原统计是草原规划的前提和依据。《草原法》就草原调查和草原统计分别做出了规定。

《草原法》第二十二条是关于草原调查的规定。从该条内容来看，草原调查的主体主要包括两大类：①县级以上地方人民政府草原行政主管部门以及同级有关部门。它们是草原调查的实际操作者。草原调查是一项复杂的工作，又是各级人民政府制定草原规划的前提和依据，应当由有关政府部门进行。②草原的所有者或者使用者。他们是草原调查的协助者，应当支持、配合调查，并提供有关资料。草原的所有者和使用者与草原的联系最为密切,对草原的具体情况也最了解,由他们协助进行草原调查,有利于获得全面、翔实的调查资料。

《草原法》第二十四条是关于草原统计的规定。草原调查的目的是进行草原统计,并最终为草原规划服务。草原统计是在草原调查的基础上对相关资料、数据进行整理、分析,是比草原调查更加复杂和重要的工作,是各级人民政府编制草原保护、建设、利用规划的依据。按照《草原法》的规定,草原统计的主体是县级以上地方人民政府草原行政主管部门和同级统计部门,其统计的内容主要是草原的面积、等级、产草量、载畜量等。应当明确的是,草原统计资料不是作为有关部门的内部资料存放的,而应当定期发布。

(五) 草原建设制度

草原建设与草原利用、草原保护紧密联系,没有建设的利用和保护不是真正意义上的利用和保护,对于草原建设应当给予与草原利用和保护相当程度的重视。《草原法》第四章是关于草原建设的规定,主要有以下几个方面的内容:

1. 草原建设投入

草原建设投入的主体主要有两大类:①县级以上地方人民政府。草原建设投入是国家农业投入的一个组成部分,县级以上地方人民政府负有投入的责任,应当在本级国民经济和社会发展计划中安排专门的草原建设资金。②有关单位和个人。草原建设是一项巨大的工程,需要多方面力量的参与,有关单位和个人的投入,是草原建设投入的一个重要来源。国家鼓励单位和个人投资建设草原,按照谁投资、谁受益的原则保护草原投资建设者的合法权益。各级人民政府应当积极争取和鼓励来自各方面的投入,建立多渠道、多元化的草原建设投入机制。

2. 草原建设的主要内容

从《草原法》的规定来看,草原建设主要包括以下内容:人工草地建设、天然草原改良和饲草饲料基地建设;草原围栏、饲草饲料储备、牲畜圈舍、牧民定居点等生产生活设施的建设;草原水利设施建设;草种基地建设;火情监测、防火物资储备、防火隔离带等草原防火设施的建设;草原综合治理。

(六) 草原利用制度

1. 草畜平衡制度

草原载畜量是指在一定放牧时期内,一定草原面积上,在不影响草原生产力及保证家畜正常生长发育时,所能容纳放牧家畜的数量。一般来说,草原载畜量是根据草原的面积、牧草产量和家畜日采食量来核定的。根据适宜载畜量和实际饲养量之差,可以得出草畜是否平衡的结论。

目前我国草原生态环境不断恶化的一个重要原因就是草原超载过牧。草原超载过牧，使草原得不到休养生息的机会，造成草原生产力下降和草原生态环境不断恶化。同时，由于草原退化，草原承载能力进一步下降，加剧了草畜矛盾，形成恶性循环。实行以草定畜、草畜平衡制度，目的是扭转草畜矛盾不断加剧的恶性循环，逐步建立起草畜动态平衡的良性系统，实现牧区生态与经济的协调发展。

落实草畜平衡制度，一方面要通过采取禁牧、休牧、划区轮牧、牲畜舍饲圈养、提高牲畜出栏率等措施，减轻天然草原的放牧压力，逐步恢复草原植被，改善草原生态环境；另一方面要积极开展人工草地、饲草饲料基地建设，不断增加饲草供应量，并通过改良牲畜品种、优化畜群结构、提高饲养管理水平等措施，不断提高畜牧业生产效益，促进畜牧业健康发展和牧民增收。概括来讲，就是应当从增草增畜、转变畜牧业生产经营方式入手，从根本上扭转超载过牧的局面，最终实现草畜平衡。

另外，《草原法》第三十六条规定，县级以上地方人民政府草原行政主管部门对割草场和野生草种基地应当规定合理的割草期、采种期以及留茬高度和采割强度，实行轮割轮采。这也是为了实现草畜平衡而采取的一个措施。

2. 因建设征收、征用或使用草原和临时占用草原

《草原法》还分别对因建设征收、征用或使用草原和临时占用草原的情况做出了规定。因建设征收、征用集体所有的草原的，应当依照《土地管理法》的规定，缴纳土地补偿费、安置补助费以及地上附着物和青苗的补偿费。另外，因建设征收、征用或者使用草原的，还应缴纳草原植被恢复费。草原植被恢复费是一种资源补偿性质的费用，国家采取"取之于草用之于草"的原则，利用所收取的草原植被恢复费，恢复草原植被。草原植被恢复费的征收、使用和管理办法，由国务院价格主管部门和国务院财政部门会同国务院草原行政主管部门制定。

临时占用草原是指因建设项目施工、地质勘查以及部队演习等的需要，占用草原两年以内，既不需要改变草原用途，也不改变草原所有权和使用权。根据《草原法》第四十条的规定，需要临时占用草原的，应当经县级以上地方人民政府草原行政主管部门审核同意。临时占用草原的期限不得超过两年，并不得在临时占用的草原上修建永久性建筑物、构筑物；占用期满，用地单位必须恢复草原植被并及时退还。

（七）草原保护制度

1. 基本草原保护制度

实行基本草原保护制度，是保障草原面积不再大幅度减少的重要措施。这一方面

是为了保护脆弱的草原生态环境，另一方面是为了保障草原畜牧业持续、健康发展。根据《草原法》第四十二条的规定，应当划为基本草原，实施严格管理的草原有：①重要放牧场；②割草地；③用于畜牧业生产的人工草地、退耕还草地以及改良草地、草种基地；④对调节气候、涵养水源、保持水土、防风固沙具有特殊作用的草原；⑤作为国家重点保护野生动植物生存环境的草原；⑥草原科研、教学试验基地；⑦国务院规定应当划为基本草原的其他草原。

2. 草原自然保护区

> 🔍 知识点
> 适宜建立草原自然保护区的地区

除规定基本草原保护制度外，《草原法》第四十三条还对草原自然保护区做出了规定：国务院草原行政主管部门或者省、自治区、直辖市人民政府可以按照自然保护区管理的有关规定在下列地区建立草原自然保护区：①具有代表性的草原类型；②珍稀濒危野生动植物分布区；③具有重要生态功能和经济科研价值的草原。

3. 其他草原保护制度

《草原法》还规定了一系列制度对草原资源进行保护，具体而言，主要有：以草定畜草畜平衡制度、退耕还草草原治理、禁牧休牧制度、对草原作业的限制制度、草原防火和病虫害治理等。

现象观察

2020 年 7 月，内蒙古自治区第一生态环境保护督察组进驻呼伦贝尔市督察发现，陈巴尔虎旗境内的草原上仍存在大量废弃取土、采石坑，草原生态环境破坏严重，治理修复工作进展缓慢。

1. 基本情况

呼伦贝尔草原位于内蒙古自治区东北部，是世界四大天然草原之一，是我国北方生态安全屏障的重要组成部分。陈巴尔虎旗地处呼伦贝尔草原腹地，总面积 2.12 万平方千米，可利用草原面积 1.52 万平方千米。2016 年中央环境保护督察组指出"有关部门未有效行使草原审核监管职责，草原破坏较为严重"。2018 年中央环境保护督察组"回头看"指出"对违规征占用草原问题底数不清、整改进展迟缓"。呼伦贝尔市整改方案要求，旗市区党委、政府要有效行使草原监管职责，严格草原征占用审核手续，杜绝项目建设违法破坏草原行为；全面摸清违规征占用草原情况，建立台账，加快整改进度。

2. 存在的问题

（1）违规征占用草原问题依然严重。

2015 年，陈巴尔虎旗人民政府曾专门下发文件，明确要求进一步规范采石取料、取土管理工作，加强保护治理和日常监管，严厉打击乱采滥挖等违法行为。督察组通过问询自然资源部门相关人员，了解到全旗历史遗留的111处取土、采石坑，其中绝大多数未取得相关审批手续，相关部门未依规收取地质环境恢复治理保证金，也未依法对违法行为进行查处，致使违规侵占草原现象屡禁不止。督察组现场检查发现，东乌珠尔苏木额尔敦乌拉嘎查境内硝矿东侧正在开挖新的取土场，土方用于海满线辅道修建，共破坏草原面积50.4亩。为方便运输土方，业主在草原上擅自开辟了一条长约2千米的便道连接取土场，使草原植被遭到破坏，现场检查时业主正在组织人员匆忙进行坑土回填。该取土场于2020年7月初动工，至今未取得相关手续。督察组通过问询自然资源部门相关人员，了解到在陈巴尔虎旗西大桥南侧还有一处新挖掘的采土场，超采面积约6亩。旧账未还，又添新账。此类非法侵占破坏草原的行为频频发生，不仅破坏了草原生态环境，也说明草原监管等部门履职不到位。

（2）草原生态修复治理进展缓慢。

按照呼伦贝尔市制定的落实中央环境保护督察整改方案和"回头看"督察整改方案要求，要加大草原建设与修复力度，到2020年全市草原生态保护建设取得重大进展。督察组通过奥维互动地图和现场实地核查发现，陈巴尔虎旗境内的取土、采石坑及其周边碎石、沙土裸露，坑边草原上车辙倾轧痕迹明显，植被遭到破坏。这些采坑就像草原的"伤疤"，看上去令人痛心。督察组通过问询自然资源部门相关人员，了解到全旗历史遗留的111处取土、采石坑，总面积近5 010亩，目前仅完成11处废弃取土、采石坑及其周边的环境治理和生态修复工作，治理面积378亩，占全部取土、采石坑面积的6.18%，尚有100处取土、采石坑未完成治理，何时完成整改，尚未可知。地方相关主管部门权责不清、疏于监管，随着时间的推移，一处处取土、采石坑由"有主"变为"无主"，该情况反复出现，草原生态环境至今得不到恢复，致使这些草原上的"伤疤"难以"愈合"。

资料来源：https://www.cenews.com.cn/subject/2020/nmg/0706_4605/202008/t20200824_955251.html. 引用时有修改。

谈观点

请谈谈我国林业碳汇对实现"碳达峰"和"碳中和"的意义。

第四节 渔业资源保护法律制度

一、渔业资源保护的一般规定

（一）《渔业法》的调整范围

渔业是指从事采集、捕捞和养殖水生动植物的产业活动。而渔业资源，则是指可供养殖、采捕利用的水生动植物资源。渔业资源一般可以分为淡水渔业资源和海水渔业资源两大类，包括鱼类、虾蟹类、贝类、海藻类、淡水食用水生植物类（如莲藕、菱角等），以及其他水生动植物资源。

我国拥有辽阔的海洋和广阔的陆地水域，是世界上渔业资源最为丰富的国家之一，水生生物品种繁多。为了加强对渔业资源的保护，我国于1986年颁布了《渔业法》，并于2013年第四次修正了《渔业法》。《渔业法》的主要内容有：

（1）渔业生产的方针。国家对渔业生产实行以养殖为主，养殖、捕捞、加工并举，因地制宜，各有侧重的方针。

（2）养殖业。国家对渔业养殖实行许可使用制度，需要使用国家全民所有的水域、滩涂的，使用者必须取得政府核发的养殖证，方可使用该水域、滩涂从事养殖生产。

（3）捕捞业。国家鼓励远洋捕捞；对内水和近海捕捞实行限额捕捞和捕捞许可证制度。

（4）渔业资源的增殖和保护。向受益的单位和个人征收渔业资源增殖保护费，建立水产种质资源保护区等。

（二）渔业生产方针

大力发展养殖业，是21世纪渔业产业结构调整的主导方向，《渔业法》第三条第一款规定："国家对渔业生产实行以养殖为主，养殖、捕捞、加工并举，因地制宜，各有侧重的方针。"

将养殖作为渔业生产的核心，主要是渔业资源可持续发展的需要：渔业资源的有限性，要求不能无节制地捕捞现有资源，必须通过养殖的方式，使渔业资源在有序利用的前提下能够延续，以利于将来的利用。但同时，渔业生产的发展是一个复杂的过程，养殖以外的捕捞、加工是必不可少的环节，只有将相关的环节统一起来，根据本地的特色和市场的实际需要，发挥本水域的特色，才能真正实现渔业生产的良性循环。

《渔业法》第三条第二款同时规定："各级人民政府应当把渔业生产纳入国民经济发展计划，采取措施，加强水域的统一规划和综合利用。"这也是渔业生产的一个重要方针，是为了实现渔业生产的可持续发展、实现渔业生产与社会经济其他方面的协调所做出的规定。

二、水产养殖法律制度

（一）国家对水域利用的统一规划制度

修正后的《渔业法》第十条保留和重申"国家鼓励全民所有制单位、集体所有制单位和个人充分利用适于养殖的水面、滩涂，发展养殖业"。第十一条第一款又规定"国家对水域利用进行统一规划，确定可以用于养殖业的水域和滩涂"，这与"总则"第三条关于水域统一规划的规定相呼应，突出了国家对水域利用统一规划的重视。

（二）养殖使用制度

1. 养殖证的性质和特征

《宪法》规定，海洋、水流、滩涂、湖、河、港等自然资源属于国家所有，是国土资源的重要组成部分。国有土地的使用与管理，适用《土地管理法》的规定。《土地管理法》第二章专门就土地的所有权和使用权做了明确规定，所确立的土地使用制度已经把现行《渔业法》确立的养殖证制度包纳其中。换言之，现行的养殖证制度是国家现行土地使用法律制度的组成部分，是对特定"国土"——规划用于养殖业的全民所有的水面、滩涂使用的确权制度。

我国的渔业养殖证所确认的是有关单位和个人的水面、滩涂养殖使用权。现行《渔业法》所规定的水面、滩涂养殖使用权，是指养殖单位和个人对依法使用的全民所有的养殖水面、滩涂在法律允许的范围和期限内所享有的占有、养殖使用、收益、依法处分的权利。水面、滩涂养殖使用权具有法定性、相关性、使用的排他性、使用用途的特定性、期限性、有偿性等特征。

2. 养殖使用制度的主要内容

确定水面养殖使用权，落实水面经营权是养殖使用制度的核心内容，指县级以上地方人民政府对申请使用全民所有的水面、滩涂从事养殖生产的申请使用人，依法核发养殖证，确认申请使用人的养殖使用权的行为。《渔业法》第十一条规定："国家对水域利用进行统一规划，确定可以用于养殖业的水域和滩涂。单位和个人使用国家规划确定用于养殖业的全民所有的水域、滩涂的，使用者应当向县级以上地方人民政府渔业行政主管部门提出申请，由本级人民政府核发养殖证，许可其使用该水域、滩涂从事养殖生产。核发养殖证的具体办法由国务院规定。集体所有的或者全民所有由农业集体经济组织使用的水域、滩涂，可以由个人或者集体承包，从事养殖生产。"可见，《渔业法》所确认的养殖证的发放对象，是个人或者集体；而县级以上地方人民政府渔业行政主管部门是承办养殖证的部门。同时，《渔业法》第十二条规定了养殖证的优先发放原则，为当地的渔业生产者提供了优先发放的权利。

水面、滩涂养殖使用权的争议时有发生，解决水面、滩涂养殖使用权的争议是各级人民政府及渔业行政主管部门的重要工作。《渔业法》第十三条规定了养殖使用权争议的解决办法，按照有关法律规定的程序处理。同时，该法又规定在争议解决之前，任何一方不得破坏养殖生产。

3. 对水产种苗的管理

水产种苗是养殖生产的基础。《渔业法》第十六条、第十七条规定了对水产种苗的管理措施：①规范了水产新品种的管理，即水产新品种必须经全国水产原种和良种审定委员会审定，由国务院渔业行政主管部门公告后推广；②加强了对水产种苗的生产管理，规定水产种苗的生产必须经县级以上地方人民政府渔业行政主管部门审批；③对水产种苗的进出口进行管理，制定了水产种苗进出口的审批制度和进出口检疫制度。

4. 水产养殖的其他管理制度

水产养殖的其他管理制度，具体包括对养殖病害防治的规定、对水产品质量和饲料使用监管的规定、防止养殖水域污染的规定。

三、捕捞业法律制度

渔业捕捞是渔业生产的一个重要环节，也是《渔业法》规制的一个基本内容。《渔业法》第三章专门对渔业捕捞做了规定，这是渔业捕捞权的法律来源。渔业捕捞权是单位或个人享有的依法采集、捕捞、收获水生生物资源，以获得经济利益的权利。根据《渔业法》及其实施细则的有关规定，捕捞权的取得有两种方式：①特许取得。《渔业法》第二十三条规定，"国家对捕捞业实行捕捞许可证制度"，《渔业法实施细则》第十五条规定，"国家对捕捞业，实行捕捞许可制度"，由此，在通常情况下从事捕捞业，均须取得有关渔业行政主管部门的特别许可，才可以取得捕捞权。②自由取得。《渔业法实施细则》第十八条规定，"娱乐性游钓和在尚未养殖、管理的滩涂手工采集零星水产品的，不必申请捕捞许可证"，由此，从事娱乐性游钓和在尚未养殖、管理的滩涂手工采集零星水产品，不需特许，即可自由取得捕捞权，只是该渔业权的行使应受政府管理的一定限制。《渔业法》对渔业捕捞权做了一系列的规定，具体而言，其主要内容包括以下几个方面：

（一）捕捞限额制度

捕捞限额制度对加强渔业资源保护具有重要作用，是当前国际上通用的管理制度。《渔业法》第二十二条第一款规定，国家根据捕捞量低于渔业资源增长量的原则，确定渔业资源的总可捕捞量，实行捕捞限额制度。同时，还就实施捕捞限额制度的前提、监督措施、管理办法等做了原则性规定。把实行捕捞限额制度作为一项法定的渔业管理制度，是 2000 年《渔业法》修订的一个重大突破，也是渔业可持续发展的具体体现，同时与《联合国海洋法公约》关于沿岸国应当确定其专属经济区内渔业资源可捕捞量的规定相适应。

（二）捕捞许可证制度

《渔业法》除规定在内水、近海、外海捕捞作业必须取得许可外，还规定了到我国与有关国家缔结的协定确定的共同管理的渔区或公海从事捕捞作业的渔船，也必须申请获得捕捞许可证，从而扩大了捕捞许可证的适用范围。同时，《渔业法》规定了只有具备下列条件的，方可发给捕捞许可证：有渔业船舶检验证书、有渔业船舶登记证书、符合国务院渔业行政主管部门规定的其他条件，还规定"批准发放海洋作业的捕捞许可证不得超过国家下达的船网工具控制指标""县级以上地方人民政府渔业行政主管部门批准发放的捕捞许可证，应当与上级人民政府渔业行政主管部门下达的捕捞限额指标相适应"。另外，该法还规定了严格的捕捞生产行为，既对规定捕捞作业类型、场所、时限、渔具数量等做出了规定，又对捕捞日志的填写做了要求。

（三）渔船管理制度

《渔业法》第二十六条规定："制造、更新改造、购置、进口的从事捕捞作业的船舶必须经渔业船舶检验部门检验合格后，方可下水作业。具体管理办法由国务院规定。"该规定与捕捞许可证发放条件的规定以及无证捕捞的法律责任相统一，为解决捕捞渔船总量的失控提供了法律保障。

（四）渔港建设和管理制度

渔港是渔民的生命线，既为渔民提供停泊和安全避风锚地，又为渔民提供生产、生活资料补给和进行渔业贸易的场所。《渔业法》第二十七条规定了渔港建设"谁投资谁受益"的原则，同时明确了县级以上地方人民政府应当对位于本行政区域内的渔港加强监督管理，维护渔港的正常秩序，为渔港的建设发展创造制度环境。

（五）渔业资源的增殖和保护

保护渔业资源、保护渔业水域生态环境是实现渔业可持续发展的根本任务。《渔业法》第四章的有关规定，充分体现了这一点。

（1）禁止性行为的规定。《渔业法》第三十条是对于禁止性行为的规定，主要有：禁止使用炸鱼、毒鱼、电鱼等破坏渔业资源的方法进行捕捞；禁止制造、销售、使用禁用的渔具；捕捞的渔获物中幼鱼不得超过规定的比例；在禁渔区、禁渔期内禁止销售非法捕捞的渔获物；等等。

> **思政启示**
>
> 渔业资源增殖放流是落实习近平生态文明思想，保护渔业资源和生态环境，促进人与自然和谐共生的重要举措，对弘扬中华文明、生态文明、人文精神，倡导珍惜生命、爱护自然理念，推进渔业绿色可持续发展有着重要意义。

（2）确立水产种质资源保护制度。水产种质资源是渔业资源的重要组成部分，《渔业法》第二十九条的有关规定，有益于水产种质资源的繁衍和生物多样性的保护。

（3）强调水生野生动植物的重点保护。

（4）加强渔业资源环境的保护。

> **谈观点**
>
> 请谈谈我国渔业执法管理的难点和出路。

第五节　农村生态环境保护的法律与政策

一、农村生态环境保护与可持续发展

改革开放40多年来，我国农村经济社会发展取得巨大成就，但是农村生态环

境保护仍然任重道远。环境问题有原生环境问题（自然灾害问题）和次生环境问题，目前农村生态环境问题主要是次生环境问题。这一方面是人类活动导致环境质量下降的农村生态环境污染问题，另一方面是人类不合理的开发、利用以及过度索取自然资源等造成的农村生态环境破坏严重，环境污染、生态环境破坏、环境衍生问题突出，与农民对美好生活的向往需求仍存在差距。农村人居环境、污水和垃圾治理、畜禽养殖污染防治等都成为农村生态环境保护攻坚克难的重点。因此，治理农村污染，是实施乡村振兴战略的重要任务，事关全面建成小康社会，事关农村生态文明建设。为了加快解决农业农村突出的环境问题，打好农业农村污染治理攻坚战，2018年生态环境部、农业农村部印发《农业农村污染治理攻坚战行动计划》。该计划提出"牢固树立和贯彻落实新发展理念，按照实施乡村振兴战略的总要求，强化污染治理、循环利用和生态保护，深入推进农村人居环境整治和农业投入品减量化、生产清洁化、废弃物资源化、产业模式生态化，深化体制机制改革，发挥好政府和市场两个作用，充分调动农民群众积极性、主动性，突出重点区域，动员各方力量，强化各项举措，补齐农业农村生态环境保护突出短板，进一步增强广大农民的获得感和幸福感，为全面建成小康社会打下坚实基础"。通过三年攻坚，乡村绿色发展加快推进，农村生态环境明显好转，农业农村污染治理工作体制机制基本形成，农业农村环境监管明显加强，农村居民参与农业农村环境保护的积极性和主动性显著增强。

1987年联合国世界环境与发展委员会第八次会议通过《我们共同的未来》报告，第一次提出"可持续发展"的明确定义是"在满足当代人需要的同时，不损害后代人满足其自身需要的能力"。从国情看，随着工业化和城镇化的快速推进，耕地、水等农业资源短缺问题更加突出；确保14亿多人口的粮食等农产品安全供给，是我国农业发展的首要目标。因此，农业可持续发展的法律政策目标在于提高农业可持续发展能力。1992年联合国环境与发展会议后，我国政府于1994年3月发布《中国21世纪议程——中国21世纪人口、环境与发展白皮书》，1996年将可持续发展上升为国家战略并全面推进实施。2014年，我国第一次明确提出"推行绿色生产方式，增强农业可持续发展能力"。2015年农业部等八部门联合印发的《全国农业可持续发展规划（2015—2030年）》是指导我国农业可持续发展的重要文件。2015年，联合国大会通过《变革我们的世界：2030年可持续发展议程》及17个可持续发展目标，其中目标12提出"采用可持续的消费和生产模式"，目标15提出"保护、恢复和促进可持续利用陆地生态系统，可持续管理森林，防治荒漠化，制止和扭转土地退化，遏制生物多样性的丧失"。

二、农村生态环境保护法律制度

思政启示

> 农业在保障粮食和重要农产品供给充足的前提下,实现了"增产又减污",加强农业面源污染攻防治,满足人民对美好生活的向往。《"十四五"全国农业绿色发展规划》坚持问题导向,推进农业投入品减量化、生产清洁化、废弃物资源化、产业模式生态化。

农村生态环境保护法律制度主要包括农业绿色发展与可持续发展制度、农业废弃物综合利用制度、农业面源污染防治制度,主要体现在《乡村振兴促进法》《农业法》《环境保护法》及《水污染防治法》《土壤污染防治法》等法律中。2021年4月29日第十三届全国人民代表大会常务委员会第二十八次会议通过的《乡村振兴促进法》第五章专章规定了生态保护。

(1) 国家层面:①国家健全重要生态系统保护制度和生态保护补偿机制,实施重要生态系统保护和修复工程,加强乡村生态保护和环境治理,绿化美化乡村环境,建设美丽乡村。②国家鼓励和支持农业生产者采用节水、节肥、节药、节能等先进的种植养殖技术,推动种养结合、农业资源综合开发,优先发展生态循环农业。③国家对农业投入品实行严格管理,对剧毒、高毒、高残留的农药、兽药采取禁用限用措施。农产品生产经营者不得使用国家禁用的农药、兽药或者其他有毒有害物质,不得违反农产品质量安全标准和国家有关规定超剂量、超范围使用农药、兽药、肥料、饲料添加剂等农业投入品。④国家实行耕地养护、修复、休耕和草原、森林、河流、湖泊休养生息制度。县级以上地方人民政府及其有关部门依法划定江河湖海限捕、禁捕的时间和区域,并可以根据地下水超采情况,划定禁止、限制开采地下水区域。禁止违法将污染环境、破坏生态的产业、企业向农村转移。禁止违法将城镇垃圾、工业固体废物、未经达标处理的城镇污水等向农业农村转移。禁止向农用地排放重金属或者其他有毒有害物质含量超标的污水、污泥,以及可能造成土壤污染的清淤底泥、尾矿、矿渣等;禁止将有毒有害废物用作肥料或者用于造田和土地复垦。

(2) 地方层面:①各级人民政府应当采取措施加强农业面源污染防治,推进农业投入品减量化、生产清洁化、废弃物资源化、产业模式生态化,引导全社会形成节约适度、绿色低碳、文明健康的生产生活和消费方式。②各级人民政府应当实施国土综合整治和生态修复,加强森林、草原、湿地等保护修复,开展荒漠化、石漠化、水土流失综合治理,改善乡村生态环境。③各级人民政府应当建立政府、村级组织、企业、农民等各方面参与的共建共管共享机制,综合整治农村水系,因地制宜推广卫生厕所和简便易行的垃圾分类,治理农村垃圾和污水,加强乡村无障碍设施建设,鼓励和支持使用清洁能源、可再生能源，持续改善农村人居环境。④各级人民政府及其有关部门应当采取措施，推进废旧农膜和农药等农业投入品包装废弃物回收处理，推进农作物秸秆、畜禽粪污的资源化利用，严格控制河流湖库、近岸海域投饵网箱养殖。

《农业法》第六条规定："国家坚持科教兴农和农业可持续发展的方针。"第五十七条规定："发展农业和农村经济必须合理利用和保护土地、水、森林、草原、野生动植物等自然资源，合理开发和利用水能、沼气、太阳能、风能等可再生能源和清洁能源，发展生态农业，保护和改善生态环境。"第六十五条第二款、第三款规定："农产品采收后的秸秆及其他剩余物质应当综合利用，妥善处理，防止造成环境污染和生态破坏。从事畜禽等动物规模养殖的单位和个人应当对粪便、废水及其他废弃物进行无害化处理或者综合利用，从事水产养殖的单位和个人应当合理投饵、施肥、使用药物，防止造成环境污染和生态破坏。"

《农业技术推广法》第一条提出："加强农业技术推广工作，促使农业科研成果和实用技术尽快应用于农业生产，增强科技支撑保障能力，促进农业和农村经济可持续发展，实现农业现代化。"强调农业技术推广应当遵循"有利于农业、农村经济可持续发展和增加农民收入"的原则。《国家农业综合开发资金和项目管理办法》第八条规定："农业综合开发应当以促进农业可持续发展为目标，优化开发布局。对资源环境承载能力强、能够永续利用的区域实行重点开发；对资源环境承载能力有限，但有一定恢复潜力、能够达到生态平衡和环境再生的区域实行保护性开发，以生态综合治理和保护为主，适度开展高标准农田建设；对资源环境承载能力较差、生态比较脆弱的区域实行限制开发，以生态环境恢复为主。"

《环境保护法》第四十九条规定："各级人民政府及其农业等有关部门和机构应当指导农业生产经营者科学种植和养殖，科学合理施用农药、化肥等农业投入品，科学处置农用薄膜、农作物秸秆等农业废弃物，防止农业面源污染。禁止将不符合农用标准和环境保护标准的固体废物、废水施入农田。施用农药、化肥等农业投入品及进行灌溉，应当采取措施，防止重金属和其他有毒有害物质污染环境。畜禽养殖场、养殖小区、定点屠宰企业等的选址、建设和管理应当符合有关法律法规规定。从事畜禽养殖和屠宰的单位和个人应当采取措施，对畜禽粪便、尸体和污水等废弃物进行科学处置，防止污染环境。县级人民政府负责组织农村生活废弃物的处置工作。"

2020年4月29日第十三届全国人民代表大会常务委员会第十七次会议通过的新修订的《中华人民共和国固体废物污染环境防治法》第五章专章规定"建筑垃圾、农业固体废物等"。该法第六十四条规定："县级以上人民政府农业农村主管部门负责指导农业固体废物回收利用体系建设，鼓励和引导有关单位和其他生产经营者依法收集、贮存、运输、利用、处置农业固体废物，加强监督管理，防止污染环境。"第六十五条规定："产生秸秆、废弃农用薄膜、农药包装废弃物等农业固体废物的单位和其他生产经营者，应当采取回收利用和其他防止污染环境的措施。从事畜禽规模养殖应当及时收集、贮存、利用或者处置养殖过程中产生的畜禽粪污等固体废物，避免造成环境污染。禁止在人口集中地区、机场周围、交通干线附近以及当地人民政府划定的其他区域露天焚烧秸秆。国家鼓励研究开发、生产、销售、使用在环境中可降解且无害的农用薄膜。"《水污染防治法》第四章第四节专节规定"农业和农村水污染防治"。《土壤污染防治法》第四章第二节专节规定"农用地"。国家建立农用地分类管理制度。按照土壤污染程度和相关标准，农用地可划分为优先保护类、安全利用类和严格管控类。此外，2013年10月8日国务院第二十六次常务会议通过、自2014年1月1日起施行的《畜禽规模养殖污染防治条例》在防治畜禽养殖污染、推进畜禽养殖废弃物的综合利用和无害化处理、保护和改善环境、保障公众身体健康、促进畜牧业持续健康发展方面发挥了重要作用。该条例第三条规定："畜禽养殖污染防治，应当统筹考虑保护环境与促进畜牧业发展的需要，坚持预防为主、防治结合的原则，实行统筹规划、合理布局、综合利用、激励引导。"

三、农村人居环境改善的主要政策

改善农村人居环境，是以习近平同志为核心的党中央从战略和全局高度做出的重大决策。改善农村人居环境，建设美丽宜居乡村，是实施乡村振兴战略的一项重要任务，事关全面建成小康社会，事关广大农民根本福祉，事关农村社会文明和谐。党中央、国务院高度重视农村人居环境整治工作。2014年，《国务院办公厅关于改善农村人居环境的指导意见》提出，到2020年，全国农村居民住房、饮水和出行等基本条件明显改善，人居环境基本实现干净、整洁、便捷，建成一批各具特色的美丽宜居村庄的要求。《乡村振兴战略规划（2018—2022年）》《农村人居环境整治三年行动方案》《农村人居环境整治村庄清洁行动方案》等重要文件、重要的批示指示和文件，是习近平同志"三农"思想有关农村环境保护的重要组成部分，为农村环境保护工作提供了基本遵循和行动指南。

2018年2月中共中央办公厅、国务院办公厅印发的《农村人居环境整治三年行动方案》，将农村人居环境整治工作上升为国家发展战略。《乡村振兴战略规划（2018—2022年）》指出尊重农民意愿，切实发挥农民主体作用，以建设美丽宜居村庄为导向，以农村垃圾、污水治理和村容村貌提升为主攻方向，开展农村人居环境整治行动，全面提升农村人居环境质量。自《农村人居环境整治三年行动方案》实施以来，村庄面貌明显改善，农村人居环境水平得到极大提升。全国90%以上的村庄开展了清洁行动，农村卫生厕所普及率超过60%，东部部分地区农村无害化卫生厕所普及率超过90%；生活垃圾收运处置体系已覆盖全国84%以上的行政村；农村生活污水治理水平有了较大提高。但同时，我国农村人居环境状况很不平衡，脏乱差问题在一些地区还比较突出，与全面建成小康社会要求和农民群众期盼还有较大差距，仍然是经济社会发展的突出短板。

《乡村振兴促进法》第三十七条提出："各级人民政府应当建立政府、村级组织、企业、农民等各方面参与的共建共管共享机制，综合整治农村水系，因地制宜推广卫生厕所和简便易行的垃圾分类，治理农村垃圾和污水，加强乡村无障碍设施建设，鼓励和支持使用清洁能源、可再生能源，持续改善农村人居环境。"《乡村振兴促进法》的出台为农村人居环境整治提供了法律指引和规范，为农村人居环境整治目标的实现奠定了法律基础。

2019年中共中央办公厅、国务院办公厅转发《中央农办、农业农村部、国家发展改革委关于深入学习浙江"千村示范、万村整治"工程经验扎实推进农村人居环境整治工作的报告》。该报告指出：浙江省以实施"千万工程"、建设美丽乡村为载体，聚焦目标，突出重点，持续用力，先后经历了示范引领、整体推进、深化提升、转型升级四个阶段，不断推动美丽乡村建设取得新进步。浙江省始终坚持以绿色发展理念引领农村人居环境综合治理；始终坚持高位推动，党政"一把手"亲自抓；始终坚持因地制宜，分类指导；始终坚持有序改善民生福祉，先易后难；始终坚持系统治理，久久为功；始终坚持真金白银投入，强化要素保障；始终坚持强化政府引导作用，调动农民主体和市场主体力量。

谈观点

请谈谈我国农村人居环境整治工作的难点和重点。

06 第六节 土壤污染防治典型案例分析

案例1：土壤环境违法典型案件——向农用地排放可能造成土壤污染的清淤底泥[①]
【基本案情和裁判结果】
2020年3月，通州区生态环境局对通州区永乐店镇胡村路口的某农业大棚进行检

---

① 参见 https：//www.bevoice.com.cn/newbevoice/content.jsp？urltype=news.NewsContentUrl&wbtreeid=1004&wbnewsid=53051。

查，发现大棚土地上覆盖有红褐色清淤底泥。经查，清淤底泥系北京聚福缘市政工程有限公司倾倒。经检测，清淤底泥中锌和汞分别超过《土壤环境质量 农用地土壤污染风险管控标准（试行）》（GB 15618—2018）中规定的农用地土壤污染风险筛选值和管控值。根据《中华人民共和国土壤污染防治法》的规定，通州区生态环境局责令北京聚福缘市政工程有限公司立即改正，没收违法所得一万零五百元，并处罚款四十万元。

【典型意义】

土壤是包括人类在内的一切生物生存发展最基础、最根本的环境要素。土壤污染不仅严重危害生态环境，更可能危及人体健康甚至生命安全。健康的土壤才能产出健康的农产品，《中华人民共和国土壤污染防治法》规定，禁止向农用地排放重金属或者其他有毒有害物质含量超标的污水、污泥，以及可能造成土壤污染的清淤底泥、尾矿、矿渣等。任何组织和个人都有保护土壤、防止土壤污染的义务。

案例2：常州市环境公益协会诉储某清、常州市博世尔物资再生利用有限公司等土壤污染民事公益诉讼案[①]

【基本案情】

2012年9月1日至2013年12月11日，储某清经常州市博世尔物资再生利用有限公司（以下简称博世尔公司）同意，使用该公司场地及设备，从事"含油滤渣"的处置经营活动。其间，无锡金科化工有限公司（以下简称金科公司）明知储某清不具备处置危险废物的资质，却允许其使用自己的危险废物经营许可证，并以公司名义从无锡翔悦石油制品有限公司（以下简称翔悦公司）、常州精炼石化有限公司（以下简称精炼公司）等处违规购置油泥、滤渣，提炼废润滑油进行销售谋利，造成博世尔公司场地及周边地区土壤受到严重污染。2014年7月18日，常州市环境公益协会提起诉讼，请求判令储某清、博世尔公司、金科公司、翔悦公司、精炼公司共同承担土壤污染损害的赔偿责任。

【裁判结果】

江苏省常州市中级人民法院受理后，组成由环境保护专家担任人民陪审员的合议庭审理本案，依照法定程序就土壤污染损害情况委托专业机构进行鉴定评估，并出具了三套生态环境修复方案，将其在受污染场地周边公示，以现场问卷形式收集公众意见，最终参考公众意见、结合案情确定了生态环境修复方案。法院认为，储某清违反国家规定，借用金科公司的危险废物经营许可证并以该公司名义，将从翔悦公司、精炼公司购买的油泥、滤渣进行非法处置，污染周边地区土壤；博世尔公司明知储某清

---

① 参见 https：//www.chinacourt.org/article/detail/2015/12/id/1777823.shtml。

无危险废物经营许可证，却为储某清持续实施环境污染行为提供场所和便利，造成其场地内土壤污染损害结果发生；翔悦公司、精炼公司明知储某清行为违法，却仍然违规将其生产经营过程中产生的危险废物交由储某清处置，未支付处置费用，还向储某清收取危险废物价款。五被告之行为相互结合导致损害结果发生，构成共同侵权，应当共同承担侵权责任。遂判令五被告向江苏省常州市生态环境法律保护公益金专用账户支付环境修复赔偿金 283 万余元。一审判决送达后，各方当事人均未上诉。判决生效后，一审法院组织检察机关、环境保护行政主管部门、鉴定机构以及案件当事人共同商定第三方托管方案，由第三方具体实施污染造成的生态环境修复。

【典型意义】

环境侵权案件具有很强的专业性、技术性，对于污染物认定、损失评估、因果关系认定、生态环境修复方案等问题，通常需要从专业的角度做出评判。受案法院在审理过程中，邀请环境保护专家担任人民陪审员，委托专业机构进行鉴定评估，制作生态环境修复方案，很好地发挥了环境保护专家和专业机构的辅助与支持作用。此外，受案法院将生态环境修复方案在受污染场地周边公示，听取公众意见，保障了公众对生态环境修复工作的有效参与；引入第三方治理模式，通过市场化运作，将生态环境修复交由专业机构实施，既有利于解决判决执行的监管，也有利于提高污染治理效率。

第七章 农村公共事务管理法律与政策

教学目的与要求

理解

1. 农村公共事务管理的原则
2. "三治"融合的基本要求

掌握

1. 乡村治理体系和治理能力现代化
2. 农村社会保障制度沿革

领会和应用

1. 农村公共事务管理法制化的具体要求
2. 农村社会保障制度的基本内容

知识导图

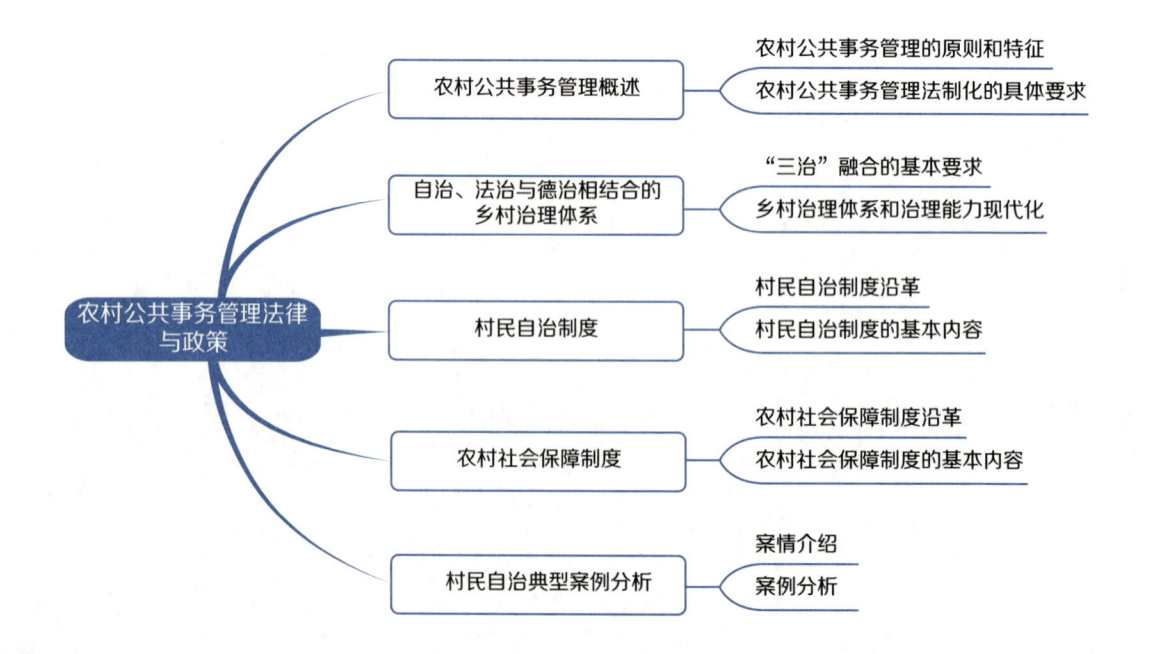

农村公共事务管理法律与政策
- 农村公共事务管理概述
  - 农村公共事务管理的原则和特征
  - 农村公共事务管理法制化的具体要求
- 自治、法治与德治相结合的乡村治理体系
  - "三治"融合的基本要求
  - 乡村治理体系和治理能力现代化
- 村民自治制度
  - 村民自治制度沿革
  - 村民自治制度的基本内容
- 农村社会保障制度
  - 农村社会保障制度沿革
  - 农村社会保障制度的基本内容
- 村民自治典型案例分析
  - 案情介绍
  - 案例分析

01 第一节 农村公共事务管理概述

一、农村公共事务管理的原则和特征

（一）农村公共事务管理的概念

法律文件速查

《中华人民共和国村民委员会组织法》

农村公共事务，也称农村社会事务，具体包括农村公共服务、公共安全保障、公共资源和公共设施的管理。农村公共事务管理是指在《村民委员会组织法》的指导下，以村民委员会为载体，以社区的公共利益为目标，依托社区内部的公共资源，对农村社区内部公共设施的建设和维护、社会保障制度、科技文化卫生事务、环境资源与社会治安等方面提供相应的支持、服务和管理。

农村公共事务与农村社区居民的生产和生活息息相关，农村公共事务管理是乡村治理体系的重要组成部分。农村公共事务管理的内容随着时代的变迁而不断演变。

在漫长的封建时期，我国农村公共事务管理基本上采取乡绅治理的模式，农村公共事务管理的内容以土地、赋税和村民生活为核心。中华人民共和国成立后，我国农村公共事务管理制度的变迁，源自农村社区性质和功能的变化。从 20 世纪 50 年代开始，在具有"政社合一"特征的人民公社体制下，农村公共事务管理与公共产品供给由国家自上而下实施，采取"三级所有，队为基础"的管理制度。国家的权力触角触及农村公共事务管理的各个方面，村民丧失了对村庄内部事务管理的主动权和决策权。改革开放后，自 1983 年起，人民公社体制在全国农村普遍被废除，取而代之的是乡镇政府和村民委员会的建立。1987 年《村民委员会组织法（试行）》颁布，1998 年《村民委员会组织法》正式出台。我国农村社区在之后 20 多年的时间里，逐渐进入以村民自治为特色的新阶段，村民自治成为农村的基本社会制度。村民自治，赋权给农民，发扬了农村基层民主，使农村公共事务管理的权力回归农村社区，回到农民手中。农村公共事务管理成为村民自治的一项重要内容。在以家庭承包经营为基础、统分结合的双层经营体制下，农业与农村市场经济转型中存在着市场失灵和政府失灵，出现了越来越多的一家一户办不了、办不好和办了不合算的事情。新时代背景对农村公共事务管理提出了更高要求。如何回应时代要求，设计农村公共事务管理新模式，提高农

村公共事务管理水平，实现农村公共事务管理的便捷、有效，成为当务之急。2013年，浙江省桐乡市率先实施的自治、法治与德治"三治"融合的基层治理模式，成为基层探索公共事务管理的有益经验并被推广至浙江全省。2017年，"三治"融合被写入党的十九大报告。报告明确指出，要"加强农村基层基础工作，健全自治、法治、德治相结合的乡村治理体系"[①]，这标志着"三治"融合从基层探索跃升至国家政策层面，成为乡村治理和农村公共事务管理的重要制度。《乡村振兴战略规划（2018—2022年）》第八篇"健全现代乡村治理体系"明确提出，"把夯实基层基础作为固本之策，建立健全党委领导、政府负责、社会协同、公众参与、法治保障的现代乡村社会治理体制，推动乡村组织振兴，打造充满活力、和谐有序的善治乡村"。2019年中共中央办公厅、国务院办公厅印发的《关于加强和改进乡村治理的指导意见》提出，"到2020年，现代乡村治理的制度框架和政策体系基本形成，农村基层党组织更好发挥战斗堡垒作用，以党组织为领导的农村基层组织建设明显加强，村民自治实践进一步深化，村级议事协商制度进一步健全，乡村治理体系进一步完善。到2035年，乡村公共服务、公共管理、公共安全保障水平显著提高，党组织领导的自治、法治、德治相结合的乡村治理体系更加完善，乡村社会治理有效、充满活力、和谐有序，乡村治理体系和治理能力基本实现现代化"。此外，每年的中央一号文件也对乡村治理和农村公共事务管理做出了及时的部署和安排。通过一系列制度设计和制度安排，农村公共事务管理有了科学的政策依据和实践指导。

（二）农村公共事务管理的原则

> 知识点
> 农村公共事务管理的原则

农村公共事务管理涉及党的农村政策和国家法律在农村的贯彻实施，直接关乎农村的经济发展和村民生活质量的提高。在农村公共事务管理的各项活动中必须坚持的原则有四个方面：

1. 党的领导原则

党的领导是中国特色社会主义最本质特征。在农村公共事务管理中，党的领导原则集中体现在《中国共产党农村工作条例》要求上。2019年8月《中国共产党农村工作条例》发布施行，这是中国共产党历史上首次专门制定关于农村工作的党内法规，充分体现了以习近平同志为核心的党中央对农村工作的高度重视。《中国共产党农村工作条例》把党管农村工作的总体要求细化成具体的规定，实现了有章可循、有法可依。《中国共产党农村工作条例》第一条规定："为了坚持和加强党对农村工作的全面领导，

---

① 习近平. 决胜全面建成小康社会 夺取新时代中国特色社会主义伟大胜利——在中国共产党第十九次全国代表大会上的报告. 人民日报，2017-10-28（1）.

贯彻党的基本理论、基本路线、基本方略，深入实施乡村振兴战略，提高新时代党全面领导农村工作的能力和水平，根据《中国共产党章程》，制定本条例。"强调党的农村工作必须遵循六项原则，其中首要原则即为，"坚持党对农村工作的全面领导，确保党在农村工作中总揽全局、协调各方，保证农村改革发展沿着正确的方向前进"。《中国共产党农村工作条例》明确规定了党领导农村工作的组织领导、主要任务、队伍建设、保障措施和考核监督。具体而言，党的领导原则落实在农村公共事务管理中，分别体现在各项主要任务的具体规定上，包括加强党对农村经济建设的领导、加强党对农村社会主义民主政治建设的领导、加强党对农村社会主义精神文明建设的领导、加强党对农村社会建设的领导、加强党对农村生态文明建设的领导、加强农村党的建设几个方面，其中多处涉及农村公共事务管理原则。如第十五条强调："完善基层民主制度，深化村民自治实践，健全村党组织领导的充满活力的村民自治机制，丰富基层民主协商形式，保证农民依法实行民主选举、民主协商、民主决策、民主管理、民主监督。"第十六条强调："加强农村思想道德建设，传承发展提升农村优秀传统文化，推进移风易俗。加强农村思想政治工作，广泛开展民主法治教育。深入开展农村群众性精神文明创建活动，丰富农民精神文化生活，提高农民科学文化素质和乡村社会文明程度。"第十七条强调："坚持保障和改善农村民生，大力发展教育、医疗卫生、养老、文化体育、社会保障等农村社会事业，加快改善农村公共基础设施和基本公共服务条件，提升农民生活质量。建立健全党委领导、政府负责、社会协同、公众参与、法治保障、科技支撑的现代乡村社会治理体制，健全党组织领导下的自治、法治、德治相结合的乡村治理体系，建设充满活力、和谐有序的乡村社会。"第十八条强调："统筹山水林田湖草系统治理，促进农业绿色发展，加强农村生态环境保护，改善农村人居环境，建设生态宜居美丽乡村。"第十九条强调："健全村党组织领导下的议事决策机制、监督机制，建立健全村务监督委员会，村级重大事项决策实行'四议两公开'。"

  此外，其他相关文件中也强调了农村工作中党的领导原则。比如，《乡村振兴战略规划（2018—2022年）》和《中共中央 国务院关于实施乡村振兴战略的意见》都在基本原则部分首要强调了党的领导原则："坚持党管农村工作。毫不动摇地坚持和加强党对农村工作的领导，健全党管农村工作方面的领导体制机制和党内法规，确保党在农村工作中始终总揽全局、协调各方，为乡村振兴提供坚强有力的政治保障。""坚持党总揽全局、协调各方，强化党组织的领导核心作用，提高领导能力和水平，为实现乡村振兴提供坚强保证。"要加强农村基层党组织对乡村振兴的全面领导。以农村基层党组织建设为主线，健全以党组织为核心的组织体系，加强农村基层党组织带头人队伍建设，加强农村党员队伍建设，强化农村基层党组织建设责任与保障。农村公共事务管理是农村工作的重要组成部分，党管农村工作，农村公共事务管理中坚持党的领导原则，突出政治功能、提升组织力、领导基层治理、团结动员群众参与农村公共事务管理为应有之义。

《乡村振兴促进法》再次以立法形式明确规定了党的领导原则。《乡村振兴促进法》第三条、第四条、第四十一条、第四十二条分别对乡村振兴中党的建设、党在实施乡村振兴战略中的领导地位、乡村社会治理体系中党委的领导地位和农村基层组织建设等做了明确规定。特别是第四十一条规定："建立健全党委领导、政府负责、民主协商、社会协同、公众参与、法治保障、科技支撑的现代乡村社会治理体制和自治、法治、德治相结合的乡村社会治理体系，建设充满活力、和谐有序的善治乡村。地方各级人民政府应当加强乡镇人民政府社会管理和服务能力建设，把乡镇建成乡村治理中心、农村服务中心、乡村经济中心。"明确强调了党的领导原则在加强农村公共事务管理、建设善治乡村中的重要性。实施乡村振兴战略，提升农村公共事务管理质量，不仅是各级人民政府的责任，也是党的中心工作之一。坚持党的领导原则，不仅要强化党的领导地位，更要加强组织建设和制度保障。

2. 民主化原则

民主化原则是指决策活动中必须走群众路线，以民主集中制原则决策作为行动准则。确立民主化原则，可以克服单纯依靠个人智慧和经验的弊端，依靠集体智慧进行科学决策。

《宪法》第二条规定："中华人民共和国的一切权力属于人民。""人民依照法律规定，通过各种途径和形式，管理国家事务，管理经济和文化事业，管理社会事务。"新农村建设的20个字中突出了"管理民主"，管理民主成为新农村建设的重要内容和重要标志，是推进农村社会健康发展的重要保证。在农村基层治理中，农民要求平等参与发展进程、共享发展成果的意愿不断增强，希望更多地参与农村公共事务管理和决策的要求日趋强烈。农村公共事务管理的各项事务，从根本上说是为了维护广大农民的根本利益，需要广大农民积极参与。因此，要切实发挥农民在乡村振兴中的主体作用，提升农民对农村公共事务管理的认同感，调动广大农民的积极性、主动性、创造性，尤其是不能超越农民的承受能力和接受水平，违背农民意愿从事农村公共事务管理活动，从而实现农民权益保护，不断提升农民的获得感、幸福感、安全感。具体来说，在农村公共事务管理过程中应当事先通过村民会议或村民代表会议等广泛征求农民意见，在农村各项事业建设中应当采取多种措施，积极引导广大农民参与，并依照法律和政策要求及时公开涉及农民利益的事项，接受农民监督。

《乡村振兴战略规划（2018—2022年）》指出，要完善基层民主制度，深化村民自治实践，健全和创新村党组织领导的充满活力的村民自治机制。具体包括：完善农村民主选举、民主协商、民主决策、民主管理、民主监督制度。规范村民委员会等自治组织选举办法，健全民主决策程序。依托村民会议、村民代表会议、村民议事会、村民理事会等，形成民事民议、民事民办、民事民管的多层次基层协商格局。创新村民议事形式，完善议事决策主体和程序，落实群众知情权和决策权。全面建立健全村务监督委员会，健全务实管用的村务监督机制，推行村级事务阳光工程。此外，在强调组织领导方面，应"搭建社会参与平台"，"发挥工会、共青团、妇联、科协、残联等群团组织的优势和力量，发挥各民主党派、工商联、无党派人士等积极作用，凝聚乡村振兴强大合力。建立乡村振兴专家决策咨询制度，组织智库加强理论研究。促进乡村振兴国际交流合作，讲好乡村振兴的中国故事，为世界贡献中国智慧和中国方案"。

近年来，各地在加强农村基层民主方面有许多新的成功经验，其中最为典型的是"四议两公开"工作法。该工作法由河南邓州率先提出和实践，被称为"邓州经验"。"四议两公开"工作法，即农村所有村级重大事项都必须在村党组织领导下，按照"四议""两公开"的程序决策实施。"四议"是指村党支部会提议、村两委会商议、党员大会审议、村民代表会议或村民会议决议；"两公开"是指决议结果公开、实施结果公开。"四议两公开"工作法在探索推行的过程中，得到了各级领导的重视和支持，陆续由地方实践推广至全国农村基层实施，并于 2010 年、2013 年和 2019 年三次被写入中央一号文件，成为农村基层民主治理的基本程序规则。"四议两公开"工作法在实践中不断发展和创新，历久弥新，焕发出蓬勃生机和活力。2019 年 1 月"四议两公开"工作法被写入《中国共产党农村基层组织工作条例》。条例指出，凡是农村的重要事项和重大问题都要经党组织研究讨论，村级重要事项决策实行"四议两公开"，加强村务监督。这个 2004 年发端于河南邓州的工作法，再次引发广泛关注。"四议两公开"工作法从农村基层实践出发，到全国统一部署、形成统一政策，再回到农村基层实践，通过不断实践与完善，使得基层民主深入人心。它是农村基层民主政治建设的创新之举，是党领导的村民自治机制的有效实践，有力推动了农村基层民主政治建设进程。

现象观察

"邓州经验"——"四议两公开"

在河南邓州，许多农村的村部公告栏上都张贴着"四议两公开"工作法流程图，并配有一幅漫画：一个印着"农村工作"字样的锁头上，挂了六把钥匙，左边四把、右边两把各自相连，分别代表"四议两公开"的六个步骤。

"四议两公开"工作法起步于 21 世纪初。2004 年以来，邓州市着力探索推行"四议两公开"工作法，形成了基层党组织领导下的充满活力的群众自治机制建设的生动实践。2004 年 7 月，中办、国办联合下发文件，要求全面推行村务公开和民主管理工作。为增加农民收入、改善生产生活条件，克服农村村级组织弱化、两委矛盾突出等历史遗留问题，创新新机制、新方法，破解农村发展瓶颈，邓州市委先后组织十几个工作队进入农村进行调研，并组织专人到外地学习，最后提出了村级重大事务按照"村党支部会提议、村两委会商议、党员大会审议、村民代表会议或村民会议决议，决议结果公开、实施结果公开"决策的"4+2"工作法（2009年"4+2"工作法被定名为"四议两公开"工作法）。

2004年底，"4+2"工作法最早在邓州市的两个乡镇试点。2005年9月邓州市正式出台文件将该工作法在南阳全市推广。2009年5月，"4+2"工作法在南阳市先行推广，取得经验后，在河南省全省推广。2009年8月25日，时任中共中央政治局委员、中组部部长李源潮同志专程到邓州考察调研"4+2"工作法实施情况，要求在第三批学习实践科学发展观活动中，将该工作法在全国推广，并将"4+2"工作法定名为"四议两公开"工作法。同年9月，习近平同志做出批示，同意将"四议两公开"工作法这一好经验在全国农村全面推广。2010年1月4日，"四议""两公开"工作程序被写入中央一号文件。2011年4月，习近平同志在全国人代会上与河南代表讨论时指出，河南邓州在农村基层组织建设中创造了"四议两公开"工作法，这个工作法全省全国都在推广，像这样的探索，基层各个领域都要倡导和支持。2012年1月，"四议两公开"工作法被中组部评为2011年度全国地方组织部门"十佳"特色工作法。2013年"四议两公开"工作法再次被写入中央一号文件。继2010年、2013年之后，2019年1月，"四议两公开"工作法第三次被写入中央一号文件。2019年1月"四议两公开"工作法被写入《中国共产党农村基层组织工作条例》。

邓州市通过坚持不懈地推行"四议两公开"工作法，创新了村党组织领导的充满活力的村民自治机制，实现了党的领导机制、村两委协调机制、党内民主机制、基层自治基础的统一；健全和创建了一个好平台，坚持了党的群众路线，增强了党的凝聚力、向心力和战斗力；最重要的是让民主理念深入人心，推动了农村基层民主政治建设进程。

资料来源：http：//dangjian.people.com.cn/n1/2019/0506/c117092-31069430.html. 引用时有修改。

3. 法治化原则

农村公共事务管理法治化，主要内容是根据法律规定对农村公共事务管理的各项活动、各个环节进行调节和规范，实现农村公共事务管理的协调手段、行为方式、步骤和程序法律化。

农村公共事务管理法治化是全面推进依法治国总目标实现的重要组成部分，并对农村公共事务管理法治化提出了新的要求。全面依法治国是党领导全国各族人民治理国家的基本方略。《宪法》第五条明确规定，"实行依法治国，建设社会主义法治国家"。党的十八大报告提出"全面推进依法治国"，"法治是治国理政的基本方式"，这是党在认真总结中华人民共和国成立以来执政的历史经验教训和借鉴西方社会发展的历史经验的基础上做出的正确判断。党的十九大报告明确将建设中国特色社会主义法治体系、建设社会主义法治国家作为全面依法治国的总目标，并提出了"两个重要时间段"，即到2035年"法治国家、法治政府、法治社会基本建成"，到2050年"全面建成法治中国"。2019年10月党的十九届四中全会审议通过的《中共中央关于坚持和完善中国特色社会主义制度 推进国家治理体系和治理能力现代化若干重大问题的决定》指出：坚持和完善中国特色社会主义法治体系，提高党依法治国、依法执政能力，为建设中国特色社会主义法治体系擘画了行动路线。2020年10月召开的党的十九届五中全会审议通过《中共中央关于制定国民经济和社会发展第十四个五年规划和二〇三五年远景目标的建议》，该建议分别对全面依法治国在不同阶段应达到的状态和发展目标做了相应部署，使其与整个国民经济和社会发展规划相匹配，再次强调了2035年法治建设发展的远景目标，即法治国家、法治政府、法治社会基本建成。2021年1月《法治中国建设规划（2020—2025年）》正式发布，与《法治政府建设实施纲要（2015—2020年）》和《法治社会建设实施纲要（2020—2025年）》一起，共同构成新时代我国社会主义法治建设发展总蓝图，描绘了建设中国特色社会主义法治体系、建设社会主义法治国家的"时间表""路线图"[①]。《法治中国建设规划（2020—2025年）》结合《中共中央关于制定国民经济和社会发展第十四个五年规划和二〇三五年远景目标的建议》中关于"十四五"时期全面依法治国的有关部署要求，以建设中国特色社会主义法治体系为主线，全面、系统地规划了"十四五"时期全面依法治国应当达到的具体"发展目标"，以努力实现2035年法治国家、法治政府和法治社会基本建成的战略目标。

全面依法治国，建设法治中国，就是依照体现人民意志和社会发展规律的法律治理国家，它要求国家的政治、经济、社会事务各方面，包括农村公共事务管理都应当坚持依法办事的社会主义法治精神。

农村公共事务管理法治化原则要求，必须坚持以习近平法治思想为指导，依照宪法和法律来管理农村公共事务，注重发挥法治对农业农村发展的保障作用。坚持法治思维，增强法治观念，健全农业农村法律体系，加强农业综合执法，保障农民合法权益，自觉运用法治方式深化农村改革、促进农村发展、维护农村稳定，提高农村工作

---

① 莫纪宏. 建设中国特色社会主义法治体系的"时间表""路线图". 法治日报，2021-01-14 (2).

法治化水平，使农村社区成为法治国家、法治政府、法治社会一体建设的典范。在农村公共事务管理法治化实践中，要做到：①在已有法律规定的情况下，任何其他法律规范，如行政法规、地方性法规和规章，均不得与法律相抵触。②政府抽象行政行为必须有法律依据。③在政策和法律规定发生冲突时，政府应当首先维护法律的至上性，不能随意用政策解释或取代法律。农村一切管理活动都应以合法性为前提，比如，农村的义务教育、农民培训、村庄道路的建设、村庄的村务和财务公开等农村公共事务不能违背《义务教育法》《村民委员会组织法》和党的有关政策的规定。再如，农村的自然资源开发，不得违背《土地管理法》《森林法》《草原法》《水法》《矿产资源法》等相关法律的规定。

4. 科学化原则

科学化原则要求，在科学理论指导下，采取科学方法，按照科学程序，运用现代社会治理理念和手段对复杂的社会现象进行系统、全面的考察和分析，选出优化方案，进行科学决策，以制度的形式确保决策活动在具体化、条文化、规范化的轨道上运行。

随着乡村振兴战略的不断推进，农村社会各种要素加快由静态到动态、由封闭到开放、由单一到多元的转变，使得农村公共事务管理呈现出目标多元化、内容复杂化趋势。农村公共事务管理科学化，需要创新农村公共事务管理模式，在尊重农村社区传统管理资源的基础上积极采用现代管理方法和手段，在合法、民主的前提下通过多种方式创新农村公共事务管理模式，实现管理科学、"治理有效"。

首先，科学构建农村公共事务管理架构，实现治理体系现代化。充分发挥五级书记抓乡村振兴，充分发挥基层党组织和村民委员会的作用，建立健全党委领导、政府负责、社会协同、公众参与、法治保障、科技支撑的现代乡村社会治理体制。在农村公共事务管理上，构建共建共治共享的社会治理格局。其次，提高农村公共事务管理水平，实现治理能力现代化。各级人民政府要充分重视"三农"工作，提高基层组织农村公共事务管理意识；加强基层组织建设，支持和引导村党支部、村委会、村民小组，充分发挥其自我管理、自我教育、自我服务、综合管理、统筹规划的功能，更好地为农村发展服务，提升它们的公共管理和服务能力；以"懂农业、爱农村、爱农民"作为基本要求，加强农村公共事务管理人才队伍建设，实施本土人才培养计划和培训机制，通过政策吸引引进有志于农村公共事务管理的人才。最后，突出农民主体地位。农民是乡村社会的主体，是参与村级公共事务管理的重要力量，实施农村公共事务管理科学化，要充分发挥农民的主体作用。《乡村振兴促进法》强调农民主体原则，其中第四条特别规定："坚持农民主体地位，充分尊重农民意愿，保障农民民主权利和其他合法权益，调动农民的积极性、主动性、创造性，维护农民根本利益。"除原则性规定外，其他制度中也有大量关于农民主体的规定，例如，《乡村振兴促进法》第三十条规定要丰富农民的文化体育生活，第三十七条规定农村环境综合整治的共建共管共享机制建立需要有农民参与，第五十一条规定村庄撤并等乡村布局调整必须尊重农民意愿，第五十四条规定了农民的社会保障制度。突出农民主体地位，深化落实村民自治制度，通过农民主体的积极参与，激发农村社会内部的活力和创造力，完善农村公共事务管理体制，提高基层治理能力和治理效能。总之，农村公共事务管理通过加强制度建设、组织建设、队伍建设，不断提升农村公共事务管理水平和管理效能，坚持走政府领导、村民参与自治、社会协同的科学发展道路。

（三）农村公共事务管理的特征

归纳起来，农村公共事务管理呈现出以下五大特征：

1. 农村公共事务管理具有公共产品属性

从农村公共事务管理提供的服务来看，公共产品属性是一个重要特征。由于农村公共事务管理属于公共产品概念范畴内的社区服务，农村公共事务管理的客体并不是某一特定对象，因此让管理的成果能够惠及更多的农村社区居民就成为农村公共事务管理的主要目标。《乡村振兴战略规划（2018—2022年）》指出，要增加农村公共服务供给。"继续把国家社会事业发展的重点放在农村，促进公共教育、医疗卫生、社会保障等资源向农村倾斜，逐步建立健全全民覆盖、普惠共享、城乡一体的基本公共服务体系，推进城乡基本公共服务均等化。"这充分体现了农村公共事务管理的公共产品属性。在多方力量合作、内外条件兼顾的前提下，借国家乡村振兴战略的东风，我国农村公共事务管理正在朝良性运转的方向转变，发展的成果也将惠及更多的农村社区居民。

2. 农村公共事务管理具有鲜明的地缘性和社区性

从自然地理边界来看，农村公共事务管理具有鲜明的地缘性和社区性。基于历史传统和基层行政管理体制的不断演变，我国形成了农村公共事务管理的地域边界。农村公共事务管理强调管理和服务受益只能针对某一特定范围的农村社区。在村庄内部，农村公共事务管理被村民共同消费或享用，让全体成员受益，倾向于具有非竞争性和非排他性。一旦超出社区的地域边界，农村公共事务管理的排他性就会凸显出来。同样，社区成员所需的公共产品供给和收益也不会溢出社区边界，如对宅基地的保护和利用、对社区治安状况的维护、社区对环境资源的保护等。地缘性和社区性强调农村治理和农村公共事务管理依赖既有的党委统一领导下所形成的基层组织架构，包括乡镇设置、村的设置甚至"合村并组"。在尊重传统治理体系和治理结构的基础上，提升农村公共事务管理水平。

3. 农村公共事务管理具有文化多元性

农村文化是农村秩序的潜在基石。与城市不同，农村社会流淌着更加多元的"文化因子"，包括血源性、宗族性、内生性、熟人社会特征等，这些"文化因子"之间有着千丝万缕的联系，它们相互交融，阻碍或促进农村公共事务管理的发展。在农村公共事务管理中，不可忽视对传统文化的传承和中国特色社会主义文化所发挥的积极作用，更不可忽视农村文化在演变过程中所滋生出的新的基层治理智慧。如果说社区性体现的是对既有治理架构尊重的话，文化传承则强调要尊重农村传统文化和现有"文化因子"。加强农村公共事务管理，必须考虑农村文化的传承和创新发展的因素，积极培育和践行社会主义核心价值观，实施乡风文明培育行动，发挥道德模范的引领作用，加强农村文化引领。

4. 农村公共事务管理具有复杂性

首先，管理内容的多样性。根据产业兴旺、生态宜居、乡风文明、治理有效、生活富裕的总要求，农村公共事务管理内容庞杂、承载任务重。《乡村振兴战略规划（2018—2022年）》《中共中央 国务院关于全面推进乡村振兴 加快农业农村现代化的意见》强调，加强农村公共事务管理，建立农村公共事务管理体系，包括繁荣发展乡村文化、优先发展农村教育事业、推进健康乡村建设、加强农村社会保障体系建设、加强乡村公共基础设施建设、推动乡村生态振兴、提升农村养老服务能力、加强农村防灾减灾救灾能力建设、建设平安乡村、推动脱贫攻坚与乡村振兴有效衔接等若干方面。其次，问题复杂。农村公共事务管理存在不少不足和误区，如责任不明确、主体含混不清等。不同历史时期，农村公共事务管理面临的突出矛盾和主要问题有所不同。最后，参与管理主体复杂。随着村民自治的推行，在农村出现了基层政府、村党支部、村委会、经济组织、社会组织、村民、家族势力、乡贤等多种力量管理公共事务的局面。

5. 农村公共事务管理具有差异性

改革开放以来，制度变迁激发了农民的生产热情，随着农村经济的发展，我国农民整体生活水平有了明显的提高，但农户分散的组织结构较依赖农村公共产品和服务的供给。由于经济发展水平不均衡，农村公共事务管理呈现出差异性。在东部发达地区农村、城市边缘地区农村、散见的基层治理先进农村，由于村集体经济组织的经济实力较强和对这一工作较为重视，可以为公共事务管理提供更多的资源。相比之下，我国大部分地区的农村，由于资源条件落后、交通不便、村集体经济组织缺少资金，村庄能够支配的公共资源十分有限。现实中，我国部分农村基础设施建设无人问津、社区公共资源遭到严重破坏、社区经济发展停滞、社区居民生活水平下降，参差不齐的社区发展现状使农村缺乏凝聚力，这些都给农村公共事务管理增加了难度。在村民自治背景下，如何构建有效的农村公共事务管理体系是一个紧迫而重要的问题。总体而言，农村公共事务管理的能力与魄力需要农村自己培养，这是农村人力资源建设和农村发展过程中的重要内容。此外，随着国家向农村提供越来越多的资源与机会，如小学义务教育经费的落实、新型农村合作医疗的开展等，农村公共事务管理获得了发展契机。

过去所说的两大差别，一是城乡差别，二是区域差别。现在城乡差别越来越小，区域差别越来越大。经过多年公共政策调试，通过城乡融合发展、城乡一体化、义务教育统筹、医疗统筹、城乡居民基础社会养老统筹和其他社会保障制度统筹等各种各样的制度安排，城乡差别消除成效显著。但是，区域差别消除方面，任务仍然很艰巨。

现象观察

根据四川省青神县《2021年政府工作报告》，2020年青神县全年地区生产总值完成89.82亿元，增长4.2%，增速高于全国、全省水平。农村居民人均可支配收入达21 134元，增长8.9%，这是一个相对来说比较高的水平。但是，在瑞峰镇出现了发展不平衡的问题。瑞峰镇位于青神县城以南10千米，是全县唯一跨江而治的乡镇，拥有深厚的农耕文明、丰富的历史文化和富饶的生态资源。瑞峰镇土地面积56平方千米，人口约1.4万，辖3个行政村和1个社区，全镇农民3 000多户。岷江横穿而过，造成村民居住过度分散。天然气只能供到镇政府所在地核心区域，仅辐射二三十户农民，绝大多数农民享受不到这一福利。要把天然气铺设至每个居民点，则由于村民居住过于分散导致成本过高，很难做到。瑞峰镇下辖天池村，位于岷江河以东，土地面积15.13平方千米，辖16个村民小组，总人口3 071人，共1 039户。因此，完全自来水化基本做不到解决村民饮用水问题，只能修了各种蓄水池满足村民需求。

可见，虽然居住集中的农村地区，通过我们的多年努力，其交通条件、通信条件等都得到了很大改善，但是相对分散、相对偏远地区的生产生活条件还没有得到充分改善，这对于乡村治理提出了巨大的挑战，是我们仍然面临的艰巨任务。

资料来源：http://www.scqs.gov.cn/info/7638/154477.htm.引用时有修改。

二、农村公共事务管理法制化的具体要求

由于自身的特殊性和复杂性，农村公共事务管理法制化，除要符合社会主义法治的基本精神外，还有一些具体要求。

（一）完善以村民自治为核心的基层民主政治法律体系

村民自治作为我国农村长期坚持并实行的基层民主制度，是我国法律体系中中国特色社会主义农村基层民主法制建设的生动实践。村民自治，是新的历史条件下农村治理的一种有效形式。村民自治的基本原则是自我管理、自我教育、自我服务、自我监督，具体体现为民主选举、民主决策、民主管理、民主监督四项核心内容。民主选举、民主决策、民主管理、民主监督等民主权利的行使和民主制度的运行，既是农村民主政治建设的重要财富，又是基层民主政治制度的重要指征。民主选举是指由村民直接选举村民委员会组成人员。民主选举是村民自治的前提。民主决策就是按照《村民委员会组织法》的规定，在农村设立村民会议或村民代表会议，让村民决定村内大事。民主决策是村民自治的根本。民主管理，就是发动和依靠村民，共同管理村内的各项事务，维护村内的社会秩序。民主管理是村民自治的实体。民主监督是指村民对村民委员会的工作及村干部的行为进行监督。民主监督是村民自治的保障。

思政启示

> 中国特色社会主义的人民民主是一种全过程的民主，坚持党的全面领导，为全过程民主建设提供了领导基础。村民自治的健康发展需要全面加强党的领导，而党的全面领导也为村民自治的健康发展提供了基础。

2019年1月中共中央印发的《中国共产党农村基层组织工作条例》指出，村党组织的主要职责是"领导和推进村级民主选举、民主决策、民主管理、民主监督，推进农村基层协商，支持和保障村民依法开展自治活动"。支持和保证村民委员会以及村务监督委员会、村集体经济组织、群团组织和其他经济组织、社会组织等依照国家法律法规以及各自章程履行职责。

应进一步加强立法工作，完善以村民自治为核心的基层民主政治法律体系，使农村公共事务管理有法可依，村民的各项权利和利益及时得到法律救济。[1] 首先，针对当前村民自治过程中遇到的新情况、新问题，及时完善《村民委员会组织法》，依法完善村民自治法律法规体系和监督制度，完善村民自治的民主选举、民主决策、民主管理、民主监督等机制，实现自治与法治的结合。其次，建立与《村民委员会组织法》相配套的单项法规。依法确定区县和乡镇政府与村民委员会的权责边界，规范农村基层组织关系及创新乡镇组织管理法制，创新农村基层党组织的党内民主和法治制度，加强农村新型社会化服务组织的法制建设，从而形成基层管理与群众自治的有机衔接与良性互动[2]，保障村民自治依法有序进行；建立健全有关问责机制与权利救济机制，制裁

---

[1] 孙晓静. 推动农村民主政治发展的对策思考. 法制与社会，2013（4）：217-218.
[2] 韩松. 城镇化对村民自治制度的影响与法治完善. 江海学刊，2018（6）：129-137.

村民自治过程中的违法行为，有效救济村民民主权利。

（二）完善以保护村民合法权益为核心的农村经济法律体系

经济是基础，加快农村经济发展，促进农村两个文明建设，保护村民合法权益，是《村民委员会组织法》的立法宗旨之一。村民委员会具有一定的经济管理职能，自治活动不仅有公共社会事务管理，还有经济事务管理。农村经济事务管理应在更有效地实现农村集体经济组织发展壮大的同时，使农民能够衔接到现代农业产业体系和农村经济体系中，公平分享农村改革成果。

完善以保护村民合法权益为核心的农村经济法律体系，内容主要包括：

（1）农民财产权益的规范。农民财产权益包括农民的土地承包经营权、宅基地使用权、集体收益分配权和农村劳动力同工同酬权等，这是法律赋予农民的财产权益，也是农民权益的重要保障。农民财产权益的重心是以土地为核心的财产权益，特别是农村集体经营性建设用地入市后农民集体财产权益的有效实现。

（2）促进小农户和现代农业发展有机衔接的规范。现有农业经营格局发生变化，造成小农户发展和现代农业发展脱节。党的十九大报告提出，实现小农户和现代农业发展有机衔接。2019年中共中央办公厅、国务院办公厅印发《关于促进小农户和现代农业发展有机衔接的意见》。以规模经营为主体与小农户的衔接机制的规范有待健全和完善，包含现代农业产业发展过程中农民与合作社关系以及公司、合作社与农民关系等一系列规范问题。

（3）农民公平分享农村改革成果形成的法律关系。比如，对于国家惠农政策在落地过程中存在"跑偏"被少数人攫取利益，从而形成新的竞争不公平，包括地位不公平或者财产权益保护不公平的问题，应明确规范，以保障农民公平分享农村改革成果。

（4）促进农村"三产"融合发展的规范。农村非农产业发展过程中，如农产品加工所需土地，基于目前政策安排更倾向于建设用地城市化、非农化、工业化，这对于农业本身的一二三产业融合发展形成约束和制约。应尽快填补制度空白和制度缺陷，以促进农村"三产"融合发展的规范。

有必要根据以上内容出台一系列既适应社会主义市场经济规律，又理顺新时代农业生产和再生产活动的各种经济管理、协作关系的法律法规，并逐步建立起比较完善的农村经济法律体系。

（三）积极开展村民法治教育，强化村民的法治观念

法治是现代文明的制度基石。建设法治中国，离不开村民的参与和推动。村民的法治观念是村民自治活动实现的思想基础，也是农村法治建设的思想基础。强化村民

的法治观念，是加强农村法治建设、实行法治的必备思想条件和社会心理条件，也是依法推进农村公共事务管理的基础工作。强化村民的法治观念，依赖积极开展村民法治教育。加大农村的普法力度，深入开展"法律进乡村"宣传教育活动，运用多种方式宣传国家政策、方针、法律法规。这有利于提高村民的法治素养，克服传统的人治思想，培养村民的法治思维，强化村民依法行使权利、履行义务的意识，使他们尊重和维护法律权威，做到遵法、学法、知法、守法、用法。将法治观念落实到农村公共事务管理工作中，教育和引导农村干部和群众办事依法、遇事找法、解决问题用法、化解矛盾靠法，依法表达诉求、解决纠纷、维护权益。这样，一方面，可以规范村民自身的行为；另一方面，一旦权利受到侵害，村民能够运用法律手段积极地寻求救济。

（四）严格执法，树立法律权威

法律权威是指法律在社会生活中的作用力、影响力和公信力。全体社会成员尊重法律权威，是法律发挥作用的基本前提，更是保障个人权益的底线和红线。树立法律权威，要做到信仰法律、遵守法律、服从法律、维护法律。着力推进乡村依法治理，增强基层干部的法治观念、法治为民意识，把政府各项涉农工作纳入法治化轨道。必须严格执法，进一步做好农村公共事务管理工作，特别是领导干部要起遵纪守法、依法办事的表率作用，给村民树立学法、守法的榜样。只有这样，才能影响村民，使村民相信法律，树立法治观念，增强法治实现的信心，自觉维护和推进农村公共事务管理法制化。

谈观点

请谈谈农村公共事务管理法制化有哪些具体要求。

第二节 自治、法治与德治相结合的乡村治理体系

一、"三治"融合的基本要求

2013年，浙江省桐乡市率先实施自治、法治与德治"三治"融合的基层治理模

式，并取得良好效果。2017 年，党的十九大报告提出要"健全自治、法治、德治相结合的乡村治理体系"，这标志着"三治"融合的基层治理模式被定位为国家层面的战略部署。这是适应我国城乡经济社会发展的新变化、新要求做出的重要战略部署。乡村治理体系现代化必须将自治、法治和德治有机结合起来。

> **思政启示**
>
> 自治、法治、德治相结合的乡村治理体系的构建，充分体现了以人为本和系统治理、依法治理、综合治理、源头治理的理念，为推动乡村治理体系现代化提供了方向。

（一）自治、法治、德治的基本内涵

所谓自治，就是村民依法参与管理与决策，实现自主管理本村公共事务的基层民主制度。村民自治的基本原则是自我管理、自我教育、自我服务、自我监督，具体体现为民主选举、民主决策、民主管理、民主监督四项核心内容。

我国自古以来就有乡村自治的传统。中华人民共和国成立以来，随着农村基层政权设置变更，乡村自治的格局被重塑。我国关于村民自治的法律规定始见于《宪法》第一百一十一条，"城市和农村按居民居住地区设立的居民委员会或者村民委员会是基层群众自治性组织"。党的十一届三中全会后，我国的农村基层政权发生了重大变革，人民公社退出历史舞台，乡建制恢复，乡再次成为我国最低层次的基层政权。1983 年以后，我国进入"乡政村治"时期。与此同时，广大农村实行村民自治制度，村民委员会成为我国基层群众性自治组织。1987 年 11 月 24 日，第六届全国人民代表大会常务委员会第二十三次会议审议通过并公布《村民委员会组织法（试行）》，1998 年 11 月 4 日中华人民共和国主席令第 9 号公布《村民委员会组织法》。2010 年 10 月 28 日，第十一届全国人民代表大会常务委员会第十七次会议通过修订后的《村民委员会组织法》。2018 年 12 月 29 日，第十三届全国人民代表大会常务委员会第七次会议决定：对《村民委员会组织法》做出修改。现行《村民委员会组织法》第一条明确规定："为了保障农村村民实行自治，由村民依法办理自己的事情，发展农村基层民主，维护村民的合法权益，促进社会主义新农村建设，根据宪法，制定本法。"村民自治作为我国农村基层民主制度被确定下来。村民自治是党领导亿万农民建设中国特色社会主义民主政治的一个伟大创举。经过 30 多年的发展，村民自治在广大农村得到实施，使农民增强了民主自治意识，提升了民主素养，对维护农民的民主权益发挥了重大作用。

所谓法治，就是依靠法律的途径和手段完善与发展现代乡村治理体系。这里法治的概念是广义的，是既包括国家法律法规，也兼顾乡规民约在内的一整套乡村治理的规则制度体系①。

在西方，从柏拉图的《法律篇》，到亚里士多德的《政治学》，再到阿奎那、日耳曼的契约精神，法治思想具有悠久传统。我国的法治思想主要源于先秦法家思想，法家主张"信赏必罚，专任刑法"，其代表人物有商鞅、李斯、韩非子。党的十五大报告提出，"依法治国"是党领导人民治理国家的基本方略，倡导崇尚宪法和法律权威，要求国家的政治、经济、社会活动依照法律进行，不受任何个人意志的干预、阻碍或破坏。党的十九大报告提出，成立中央全面依法治国领导小组，加强对法治中国建设的统一领导。全面依法治国的基本格局体现为"科学立法、严格执法、公正司法、全民守法"十六字方针。

法治乡村建设是法治中国建设的重要一环。我国重视法治乡村建设，对法治乡村建设提出了明确要求。② 2018年中央一号文件——《中共中央 国务院关于实施乡村振兴战略的意见》明确指出，要"建设法治乡村"，"坚持法治为本，树立依法治理理念"；《乡村振兴战略规划（2018—2022年）》指出，要"推进乡村法治建设"的重大任务。2019年中央一号文件《中共中央 国务院关于坚持农业农村优先发展做好"三农"工作的若干意见》明确指出，"指导农村普遍制定或修订村规民约。推进农村基层依法治理，建立健全公共法律服务体系。加强农业综合执法"。《中共中央关于坚持和完善中国特色社会主义制度 推进国家治理体系和治理能力现代化若干重大问题的决定》强调系统治理、依法治理、综合治理、源头治理。2019年中共中央办公厅、国务院办公厅印发的《关于加强和改进乡村治理的指导意见》对法治乡村建设提出了明确要求。2020年3月，中央全面依法治国委员会印发《关于加强法治乡村建设的意见》，该意见将法治乡村建设提升到新的高度，对法治乡村建设提出明确要求，明确要求到2035年要基本建成法治乡村。2021年4月，为深入贯彻习近平法治思想，落实党中央、国务院决策部署，坚持依法治农、依法护农、依法兴农，走中国特色社会主义乡村振兴道路，强化乡村振兴法治保障，完善农业农村优先发展制度支撑，着力提高依法行政水平，深入推进乡村依法治理，充分发挥法治在我国农业农村现代化进程中固根本、稳预期、利长远的重要作用，全面推进农业农村法治建设，农业农村部印发《关于全面推进农业农村法治建设的意见》。法治乡村建设要以习近平新时代中国特色社会主义思想为指导，深入贯彻习近平全面依法治国新理念、新思想、新战略，按照实施乡村振兴战略的总体要求，加强党对法治乡村建设的领导，着力推进乡村依法治理，教育

---

① 陈松友，卢亮亮. 自治、法治与德治：中国乡村治理体系的内在逻辑与实践指向. 行政论坛，2020（1）：17－23.

② 2019年6月11日，司法部全国普法办部署在全国开展"法治乡村建设"，司法部要求各级司法行政机关要在依法解决农村群众反映强烈的困难和问题上下功夫，增强农村群众的法制获得感、幸福感、安全感。

引导乡村干部群众办事依法、遇事找法、解决问题用法、化解矛盾靠法，走出一条符合中国国情、体现新时代特征的中国特色社会主义法治乡村之路，为全面依法治国奠定坚实基础。

所谓德治，就是通过在乡村治理全过程中"为政以德"及用道德规范来约束和教化村民，从而实现乡村治理规范管理的目的。德治是中国古代儒家倡导的治国理论，儒家主张以道德去感化教育人。德治作为中国古代儒家所倡导的治国理论含义有二：①要求统治者以身作则，注意修身和勤政，"为政以德"，德主刑辅，感化民众；②重视对民众的道德教化，通过道德的力量约束和教化民众。儒家认为，无论人性善恶，都可以用道德感化教育人。这种教化方式，是对人心理上的改造，使人心向善，知耻辱而无奸邪之心。

2019年10月，中共中央、国务院印发《新时代公民道德建设实施纲要》。该纲要明确了七个方面内容，包含新时代公民道德建设的总体要求、重点任务、深化道德教育引导、推动道德实践养成、抓好网络空间道德建设、发挥制度保障作用和加强组织领导。《新时代公民道德建设实施纲要》的实施为现代乡村治理体系中的德治实践提供了基本遵循和努力的方向。

（二）"三治"融合的内在逻辑

"三治"融合是指在乡村治理中坚持自治为基、法治为本、德治为先，实现自治、法治、德治有机结合，"三治"并举。党的十九大报告、2018年以来的中央一号文件，均提出要健全自治、法治、德治相结合的乡村治理体系。

理解"三治"融合的内在逻辑，首先要清楚地回答乡村治理的精髓不是社会管理，不能依赖"一套模式管到底、一种方法用到底"的单一管理模式。乡村治理不是政府管制，不是政府唱独角戏、单打独斗。"三治"融合以实现治理有效为目标，科学整合了乡村治理资源。从某种意义上说，自治属于村庄的范畴，法治属于国家的范畴，德治属于社会的范畴。在乡村治理体系中，"如果说乡村自治是骨架，乡村法治是肌肉，那么德治就是运行在乡土社会躯体中的血脉"[①]。实现乡村有效治理，要综合利用现代治理手段和传统治理资源，充分调动多种有益于乡村治理的社会资源，积极搭建多方参与治理的平台和渠道，鼓励引导社会和公众共建共治共享，推动政府治理、社会协同、法治保障、基层群众自治实现良性互动，使自治、法治和德治互为补充、互相衔接，以自治为基础，以法治为根本，以德治为引领，维持乡村治理格局良性运转，建

---

① 陈松友，卢亮亮. 自治、法治与德治：中国乡村治理体系的内在逻辑与实践指向. 行政论坛，2020（1）：17-23.

立健全现代乡村治理体系。

1. 自治为基

自治是构建乡村治理体系的核心和基石。乡村社会的善治不仅需要制度供给和资源输入，更依赖乡村社会的内生秩序。1982年，党中央把村民委员会作为基层群众性自治组织写进宪法。1998年《村民委员会组织法》颁布实施，标志着我国村民自治制度正式建立。自此，村民自治制度作为基层群众自治制度的重要组成部分，成为村民自我管理、自我教育、自我服务、自我监督的一项基层民主制度。它为发展农村基层民主、保障村民依法行使民主权利、管理基层公共事务、加强农村基层政权建设提供了充分的法律依据，是整个乡村治理体系的基础和核心。

以自治共治共享，避免自治主体的缺位与迷失，强化村民在乡村治理中的主体地位。中国乡村社会秩序因时代发展而不断变迁。民国以前，传统乡村社会以"家户"为基础，依靠族长、长老、士绅、精英等乡村权威号召，国家权力甚少侵扰和干预。民国以后，国家权力下行使得乡村权威不断退出权力关系格局，保甲制度成为国家建构秩序和村庄内生秩序的有效结合。1958年，人民公社化后实行"政社合一"。1982年以后，村民委员会作为基层群众性自治组织被写进宪法，村民自治制度"在一定程度上保障了村民个体的权威和利益，同时也将国家权威和地方的权威结合起来，较之于以往的制度，它塑造了一种更加稳定的社会秩序"①。当下，我国农村社会的特点体现为以"固定关系"②为基础、与外部既相互交流又相对独立的社会结构，具体表现为农村社会存在多元治理主体，包括党的基础组织自身、村民委员会等基层群众性自治组织、农村社会组织和企业等社会力量、宗族组织、乡绅集团、"能人组织"、当地农民（包括外出务工人员）和外来人员等个体成员等。在多元治理主体背景下，重构中国乡村社会秩序，把握不同治理主体的权责边界，坚持自治为基，就是要协调政府、乡村权威与村民等多种力量，重构乡村社会秩序，释放一度被挤压的村民自治空间，突出村民在乡村治理中的主体地位。村民自治的精髓在于使村民摆脱"被管理者""被治理者"的地位，成为乡村治理的主体，村民承担"治理者"责任，并通过一系列有针对性和可操作性的自治制度、规则、办法，落实到自主管理内部事务中去。做到不受国家和政府干预，不受宗族势力、地方乡绅等乡村权威干预，自我管理、自我教育、自我服务、自我监督，实现民主选举、民主决策、民主管理、民主监督。村民自治是农村基层民主的主要实现形式，是村民当家做主最有效、最广泛的途径。自治为基，

---

① 赵旭东，张洁. 乡土社会秩序的巨变——文化转型背景下乡村社会生活秩序的再调适. 中国农业大学学报（社会科学版），2017（2）：56-68.

② 所谓"固定关系"，就是依托血缘、地缘建立起来的关系，是熟人间的关系。这种关系用费孝通先生的话说就是"差序格局"。

既能激发村民参与社会治理的积极性和活力,又能集中尊重村民意见、汲取群众智慧,有利于保障村民的合法权益,维持农村基层社会的安定有序。

自治是法治和德治的基础。"基础不牢,地动山摇。"部分农村地区存在的黑恶势力、宗族恶势力、"村霸"等现象,正是基础不牢所导致的结果。把好自治方向,为法治、德治打下坚实基础。在明确村民是乡村治理主体的前提下,尊重乡村治理中的多元规范,包括国家法律法规和党内法规等正式制度,也兼顾村规民约、村风民风家风等非正式制度,以自治增活力,以法治强保障,以德治扬正气,促进法治与自治、德治相辅相成、相得益彰。

2. 法治为本

法治是治国理政和调节社会利益关系的基本方式,是国家治理体系和治理能力现代化的一个重要标志。法治是规则之治,主要依靠制定和实施法律规范来实现。国家保护什么、倡导什么、禁止什么,都有明确的法律依据。法治以国家强制力为保障,对公民和社会组织的行为进行约束。法律面前人人平等,任何人都必须遵守法律,法有禁止不得为,追究违法行为的法律责任。法治为本,不仅要求有健全的法律法规体系,更体现为社会公众的法律意识较强,寻求以法治的方式解决纠纷。避免基层干部及执法人员有法不依、执法不严、违法不究等,更不能出现权大于法、言大于法、徇私枉法等违法行为。

乡村有效治理,法治是保障。乡村治理关乎农村基层社会稳定和长治久安,需要法律提供基本保障,这既是贯彻全面依法治国新理念、新思想、新战略的题中之义,也是落实乡村振兴战略、实现乡村有效治理的内在要求。乡村社会的法律意识淡薄、法治观念落后显然已成为乡村治理的"拦路虎"。推进法治乡村建设,促进依法治理理念对乡村治理领域的全面嵌入,要以维护广大农民权益为出发点,加强党对法治乡村建设的领导,在涉农立法、涉农执法、涉农司法和农村普法等各个环节持续投入,着力推进规范市场运作、农业支持保护、乡村生态环境治理,善于运用法治精神审视乡村治理、运用法治思维谋划科学合理的法治乡村建设的整体规划、运用法治方式破解乡村治理难题,把乡村治理纳入法治化轨道。不断改善乡村的法治环境,教育引导乡村干部群众办事依法、遇事找法、解决问题用法、化解矛盾靠法,为全面依法治国奠定坚实基础,以法治力量助力乡村振兴。

法治是自治和德治的保障,为自治和德治筑牢法律底线。法治是自治的前提和保障。良法是善治的前提。1982年《宪法》和1998年颁布实施的《村民委员会组织法》,为我国村民自治提供了充分的法律依据,突出了在乡村治理体系中农民的主体地位。基层社会自治的基本目标是保护人民群众的人身权、财产权、人格权。村民自治制度设计初衷在于实行村民自治,发展农村基层民主,以法治为保障来维护村民的合法权益。法律赋权给农民，是村民自治最强有力的保障。明确政府管理权和村民自治权的边界、完善自治制度、优化自治组织、创新自治活动、激发自治活力，都需要做到进一步完善涉农法律规范、推进严格执法、坚持公正司法和推动村民全体守法。提高村民自治水平，激发村民参与本村的公共事务和公益事业的责任感和参与活力，这既可保证公共利益最大化，又能确保村民个人权益、个人意愿的实现。法治是德治的保障。道德是内心的法律，法律是成文的道德。法律是道德的底线，法治是对道德中重要问题的调整，是对道德力量的强化。以法治承载道德理念，德治才有可靠的"硬约束"和制度支撑。有法不依，执法不严，违法不究，徇私枉法，将会严重损害社会主义道德体系和道德建设。因此，在涉农立法、执法、司法、守法各个环节全方位体现道德要求，不仅能够保障宪法和法律在广大农村地区有效实施，还能够以良法促善治，推进乡村治理体系现代化进程。运用法治手段解决农村道德领域的突出问题，强化道德建设的针对性和实效性。法律是底线的道德，要加强相关立法工作，依法对群众反映强烈的失德行为进行整治，发挥法治惩恶扬善的功能，比如，对突出的封建迷信、赌博，要加大依法治理力度，促进树立文明乡风，养成文明健康生活方式；对不孝敬、不赡养老人的行为，要加大执法力度，让败德者受到惩治，付出代价。以法治践行村规民约，倡导乡村文明行为规范，促进乡村法治建设与道德建设相互作用、深度融合，提升乡村道德建设水平。

3. 德治为先

长期以来，中国农村依靠道德的力量来规范村民的行为。改革开放以来，农村社会结构发生了巨大的变化，传统的乡村治理格局悄然解体。一方面，农民的精神风貌和农村社会风尚发生了可喜变化。另一方面，农村仍然存在不孝敬、不赡养老人等现象，出现了漠视或忽视他人利益、公共利益，"各家自扫门前雪"等行为。乡村道德水平的下滑，在很大程度上切断了农民心中共同的价值理念和思想血脉，造成了乡村社会的共同体精神的缺失。

德治为先，以德治扬正气，强调了德治在乡村治理体系中的先导性作用。乡村社会是一个熟人社会或半熟人社会，德治在熟人社会有着强烈的引导作用，传统道德与乡规民俗是根植于人们内心约定俗成的行为准则。通过树立表彰道德模范、宣传典型事迹、倡导文明行为，深入挖掘乡村社会中伦理规范、风俗习惯等道德力量，结合社会主义核心价值观进行整合和创新，融合优秀传统道德规范与新时代公民道德内涵，德、法、礼并用，通过制定村规民约、村民道德公约等自律规范，教育引导村民爱党爱国、向上向善、孝老爱亲、重义守信、勤俭持家，启发村民道德自觉，增强乡村发展的软实力。通过打黑除恶专项行动、失德行为惩戒机制，把被消解的中华传统美德与社会主义公民道德要求相结合，建立道德激励约束机制。用道德教化筑牢民风道德

"防火墙",让德治贯穿乡村治理全过程,降低社会治理成本,提升乡村德治水平,提升新时代新农民道德文明素养,焕发新时代乡风文明新气象。

德治为先,以德治滋养法治、涵养自治,德治是自治和法治的补充。

(1) 以德治滋养法治。法治实现依然需要道德的土壤,以德治滋养法治,体现在三个方面:①法治需要德治先行。法律的产生以道德为基础,法律规范的最重要来源即为社会基本道德规范。法正义与否,与立法者的价值取向和道德水准息息相关。在乡村社会治理中,凡是不体现道德,甚至背叛道德的不义之法,很难得到贯彻实施。②德治对法治起支撑作用。道德具有教化作用,可以提升乡村文明程度,为法治乡村建设创造良好的人文环境。没有较高的道德水准,法律运行将困难重重,再严密的法律也有空子可钻。法治的推行需要依靠村民的普遍认同和自觉遵守。涉农法律法规要树立鲜明的道德导向,弘扬美德义行,涉农司法、涉农执法要体现社会主义道德要求,弘扬真善美,打击假恶丑,让败德违法者受到惩治、付出代价。在涉农守法上,要符合《公民道德建设实施纲要》要求,把农村普法与公民道德建设工程紧密结合起来。把实践中广泛认同、较为成熟、操作性强的道德要求及时上升为法律规范,引导乡村社会崇德向善。③法治的完善离不开道德的约束。法治是底线要求,德治则是高线要求。社会关系纷繁复杂,法律运行具有一定的滞后性。面对新情况、新问题,法律未能及时干预以及未涉及的领域,道德的约束会起到补漏的作用。对于某些具有社会危害性的行为,法律可能束手无策,道德却可以有所作为。一旦时机成熟,可以将某些道德规范提升为法律规范。厉行法治,必须辅以德治,以道德教育、道德自律和道德建设作为法治的后盾。

(2) 以德治涵养自治。德治的柔性支撑作用可以涵养自治意识。相对于法治和自治的"刚性",德治通过融合、引导、教化等功能"春风化雨"般地为自治赢得情感支持和社会认同,不断涵养自治意识。德治涵养自治能力。通过道德的教化和约束功能,将自治理念和规则意识融入乡村自治章程、村规民约,通过日常践行,逐渐外化为人们的行为。良好德治引领社会风尚,推动村民自觉履行自理权利、承担义务,从而提升村民参与乡村自理的能力。德治涵养自治氛围。将德治融入乡村治理全过程,注重发挥乡村道德模范的示范作用,探索建立乡村道德评议会、乡贤议事会等群众性组织,发挥组织引导作用,不断涵养基层自治的氛围。

(三)"三治"融合的具体要求

> 知识点
> "三治"融合的具体要求

"三治"融合,即自治、法治、德治有机结合。按照《乡村振兴战略规划(2018—2022年)》的要求,应做到坚持自治为基、法治为本、德治为先,健全和创新村党组织领导的充满活力的村民自治机制,强化法律权威地位，以德治滋养法治、涵养自治，让德治贯穿乡村治理全过程。以自治增活力，以法治强保障，以德治扬正气，促进法治与自治、德治相辅相成、相得益彰，打造"三治"融合新格局，激发乡村振兴内生动力。

1. 深化村民自治实践，以自治增活力

加强农村群众性自治组织建设。完善农村民主选举、民主协商、民主决策、民主管理、民主监督制度。规范村民委员会等群众性自治组织选举办法，健全民主决策程序。依托村民会议、村民代表会议、村民议事会、村民理事会等，形成民事民议、民事民办、民事民管的多层次基层协商格局。创新村民议事形式，完善议事决策主体和程序，落实群众知情权和决策权。全面建立健全村务监督委员会，健全务实管用的村务监督机制，推行村级事务阳光工程。充分发挥自治章程、村规民约在农村基层治理中的积极作用，弘扬公序良俗。维护村民委员会、农村集体经济组织、农村合作经济组织的特别法人地位和权利。加强农村社区治理创新，继续开展以村民小组或自然村为基本单元的村民自治试点工作，推动乡村治理重心下移，尽可能地把资源、服务、管理下放到基层。加强基层纪委、监委对村民委员会的联系和指导。积极发挥新乡贤作用。创新基层管理体制机制，整合优化公共服务和行政审批职责，打造"一门式办理""一站式服务"的综合服务平台。

2. 推进乡村法治建设，以法治强保障

开展法治乡村建设，坚持法治为本，筑牢法律底线。根据农业农村部《关于全面推进农业农村法治建设的意见》的要求，做好以下几个方面的工作：①完善农业农村法律规范体系。强化重点领域立法，健全立法工作机制，严格规范性文件合法性审核。②提高农业执法监管能力。实施农业综合行政执法能力提升行动，加大重点领域执法力度，加强农业行政执法监督。③提升农业农村普法实效。深入实施普法规划，开展重点专项普法活动，推动法律法规进村入户。④依法全面履行职能。坚持依法科学民主决策，加快转变职能和管理方式，深化"放管服"改革。⑤强化农业农村部门依法治理能力。加强干部法治教育培训，依法化解涉农矛盾纠纷，提升涉农突发事件依法处置能力。⑥强化全面推进农村法治建设的具体保障措施，包括强化组织领导、强化工作力量、强化条件保障、强化激励约束。

3. 提升乡村德治水平，以德治扬正气

弘扬和践行社会主义核心价值观，以农民喜闻乐见的方式，拓展新时代文明实践中心建设，深化群众性精神文明创建活动。弘扬中华优秀传统文化，深入挖掘乡村熟人社会蕴含的道德规范，结合时代要求进行创新，强化道德教化作用，引导农民向上向善、孝老爱亲、重义守信、勤俭持家。建立道德激励约束机制，通过制定村规民约、村民道德公约等自律规范，引导农民自我管理、自我教育、自我服务、自我提高，实现家庭和睦、邻里和谐、干群融洽。深入挖掘、继承创新优秀传统乡土文化，把保护传承和开发利用结合起来，赋予中华农耕文明新的时代内涵。积极发挥新乡贤作用。深入推进移风易俗，开展专项文明行动，推广积分制、道德评议会、红白理事会等做法，遏制大操大办、厚葬薄养、人情攀比等陈规陋习。广泛开展好媳妇、好儿女、好公婆等评选表彰活动，开展寻找最美乡村教师、医生、家庭等活动。深入宣传道德模范、身边好人的典型事迹，弘扬真善美，传播正能量。深化农村殡葬改革。推动形成文明乡风、良好家风、淳朴民风。依法加大对农村非法宗教活动和境外渗透活动的打击力度，依法制止利用宗教干预农村公共事务。

"三治"融合，核心在"治"。"治理"的重点，一是要明确自治、法治、德治三者各有不同定位和治理目标。以自治共治共享，以法治定纷止争，以德治春风化雨。自治以基层群众自治制度为基础，自治为基，强调自治是构建乡村治理体系的核心和基石。以自治增活力，村民自治的目标是强化村民的主体意识，提高村民参与农村公共事务管理的积极性，让村民自己"说事、议事、主事"，凸显村民在乡村治理中的主体地位。法治以国家法律规范为准绳，法治为本，强调法治是乡村有效治理的根本保障。法治的治理目标在于以法治强保障。在未来的乡村治理进程中，适用法治的内容会逐步增多。德治从乡村内在文化价值层面出发，以道德规范约束和教化村民的行为。德治为先，强调德治在乡村治理体系中的先导性作用。德治的治理目标在于以德治扬正气，可以降低自治和法治的成本，降低农村社会运行的成本。二是要突出"三治"融合的治理主体意识。深化村民自治实践的重点，在于引导全体村民在参与农村公共事务管理中形成共同体价值的内心自觉，形成乡村内生秩序；加强法治建设的重点，在于培养村民的权利义务意识和规则意识，提升村民的法治观念和法治素养；倡导乡村德治的重点，在于滋养村民的道德尊严感。

"三治"融合，关键在"融"，即自治、法治、德治三者交融互通、有机结合。要从系统性、体系化视角理解"三治"融合，而不能将自治、法治、德治概念简单并列、相加或相乘。合理定位自治、法治、德治三者在乡村治理中的作用，以法治保障自治和德治，以德治滋养法治、涵养自治，在自治中体现法治和信守德治，不断完善乡村治理体系。自治、法治、德治三者的边界是动态变化的。"三治"融合是一种理念，是一种工作方法，应该积极探索"三治"融合的有效实现形式。总体而言，自治强调治理主体，对应的是"他治"，应充分发挥农民治理主体的作用，促进治理主体多元化、治理结构合理化和内外部规则现代化；法治强调社会治理方式，对应的是"人治"，应推进法治乡村建设，以法治保障自治和德治；"德治"强调治理"资源"，应充分挖掘和整合乡村善治资源。"三治"融合的关键在于健全"三治"融合乡村治理体系，建立健全党组织领导的自治、法治、德治相结合的领导体制和工作机制，构建"三治"

融合长效落实的保障机制，强化法律权威地位，以德治滋养法治、涵养自治，向现代科技借力，整合乡村资源，不断推进自治、法治、德治有机结合。开展乡村治理体系建设试点和乡村治理示范村镇创建，推广乡村治理创新性典型案例经验，探索"三治"融合、形式多样的乡村治理模式，助力乡村振兴的生动实践。

二、乡村治理体系和治理能力现代化

2013年11月，党的十八届三中全会创造性地提出："全面深化改革的总目标是完善和发展中国特色社会主义制度，推进国家治理体系和治理能力现代化。"党的十九大报告进一步提出，坚持全面深化改革，"推进国家治理体系和治理能力现代化"。到2035年，"国家治理体系和治理能力现代化基本实现"。到21世纪中叶，"实现国家治理体系和治理能力现代化"。"治理体系和治理能力现代化"成为党和国家的工作重点和普遍遵循。乡村治理是国家治理的基石，乡村治理体系和治理能力现代化是国家治理体系和治理能力现代化的关键组成部分，实现乡村有效治理是乡村振兴的重要内容。党中央、国务院高度重视乡村治理工作。2019年6月，为深入贯彻落实党的十九大精神和《中共中央 国务院关于实施乡村振兴战略的意见》部署要求，推进乡村治理体系和治理能力现代化，夯实乡村振兴基层基础，中共中央办公厅、国务院办公厅印发《关于加强和改进乡村治理的指导意见》，以实现乡村治理体系和治理能力现代化为导向，就加强和改进乡村治理提出了总体目标、主要任务、组织实施等，进行了明确部署和具体安排。

（一）乡村治理体系和治理能力现代化的总体目标

《关于加强和改进乡村治理的指导意见》明确了乡村治理体系和治理能力现代化的总体目标。按照实施乡村振兴战略的总体要求，坚持和加强党对乡村治理的集中统一领导，坚持把夯实基层基础作为固本之策，坚持把治理体系和治理能力建设作为主攻方向，坚持把保障和改善农村民生、促进农村和谐稳定作为根本目的，建立健全党委领导、政府负责、社会协同、公众参与、法治保障、科技支撑的现代乡村社会治理体制，健全党组织领导的自治、法治、德治相结合的乡村治理体系，构建共建共治共享的社会治理格局，走中国特色社会主义乡村善治之路。《关于加强和改进乡村治理的指导意见》为乡村治理体系和治理能力现代化勾画了明确的时间表和路线图。"到2020年，现代乡村治理的制度框架和政策体系基本形成，农村基层党组织更好发挥战斗堡垒作用，以党组织为领导的农村基层组织建设明显加强，村民自治实践进一步深化，村级议事协商制度进一步健全，乡村治理体系进一步完善。到2035年，乡村公共服务、公共管理、公共安全保障水平显著提高,党组织领导的自治、法治、德治相结合的乡村治理体系更加完善,乡村社会治理有效、充满活力、和谐有序,乡村治理体系和治理能力基本实现现代化。"

(二) 加强和改进乡村治理体系和治理能力现代化的基本措施

近年来,党中央、国务院及时决策、科学部署,加快推进乡村治理体系和治理能力现代化,成效显著。农村基层组织建设不断加强,乡村治理内容和乡村治理手段日益丰富,乡村治理体系不断完善,农村基本公共服务有所改善,农村社会日趋和谐稳定,农民的获得感、幸福感、安全感不断增强。当然,我国在乡村治理理念、治理方式、治理手段方面还存在许多难题,乡村治理体系和治理能力现代化水平还不高。在总结全国各地近年来乡村治理创新实践和经验的基础上,以实现乡村治理体系和治理能力现代化为目标,《关于加强和改进乡村治理的指导意见》围绕建设善治乡村,明确了当前和今后一个时期加强和改进乡村治理七个方面的基本措施。

1. 强化乡村治理的党建工作

(1) 完善村党组织领导乡村治理的体制机制。建立以基层党组织为领导、村民自治组织和村务监督组织为基础、集体经济组织和农民合作组织为纽带、其他经济社会组织为补充的村级组织体系。村党组织全面领导村民委员会及村务监督委员会、村集体经济组织、农民合作组织和其他经济社会组织。村民委员会要履行基层群众性自治组织功能,增强村民自我管理、自我教育、自我服务能力。村务监督委员会要发挥在村务决策和公开、财产管理、工程项目建设、惠农政策措施落实等事项上的监督作用。集体经济组织要发挥在管理集体资产、合理开发集体资源、服务集体成员等方面的作用。农民合作组织和其他经济社会组织要依照国家法律和各自章程充分行使职权。健全村级重要事项、重大问题由村党组织研究讨论机制,全面落实"四议两公开"。加强基本队伍、基本活动、基本阵地、基本制度、基本保障建设,实施村党组织带头人整体优化提升行动。发展壮大村级集体经济。规范村两委换届机制,纯洁村干部队伍。坚持抓乡促村,落实县乡党委抓农村基层党组织建设和乡村治理的主体责任。落实乡镇党委直接责任,及时发现并研究解决农村基层党组织建设、乡村治理和群众生产生活等问题。

(2) 发挥党员在乡村治理中的先锋模范作用。组织党员在议事决策中宣传党的主张,执行党组织决定。组织开展党员联系农户、党员户挂牌、承诺践诺、设岗定责、志愿服务等活动,推动党员在乡村治理中带头示范,带动群众全面参与。密切党员与群众的联系,了解群众思想状况,帮助解决实际困难,加强对贫困人口、低保对象、留守儿童和妇女、老年人、残疾人、特困人员等人群的关爱服务,引导农民群众自觉听党话、感党恩、跟党走。

2. 加强乡村治理的组织建设

（1）规范村级组织工作事务。清理整顿村级组织承担的行政事务多、各种检查评比事项多问题，切实减轻村级组织负担。各种政府机构原则上不在村级建立分支机构，不得以行政命令方式要求村级承担有关行政性事务。交由村级组织承接或协助政府完成的工作事项，要充分考虑村级组织承接能力，实行严格管理和总量控制。从源头上清理规范上级对村级组织的考核评比项目，鼓励各地实行目录清单、审核备案等管理方式。规范村级各种工作台账和各类盖章证明事项。推广村级基础台账电子化，建立统一的"智慧村庄"综合管理服务平台。

（2）增强村民自治组织能力。健全党组织领导的村民自治机制，完善村民（代表）会议制度，推进民主选举、民主协商、民主决策、民主管理、民主监督实践。进一步加强自治组织规范化建设，拓展村民参与村级公共事务平台，发展壮大治保会等群防群治力量，充分发挥村民委员会、群防群治力量在公共事务和公益事业办理、民间纠纷调解、治安维护协助、社情民意通达等方面的作用。

（3）丰富村民议事协商形式。健全村级议事协商制度，形成民事民议、民事民办、民事民管的多层次基层协商格局。创新协商议事形式和活动载体，依托村民会议、村民代表会议、村民议事会、村民理事会、村民监事会等，鼓励农村开展村民说事、民情恳谈、百姓议事、妇女议事等各类协商活动。

（4）全面实施村级事务阳光工程。完善党务、村务、财务"三公开"制度，实现公开经常化、制度化和规范化。梳理村级事务公开清单，及时公开组织建设、公共服务、脱贫攻坚、工程项目等重大事项。健全村务档案管理制度。推广村级事务"阳光公开"监管平台，支持建立"村民微信群""乡村公众号"等，推进村级事务即时公开，加强群众对村级权力有效监督。规范村级会计委托代理制，加强农村集体经济组织审计监督，开展村干部任期和离任经济责任审计。

3. 加强乡村治理的思想建设

（1）积极培育和践行社会主义核心价值观。坚持教育引导、实践养成、制度保障三管齐下，推动社会主义核心价值观落细落小落实，融入文明公约、村规民约、家规家训。通过新时代文明实践中心、农民夜校等渠道，组织农民群众学习习近平新时代中国特色社会主义思想，广泛开展中国特色社会主义和实现中华民族伟大复兴的"中国梦"宣传教育，用中国特色社会主义文化、社会主义思想道德牢牢占领农村思想文化阵地。完善乡村信用体系，增强农民群众诚信意识。推动农村学雷锋志愿服务制度化常态化。加强农村未成年人思想道德建设。

（2）实施乡风文明培育行动。弘扬崇德向善、扶危济困、扶弱助残等传统美德，培育淳朴民风。开展好家风建设，传承传播优良家训。全面推行移风易俗，整治农村婚丧大操大办、高额彩礼、铺张浪费、厚葬薄养等不良习俗。破除丧葬陋习，树立殡葬新风，推广与保护耕地相适应、与现代文明相协调的殡葬习俗。加强村规民约建设，强化党组织领导和把关，实现村规民约行政村全覆盖。依靠群众因地制宜制定村规民约，提倡把喜事新办、丧事简办、弘扬孝道、尊老爱幼、扶残助残、和谐敦睦等内容纳入村规民约。以法律法规为依据，规范完善村规民约，确保制定过程、条文内容合法合规，防止一部分人侵害另一部分人的权益。建立健全村规民约监督和奖惩机制，注重运用舆论和道德力量促进村规民约有效实施，对违背村规民约的，在符合法律法规前提下运用自治组织的方式进行合情合理的规劝、约束。发挥红白理事会等组织的作用。鼓励地方对农村党员干部等行使公权力的人员，建立婚丧事宜报备制度，加强纪律约束。

（3）发挥道德模范引领作用。深入实施公民道德建设工程，加强社会公德、职业道德、家庭美德和个人品德教育。大力开展文明村镇、农村文明家庭、星级文明户、五好家庭等创建活动，广泛开展农村道德模范、最美邻里、身边好人、新时代好少年、寻找最美家庭等选树活动，开展乡风评议，弘扬道德新风。

4. 加强乡村治理的文化建设

加强农村文化引领。加强基层文化产品供给、文化阵地建设、文化活动开展和文化人才培养。传承发展提升农村优秀传统文化，加强传统村落保护。结合传统节日、民间特色节庆、农民丰收节等，因地制宜广泛开展乡村文化体育活动。加快乡村文化资源数字化，让农民共享城乡优质文化资源。挖掘文化内涵，培育乡村特色文化产业，助推乡村旅游高质量发展。加强农村演出市场管理，营造健康向上的文化环境。

5. 加强乡村治理的法治建设

（1）推进法治乡村建设。规范农村基层行政执法程序，加强乡镇行政执法人员业务培训，严格按照法定职责和权限执法，将政府涉农事项纳入法治化轨道。大力开展"民主法治示范村"创建，深入开展"法律进乡村"活动，实施农村"法律明白人"培养工程，培育一批以村干部、人民调解员为重点的"法治带头人"。深入开展农村法治宣传教育。

（2）加强平安乡村建设。推进农村社会治安防控体系建设，落实平安建设领导责任制，加强基础性制度、设施、平台建设。加强农村警务工作，大力推行"一村一辅警"机制，扎实开展智慧农村警务室建设。加强对社区矫正对象、刑满释放人员等特殊人群的服务管理。深入推进扫黑除恶专项斗争，健全防范打击长效机制。加强农民群众拒毒防毒宣传教育，依法打击整治毒品违法犯罪活动。依法加大对农村非法宗教活动、邪教活动打击力度，制止利用宗教、邪教干预农村公共事务，大力整治农村乱建宗教活动场所、滥塑宗教造像。推进农村地区技防系统建设，加强公共安全视频监控建设联网应用工作。健全农村公共安全体系，强化农村安全生产、防灾减灾救灾、食品、药品、交通、消防等安全管理责任。

（3）健全乡村矛盾纠纷调处化解机制。坚持发展新时代"枫桥经验"，做到"小事不出村、大事不出乡"。健全人民调解员队伍，加强人民调解工作。完善调解、仲裁、行政裁决、行政复议、诉讼等有机衔接、相互协调的多元化纠纷解决机制。发挥信息化支撑作用，探索建立"互联网+网格管理"服务管理模式，提升乡村治理智能化、精细化、专业化水平。强化乡村信息资源互联互通，完善信息收集、处置、反馈工作机制和联动机制。广泛开展平安教育和社会心理健康服务、婚姻家庭指导服务。推动法院跨域立案系统、检察服务平台、公安综合窗口、人民调解组织延伸至基层，提高响应群众诉求和为民服务能力水平。

（4）加大基层小微权力腐败惩治力度。规范乡村小微权力运行，明确每项权力行使的法规依据、运行范围、执行主体、程序步骤。建立健全小微权力监督制度，形成群众监督、村务监督委员会监督、上级部门监督和会计核算监督、审计监督等全程实时、多方联网的监督体系。织密农村基层权力运行"廉政防护网"，大力开展农村基层微腐败整治，推进农村巡察工作，严肃查处侵害农民利益的腐败行为。

6. 加强乡村治理的服务体系建设

（1）加强农村法律服务供给。充分发挥人民法庭在乡村治理中的职能作用，推广车载法庭等巡回审判方式。加强乡镇司法所建设。整合法学专家、律师、政法干警及基层法律服务工作者等资源，健全乡村基本公共法律服务体系。深入推进公共法律服务实体、热线、网络平台建设，鼓励乡镇党委和政府根据需要设立法律顾问和公职律师，鼓励有条件的地方在村民委员会建立公共法律服务工作室，进一步加强村法律顾问工作，完善政府购买服务机制，充分发挥律师、基层法律服务工作者等在提供公共法律服务、促进乡村依法治理中的作用。

（2）提升乡镇和村为农服务能力。充分发挥乡镇服务农村和农民的作用，加强乡镇政府公共服务职能，加大乡镇基本公共服务投入，使乡镇成为为农服务的龙头。推进"放管服"改革和"最多跑一次"改革向基层延伸，整合乡镇和县级部门派驻乡镇机构承担的职能相近、职责交叉工作事项，建立集综合治理、市场监管、综合执法、公共服务等于一体的统一平台。构建县乡联动、功能集成、反应灵敏、扁平高效的综合指挥体系，着力增强乡镇统筹协调能力，发挥好乡镇服务、带动乡村作用。大力推进农村社区综合服务设施建设，引导管理服务向农村基层延伸，为农民提供"一门式办理""一站式服务"，构建线上线下相结合的乡村便民服务体系。将农村民生和社会治理领域中属于政府职责范围且适合通过市场化方式提供的服务事项，纳入政府购买服务指导性目录。推动各级投放的公共服务资源以乡镇、村党组织为主渠道落实。

（3）支持多方主体参与乡村治理。加强妇联、团支部、残协等组织建设，充分发挥其联系群众、团结群众、组织群众参与民主管理和民主监督的作用。积极发挥服务性、公益性、互助性社区社会组织作用。坚持专业化、职业化、规范化，完善培养选拔机制，拓宽农村社工人才来源，加强农村社会工作专业人才队伍建设，着力做好老年人、残疾人、青少年、特殊困难群体等重点对象服务工作。探索以政府购买服务等方式，支持农村社会工作和志愿服务发展。

7. 加强乡村治理的工作机制建设

乡村治理体系和治理能力现代化的实现依赖乡村治理实践。《关于加强和改进乡村治理的指导意见》不仅提出了许多行之有效的政策举措，而且明确强调要重视乡村治理的组织实施保障，加大工作力度，尽快落实落地，确保取得实效。

（1）加强组织领导。各级党委和政府把乡村治理工作摆在重要位置，纳入经济社会发展总体规划和乡村振兴战略规划。将加强和改进乡村治理工作纳入乡村振兴考核，将党组织领导的乡村治理工作作为述职评议考核的重要内容，推动层层落实责任。各省（自治区、直辖市）党委和政府每年向党中央、国务院报告推进实施乡村振兴战略进展情况时，要将乡村治理工作情况作为重要内容。开展乡村治理试点示范，及时研究解决工作中遇到的重大问题。

（2）建立协同推进机制。加强乡村治理体系建设，需要严格落实责任，加强部门联动，建立乡村治理工作协同运行机制。党委农村工作部门要发挥牵头抓总作用，强化统筹协调、具体指导和督促落实，对乡村治理工作情况开展督导，对乡村治理政策措施开展评估。组织、宣传、政法、民政、司法行政、公安等相关部门要按照各自职责，强化政策、资源和力量配备，加强工作指导，做好协同配合，形成工作合力。

（3）强化各项保障。各级党委和政府要加强乡村治理人才队伍建设，充实基层治理力量，聚合引导各类人才，引导他们在乡村治理中发挥积极作用。要加大投入保障，落实乡村治理经费。有计划、分层次开展村干部培训。激励干部新时代新担当新作为，鼓励各地创新乡村治理机制。组织开展乡村治理示范村镇创建活动，大力选树宣传乡村治理各类先进典型，营造良好舆论氛围。

（4）加强分类指导。各级党委和政府要结合本地实际，围绕加强和改进乡村治理的主要任务，分类确定落实措施。对于需要普遍执行和贯彻落实的政策措施，要加大工作力度，逐级压实责任，明确时间进度。对于需要继续探索的事项，要组织开展改革试点，勇于探索创新。对于鼓励提倡的做法，要有针对性地借鉴吸收，形成适合本地的乡村治理机制。

> **谈观点**
>
> 请谈谈以乡村治理体系和治理能力现代化为目标，加强和改进乡村治理应做好哪些工作。

03 第三节　村民自治制度

一、村民自治制度沿革

在我国传统的社会秩序与社会规则中，熟人社会中的个体彼此保持着很强的关联，农村治理带有很强的以亲属系统为中心的差序格局和阶级特性，中央政府会避免直接介入村庄事务。"皇权不下县，县下唯乡绅"便是这一状态的写照。虽然自明朝起我国开始实行保甲制度，但乡村社会的实际控制权依然掌握在家族长老手中。这种依托士绅群体道德的自治模式实现了农村社会最低层次的稳定。19世纪中叶，国内外环境的变化促使国家开始调整对农村的治理模式。国家权力逐步向农村渗透，意图通过强有力的社会动员和资源汲取实现政局稳定和工业发展。然而，自治模式瓦解的同时，新的替代模式尚未建立，造成该时期我国农村出现了诸多混乱。中华人民共和国成立后至党的十一届三中全会前，党和国家为了实现国家统一与富强，持续推进工业化建设，同时也实现了对农村社会的强有力的动员，提升了对农村资源的汲取能力。建立了以人民公社为中心的社会治理体制，改变了中华人民共和国成立前农村社会一盘散沙的状态，建立了高度统一的社会秩序。但由于人民公社体制挫伤了农民生产生活的积极性与创造性，因此随着国家工业化积累的完成，20世纪70年代末我国开始了影响深远的农村改革。

（一）村民自治制度的历史发展

党的十一届三中全会后，广大农村兴起了以家庭联产承包责任制为内容的农村改革，农村社会发生了历史性变化。一方面，改革使农民拥有了经营自主权，增强了农民直接参与村庄要事决策及农村管理的要求和愿望；另一方面，人民公社的部分权力开始从农村退出，一些地方基层组织逐步瘫痪，原来事关农民利益的社会职能，如维护社会治安、公共设施建设、土地管理、水利管理等无人问津，乡村治理出现了权力真空，急需新型社会组织出现。为了有效处理乡村公共事务，许多地方创造性地发展出村民自治的村级治理模式。在得到中央政府的肯定和推广并通过立法给予规范后，村民自治制度成为我国农村长期坚持并实行的基层民主制度。回溯历史，村民自治制度的发展，主要经历了以下四个阶段：

第一阶段，村民自治制度萌芽时期（1980年初至1982年《宪法》颁布）。1980年初，由于人民公社解散和生产大队瓦解，农村公共事务管理出现真空。在广西壮族自治区河池地区宜山、罗城两县的一些农村，村民自发召开村民会议，选举产生了一个负责全村公共事务管理的全新组织——村民委员会。村民委员会最初的功能是维护社会治安以及集体水利设施建设，后来逐步扩大到对农村基层社会、政治、经济生活中诸多事务进行管理，村民委员会的性质也逐步转向群众性自治组织。1982年4月，宜山、罗城两县共有675个村建立了村民委员会，占两县自然村总数的15%左右。与此同时，四川、河南、山东等省的一些农村地区也陆续出现了村民委员会式的组织。

第二阶段，村民自治制度创立时期（1982年至1987年《村民委员会组织法（试行）》通过前夕）。1982年，党的十二大报告指出，要发展基层社会生活的群众自治。同年底，第五届全国人民代表大会第五次会议通过新《宪法》。新《宪法》第一百一十一条指出："城市和农村按居民居住地区设立的居民委员会或者村民委员会是基层群众性自治组织。居民委员会、村民委员会的主任、副主任和委员由居民选举。居民委员会、村民委员会同基层政权的相互关系由法律规定。"至此，村民委员会及村民自治由《宪法》以根本法的形式确立了法律地位，《宪法》也明确指出了农村社会管理实行村民自治的基本方向。1983年10月，《中共中央 国务院关于实行政社分开建立乡政府的通知》正式废除了人民公社体制，对建立村民委员会的工作提出了具体要求，村民自治随之在全国逐步推广。不久，全国各地根据《宪法》要求，结合本地实际进行了建立村民委员会的试点，村民委员会的成立进入普遍的、具体的实施阶段。1987年《村民委员会组织法（试行）》颁布前夕，除个别省份外，全国农村绝大多数地区建立了村民委员会。

第三阶段，村民自治制度规范化时期（1987年《村民委员会组织法（试行）》通过至1998年《村民委员会组织法》施行)。村民自治制度框架在该阶段基本形成并逐渐规范化。1987年11月24日,第六届全国人民代表大会常务委员会第二十三次会议通过《村民委员会组织法(试行)》。这部法律依据《宪法》规定,对村民委员会的性质、地位、职责、产生方式、组织机构和工作方式以及村民会议的权力和组织形式等做了全面规定。此后,全国各地开始贯彻实施《村民委员会组织法(试行)》,在实践中逐步建立和完善了村民自治的各项制度。1990年中共中央19号文件和中共十四届四中全会都强调,要在加强农村基层组织建设中,进一步推进村民自治,加强村民委员会建设。1990年9月,民政部发出《民政部关于在全国农村开展村民自治示范活动的通知》,全国各地普遍开展了村民自治示范活动。1994年2月,民政部发布《全国农村村民自治示范活动指导纲要(试行)》。该纲要对村民自治示范活动的目标、任务、指导方针、具体措施等做了全面、系统的规定,并第一次明确提出要建立民主选举、民主决策、民主管理、民主监督四项民主制度,使全国农村村民自治示范活动开始走向规范化和制度化。在村民自治模范单位的影响和促进下,全国农村村民自治示范活动不断深入。1994年中央召开全国农村基层组织建设工作会议,民政部提出和总结的"完善村民选举、村民议事、村务公开、村规民约等制度"正式被会议明确为必须达到的要求。1997年9月,党的十五大报告突出强调要扩大基层民主,进一步完善民主选举制度和村务公开制度。1998年6月,《中共中央办公厅 国务院办公厅关于在农村普遍实行村务公开和民主管理制度的通知》对完善四项民主制度,尤其是民主决策、民主管理、民主监督制度,提出了更具体的要求。党的十五届三中全会指出"扩大基层民主,实行村民自治,是党领导亿万农民建设有中国特色社会主义民主政治的伟大创造"。至此,从思想认识分歧较多到逐步统一,从示范探索到基本普及,以"民主选举、民主决策、民主管理、民主监督"为主要内容的村民自治制度框架基本形成并逐渐规范化。

第四阶段,村民自治制度进一步发展期(1998年至今)。村民自治制度从基本普及到全面展开再到进一步发展和制度化,从推进"四个民主"到开展农村社区建设再到乡村振兴,村民自治制度体系愈发完善,自治组织逐步健全,民主形式更加多样,民主自治理念和技术程序深入人心。2007年,党的十七大报告史无前例地把基层群众自治制度确立为我国社会主义政治的四项制度之一,把坚持和完善基层群众自治制度作为坚持中国特色社会主义政治发展道路的重要内容,村民自治的地位得到了重大提升。为适应农村经济社会发展和城乡户籍制度、农村税费制度改革深化的需要,在总结村民自治实践经验基础上,全国人民代表大会常务委员会先后对《村民委员会组织法》的部分内容进行了修订或修正。针对村民自治中出现的新情况、新问题,2021年4月29日第十三届全国人民代表大会常务委员会第二十八次会议通过的《乡村振兴促进法》对村民自治制度提出了新的要求,强化了乡镇党委和村党组织对村民自治的领导，同时也将农村集体经济组织纳入村民自治的范畴。

从第一个村民委员会成立至今，历经 40 多年的村民自治制度在农村显示出强大的生命力。村民委员会民主决策机制、村务公开制度、村干部离任审计等在全国广泛开展。在党和国家有效领导和广大农民自主创造的双重推动下，我国农村基层民主制度体系日益完善，组织载体日益健全，自治内容不断丰富，实践形式更加多样。当前我国农村正在发生新的变革，农村社会结构快速变动，社会利益格局和农民的思想观念发生了深刻变化，农民民主意识、法制意识不断增强。保障农民依法行使民主权利，健全村党组织领导的充满活力的村民自治制度，已经成为密切党群干群关系、维护农村社会和谐稳定、促进农村经济发展与乡村振兴的重要保证，成为中国特色社会主义民主政治的重要组成部分。

（二）村民自治的性质

村民自治是指广大农民群众采用民主选举、民主决策、民主管理、民主监督的方式，对本村公共事务、公益事业、集体资源实行自我管理、自我教育、自我服务、自我监督的一项基层民主制度。村民自治是社会主义民主在农村最广泛的实践形式之一，是法律赋予村民的一项基本民主权利。

1. 村民自治体现了社会主义的本质要求

实行村民自治，扩大农村基层民主，是党领导亿万农民群众建设中国特色社会主义民主政治的伟大创造。村民自治的实施，有利于把公道正派、依法办事、带头实干、热心为群众服务的人选进村民委员会；有利于调动广大农民群众当家做主的积极性、主动性，增强农民群众的自主意识、竞争意识、民主法制意识；有利于坚持党的全心全意为人民服务的根本宗旨，密切党同农民群众的血肉联系，巩固党在农村的执政基础，更好地实现最广大农民群众的根本利益。

2. 村民自治是多层次的统一体

村民自治是发生在群众组织范畴内的活动，是发生在法律确定的村民委员会这个基层群众性自治组织中的活动。村民自治的地域范围是村，即与农村居民生活联系十分紧密的社区，这是农村最基本的组织单位。村民自治体现和维护的是绝大多数村民的意志和利益。村民自治既是国家把村基层组织的事务划归属地村民自己处理，也是国家把自治作为村民权利的实现形式，即以法律的形式赋予村民自我管理、自我教育、自我服务、自我监督的权利。对于村民自治范围内的事项，任何组织和个人不得干预。

3. 村民自治体现了村民意志与国家意志的统一

村民自治是一种制度化的民主形式，村民自治的主体、内容、组织形式和运作方式均由国家法律法规安排，充分尊重村民意志，体现国家意志。同时，村民自治需要在法制轨道上运行，村民自治章程、村规民约不能违反国家法律的相关规定。随着脱贫攻坚战的胜利和乡村振兴的全面实施，国家在农村地区投入了大量的公共基础设施建设资金，为村民自治的实现保驾护航。

二、村民自治制度的基本内容

村民自治是农村居民根据法律自主管理本村事务的基层民主制度，是中国特色社会主义民主的一种重要形式，是新的历史条件下农村治理的一种有效方式。2021年出台的《乡村振兴促进法》将村民委员会与农村集体经济组织都纳入村民自治的范畴，但截至目前，关于村民自治的主要规定还是集中在《村民委员会组织法》中，因此，本部分将重点讨论村民委员会的内容。

（一）村民委员会的组成

村民委员会由主任、副主任和委员3~7人组成。村民委员会每届任期5年，成员可以连选连任。村民委员会成员中，应当有妇女成员，多民族村民居住的村应当有人数较少的民族的成员。村民委员会根据需要设人民调解、治安保卫、公共卫生与计划生育等委员会。村民委员会成员可以兼任下属委员会的成员。人口少的村的村民委员会可以不设下属委员会，由村民委员会成员分工负责人民调解、治安保卫、公共卫生与计划生育等工作。村民委员会成员不脱离生产，根据工作情况，可以给予适当补贴。

（二）村民委员会的职责

1. 生产服务协调

根据《村民委员会组织法》第八条第一款的规定，村民委员会应当支持和组织村民依法发展各种形式的合作经济和其他经济，承担本村生产的服务和协调工作，促进农村生产建设和经济发展。实践中，村民委员会对集体经济组织和村民的生产经营活动提供协调服务，但需要处理好与集体经济组织的关系，不得侵犯集体经济组织独立进行生产经营活动的权利。《村民委员会组织法》第八条第三款规定，村民委员会应当尊重并支持集体经济组织依法独立进行经济活动的自主权，维护以家庭承包经营为基础、统分结合的双层经营体制，保障集体经济组织和村民、承包经营户、联户或者合伙的合法财产权和其他合法权益。

2. 绿色发展职责

根据《村民委员会组织法》第八条第二款的规定，村民委员会依照法律规定，管理本村属于村农民集体所有的土地和其他财产，引导村民合理利用自然资源，保护和改善生态环境。

3. 开展精神文明建设

根据《村民委员会组织法》第九条和第十条的规定，村民委员会应当宣传宪法、法律、法规和国家的政策，教育和推动村民履行法律规定的义务、爱护公共财产，维护村民的合法权益，发展文化教育，普及科技知识，促进男女平等，做好计划生育工作，促进村与村之间的团结、互助，开展多种形式的社会主义精神文明建设活动。村民委员会应当支持服务性、公益性、互助性社会组织依法开展活动，推动农村社区建设。多民族村民居住的村，村民委员会应当教育和引导各民族村民增进团结、互相尊重、互相帮助。

4. 实施"三治"融合

村民委员会及其成员应当遵守宪法、法律、法规和国家的政策，遵守并组织实施村民自治章程、村规民约，执行村民会议、村民代表会议的决定、决议，办事公道，廉洁奉公，热心为村民服务，接受村民监督。

（三）村民自治权利的构成

我国村民自治主要包括以直接选举、公正有序为基本要求的民主选举，以村民会议、村民代表会议、村民议事为主要形式的民主决策，以自我管理、自我教育、自我服务、自我监督为基本原则的民主管理，以村务公开、财务监督、群众评议为主要内容的民主监督。根据《村民委员会组织法》的规定，村民自治权利具体包括如下方面：

> 🔍 知识点
> 村民自治权利的构成

1. 选举权与被选举权

民主选举是村民自治的一项基本内容和关键环节，是村民自治的前提。选举权是指村民有直接选举村民委员会主任、副主任和委员的权利。选举权是村民自治的基本政治权利，也是村民自治的首要内容。被选举权是指村民有被选举为村民委员会主任、副主任或者委员的权利。由选举权和被选举权派生的具体权利有：

（1）推选权。推选权即推选村民选举委员会成员的权利。根据《村民委员会组织法》的规定，村民委员会的选举，由村民选举委员会主持。村民选举委员会由主任和委员组成，成员由村民会议、村民代表会议或者各村民小组会议推选产生。村民选举委员会成员被提名为村民委员会成员候选人，应当退出村民选举委员会。村民选举委员会成员退出村民选举委员会或者因其他原因出缺的，按照原推选结果依次递补，也可以另行推选。村党支部领导班子成员按照规定的推选程序担任村民选举委员会成员，不能硬性规定或由组织指定、委派。

（2）提名权。提名权即直接提名候选人的权利。选举村民委员会，由登记参加选举的村民直接提名候选人，不能用组织提名代替村民提名。村民提名候选人，应当从全体村民利益出发，推荐奉公守法、品行良好、公道正派、热心公益、具有一定文化水平和工作能力的村民为候选人。候选人的名额应当多于应选名额，并通过预选或按村民提名得票数多少确定，不能由少数人甚至个别人说了算。候选人确定后必须张榜公布，村民选举委员会应当组织候选人与村民见面，由候选人介绍履行职责的设想，回答村民提出的问题。选举村民委员会，有登记参加选举的村民过半数投票，选举有效；候选人获得参加投票的村民过半数的选票，始得当选。当选人数不足应选名额的，不足的名额另行选举。另行选举的，第一次投票未当选的人员得票多的为候选人，候选人以得票多的当选，但是所得票数不得少于已投选票总数的三分之一。

（3）投票权。投票权即村民通过投票选举村民委员会组成人员的权利。年满十八周岁的村民，不分民族、种族、性别、职业、家庭出身、宗教信仰、教育程度、财产状况、居住期限，都有选举权和被选举权；但是，依照法律被剥夺政治权利的人除外。考虑到实践中一些村民外出务工或者有其他活动无法在选举期间如期回村参加选举，《村民委员会组织法》规定了委托投票制度，以保障外出村民参加选举的权利。对于户籍不在本村，但在本村居住已一年以上的公民，在经过本人申请和村民会议或村民代表会议同意后，亦可参加选举。选举村民委员会，有登记参加选举的村民过半数投票，选举有效；候选人获得参加投票的村民过半数的选票，始得当选。当选人数不足应选名额的，不足的名额另行选举。另行选举的，第一次投票未当选的人员得票多的为候选人，候选人以得票多的当选，但是所得票数不得少于已投选票总数的三分之一。选举时，应当设立秘密写票处。选举实行无记名投票、公开计票的方法，选举结果应当场公布，同时严格控制流动票箱的使用。

（4）举报权。举报权即举报选举中不正当行为的权利。对以暴力、威胁、欺骗、贿赂、伪造选票、虚报选举票数等不正当手段，妨害村民行使选举权、被选举权，破坏村民委员会选举的行为，村民有权向乡、民族乡、镇的人民代表大会和人民政府或者县级人民代表大会常务委员会和人民政府及其有关主管部门举报，由乡级或者县级人民政府负责调查并依法处理。

（5）罢免权。罢免权即罢免不合格村民委员会成员的权利。对不称职的村民委员会成员，本村五分之一以上有选举权的村民或者三分之一以上的村民代表联名，可以提出罢免村民委员会成员的要求。罢免村民委员会成员，须有登记参加选举的村民过半数投票，并须经投票的村民过半数通过。罢免权只能由村民行使，任何组织或者个人不得直接撤换村民委员会成员，不得以"停职诫勉""离岗教育"等方式变相撤换村民委员会成员。

2. 决策权

村民自治决策权是指村民通过村民会议，以直接参与的形式，按照平等和少数服从多数的原则，对涉及村民自治范围内的重大事务拥有共同讨论决定的权利。村民会议是全体村民的自治权力机构，具有最高决策权，凡涉及全体村民利益的重大事务都必须由全体村民共同决定。村民自治决策权原则上实行的是少数服从多数的民主决策机制，具体由以下三个方面权利构成：

> 知识点
> 村民自治决策权

（1）知情权。根据《村民委员会组织法》的规定，知情权主要由村民委员会公开村务和村民委员会向村民会议报告工作两方面组成。村民有权及时知晓村里事务和决策事务的进展情况。

（2）提议权。提议权是指村民有提请召开村民会议、村民代表会议的权利。根据《村民委员会组织法》的规定，有十分之一以上的村民或者三分之一以上的村民代表提议，应当召集村民会议；有五分之一以上的村民代表提议，应当召集村民代表会议。

（3）决定权。村民对涉及村庄范围内切身利益的事项均享有讨论决定的权利。《村民委员会组织法》明确规定了须经村民会议讨论决定方可办理的事项，主要包括：①本村享受误工补贴的人员及补贴标准；②从村集体经济所得收益的使用；③本村公益事业的兴办和筹资筹劳方案及建设承包方案；④土地承包经营方案；⑤村集体经济项目的立项、承包方案；⑥宅基地的使用方案；⑦征地补偿费的使用、分配方案；⑧以借贷、租赁或者其他方式处分村集体财产；⑨村民会议认为应当由村民会议讨论决定的涉及村民利益的其他事项。

3. 建章立制权

建章立制权是指村民具有制定村民自治章程和村规民约等的权利。建章立制是村民民主管理制度化的重要标志。《村民委员会组织法》规定，村民会议可以制定和修改村民自治章程、村规民约，并报乡、民族乡、镇的人民政府备案。村民自治章程、村规民约以及村民会议或者村民代表会议的决定不得与宪法、法律法规和国家的政策相抵触，不得有侵犯村民的人身权利、民主权利和合法财产权利的内容。

4. 监督权

村民自治监督权是法律赋予村民对村民委员会及其成员的工作与行为进行监督的权利。村民可以通过以下五种权利行使监督权，防止权力滥用：

> 知识点
> 村民自治监督权

（1）村务监督权。村务监督权主要指对村务公开的内容和涉及村民利益的事项以及村民普遍关心的事项进行监督的权利。按照《村民委员会组织法》的规定，监督有直接监督和机构监督两种形式。直接监督即所有村民都有权依照法律规定对村务活动进行监督，主要呼应的是村务公开制度。《村民委员会组织法》规定，村民委员会应当及时公布下列事项，接受村民的监督：本法第二十三条、第二十四条规定的由村民会议、村民代表会议讨论决定的事项及其实施情况；国家计划生育政策的落实方案；政府拨付和接受社会捐赠的救灾救助、补贴补助等资金、物资的管理使用情况；村民委员会协助人民政府开展工作的情况；涉及本村村民利益，村民普遍关心的其他事项。上述各项规定事项中，一般事项至少每季度公布一次；集体财务往来较多的，财务收支情况应当每月公布一次；涉及村民利益的重大事项应当随时公布。村民委员会不及时公布应当公布的事项或者公布的事项不真实的，村民有权向乡、民族乡、镇的人民政府或者县级人民政府及其有关主管部门反映，有关人民政府或者主管部门应当负责调查核实，责令依法公布；经查证确有违法行为的，有关人员应当依法承担责任。所谓机构监督，即由村务监督委员会或者其他形式的村务监督机构，对村民民主理财、村务公开等制度的落实进行监督。村务监督委员会或者其他形式的村务监督机构的成员由村民会议或者村民代表会议在村民中推选产生，其中应有具备财会、管理知识的人员。村民委员会成员及其近亲属不得担任村务监督机构成员。村务监督机构成员向村民会议和村民代表会议负责，可以列席村民委员会会议。村民委员会和村务监督机构应当建立村务档案。村务档案包括：选举文件和选票，会议记录，土地发包方案和承包合同，经济合同，集体财务账目，集体资产登记文件，公益设施基本资料，基本建设资料，宅基地使用方案，征地补偿费使用及分配方案等。

（2）查询权。村民有权查询村务公开内容的真实性。村民委员会应当保证所公布事项的真实性，并接受村民的查询。

（3）反映权。村民有权向上级反映村务不公开或者公开事项不真实的问题。村民委员会不及时公布应当公布的事项或者公布的事项不真实的，村民有权向乡、民族乡、镇的人民政府或者县级人民政府及其有关主管部门反映，有关人民政府或者主管部门应当负责调查核实，责令依法公布；经查证确有违法行为的，有关人员应当依法承担责任。

（4）审议和评议权。村民有权通过村民会议审议村民委员会的年度工作报告，评议村民委员会成员的工作，撤销或者变更村民委员会不适当的决定，撤销或者变更村民代表会议不适当的决定。比如，根据《村民委员会组织法》的规定，村民委员会成员以及由村民或者村集体承担误工补贴的聘用人员，应当接受村民会议或者村民代表会议对其履行职责情况的民主评议。民主评议每年至少进行一次，由村务监督机构主持。村民委员会成员连续两次被评议不称职的，其职务终止。

（5）撤销决定请求权。根据《村民委员会组织法》的规定，村民委员会或者村民委员会成员做出的决定侵害村民合法权益的，受侵害的村民可以申请人民法院予以撤销，责任人依法承担法律责任。

（四）村民委员会的工作机制

1. 村民会议与村民代表会议的组成

村民会议由本村十八周岁以上的村民组成。村民会议由村民委员会召集。召开村民会议，应当有本村十八周岁以上村民的过半数，或者本村三分之二以上的户的代表参加，村民会议所做决定应当经到会人员的过半数通过。召开村民会议，根据需要可以邀请驻本村的企业、事业单位和群众组织派代表列席。

人数较多或者居住分散的村，可以设立村民代表会议，讨论决定村民会议授权的事项。村民代表会议由村民委员会成员和村民代表组成，村民代表应当占村民代表会议组成人员的五分之四以上，妇女村民代表应当占村民代表会议组成人员的三分之一以上。村民代表由村民按每五户至十五户推选一人，或者由各村民小组推选若干人。村民代表的任期与村民委员会的任期相同。村民代表可以连选连任。村民代表应当向其推选户或者村民小组负责，接受村民监督。村民代表会议有三分之二以上的组成人员参加方可召开，所做决定应当经到会人员的过半数同意。

2. 村民小组会议

村民小组会议的召开应当有本村民小组十八周岁以上的村民三分之二以上，或者本村民小组三分之二以上的户的代表参加，所做决定应当经到会人员的过半数同意。村民小组组长由村民小组会议推选。村民小组组长任期与村民委员会的任期相同，可以连选连任。属于村民小组的集体所有的土地、企业和其他财产的经营管理以及公益事项的办理，由村民小组会议依照有关法律的规定讨论决定，所做决定及实施情况应当及时向本村民小组的村民公布。

谈观点

党的十一届三中全会以后，我国为什么要推行村民自治制度？

04 第四节 农村社会保障制度

一、农村社会保障制度沿革

完善农村社会保障制度是我国农村公共事务管理的重要内容，也是保障和改善民生，实现广大农民对美好生活向往、决胜全面建成小康社会的关键。在很长的历史时期，农村社会保障始终处于我国社会保障体系的边缘，有相当部分社会保障内容都将绝大多数农村人口排除在外。在农村实行家庭联产承包责任制以前，农民除依靠家庭保障外，还可以通过以社队为基础的集体经济制度获得教育、医疗、养老等方面的基础性保障，尽管这些保障无论是在保障项目、保障内容还是在保障水平上都无法与城市居民的单位制保障相提并论。农村家庭联产承包责任制的推行，直接影响了计划经济时期依托在集体经济基础之上的农村社会保障，例如，农村合作医疗制度丧失了传统的集体经济保障，迅速在全国崩溃；农村五保供养制度也一度因从集体经济供养变为农户分散供养而出现危机。改革后，农民收入在一段时间内有了明显提高，但随着家庭结构小型化、土地收入降低、经营风险增大、家庭养老功能弱化等问题涌现，农村传统的自我保障方式开始面临危机。针对弱势群体生存问题的农村社会保障制度亟须建立。

（一）农村社会保障制度的历史发展

改革开放 40 多年来，我国农村社会保障先后经历了 20 世纪 80 年代的供给不足和供给不均、21 世纪初的供给增长、近十年来的供给创新与均等化三个阶段。农村社会保障体系随着政府投入的加大日渐完善，社会保障制度在满足农民需求、增进农民福利、缓解城乡矛盾、促进社会公平等方面发挥着越来越重要的作用。

第一阶段：农村社会保障制度的初创期（1978 年至 1998 年《中共中央关于农业和农村工作若干重大问题的决定》通过）。改革开放以来，我国农村经济有了很大发展，许多地方的农民逐步富裕起来，农村经济和社会结构有了很大变化，但与此同时，传统集体核算制度被彻底打破，农户成为独立自主的经营单位。在社队集体经济瓦解的同时，农民也丧失了原本的集体保障，整个农村的保障体系又恢复到依靠单一家庭保障的传统境地。1984 年，《中共中央关于经济体制改革的决定》提出"加快以城市为重点的整个经济体制改革的步伐"和"建立充满生机的社会主义经济体制"，标志着我国开启了以城市为重点的经济体制改革的历史新进程。自 1985 年起，国家开始启动农业管理领域的体制改革。在改革的过程中，原本由单位和社队负责的福利问题被推向社会。为了避免体制转型对人民群众的生活造成不利影响，1993 年，《中共中央关于建立社会主义市场经济体制若干问题的决定》提出要在全国范围内建立多层次的社会保障体系，加快城镇医疗保险、养老保险及最低生活保障等方面的制度改革。在此阶段，农村社会保障的组织运营与管理体制在很大程度上依然依靠农民间互助，保障的责任也一直在基层。随着城乡二元格局现象出现和城乡收入差距不断加大，农村出现了相当多的低收入群体，这些群体的生存面临严峻挑战。政府逐渐意识到这一问题，个别制度在此阶段已经提出了覆盖农村的理念和试点，由于缺乏政府公共投入、统筹层次太低以及体系发展滞后等，这些试验的最终效果并不理想，也不具备普遍推广的意义，但为后续的体系建设奠定了基础。

第二阶段：农村社会保障制度的定型期（1998年至2006年农业税全面取消）。面对亚洲金融危机的冲击和经济全球化的挑战，党的十五届三中全会在改革开放二十周年之际集中研究了农业和农村问题，通过了《中共中央关于农业和农村工作若干重大问题的决定》，对推进农村小康建设、加大扶贫攻坚力度等内容进行了部署。进入21世纪，面对城乡发展凸显的矛盾，党中央提出了科学发展观的战略思想，以期通过科学发展、统筹兼顾，缓解经济快速增长与发展结构失衡的矛盾。2003年，党的十六届三中全会把加快转变政府职能、完善社会保障体系、深化科教文卫体制改革，作为对公共需求快速增长与公共服务供给严重不足矛盾的回应。2003年，全国开始推行农村税费改革，取消乡统筹、农村教育集资等专门向农民征收的行政事业性收费和政府性基金、集资，取消统一规定的劳动义务工。2004年，国务院开始实行减征或免征农业税的惠农政策。随着国家战略由从农村汲取资源转为向农村注入资源，基层的社会保障压力逐渐减轻，政府逐步开始承担起对农村人口的保障任务，各项城乡差异的制度设计也纷纷开始向农村人口张开怀抱。在此阶段，我国农村的诸项社会保障制度已定型，但由于乡镇政府负担过重、投入不足的矛盾没有得到根本缓解，保障制度上的城乡差异依旧存在。

第三阶段：农村社会保障制度的成熟期（2006年至今）。2005年12月，第十届全国人民代表大会常务委员会第十九次会议通过决定，自2006年1月1日起废止《中华人民共和国农业税条例》。2006年，党的十六届六中全会提出，把逐步实现基本公共服务均等化和完善基本公共服务体系确立为构建社会主义和谐社会的目标任务。2007年，党的十七大报告提出，加快推进以改善民生为重点的社会建设，要求在经济发展的基础上，更加注重社会建设，着力保障和改善民生，推进社会体制改革，扩大公共服务，完善社会管理，促进社会公平正义，推动建设和谐社会。自此，各项社会保障制度纷纷开启融合进程。党的十八大以来，党中央、国务院针对农村社会保障制度建设做出了一系列重大决策部署，基本形成了以基本养老保险制度、基本医疗保险制度、社会救助制度、社会优抚制度等为主要内容的农村社会保障体系，保障了广大农民的基本生活。为了遏制城乡之间、区域之间的差距，政府开始更为积极地回应公众需求快速增长与公共服务供给不足的矛盾，强化政府供给的责任与能力。党和政府为更好地保障和改善民生，加强了相关政策的顶层设计，出台了专门的战略规划，切实促进基本公共服务公平、可及，加大了包括财力、物力、人力在内的公共服务资源的保障力度，同时形成了各级人民政府间的职责分工体系。各项社会保障制度的城乡融合进程明显加快，城乡公共服务体系日益完善，个别制度对农村地区的保护力度已经超过城市。农村社会保障制度已然成为社会主义制度优势的最好诠释。

（二）农村社会保障的特点

1. 农村社会保障由政府主导

社会保障是以国家、政府为主体，通过国民收入的再分配，在公民暂时或永久丧失劳动能力以及由于各种原因导致生活困难时，给予物质帮助、保障基本生活的制度。政府在社会保障方面天然具有主导性，这也体现了社会主义国家为人民服务的本质。发展农村社会保障事业是国家健全社会保障制度的必要部分，是稳定国家经济发展全局和维持社会稳定的必要手段。我国农村人口多，居住比较分散，加上流动频繁，以个人和集体为主要保障来源的制度设计执行难度很高。相较于城市，在城乡发展不均衡的现实下，农村拥有更高比例的弱势群体。农村社会保障制度需要政府在其中扮演更为重要的角色。

2. 农村社会保障体现公平正义

农业和农村的稳定是国民经济发展和社会稳定的前提。建设与完善农村社会保障制度是改善民生、实现乡村振兴的内在需要。社会保障制度是现代国家最重要的社会经济制度之一，其作用是保障全体社会成员基本生存与生活需要，特别是保障社会成员在年老、疾病、伤残、失业、生育、遭受灾害面临生活困难时的特殊需要。目前，我国社会保障依然存在城乡不平衡的现象，在农村社会保障体系中也依然存在区域差异。为了平衡和加快城乡经济发展、避免社会矛盾，追求公平正义的社会保障体系更应该关注农村现实。

3. 农村社会保障围绕城乡统筹逐步递进

城乡统筹发展是实现乡村振兴与国家现代化的具体体现，是我国社会可持续发展的重要原则。改革开放以来，持续增长的国民经济为我国社会保障体系的建立健全奠定了雄厚的物质基础。我国农村社会保障体系也逐渐从无到有、从城乡差异到城乡融合，党和国家高度重视农村的社会保障问题，但农村社会保障体系建设不可能一蹴而就，需要一个过程。农村社会保障体系的完善可以改变农村在基础设施、公共服务、社会治理、收入分配等方面严重滞后于城市的现状，让广大农民共享美好的生活。

> 知识点
> 农村社会保障制度的基本内容

二、农村社会保障制度的基本内容

农村社会保障是指在农村这一特定区域范围内实施的，农民由于年老、疾病、贫困、遭受灾害等原因致使生活困难时，能够从国家、社会获得基本生活需求的社会保障和福利事业。《宪法》第四十五条规定："中华人民共和国公民在年老、疾病或者丧失劳动能力的情况下，有从国家和社会获得物质帮助的权利。国家发展为公民享受这些权利所需要的社会保险、社会救济和医疗卫生事业。"因此，对农民实行社会保障，是政府义不容辞的职责。总体而言，农村社会保障制度作为我国社会保障体系的重要组成部分，其内容应与我国社会保障体系一致，但由于城乡二元对立的长期存在，很长时期，城乡之间的社会保障内容并不一致。加之农村生产生活有其特殊性，农村社会保障制度在共性之外，还有其独特的内容。我国农村社会保障制度主要包括农村社会养老保险制度、合作医疗保障制度、农村社会救助制度、农村五保供养制度、农村社会优抚制度和失地农民社会保障制度六个方面。

（一）农村社会养老保险制度

新型农村社会养老保险制度是由政府组织实施，以保障农村居民年老时的基本生活为目的，以个人缴费、集体补助、政府补贴为主要筹资模式，通过个人账户和社会统筹相结合的一种养老保险制度。

在 2010 年《社会保险法》颁布之前，我国城乡社会养老保险制度长期存在二元分立的情况。与城市社会养老保险的构成不同，农村社会养老保险以农民个人缴纳和集体补贴为主。1987 年 3 月 14 日，民政部印发《关于探索建立农村基层社会保障制度的报告》的通知，选择山东等省份的部分地区开展农村社会养老保险试点工作。1991 年 1 月，国务院正式决定由民政部负责开展农村社会养老保险制度的改革试点工作。民政部在总结各地实践探索农村社会养老保险制度经验的基础上，在 1992 年研究制定了《县级农村社会养老保险基本方案（试行）》，规定农村社会养老保险基金筹集以个人缴费为主、集体补贴为辅，实行个人账户储备积累制。农民个人缴纳的保险费和集体对其补贴全部记在个人名下。养老保险基金以县级机构为基本核算平衡单位，按国家政策规定运营，保险对象达到规定领取年龄时，国家根据其个人账户基金累计总额计发养老金。这一设计成为我国农村养老保险制度的雏形。1995 年 10 月，《国务院办公厅转发民政部关于进一步做好农村社会养老保险工作意见的通知》明确规定了开展农村社会养老保险的基本条件，要求各地从实际出发，逐步完善管理体系。实践中，虽然个别经济发达地区的县乡政府会给予农民一定的参保补贴，但总体上由于缺乏政府投入，只按照商业保险模式实行多投多保、少投少保、不投不保，不仅保障水平极低，而且有违社会保险的精神。这种养老保险实质上已经异变为农民的自我储蓄，因而农民与地方政府都缺乏参保的积极性。1998 年，随着国家开始整顿保险业，除个别经济发达地区外，农村社会养老保险整体上陷入停滞不前的状态。

2009 年，根据党的十七大和十七届三中全会精神，国务院决定开始实施"保基本、广覆盖、有弹性、可持续"的新型农村社会养老保险试点。2010年，《社会保险法》颁布实施，其第二十条、第二十一条规定，国家建立和完善新型农村社会养老保险制度。新型农村社会养老保险实行个人缴费、集体补助和政府补贴相结合。新型农村社会养老保险待遇由基础养老金和个人账户养老金构成。参加新型农村社会养老保险的农村居民，符合国家规定条件的，按月领取新型农村社会养老保险待遇。可见，与之前的农村社会养老保险制度相比，新型农村社会养老保险制度增加了政府的责任和义务。

不仅如此，《社会保险法》规定，参加基本养老保险的个人，达到法定退休年龄时累计缴费不足15年的，可以缴费至满15年；也可以转入新型农村社会养老保险或者城镇居民社会养老保险。省、自治区、直辖市人民政府根据实际情况，可以将城镇居民社会养老保险和新型农村社会养老保险合并实施。自此，城镇居民社会养老保险和新型农村社会养老保险之间的分割被逐步打通，城乡之间的养老保障差异开始缩小。

2014年4月，《国务院关于建立统一的城乡居民基本养老保险制度的意见》发布。该意见对在全国范围内建立统一的城乡居民基本养老保险制度提出了明确的时间计划表，并指出，要在2020年前，全面建成公平、统一、规范的城乡居民养老保险制度，合并实施新型农村社会养老保险和城镇居民社会养老保险，形成制度名称、政策标准、管理服务、信息系统的"四统一"。这标志着我国的基本养老保险制度进入城乡一体的新时期，全体人民能够公平地共享基本养老保障。

（二）合作医疗保障制度

新型农村合作医疗制度是一种由政府组织、引导和支持，农民自愿参加，个人、集体和政府多方筹资，以大病统筹为主的农民医疗互助共济制度。与社会养老保险长期存在城乡差异的情形类似，我国的医疗保障制度在建设初期同样也存在城乡待遇不均衡、政策不协调等问题。

具有中国特色的农村医疗保障制度始建于20世纪50年代后期。农村居民互助合作式的初级医疗保障机制以农村集体经济为物质基础，以计划经济时期的人民公社与生产大队为组织依托，曾一度被世界卫生组织誉为发展中国家的典范。但随着家庭联产承包责任制的实施，这一安排一时失去了存在的基础而逐步走向解体，农民再次成为无医疗保障的人群。1997年1月，《中共中央、国务院关于卫生改革与发展的决定》发布，提出要积极稳妥地发展和完善合作医疗制度，但农村区域的医疗改革并没有大范围开展。

进入21世纪，城乡居民收入、卫生资源配置及医疗保障水平等方面的差距逐步拉大。农民看病难、看病贵，因病致贫、返贫的现象严重制约了农村的发展，建立新型农村医疗保障制度成为党和政府面临的一件大事。2001年5月，国务院办公厅转发国务院体改办等部门《关于农村卫生改革与发展的指导意见》，明确要求"地方各级人民政府要加强对合作医疗的组织领导，按照自愿量力、因地制宜、民办公助的原则，继续完善与发展合作医疗制度。合作医疗筹资以个人投入为主，集体扶持，政府适当支持，坚持财务公开和民主管理。合作医疗的水平、形式可有所差别。有条件的地区，提倡以县（市）为单位实行大病统筹，帮助农民抵御个人和家庭难以承担的大病风险"。2002年10月，《中共中央 国务院关于进一步加强农村卫生工作的决定》发布，提出推进农村卫生服务体系建设、加大农村卫生投入力度、建立和完善农村合作医疗制度和医疗救助制度、依法加强农村医药卫生监管等措施。在这些政策的共同作用下，一些省市开始在辖区内试点建设农村新型合作医疗制度。

2003年1月，国务院办公厅转发卫生部、财政部、农业部《关于建立新型农村合作医疗制度的意见》。该意见对农村合作医疗的筹资、管理体制、补偿模式、监督机制等进行了创新，同时明确了新型农村合作医疗制度的定义。与传统的农村合作医疗相比，新型农村合作医疗打破了只由农民互助和集体扶持的惯例，代之以中央政府、地方政府直接分担农民疾病医疗的筹资责任，并辅之以大规模的基层公共卫生事业建设。2006年，《农村卫生服务体系建设与发展规划》出台，该规划把建立稳定的农村卫生投入保障机制、深化农村卫生管理机构内部管理体制改革、加强农村卫生队服务队伍建设和严格农村医疗卫生机构管理等，作为完善农村公共卫生体系的主要任务。2007年，卫生部、财政部、国家中医药管理局发布《关于完善新型农村合作医疗统筹补偿方案的指导意见》，要求各地逐步规范统筹模式，合理制定补偿方案，规范基金使用，明确基金补偿范围，进一步提高基金使用效率和农民受益水平，逐步扩大农民受益面。

2010年，《社会保险法》颁布实施，从此我国全民医保制度基本建立，基本医疗保险参保率稳固在95%以上，覆盖人口超过13亿。但新型农村合作医疗、职工基本医疗保险和城镇居民基本医疗保险的待遇标准仍有差异。2016年，《国务院关于整合城乡居民基本医疗保险制度的意见》发布。该意见明确提出要整合城镇居民基本医疗保险和新型农村合作医疗两项制度，逐步在全国范围内建立起统一的城乡居民基本医疗保险制度。这是实现城乡居民公平享有基本医疗保险权益、促进社会公平正义、增进人民福祉的重大举措。中共中央办公厅、国务院办公厅2016年转发《国务院深化医药卫生体制改革领导小组关于进一步推广深化医药卫生体制改革经验的若干意见》，进一步对城乡居民基本医疗保险制度的整合提出要求。2017年，国家卫生计生委、财政部发布《关于做好2017年新型农村合作医疗工作的通知》，就城乡居民基本医疗保险制度整合做出了具体规定，要求实行"六统一"政策，合理确定筹资标准和待遇水平，确保待遇公平和基金安全。在制度整合过程中实行分档筹资、参保人自愿选择缴费档次办法的统筹地区，个人缴费最低档不得低于国家规定标准。加强对整合前后政策连续性和基金运行的监测分析，确保基金平稳运行和制度可持续发展。继续推进管办分开，深入推进商业保险机构等社会力量参与经办服务，推动建立公平公开、有序竞争的城乡居民基本医疗保险经办服务格局。2018年，《国家医保局 财政部 人力资源社会保障部 国家卫生健康委关于做好2018年城乡居民基本医疗保险工作的通知》发布，决定自2019年开始实施全国范围内统一的城乡居民医疗保险制度。这标志着我国的基本医疗保险制度将与基本养老保险制度一样进入城乡一体的新时期，全体人民能够公平地共享基本医疗保障。

（三）农村社会救助制度

社会救助事关困难群众基本生活和衣食冷暖，是保障基本民生、促进社会公平和维护社会稳定的兜底性、基础性保障制度安排，也是党全心全意为人民服务根本宗旨的集中体现。社会救助主要包括最低生活保障、特困人员供养、受灾人员救助、医疗救助、教育救助、住房救助、就业救助、临时救助八项内容。

农村最低生活保障制度是对家庭人均收入低于最低生活保障标准的农村贫困人口按最低生活保障标准进行差额补助的制度。它以国家财政为物质基础，以农村居民最低生活保障线为救助依据，是我国社会保障体系中的基础性保障制度安排。农村最低生活保障制度将符合条件的农村贫困人口全部纳入保障范围，稳定、持久、有效地解决全国农村贫困人口的温饱问题。

最低生活保障制度的推行最初同样存在城乡差异。1997年，国务院决定，"九五"期间在全国建立城市居民最低生活保障制度，逐步使非农业户口的居民得到最低生活保障。1999年，《城市居民最低生活保障条例》首次以行政法规的方式确立了城市居民最低生活保障制度。在城市居民最低生活保障制度普遍建立的基础上，2002年党的十六大提出"有条件的地区探索建立农村低保制度"。党的十六届五中全会提出建设社会主义新农村以后，农村居民最低生活保障政策迅速在全国各地推广开来。2007年，中央做出在全国范围内全面建立农村最低生活保障制度的重大部署，实现了用制度保障全体城乡居民基本生活的历史性突破。2007年7月，《国务院关于在全国建立农村最低生活保障制度的通知》对建立农村最低生活保障制度的重要意义、目标、总体要求、标准、对象范围及管理等做出了明确规定。

随着城乡社会保障制度融合进程的加快，2012年，针对当时最低生活保障工作存在的问题，《国务院关于进一步加强和改进最低生活保障工作的意见》出台，开启了我国逐步缩小城乡、区域最低生活保障差距的重大部署。

2014年2月，国务院颁布《社会救助暂行办法》，确立了以最低生活保障、特困人员供养、受灾人员救助、医疗救助、教育救助、住房救助、就业救助、临时救助八项救助制度为主体，社会力量参与为补充的制度框架，确保社会救助能够基本覆盖各类困难群众。全国所有省份都出台了实施办法，有关部门出台了一系列配套政策，救助制度体系基本确立，最低生活保障制度的城乡差异消失。

由于城乡发展差距的扩大，农村地区的贫困人口明显高于城市，最低生活保障制度近年来越发向农村倾斜。在打赢脱贫攻坚战过程中，由于部分人员不具备劳动能力甚至生活能力，无法通过开发式扶贫政策实现脱贫，将其纳入低保等社会救助范围，成为打赢脱贫攻坚战的重要保障任务。2016 年，《国务院办公厅转发民政部等部门关于做好农村最低生活保障制度与扶贫开发政策有效衔接指导意见的通知》，该通知从政策、标准、对象、管理等方面加强农村最低生活保障制度与扶贫开发政策的有效衔接，助力解决贫困群众吃穿"两不愁"。民政部会同有关部门调整完善农村最低生活保障政策，明确对未脱贫建档立卡贫困户中靠家庭供养且无法单独立户的重度残疾人、重病患者等完全丧失劳动能力和部分丧失劳动能力的贫困人口，参照单人户纳入低保，加大兜底保障力度。社会救助制度的完善，从制度上解除了农村困难居民的生存危机问题，增强了贫困群众脱贫信心。

（四）农村五保供养制度

农村五保供养是指对农村中老年人、残疾人或者未满 16 周岁的农民，无劳动能力、无生活来源又无法定赡养人、抚养人、扶养义务人，或者其法定赡养人、抚养人、扶养义务人无赡养能力、抚养能力、扶养能力的，在吃、穿、住、医、葬方面给予生活照顾和物质帮助的一项农村集体福利事业。它是中华人民共和国成立后制定的第一项农村社会保障制度。《一九五六年到一九六七年全国农业发展纲要》明确提出，农业合作社对于社内缺乏劳动力、生活没有依靠的鳏寡孤独的社员，应当统一筹划。指定生产队或者生产小组在生产上给以适当的安排，使他们能够参加力能胜任的劳动；在生活上给以适当的照顾，做到保吃、保穿、保烧（燃料）、保教（儿童和少年）、保葬，使他们的生养死葬都有指靠。享受"五保"的家庭被称为五保户。这是独具中国特色的农村五保供养制度的雏形。

1994 年 1 月，国务院针对农村五保供养对象发布了《农村五保供养工作条例》，规定五保供养的主要内容从保吃、保穿、保烧、保教、保葬转变为保吃、保穿、保住、保医、保葬（孤儿保教），供养标准为当地农民一般生活水平，所需经费和实物从村提留或者乡统筹费中列支。1997 年 3 月，民政部颁布《农村敬老院管理暂行办法》。规范了农村敬老院建设、管理和供养服务，标志着我国农村五保供养工作开始走向规范化、法制化管理轨道。但由于 1994 年《农村五保供养工作条例》是在农村税费改革前制定的，五保供养对象的责任主要由农民互助和村集体承担，农村税费改革后已不符合现实情况，因此该条例于2006年废止。

2006年颁布的《农村五保供养工作条例》，实现了农村五保供养制度由农民互助共济向以政府财政保障为主的重大历史转型。从此，农村"三无"群体的生计保障被全部纳入财政保障范围。《农村五保供养工作条例》明确规定，五保供养的内容是：①供给粮油、副食品和生活用燃料；②供给服装、被褥等生活用品和零用钱；③提供符合基本居住条件的住房；④提供疾病治疗，对生活不能自理的给予照料；⑤办理丧葬事宜。农村五保供养对象未满16周岁或者已满16周岁仍在接受义务教育的，应当保障他们依法接受义务教育所需费用。农村五保供养对象的疾病治疗，应当与当地农村合作医疗和农村医疗救助制度相衔接。五保供养分集中供养和分散供养两种形式。根据《社会救助暂行办法》和《农村五保供养工作条例》的规定：农村五保供养对象可以在当地的农村五保供养服务机构集中供养，也可以在家分散供养。农村五保供养对象可以自行选择供养形式。集中供养的农村五保供养对象，由农村五保供养服务机构提供供养服务。分散供养的农村五保供养对象，可以由村民委员会提供照料，也可以由农村五保供养服务机构提供有关供养服务。

农村五保供养对象趋于稳定，所有符合条件的人员均已纳入供养范围，供养条件不断改善，服务管理和供养水平不断提高。为加强农村五保供养服务机构建设，解决数量少、规模小、布局分散等问题，民政部组织实施了"霞光计划"，新建、改扩建农村五保供养服务机构，同时结合国家农村危房改造工作，大力改善分散供养对象的居住条件。2014年，国务院颁布《社会救助暂行办法》。针对城乡"三无"人员待遇不平衡等问题，《社会救助暂行办法》将城市"三无"人员救助与农村"五保"供养统一为特困人员救助供养，明确了认定条件、供养内容和供养标准，实现了制度的转型升级。近年来，随着精准扶贫与乡村振兴战略的实施，农村五保供养制度与社会救助制度发挥合力，共同保障农村贫困人口的生产、生活。

（五）农村社会优抚制度

社会优抚是指国家和社会对有特殊贡献者及其家属提供优待、抚恤、养老、就业安置等褒扬和优惠性质物质帮助，以保障其生活不低于当地一般生活水平的一种社会保障制度。在社会优抚方面，1978年12月20日，民政部、财政部重新印发1962年内务部、财政部制定的《抚恤、救济事业费管理使用办法》，重申继续执行该办法中抚恤、救济费的使用原则、使用范围、发放管理办法等。1986年3月27日，财政部、民政部联合发出《关于调整军人、机关工作人员、参战民兵民工因公牺牲、病故一次抚恤金标准的通知》，其中规定的标准较1985年规定的标准有所提高。2004年，国务院废止1988年颁布的《军人抚恤优待条例》，颁布了新的《军人抚恤优待条例》。2004年，民政部、教育部、中国人民解放军总政治部制定《优抚对象及其子女教育优待暂行办法》。2011年，民政部制定《优抚医院管理办法》。这一系列法律法规和规范性文件的制定，标志着我国优抚工作朝制度化、法制化和社会化的方向迈进。2020年，退役军人事务部等20部门发布《关于加强军人军属、退役军人和其他优抚对象优待工作的意见》，要求在加强军人军属优待的基础上，进一步建立完善退役军人和其他优抚对象优待政策制度，健全抚恤补助标准动态调整机制，保障享受国家定期抚恤补助优抚对象的抚恤优待与国家经济社会发展相适应。

（六）失地农民社会保障制度

随着我国城镇化和工业化进程的加快，农村集体土地被大量征用，失地农民规模迅速扩大，就业和社会保障问题日益突出，直接影响了社会稳定。我国过去有关被征地农民权益保障措施主要是从规范国家的征地权限与程序入手，力求使失地农民获得更为公平合法的补偿，没有高度重视失地农民未来的生活保障。随着城市面积的日益扩大，失地农民的社会保障问题日益突出。

失地农民社会保障制度并非与其他农村社会保障制度有根本区别的一类保障制度。土地作为农民的生产资料，是其生产生活的重要保障。如果国家将土地征收，这部分农民将失去最基本的生活保障，对社会保障的需求更强烈。因此与其他农民相比，失地农民应当首先被纳入社会保障体系，他们的社会保障问题应当得到优先解决。

为了妥善解决失地农民的基本生活和长远生计问题，维护其合法权益，保持社会稳定，2006年国务院办公厅转发劳动保障部《关于做好被征地农民就业培训和社会保障工作的指导意见》，其中明确规定将做好被征地农民就业培训和社会保障工作作为征地制度改革的重要内容。《关于做好被征地农民就业培训和社会保障工作的指导意见》规定，地方各级人民政府要从统筹城乡经济社会和谐发展的高度，加强针对被征地农民的就业培训和社会保障工作，将被征地农民的就业问题纳入政府经济和社会发展规划及年度计划，尽快建立适合被征地农民特点与需求的社会保障制度，采取有效措施落实就业培训和社会保障资金，促进被征地农民实现就业和融入城镇社会，确保被征地农民生活水平不因征地而降低，长远生计有保障。《关于做好被征地农民就业培训和社会保障工作的指导意见》对如何促进被征地农民就业和落实被征地农民就业培训与社会保障资金等问题做了详细的规定。

此外，《物权法》首次以法律的形式明确了国家在征收土地的过程中对于被征收权利人社会保障方面的义务，还强调了房屋征收过程中应保证被征收人的居住条件。2021年施行的《民法典》继承了《物权法》的相关规定，其第二百四十三条第二款规定，征收集体所有的土地，除要支付相应的土地补偿费、安置补助费外，还要安排被征地农民的社会保障费用，保障被征地农民的生活，维护被征地农民的合法权益。这些规定都为失地农民提供了社会保障。

> **谈观点**
>
> 党的十一届三中全会以后，我国为什么要在农村实施社会保障制度？

05 第五节 村民自治典型案例分析

一、案情介绍

（一）案件基本情况

案由：侵害集体经济组织成员权益纠纷

案号：（2020）云民申3763号

再审法院：云南省高级人民法院

再审申请人（一审起诉人、二审上诉人）：马某娜

马某娜2001年与昆明市西山区海口街道办事处白鱼社区浪泥湾村村民李某登记结婚。2004年，马某娜的户口由昆明市西山区海口海门社区蒋凹村迁入浪泥湾村。从此，马某娜在该村居住生活。马某娜认为自己已经具有浪泥湾村集体经济组织成员资格，并依法取得了农村土地承包经营权及老宅基地。然而，2013年，村里重新分配新宅基地。依据新宅基地分配方案，该村村民每人可享有宅基地30平方米。浪泥湾村以马某娜已经离婚为由，拒不分配宅基地给马某娜，同时停止向她发放村民的一切福利待遇。马某娜认为同村相同情况的其他村民均已取得新宅基地，只有自己没有分配到任何宅基地，也没有得到任何补偿。虽然自己与李某已于2006年离婚，但户口一直保留在村里，也一直在村里居住生活。马某娜认为依据《妇女权益保障法》第三十二条"妇女

在农村土地承包经营、集体经济组织收益分配、土地征收或者征用补偿费使用以及宅基地使用等方面,享有与男子平等的权利",以及第三十三条"任何组织和个人不得以妇女未婚、结婚、离婚、丧偶等为由,侵害妇女在农村集体经济组织中的各项权益。因结婚男方到女方住所落户的,男方和子女享有与所在地农村集体经济组织成员平等的权益"的规定,浪泥湾村不能以离婚为借口剥夺和侵害自己的合法权益。马某娜多次向上级白鱼社区反映,问题没有得到解决。

(二) 一审原告向一审法院起诉请求

2019 年 9 月 29 日,马某娜向云南省昆明市西山区人民法院提出诉讼请求:①请求判令被告按照村民的同等标准及待遇分配 30 平方米宅基地给原告,并提供完整的建房审批手续;②请求依法判令被告补发原告 2013 年至 2019 年应当享有的福利待遇,暂计 15 000 元;③诉讼费由被告承担。

(三) 一审法院认定事实与审判结果

一审法院经审查认为,案件涉及村民身份及因村民身份引起的权益纠纷,不属于民事诉讼受案范围,法院对本案没有管辖权。依据《民事诉讼法》第一百一十九条的规定:"起诉必须符合下列条件:(一)原告是与本案有直接利害关系的公民、法人和其他组织;(二)有明确的被告;(三)有具体的诉讼请求和事实、理由;(四)属于人民法院受理民事诉讼的范围和受诉人民法院管辖。"原告马某娜的起诉不符合受理条件。据此,法院裁定不予受理马某娜的起诉。

(四) 上诉人上诉请求

马某娜不服一审裁定,提起上诉。马某娜上诉称:①自己在 2004 年就已经取得浪泥湾村村民资格,一审法院以案件涉及村民资格的认定为由不予立案是错误的;②案件案由为侵害集体经济组织成员权益纠纷,其属于《民事案件案由规定》第三十九项法定案由;③被告违反《妇女权益保障法》,存在非法歧视妇女权益的情形。综上,上诉人具有浪泥湾村集体经济组织成员资格,理应享有该村一切集体经济组织成员权利。请求二审法院撤销一审裁定,指令一审法院受理本案。

(五) 二审法院认定事实与审判结果

云南省昆明市中级人民法院认为,《村民委员会组织法》第二十四条第六项、第九项规定,涉及村民利益的下列事项,经村民会议讨论决定方可办理:宅基地的使用方案;村民会议认为应当由村民会议讨论决定的涉及村民利益的其他事项。该案上诉人的起诉事项涉及宅基地的使用和村民福利待遇的问题，属于村民自治范畴。上诉人的起诉不符合《民事诉讼法》第一百一十九条第四项的规定，即上诉人的起诉不属于人民法院受理民事诉讼的范围。上诉人的上诉请求不能成立，法院不予支持。据此，二审法院裁定驳回上诉，维持原裁定。

（六）再审申请人再审请求

马某娜不服二审裁定，遂向云南省高级人民法院申请再审。马某娜申请再审称：马某娜于2001年与昆明市西山区海口街道办事处白鱼社区浪泥湾村村民李某结婚，2004年将户口迁入浪泥湾村，具有浪泥湾村集体经济组织成员资格，与同村村民享有同等待遇。2013年浪泥湾村重新分配新宅基地，依据新宅基地分配方案，该村村民每人可享有30平方米宅基地，浪泥湾村以离婚为由不分配宅基地给马某娜，马某娜系浪泥湾村集体经济组织成员，具有集体经济组织成员资格。请求撤销原裁定；确认马某娜浪泥湾村集体经济组织成员资格，由浪泥湾村分配30平方米宅基地给马某娜，并提供完整的建房审批手续。

（七）再审法院认定事实与审判结果

再审法院重申了《村民委员会组织法》第二十四条的规定，认为马某娜申请再审称其具有浪泥湾村集体经济组织成员资格要求分配宅基地，涉及宅基地的使用和村民福利待遇的问题，属于《村民委员会组织法》规定的村民自治范畴。马某娜的起诉不属于人民法院受理民事诉讼的范围。原审裁定驳回马某娜的起诉，并无不当。依照《民事诉讼法》第二百零四条第一款、《最高人民法院关于适用〈中华人民共和国民事诉讼法〉的解释》第三百九十五条第二款的规定，裁定驳回马某娜的再审申请。

二、案例分析

本案涉及的法律制度，是村民自治制度。基于本案例，需要重点关注村民自治的范围的法律问题。在本案中，各级法院均未受理马某娜的起诉请求。究其原因，在于涉及宅基地的使用和村民福利待遇的问题，属于《村民委员会组织法》规定的村民自治范畴。根据《村民委员会组织法》第二十四条的规定，"涉及村民利益的下列事项，经村民会议讨论决定方可办理：（一）本村享受误工补贴的人员及补贴标准；（二）从村集体经济所得收益的使用；（三）本村公益事业的兴办和筹资筹劳方案及建设承包方案；（四）土地承包经营方案；（五）村集体经济项目的立项、承包方案；（六）宅基地的使用方案；（七）征地补偿费的使用、分配方案；（八）以借贷、租赁或者其他方式处分村集体财产；（九）村民会议认为应当由村民会议讨论决定的涉及村民利益的其他事项。"《土地管理法》第九条规定，宅基地和自留地、自留山，属于农民集体所有。集体福利系以现金、实物等形式对集体财产或集体财产产生的收益进行分配，集体成员人人享有的一种利益。集体福利的显著特征是以集体财产进行分配。村民会议作为村民自治中的权力机构和决策机构，在村务民主决策过程中，拥有重大事项的最终决定权。村民兴建住宅，如何建，谁先建，谁后建，建多少，在哪里建，如何保护有限的土地资源，都应经村民会议讨论决定，之后经乡镇人民政府审核，由县级人民政府批准。

参 考 文 献

[1] 习近平. 摆脱贫困. 福州：福建人民出版社，1992.

[2] 中共中央文献研究室. 十八大以来重要文献选编：上. 北京：中央文献出版社，2014.

[3] 国务院扶贫办政策法规司，国务院扶贫办全国扶贫教育宣传教育中心. 脱贫攻坚前沿问题研究. 北京：研究出版社，2019.

[4] 陈锡文，赵阳，陈剑波，等. 中国农村制度变迁 60 年. 北京：人民出版社，2009.

[5] 胡康生. 中华人民共和国农村土地承包法释义. 北京：法律出版社，2002.

[6] 任大鹏. 农业法学. 北京：法律出版社，2018.

[7] 张文显. 法理学. 5 版. 北京：高等教育出版社，2018.

[8] 国务院发展研究中心农村经济研究部. 集体所有制下的产权重构. 北京：中国发展出版社，2015.

[9] 任大鹏. 农产品质量安全法律制度研究. 北京：社会科学文献出版社，2009.

[10] 安建，张穹，牛盾. 中华人民共和国农产品质量安全法释义. 北京：法律出版社，2006.

[11] 习近平. 决胜全面建成小康社会 夺取新时代中国特色社会主义伟大胜利——在中国共产党第十九次全国代表大会上的报告. 人民日报，2017 – 10 – 28（1）.

[12] 莫纪宏. 建设中国特色社会主义法治体系的"时间表""路线图". 法治日报，2021 – 01 – 14（2）.

[13] 韩松. 城镇化对村民自治制度的影响与法治完善. 江海学刊，2018（6）：129 – 137.

[14] 陈松友，卢亮亮. 自治、法治与德治：中国乡村治理体系的内在逻辑与实践指向. 行政论坛，2020（1）：17 – 23.

[15] 赵旭东，张洁. 乡土社会秩序的巨变——文化转型背景下乡村社会生活秩序的再调适. 中国农业大学学报（社会科学版），2017（2）：56 – 68.

1